Kritiken

strafrechtlicher Entscheidungen

des

preußischen Obertribunals.

Von

Dr. Richard Ed. John,
ord. Professor der Rechte a. d. Universität Königsberg.

Berlin,
Verlag von J. Guttentag.
1866.

Vorwort.

Seit der Kriminalsenat des Obertribunals die im Gebiete des Strafrechts und des Strafprocesses durch die Praxis hervorgerufenen juristischen Fragen endgültig zu entscheiden berufen wurde, und hieraus die Folge sich ergab, daß die Gerichte niederer Instanz den Rechtsanschauungen des Obertribunals, und zwar nicht bloß da, wo sie hiezu gesetzlich verpflichtet waren, sich accommodirten; seitdem entwickelte sich naturgemäß das selbständige juristische Denken zu einem fast ausschließlichen Monopol des Obertribunals, während den Instanzgerichten im Wesentlichen die bescheidenere Aufgabe verblieb, das bereits Vorgedachte eintretenden Falles in Anwendung zu bringen.

Das ist ein Verhältniß, welches weder für die Juristen, noch auch für die Justiz als ein ersprießliches bezeichnet werden kann, welches schon für sich allein, der Wissenschaft die Aufgabe stellen muß, es zu versuchen, ob nicht durch Veröffentlichung kritischer Arbeiten der kritische Sinn auch bei denjenigen Juristen wach zu erhalten wäre, welche, insoweit es sich bloß um das Abarbeiten der täglichen Geschäfte handelt, desselben wohl auch entrathen könnten.

Aber noch viel dringender wird die Veranlassung, mit kritischem Blicke den Vorgängen der Praxis zu folgen, wenn, bei dem Einflusse, welchen die Entscheidungen des höchsten Gerichtshofes haben, die von demselben gehandhabte juristische Methode als eine überall korrekte nicht befunden werden sollte. Denn mit der Korrektheit der juristischen Methode geht für den Rechtsuchenden nichts Geringeres als das Bewußtsein der Rechtssicherheit, und für den Richter nichts Geringeres als das juristische Fundament seiner Unabhängigkeit verloren.

Diese Gründe bestimmten mich schon seit längerer Zeit, Kritiken strafrechtlicher Entscheidungen des Obertribunals zu schreiben und dieselben vorläufig vereinzelt in der durch Professor v. Holtzendorff herausgegebenen Strafrechtszeitung, und zwar anonym, zu veröffentlichen. Sie erscheinen hier — unter Zustimmung des Verlegers der Strafrechtszeitung, Herrn A. Barth in Leipzig — von Neuem überarbeitet, durch neue, noch ungedruckte vermehrt, und unter Verzichtleistung auf das Recht der Anonymität. Den Schluß der Sammlung bildet diejenige Entscheidung des Obertribunals, welche für mich Veranlassung war, diese kritischen Arbeiten vorläufig abzuschließen, nämlich der Beschluß vom 29. Januar 1866 betreffend den Artikel 84 der preußischen Verfassungsurkunde. Eine Kritik dieses Beschlusses habe ich nicht gegeben, mich vielmehr darauf beschränkt, denselben wörtlich abdrucken zu lassen, und lediglich einige kommentatorische Bemerkungen hinzuzufügen.

Königsberg im Juni 1866. **Dr. John.**

Inhalt.

	Seite
Mitthäter und Gehülfe	1
Reale Konkurrenz	50
Über mildernde Umstände	63
Zwei Diebstähle	86
Thatsächliche Feststellung in Fällen des s. g. qualificirten Betruges	99
Beiseiteschaffen, Zerstören und Unterschlagen von Urkunden	126
Vertheidiger und Vertreter	140
Verlesung der Zeugenaussagen	159
Beweis (Überzeugungstheorie)	166
Über die Grundlagen unserer Kriminalentscheidungen. (Eine Replik.)	181
Verletzung des Vertheidigungsrechts durch Nichtberücksichtigung des Beweisantrages seitens des Angeklagten	202
Beitrag zur Lehre von den Injurien (I. Objektiv beleidigende Äußerungen)	214
Beitrag zur Lehre von den Injurien (II. Bewußtsein aber nicht dolus)	223
Beitrag zur Lehre von den Injurien (III Ist der Beweis der Wahrheit der behaupteten oder verbreiteten Thatsachen zulässig, wenn festgestellt ist, daß aus der Form der Behauptung oder Verbreitung die Absicht zu beleidigen hervorgeht?)	246
Mittheilungen der vor einem Strafgerichte gepflogenen Unterhandlungen	255
Was versteht das Preßgesetz vom 12. Mai 1851 unter „Herausgeber" einer Druckschrift? (Erste Erörterung dieser Frage, veranlaßt durch den Beschluß des Obertribunals vom 17. Juni 1863)	275
Was versteht das Preßgesetz vom 12. Mai 1851 unter „Herausgeber" einer Druckschrift? (Zweite Erörterung dieser Frage, veranlaßt durch das Erkenntniß des Obertribunals vom 22. Februar 1864)	289
Zur Interpretation des Preßgesetzes (§. 54)	330
Beschluß des Obertribunals vom 29. Januar 1866 betreffend Art. 84 der preußischen Verfassungsurkunde	340

Mitthäter und Gehülfe.

Bei Oppenhoff (Entscheidungen u. s. w. Thl. I S. 5 f.) findet sich folgender Rechtssatz aufgezeichnet [1]):

Beim Vorhandensein mehrerer Mitthäter ist für die Strafbarkeit Aller derjenige Thatbestand maßgebend, welcher nach den persönlichen Verhältnissen auch nur eines derselben sich als der schwerste darstellt.

Daher wird der von Mehreren gemeinschaftlich verübte Mord des Ehegatten eines derselben an Allen als Gattenmord bestraft.

Der Thatbestand des Rechtsfalles, um dessen Betrachtung es sich hier handelt, wird durch folgende von den Geschwornen beantworteten Fragen deutlich:

1. „Ist die Angeklagte Wittwe Kortum, geborene Weiland, schuldig, im Herbste 1859 zu Dalldorf in Gemeinschaft mit einer anderen Person den Einwohner Friedrich Kortum, ihren Ehemann, vorsätzlich getödtet zu haben und zwar mit Überlegung?"

„Ja, die Angeklagte ist schuldig, mit allen in der Frage enthaltenen Umständen, mit mehr als sieben Stimmen."

Zusatzfrage: „Hat die Angeklagte Wittwe Kortum bei Verübung der That ohne Zurechnungsfähigkeit gehandelt?"

„Nein, sie hat nicht ohne Zurechnungsfähigkeit gehandelt, mit mehr als sieben Stimmen." —

2. „Ist der Angeklagte Müller schuldig, im Herbste 1859 zu Dalldorf in Gemeinschaft mit der verehelichten Kortum de-

1) Vergl. Goltdammer, Archiv 8 S. 721 ff.

ren Ehemann, den Einwohner Friedrich Kortum, vorsätzlich getödtet zu haben, und zwar mit Überlegung?"

„Ja, der Angeklagte ist schuldig, mit allen in der Frage enthaltenen Umständen, mit mehr als sieben Stimmen." —

Zu erwähnen ist noch, daß der vorliegende Fall mit Rücksicht auf die Frage an die vereinigten Senate für Strafsachen verwiesen worden war,

„ob bei festgestellter gemeinschaftlicher Verübung eines Mordes an dem Ehegatten eines der mehreren Thäter gegen den (mit dem Ehegattenverhältnisse des Getödteten nicht unbekannten) Mitthäter, welcher nicht der Ehegatte des Ermordeten ist, auf Verlust der bürgerlichen Ehre (§. 175 Abs. 2 des St.-G.-B.) zu erkennen sei —"

und daß das Resultat der Erwägung des Obertribunals in den oben mitgetheilten Rechtssätzen enthalten ist.

Die Betrachtung dieses Falles soll sich nicht auf das ganze, so überaus bestrittene Gebiet der Lehre von der Urheberschaft und Theilnahme erstrecken, sondern nur diejenigen Fragen berühren, welche durch die vorstehende Entscheidung angeregt werden. Wir werden es daher nur mit den Begriffen Thäter, Mitthäter und Gehülfen zu thun haben, während das Verhältniß der Anstiftung dieser Betrachtung vollständig fremd bleiben kann.

Der Ausdruck „Mitthäter" ist in der Frage gebraucht, welche zur Beantwortung den vereinigten Senaten für Strafsachen vorgelegt worden ist. Daß dieses Wort zu dem angegebenen Zwecke gebildet worden ist, erklärt sich in genügender Weise aus der in dem §. 34 des Strafgesetzbuches beliebten Ausdrucksweise; der Thäter bildet den Gegensatz zum Anstifter (§. 34 Nr. 1) und ebenso den Gegensatz zum Gehülfen (§. 34 Nr. 2). Bekannt ist es aber, daß in der Doktrin als gleichbedeutend mit den Worten Thäter und Mitthäter auch die Worte Urheber und Miturheber gebraucht werden; da es indessen für die Sicherheit der Betrachtung erforderlich ist, für ein und denselben Begriff auch immer nur eine Benennung zu haben, so werden wir bei den Worten Thäter und Mitthäter stehen bleiben. Das preußische Strafgesetzbuch kennt freilich nicht den Ausdruck Mitthäter; es erachtete eben eine besondere gesetzliche Bestimmung — und wie ich glaube mit vollem Rechte — für diesen Begriff als überflüssig. Die Praxis aber kann diesen Begriff nicht entbehren, sie muß vielmehr in der Lage sein, den Fall durch eine besondere Benennung auszeichnen zu können, in welchem ein Verbrechen von mehreren Personen begangen ist, von denen jede die Eigenschaft des Thäters hat.

Beiläufig ist hier noch auf Folgendes aufmerksam zu machen. Wenn ein Strafgesetz vor Mißdeutungen geschützt sein will, so muß dasselbe, wenn es sich zur Bezeichnung eines bestimmten Begriffes für einen bestimmten Ausdruck entschieden hat, diesen Ausdruck auch nur für diesen einen Begriff verwenden; und ferner: so oft dieser Begriff im Gesetze vorkommt, muß er jedesmal durch den einmal gewählten, niemals durch einen anderen Ausdruck bezeichnet werden. — Gegen diese so selbstverständliche erste Fundamentalregel der Gesetzgebung haben die Verfertiger des preußischen Strafgesetzbuches wie an anderen Stellen, so auch bei der Lehre von der Thäterschaft und Theilnahme gefehlt.

Es dürfte nicht uninteressant sein, bei diesem Punkte einen Augenblick zu verweilen.

Wie erwähnt, braucht §. 34 den Ausdruck Thäter, um den Gegensatz zu jeder Art von Theilnahme zu bezeichnen. Anstatt aber diesen Gegensatz, welcher durch §. 34 nicht bloß dem Worte, sondern auch dem Begriffe nach zwischen Thäterschaft und Theilnahme fixirt ist, aufrecht zu erhalten, finden wir an mehreren Stellen des Strafgesetzbuches das Wort „Thäter" so gebraucht, als ob „Thäter" und „Theilnehmer" gesagt wäre. Das ist der Fall bei St.-G.-B. §. 40: „Ein Verbrechen oder Vergehen ist nicht vorhanden, wenn der Thäter zur Zeit der That wahnsinnig oder blödsinnig, oder die freie Willensbestimmung desselben durch Gewalt oder durch Drohungen ausgeschlossen war." Ferner bei §. 50: „Ein Verbrechen oder Vergehen, dessen Bestrafung nur auf den Antrag einer Privatperson erfolgen kann, soll straflos bleiben, wenn die zum Antrage berechtigte Person den Antrag binnen drei Monaten zu machen unterläßt. Diese Frist beginnt mit der Zeit, zu welcher der zum Antrage Berechtigte von dem gegen ihn begangenen Verbrechen oder Vergehen und von der Person des Thäters Kenntniß erhalten hat." Dasselbe findet statt bei §. 196: „War bei einer Mißhandlung oder Körperverletzung der Thäter ohne eigene Schuld durch eine ihm selbst, oder seinen Angehörigen zugefügte Mißhandlung oder schwere Beleidigung von dem Verletzten zum Zorne gereizt." Das Wort „Thäter" bedeutet hier mit Bezug auf die Körperverletzung dasselbe, was in §. 177 das Wort „Todtschläger" mit Bezug auf die Tödtung bedeutet. So wenig, wie man im letzteren

Falle bezweifeln wird, daß unter „Todtschläger" auch die etwaigen Gehülfen des Thäters mitzuverstehen sind, ebensowenig wird man mit Bezug auf §. 196 Anstand nehmen dürfen, dasjenige, was für den „Thäter" angeordnet ist, auch auf die Theilnehmer an einer im Affekt begangenen Körperverletzung auszudehnen. — Weiter bestimmt §. 197 al. 4: „Diese Bestimmungen" (nämlich in Betreff der Vergiftung) „berühren nicht den Fall, wo der Thäter die Absicht zu tödten hatte." Und in §. 277 heißt es: „Das Gewehr, das Jagdgeräth und die Hunde, welche der Thäter bei dem unberechtigten Jagen bei sich geführt hat .... sind dem Fiskus im Strafurtheile zuzusprechen." Unbedenklich wird man auf denjenigen, welcher dem Mörder Gift verschaffte, wissend, daß dasselbe zu einem Morde dienen sollte, §. 197 al. 4 anwenden; und ebenso unbedenklich wird man den Hund, welchen ein Hundejunge hinter dem Jäger an der Leine führt, auf Grund des §. 177 dem Fiskus zusprechen, obwohl dieser Paragraph nur vom „Thäter" spricht.

So finden wir also eine ganze Menge von Bestimmungen, in denen das Wort „Thäter" nicht in seiner durch §. 34 festgestellten technischen Bedeutung gebraucht ist, sondern wo es soviel bedeutet als: Jeder, der eine strafbare Handlung begangen hat, mag er nun Thäter oder Theilnehmer sein. Sollte aber Jemand behaupten, dieser Vorwurf sei ungerecht, das Strafgesetzbuch habe in allen so eben angeführten Stellen das Wort „Thäter" wirklich nur in dem beschränkten Sinne gebraucht, in welchem dasselbe auch in §. 34 vorkomme, und es sei der Interpretation überlassen worden, dasjenige, was von der Thäterschaft im eigentlichen Sinne des Wortes gesagt sei, auch auf die Theilnahme mit auszudehnen; so möchte doch gegen eine solche Auffassung §. 2 des Strafgesetzbuches anzuführen sein: „Kein Verbrechen, kein Vergehen und keine Übertretung kann mit einer Strafe belegt werden, die nicht gesetzlich bestimmt war, bevor die Handlung begangen wurde." Daß durch diese Bestimmung die Analogie ebenso verboten, wie die extensive Interpretation gestattet ist, das steht fest. Wenn nun, wie ich gesagt habe, das Strafgesetzbuch in den oben angeführten Stellen unter dem Worte „Thäter" jeden verstanden hat, der die betreffende verbrecherische Handlung beging, so würde es lediglich Sache der zulässigen Interpretation sein, gemäß diesem allerdings incorrekten Sprachgebrauch das Strafgesetzbuch anzuwenden. Will man dagegen die Correktheit des Ausdruckes für das Strafgesetzbuch in Anspruch nehmen, so wird man zugeben müssen, daß, da die Theilnahme ein vollkommen anderer Schuldgrad ist als die Thäterschaft, man gegen die allgemeine Bestimmung des §. 2 verstoßen würde, wollte man mit Hülfe der Analogie dasjenige, was für die Schuld des Thäters bestimmt ist, für die hievon wesentlich verschiedene Schuld des Theilnehmers in Anwendung bringen. —

Gesetzt aber, das Strafgesetzbuch hätte an diesen Stellen correkt gesprochen und §. 2 sei kein Hinderniß trotz dieses correkten Ausdrucks die für den Thäter angedrohten Strafen auch auf den Theilnehmer anzuwenden, so würde daraus folgen, daß nun überhaupt kein Grund vorhanden gewesen wäre, da, wo eine Strafbestimmung für den Thäter festgesetzt wurde, noch ausdrücklich zu erklären, daß dieselbe auch für den Theilnehmer maßgebend sein solle; höchstens würde sich der umgekehrte Fall rechtfertigen, nämlich die besondere Bestimmung, daß das in dem einzelnen Falle für den Thäter Bestimmte für den Theilnehmer nicht maßgebend sei. — Und doch hat das Strafgesetzbuch es für gut befunden, neben dem Thäter noch besonders der Theilnehmer zu gedenken. §. 218: „Zuchthausstrafe bis zu zehn Jahren und Stellung unter Polizeiaufsicht tritt in folgenden Fällen ein ... 6) wenn der Dieb oder einer der Diebe, oder einer der Theilnehmer am Diebstahle Waffen bei sich führt.“ §. 232: „Der Raub wird mit Zuchthaus von zehn bis zu zwanzig Jahren, sowie mit Stellung unter Polizeiaufsicht bestraft: 1) wenn der Räuber, oder einer der Räuber oder Theilnehmer am Raube Waffen bei sich führt.“ Was kann es nun hier für einen Sinn haben, daß der Theilnehmer am Diebstahle oder am Raube noch neben dem Thäter dieser Verbrechen genannt worden, wenn es ein allgemeiner Grundsatz wäre, daß dasjenige, was vom Thäter gesagt ist, auch für die Theilnehmer Geltung habe? Das Gleiche wäre unter der angegebenen Voraussetzung auch ausgedrückt worden, hätte man gesagt, §. 218, „wenn einer der Diebe“ — §. 232, „wenn einer der Räuber Waffen bei sich führt.“ (Vergl. überdem noch §. 195 al. 3.)

Neben den mehreren Stellen, in denen das Wort Thäter gebraucht und Thäter inclusive Theilnehmer gemeint ist, kann wenigstens eine Stelle angeführt werden, in welcher das Wort „Theilnehmer“ gebraucht ist, während der Sinn der ganzen Stelle ergiebt, daß nicht bloß von der Theilnahme, sondern auch von der Thäterschaft die Rede ist. §. 52: „Der Antrag auf Bestrafung kann nicht getheilt werden. Das gerichtliche Verfahren findet gegen sämmtliche Theilnehmer an dem Verbrechen oder Vergehen statt, auch wenn nur gegen Einen derselben auf Bestrafung angetragen worden ist." Man erwäge, zu welchen wunderlichen Resultaten man gelangen würde, wenn man annähme, das Strafgesetzbuch habe sich wirklich einer correkten Sprache bedient und unter dem Worte „Theilnehmer" an dieser Stelle dasjenige verstanden, was §. 34 uns gelehrt hat unter diesem Worte zu verstehen. — Auffallend mindestens ist auch die Schlußbestimmung des §. 260. Es werden hier Handlungen mit Strafe bedroht, welche ihrer Natur nach wohl geeignet wären, Theilnahme-Handlungen bei dem betrüglichen Bankerott zu sein, die aber schon um ihrer selbst willen strafbar sein sollen. Dann heißt es zum Schluß: „Hat der Thäter im Einverständnisse mit dem Gemeinschuldner gehandelt, so kommen die allgemeinen Vorschriften über die Theilnahme am Verbrechen zur Anwendung." Soll diese Bestimmung heißen: „zum Begriffe der Theilnahme gehört Einverständniß mit dem Thäter?" Oder soll das hier Gesagte den Sinn haben: „Der strafrechtliche Gesichtspunkt der Theilnahme soll nicht in jedem Falle, sondern nur dann maßgebend sein, wenn der Theilnehmer mit dem Thäter im Einverständnisse gehandelt hat?" Es wäre dann für den speziellen Fall des §. 260 eine an sich zulässige Modification der Bestimmungen des §. 34 Nr. 2 getroffen; aber zu bezweifeln ist es, daß dies die Tendenz des Gesetzes ist. Vielmehr muß angenommen werden, das Gesetz habe sagen wollen: „Wenn die in §. 260 als selbständige Delikte aufgefaßten und demgemäß mit Strafe bedrohten Handlungen, nicht als selbständige Delikte, sondern als Theilnahme-Handlungen des betrüglichen Bankerotts vorkommen, so sollen sie auch als solche bestraft werden." Verursachte es Schwierigkeiten, diesen Gedanken in eine dem gesetzlichen Sprachgebrauche entsprechende Form zu kleiden, so konnte man ihn auch ganz fortlassen; denn das beabsichtigte Resultat war durch §§. 35, 55 und 259 vollkommen gesichert. —

Es ist sodann darauf aufmerksam zu machen, daß unser Strafgesetzbuch dasjenige, was es in §. 34 und an anderen Stellen durch das Wort „Thäter" bezeichnet, an anderen Stellen „Urheber" nennt. §. 195 al. 3: „Die Anwendung der Gesetze gegen diejenigen, welche als Urheber eines Mordes oder Todtschlags, oder einer schweren oder erheblichen Körperverletzung oder als Theilnehmer an diesen strafbaren Handlungen schuldig sind (§. 34 Nr. 1, 2), ist hierdurch nicht ausgeschlossen." §. 218 Nr. 7: „Zuchthausstrafe bis zu zehn Jahren und Stellung unter Polizeiaufsicht tritt in folgenden Fällen ein: 7) wenn zu dem Diebstahle zwei oder mehrere Personen als Urheber oder Theilnehmer mitwirken, welche sich zur fortgesetzten Verübung von Raub oder Diebstahl verbunden haben." §. 232: „Der Raub wird mit Zuchthaus von zehn bis zu zwanzig Jahren, sowie mit Stellung unter Polizeiaufsicht bestraft: 2) wenn zu dem Raube zwei oder mehrere Personen als Urheber oder Theilnehmer mitwirken, welche sich zur fortgesetzten Verübung von Raub oder Diebstahl verbunden haben." Es mag sein, daß es besser klingt Urheber eines Mordes, Urheber eines Diebstahls, Urheber eines Raubes, als Thäter eines Mordes, Thäter eines Diebstahls, Thäter eines Raubes. Da jedoch der Wohlklang gegenüber der Correktheit der Sprache des Gesetzes nicht in Betracht kommen kann, da ferner die Correktheit der gesetzlichen Sprache es verlangt, daß für ein und denselben Begriff auch nur ein und dasselbe Wort gebraucht werde, so wird man nicht umhin können, diesen hier beliebten Wechsel des Ausdrucks als einen Fehler des Gesetzes zu bezeichnen. Klang den Verfassern des Gesetzes das Wort Urheber schöner als das Wort Thäter, so wäre kein Hinderniß gewesen, das schöner klingende Wort bereits bei §. 34 anzuwenden; aber unter der Bedingung, daß es auch das ausschließliche für den betreffenden Begriff blieb. — Übrigens hätte auch an den hier angeführten Stellen unter Aufrechthaltung der correkten Sprache ein aus derselben etwa entstehender Mißklang leicht vermieden werden können. Man denke sich die betreffenden Gesetzesstellen in folgender Weise gefaßt: §. 195 al. 3: „Die Anwendung der Gesetze gegen diejenigen, welche des Mordes, des Todtschlags, der schweren oder erheblichen Körperverletzung als Thäter oder als Theilnehmer (§. 34 Nr. 1, 2) schuldig sind, ist hierdurch nicht ausgeschlossen." §. 218 Nr. 7 (resp. §. 232 Nr. 2): „Zuchthaus von ..... tritt ein, wenn bei dem Diebstahle (resp. bei dem Raube) mehrere Personen mitwirken, welche sich zur Verübung von Raub oder Diebstahl verbunden haben."

Um den Sprachgebrauch des Gesetzbuches für die Begriffe Thäterschaft und Theilnahme zum Abschluß zu bringen, ist endlich noch auf verschiedene Ausdrücke hinzuweisen, die sämmtlich so klingen, als ob von Theilnahme die Rede sei, während doch nichts weniger als dieses der Fall ist. Wir finden noch folgende Ausdrucksarten: „wer Theil nimmt, — die Theilnahme, — wer sich betheiligt hat, — die

Betheiligung, — der Betheiligte." — So bestimmt §. 97: es sei verboten, unbefugt bewaffnete Haufen zu bilden. Strafe hiefür ist Gefängniß bis zu zwei Jahren. Und dann heißt es wörtlich folgendermaßen: „Wer an solchen bewaffneten Haufen Theil nimmt, hat Gefängniß bis zu Einem Jahre verwirkt." §. 98 und §. 99 beginnen beide mit den Worten: „Die Theilnahme an einer Verbindung ꝛc.", obwohl nicht von der Theilnahme an einem Delikt, sondern von dem Delikt selbst die Rede ist. §. 195: „.... jeder, welcher sich an der Schlägerei oder dem Angriffe betheiligt hat, ist schon wegen dieser Betheiligung mit Gefängniß nicht unter drei Monaten zu bestrafen." al. 2: „Sind mehreren Betheiligten solche Verletzungen zuzuschreiben ꝛc." — An diesen Stellen hatte die ursprüngliche Fassung des Gesetzes gesagt: „jeder Theilnehmer an der Schlägerei ꝛc. ist schon wegen dieser Theilnahme ꝛc. zu bestrafen." Und in al. 2 hieß es: „Sind mehreren Theilnehmern solche Verletzungen zuzuschreiben ꝛc." Daß die ursprüngliche Fassung noch fehlerhafter war, als die jetzige, wird Niemand bezweifeln; ebensowenig aber auch Jemand behaupten mögen, die jetzige sei correkt zu nennen.

Doch wir kehren nach diesem kritischen Streifzuge in das Gebiet des Strafgesetzbuches zu unserem Rechtsfall zurück.

Wir sahen oben, daß zwar das Strafgesetzbuch den Ausdruck „Mitthäter" nicht kennt, die Praxis jedoch nicht in der Lage sei, denselben entbehren zu können, weil der Fall, daß an der Begehung eines und desselben Verbrechens sich mehrere Personen als Thäter betheiligt haben, besonders bezeichnet werden muß. Die Frage bleibt jedoch dabei noch offen, ob dieser Ausdruck auch für die an die Geschwornen zu richtenden Fragen zu gebrauchen, oder ob derselbe lediglich für die richterlichen Entscheidungsgründe zu verwerthen ist. — Wir werden nicht umhin können, uns für die letztere Alternative zu entscheiden und zwar in Folge der Vorschrift des Art. 81 Gesetz v. 3. Mai 1852: „Die Fragen müssen bei Strafe der Nichtigkeit alle Thatsachen enthalten, welche die wesentlichen Merkmale der dem Angeklagten zur Last gelegten strafbaren Handlung bilden." Daß zu diesen wesentlichen Merkmalen auch diejenigen Thatsachen gehören, von deren Vorhandensein das Gesetz die Existenz eines besonderen Schuldgrades abhängig gemacht hat, ist außer allem Zweifel. Die wesentlichen Merkmale des Versuchs, der Theilnahme, des Irrthums, der Nothwehr sind daher in die, an die Geschwornen zu stellenden Fragen aufzunehmen. Wenn aber ein strafrechtlicher Begriff existirt, welcher für die Schuld des Angeklagten unwesentlich ist, wenn diese Unwesentlichkeit für die Schuld dadurch anerkannt ist, daß das Gesetz den betreffenden Begriff gar nicht aufgenommen, noch weniger die wesentlichen Merkmale desselben bezeichnet hat, so folgt hieraus, daß ein derartiger Begriff nicht Gegenstand der an die Geschwornen gestellten Frage sein kann. Ja, es entsteht beinahe die Unmöglichkeit, mit Bezug auf einen solchen Begriff eine correkte Frage zu formuliren. Denn der Rechtsbegriff selbst, in unserem Falle also die Mitthäterschaft, kann nicht in die Frage aufgenommen werden, vielmehr ist derselbe in seine thatsächlichen Momente zu zerlegen, und zwar nach Anleitung des Gesetzes. Das Gesetz aber, welches uns zu dieser Auflösung des Begriffes der Mitthäterschaft in seine einzelnen thatsächlichen Momente in den Stand setzen würde, ist nicht vorhanden. So zeigen denn auch die in dem vorliegenden Falle zum Zwecke der Feststellung der Mitthäterschaft formulirten Fragen nichts weiter als einen vollkommen verunglückten Versuch, dasjenige zu erreichen, was sich nicht erreichen läßt. Denn wenn wir die Fragen lesen:

„Ist die Angeklagte u. s. w. schuldig, in Gemeinschaft mit einer anderen Person den u. s. w. vorsätzlich getödtet zu haben und zwar mit Überlegung"

und

„Ist der Angeklagte u. s. w. schuldig, in Gemeinschaft mit der verehelichten Kortum deren Ehemann u. s. w. vorsätzlich getödtet zu haben und zwar mit Überlegung"

so wird man doch sicherlich nicht behaupten wollen, daß die Ausdrücke: „in Gemeinschaft mit einer anderen Person", resp. „in Gemeinschaft mit der verehelichten Kortum" — eben nur das Verhältniß der Mitthäterschaft und nicht auch ebenso gut das Verhältniß der Beihülfe ausdrücken könnten. Wenn in dem vorliegenden Falle durch die Aufstellung der erwähnten Frage allerdings die Möglichkeit ausgeschlossen bleibt, an die Beihülfe zu denken, so liegt der Grund dafür nicht in den Worten „in Gemeinschaft mit", sondern darin, daß jede einzelne der beiden Fragen eine Frage nach der Thäterschaft ist, auch ganz abgesehen von den urgirten Worten „in Gemeinschaft mit". Hätten nämlich die Fragen in folgender Weise gelautet:

1) Ist die Angeklagte Wittwe Kortum, geborene Weiland, schuldig, im Herbste 1859 zu Dalldorf den Einwohner Friedrich Kor-

tum, ihren Ehemann, vorsätzlich getödtet zu haben und zwar mit Überlegung?

2) Ist der Angeklagte Müller schuldig, im Herbste 1859 zu Dalldorf den Einwohner Friedrich Kortum, den Ehemann der Mitangeklagten Wittwe Kortum geb. Weiland, vorsätzlich getödtet zu haben und zwar mit Überlegung?

wären beide Fragen, wie im vorliegenden Falle wirklich geschehen, dahin beantwortet worden:

Ja, die (resp. der) Angeklagte ist schuldig mit allen in der Frage enthaltenen Umständen mit mehr als sieben Stimmen

so wäre damit festgestellt:

1) Mit Bezug auf den an dem Friedrich Kortum begangenen Mord ist die angeklagte Ehefrau des Ermordeten der Thäterschaft schuldig;

2) Mit Bezug auf den an dem Friedrich Kortum begangenen Mord — ist auch der Angeklagte Müller der Thäterschaft schuldig;

folglich — so hat der Richter nach dieser thatsächlichen Feststellung zu concludiren — findet zwischen der Wittwe Kortum und dem Angeklagten Müller das Verhältniß der Mitthäterschaft statt. — Man könnte vielleicht einwenden, daß, wenn auch die zuletzt formulirten Fragen ausreichend sein würden, um gegen beide Angeklagte die Thäterschaft an ein und demselben Morde festzustellen, es doch höchstens ein superfluum sei, wenn, wie von dem Schwurgerichtshofe geschehen, in die Fragen noch die Worte „in Gemeinschaft mit" aufgenommen würden.

Ich glaube nicht, daß dieser Einwand gerechtfertigt sein würde. Denn, wenn das Gesetz es auch nicht gerade vorschreibt, daß die an die Geschwornen zu stellenden Fragen nur und ausschließlich die für die Schuld des Angeklagten wesentlichen Thatsachen enthalten dürfen, so ist doch bestimmt, daß alle für die Schuld wesentlichen Thatsachen in dieselbe aufgenommen werden müssen, und da dies schon oft genug in der Praxis Schwierigkeiten macht, so pflegt man es sich so sehr zu ersparen, die Fragen durch superflua noch schwieriger in ihrer Formulirung zu machen, daß man zu der Vermuthung berechtigt ist, der Richter, der ein superfluum in die Frage mit aufgenommen hat, hat in diesem superfluum nicht ein superfluum, sondern ein essentiale erblickt. Erachtet man aber zur Bestimmung der Schuld überhaupt und des allgemeinen Schuldgrades ein Moment für wesentlich, welches in Wahrheit unwesentlich ist, so ergiebt sich hieraus beinahe mit Nothwendigkeit, daß man juristische Fehler macht.

In dem vorliegendem Falle zeigt sich dies überaus deutlich.

Eine Gemeinschaftlichkeit mußte zwischen den beiden Angeklagten stattfinden, sie wurde mit absoluter Nothwendigkeit dadurch bedingt, daß die verbrecherische Handlung des einen ebenso wie die des andern gegen ein und dasselbe Objekt gerichtet war. Diese aus der Natur der Sache folgende Gemeinschaft war es aber gar nicht, weshalb man den Umstand, daß die beiden Angeklagten in Gemeinschaft mit einander gehandelt hatten, in der an die Geschwornen gerichteten Frage besonders betonte. Diese aus der Natur der Sache folgende Gemeinschaft würde es nämlich ganz unentschieden gelassen haben, ob der eine oder der andere Angeklagte Haupt- oder Mitthäter gewesen sei; es wäre eben nur das Resultat gewonnen: *Jeder der beiden Angeklagten ist Thäter*; daraus hätte sich dann von selbst ergeben, daß die Schuld jedes der Thäter, mithin auch die Strafbarkeit eines jeden derselben aus seiner eigenen Person und der von ihm begangenen Handlung zunächst zu entnehmen gewesen wäre und erst nachdem dies geschehen, hätte man das Gesetz weiter zu befragen gehabt, ob das Verhältniß der Mitthäterschaft ein Abhängigkeitsverhältniß der Schuld des einen Thäters von der des andern bedinge. Dann wäre für die Entscheidung dieser rein rechtlichen Frage keinerlei Präoccupation vorhanden gewesen. Formulirte man aber die Frage so, wie es in Wirklichkeit geschehen ist, so ging man ganz unwillkürlich von der Voraussetzung aus, daß, ebenso wie die Strafbarkeit des Gehülfen abhängig sei von der Strafbarkeit des Thäters, so auch die Strafbarkeit des einen Thäters abhängig sein müsse von der des anderen. *Man nahm bei der Aufstellung der Frage mithin etwas für erwiesen an, was gerade noch des Beweises bedurfte.* Ging man aber einmal von dieser vorgefaßten Meinung aus, so mußte man sich auch sofort entschließen, einen der beiden Mitthäter als denjenigen zu bestimmen, von dessen Bestrafung die des anderen abhängen müsse. Und so hatte sich denn auch der Schwurgerichtshof — die Fragen selbst ergeben dies ganz deutlich — bereits vor Aufstellung der Fragen dahin geeinigt, daß, wenn bei einem Morde einer der Thäter die Ehegattin des Ermordeten, der zweite eine diesem fremde Person gewesen sei, die

Strafe für den letzteren abhängig sei von der durch die Handlung der Ehefrau verwirkten Strafe.

Man sehe nur die den Geschworenen vorgelegten Fragen genau an. In Betreff der Angeklagten Kortum lautet die Frage, ob sie schuldig sei, in Gemeinschaft mit „einer anderen Person“ den Einwohner Friedrich Kortum, ihren Ehemann, vorsätzlich und mit Überlegung getödtet zu haben. In welcher persönlichen Beziehung diese „andere Person“ zu dem Ermordeten gestanden hat, das erscheint hier als gleichgültig. Nun wäre es darauf angekommen, auch für den Mitangeklagten Müller die Thäterschaftsfrage zu formuliren. Auch für ihn hätte man fragen müssen: „Ist der Angeklagte Müller schuldig, in Gemeinschaft mit einer anderen Person den Einwohner Friedrich Kortum vorsätzlich und mit Überlegung getödtet zu haben. Allenfalls hätte zur genaueren Bezeichnung der Identität des Ermordeten noch gesagt werden können: „den Einwohner Friedrich Kortum, den Ehemann der Wittwe Kortum, gebornen Weiland“. Statt dessen wird aber in Betreff des Angeklagten Müller die Frage dahin formulirt: Ist der ꝛc. schuldig, in Gemeinschaft „mit der verehelichten Kortum“ deren Ehemann, den Einwohner ꝛc. getödtet zu haben und zwar mit Überlegung. — Für die Wittwe Kortum war es gleichgültig, wer die Person war, in deren Gemeinschaft sie den Mord begangen hatte, es war schlechthin „eine andere Person“; für den Angeklagten Müller dagegen wird die Person, in deren Gemeinschaft er handelte, auffallenderweise wichtig, sie wird besonders bezeichnet, es genügt nicht, daß er den Friedrich Kortum in Gemeinschaft mit einer anderen Person getödtet hat, es muß festgestellt werden, daß er den Friedrich Kortum in Gemeinschaft mit dessen Ehefrau getödtet habe. — Warum, so möchten wir fragen, hat man die Sache nicht umgekehrt und in folgender Weise gefragt:

1) Ist die Angeklagte Wittwe Kortum, geborne Weiland, schuldig, im Herbste 1859 zu Dalldorf in Gemeinschaft mit dem Mitangeklagten Müller den Einwohner Friedrich Kortum, ihren Ehemann, vorsätzlich getödtet zu haben und zwar mit Überlegung?

2) Ist der Angeklagte Müller schuldig, im Herbste 1859 zu Dalldorf in Gemeinschaft mit einer anderen Person den Einwohner Friedrich Kortum, den Ehemann der Mitangeklagten ꝛc., getödtet zu haben und zwar mit Überlegung?

Bei dieser Fragstellung würde man sich selbstverständlich haben sagen müssen, daß die hervorgehobenen Worte ganz überflüssig seien. Denn, würde die Kortum des Gattenmordes schuldig gefunden werden, so sei es wahrlich gleichgültig, ob sie der Ausführung dieses Verbrechens in Gemeinschaft mit Müller oder mit Schulze, oder ob sie überhaupt in Gemeinschaft handelte. Dagegen aber würde es für den Angeklagten Müller nicht gleichgültig sein, ob er in Gemeinschaft mit Hinz oder Kunz oder in Gemeinschaft mit der Ehefrau des Ermordeten gehandelt habe; denn — und hierin liegt gerade die petitio principii — die Bestrafung des Mitangeklagten Müller würde sich in diesem Falle nach der Bestrafung der des Gattenmordes schuldig gefundenen Mitangeklagten richten müssen.

Aus dem Gesagten geht es wohl deutlich genug hervor, daß der Schwurgerichtshof durch seine Art die Fragen zu formuliren in Betreff der Beantwortung der reinen Rechtsfrage: „Ist die Strafbarkeit des einen Thäters von der des anderen abhängig“ captivirend zu Werke gegangen ist.

In die den Geschwornen zu stellende Frage war, wie gesagt, nichts weiter aufzunehmen, als diejenigen Momente, durch welche die Thäterschaft jedes der beiden Angeklagten festgestellt werden konnte. Daß dann im Falle der Bejahung dieser Fragen die Angeklagten im Verhältnisse der Mitthäterschaft zu einander standen, das festzuhalten war lediglich Sache der richterlichen Conclusion, und ebenso war es ausschließlich die Sache des rechtsgelehrten Richters zu prüfen, ob und welchen Einfluß das Verhältniß der Mitthäterschaft auf den oder die Angeklagte hatte.

Auch das Obertribunal hat bei der Formulirung der Frage, welche den vereinigten Abtheilungen des Senats für Strafsachen vorlag, die Fehler, welche in Bezug auf die vom Schwurgerichtshof aufgestellten Fragen gerügt werden mußten, nicht vollkommen vermieden. Das Obertribunal fragt nämlich:

> „Ist bei festgestellter gemeinschaftlicher Verübung eines Mordes an dem Ehegatten eines der mehreren Thäter gegen den Mitthäter, welcher nicht der Ehegatte des Ermordeten ist, auf Verlust der bürgerlichen Ehre zu erkennen?“

Der Umstand, daß eine gemeinschaftliche Verübung eines Mordes stattgefunden hat, ist auch hier besonders hervorgehoben und damit zur Genüge angedeutet, daß auf eine weitere Gemeinschaftlichkeit

Rücksicht genommen sei, als auf diejenige, welche durch das für beide Thäter gleiche Objekt des verbrecherischen Angriffs mit Nothwendigkeit bedingt wurde. Ferner wird gegenübergestellt „einer der Thäter“ dem „Mitthäter“ und es erhält so letzterer in Etwas den Charakter des Accessoriums gegenüber dem ersteren. Erwägt man nun, daß unter dem „einen Thäter“ der Ehegatte des Ermordeten verstanden ist, „Mitthäter“ dagegen diejenige Person genannt wird, welche nicht in dem genannten persönlichen Verhältnisse zu dem Ermordeten steht, so ergiebt sich aus diesem Allen, daß man sich schon bei Formulirung der Frage die Bestrafung desjenigen Thäters, welcher nicht der Ehegatte des Ermordeten war, in Abhängigkeit von der Bestrafung desjenigen Thäters dachte, bei welchem dies persönliche Verhältniß zu dem Getödteten obwaltete.

Versuchen wir die Formulirung der Frage in einer die Antwort weder nach der einen noch nach der anderen Richtung hin provocirenden Weise: Casus. N. ist von A. und von B. ermordet worden. A. und B. sind beide Thäter. A. ist der Ehegatte des Ermordeten. Quaestio. Ist bei der Bestrafung des B. darauf Rücksicht zu nehmen, daß A. der Ehegatte des Ermordeten ist. —

Die Beantwortung dieser Frage mag durch folgende Betrachtung eingeleitet werden.

Angenommen, es sei die Strafbarkeit des B. davon abhängig, daß A. der Ehegatte des Ermordeten ist. Für die Praxis würde dann aus diesem Satze noch gar nichts folgen; denn wenn ich nur weiß, daß auf die Strafbarkeit des B. die Strafbarkeit des A. von Einfluß sei, so kann ich eine bestimmte Strafe für B. doch nicht arbitriren, wenn ich nicht zugleich weiß, welcher Art dieser Einfluß ist, um wie viel sich die Strafe des B. erhöht oder verringert, wenn A. der Ehegatte des Ermordeten ist. — Mag man annehmen, die Strafe des B. sei abhängig von der des A.; es würde dies doch eine vollkommen indifferente Annahme sein, wenn das Abhängigkeitsverhältniß unbekannt bleibt. Welcher Art aber dieses sei, das kann nur das Gesetz bestimmen, vorausgesetzt, daß dieses Abhängigkeitsverhältniß des B. von dem A. einen besonderen Schuldgrad begründen und nicht bloß auf die Strafzumessung von Einfluß sein soll. —

Die Voraussetzung für unsere Betrachtung ist immer die: A. ist Thäter; B. ist ebenfalls Thäter. Es handelt sich hier also um die Bestrafung zweier Thäter — das Gesetz aber berührt im Allgemeinen den Fall nicht, daß ein Verbrechen von mehreren Thätern begangen ist; es kennt keinen besonderen allgemeinen Schuldgrad, welcher durch die Mitthäterschaft begründet würde. Mag man also immerhin behaupten, der Umstand, daß ein Verbrechen von mehreren Mitthätern begangen sei, müsse die Wirkung äußern, daß die Strafbarkeit des einen Thäters abhängig sei von der des anderen; es werden derartige Behauptungen nichts als leere Behauptungen bleiben, so lange man nicht das Gesetz nachweist, durch welches das Abhängigkeitsverhältniß constituirt und die Wirkungen desselben präcisirt sind. Mögen wir also immerhin wünschen, daß es ein solches Gesetz gäbe, mögen wir die Nothwendigkeit der Existenz desselben noch so sehr hervorheben; das Alles würde nur das Resultat haben, unser Bedauern über das Nichtvorhandensein eines derartigen Gesetzes zu erhöhen, keineswegs aber, dasselbe wirklich zu schaffen.

Es bleibt uns somit nichts weiter übrig als zu erklären: Das Gesetz bestimmt die Strafe für die einzelnen Verbrechen, ohne darauf Rücksicht zu nehmen, ob bei Begehung derselben nur einer oder ob mehrere Thäter handelten; das Gesetz läßt das Verhältniß der Mitthäterschaft ohne Einfluß auf die Bestrafung der einzelnen Mitthäter, folglich müssen wir das Gleiche thun; d. h. wir haben die mehreren Mitthäter so zu bestrafen, als ob zwischen ihnen kein Zusammenhang existirte, woraus sich denn von selbst ergiebt, daß A. entsprechend seiner Schuld die Strafe des Gattenmordes, B., welcher nicht Gatte des Ermordeten ist, die des einfachen Mordes zu erdulden hat.

Daß man zu diesem Resultate gelangen mußte, wenn das Gesetz über die Mitthäterschaft keine Bestimmungen enthielte, das thun die Erwägungen, zu denen der vorliegende Rechtsfall Veranlassung gegeben hat, in genügender Weise dar. Freilich wird nirgends direkt die Frage aufgeworfen: Enthält denn das Strafgesetzbuch irgend eine Bestimmung über die Mitthäterschaft? sondern man hat gleich von vorn herein die Selbstverständlichkeit einer solchen Bestimmung angenommen, da ja das Gesetz besondere Strafbestimmungen über die Theilnahme enthalte. So äußert sich der General-Staatsanwalt:

„Bei Beantwortung der aufgeworfenen Frage tritt vor Allem das Bedenken entgegen:

ob der in Rede stehende erschwerende Umstand demjenigen, welcher nicht der Ehegatte des Ermordeten ist alsdann zugerechnet wird, wenn er nicht Mitthäter sondern Theilnehmer in der engeren technischen Bedeutung des Wortes ist.

Nur wenn diese Vorfrage bejaht, wenn der erschwerende Umstand dem Theilnehmer zugerechnet wird, erhebt sich der besondere Zweifel, ob der in Gemeinschaft mit dem Ehegatten handelnde Mitthäter melioris conditionis sein könne. Denn trifft der erschwerende Umstand den Theilnehmer nicht, so fehlt es an jedem Grunde, ihn dem Mitthäter zuzurechnen.

Meine Ansicht geht nun dahin, daß die Erschwerung der Strafe, welche der §. 175 des Strafgesetzbuches in dem Falle verhängt, wo der Mord an dem Ehegatten begangen wird, niemals einen Theilnehmer trifft, welcher nicht der Ehegatte des Ermordeten ist, folglich auch nicht den Mitthäter."

Dieses „folglich" des General-Staatsanwaltes wird verständlich, wenn wir gegen das Ende seines Vortrages lesen: „Die Mitthäterschaft des mit einem Anderen gemeinschaftlich handelnden Thäters verhält sich zu der bloßen Theilnahme an der That des Anderen, wie das majus zu dem minus."

Wir würden uns folgenden Schluß erlauben: Wenn die Mitthäterschaft das majus, die Theilnahme das minus ist, so würde daraus allerdings folgen, daß, wenn schon für die Theilnahme aus gewissen Umständen Straferhöhungen folgten, diese auch bei der Mitthäterschaft eintreten müßten; — wie z. B. auch daraus, daß eine Versuchshandlung mit Strafe bedroht ist, gewiß folgt, daß auch die Vollendung zu strafen sei: — wie aber daraus, daß für die Theilnahme gewisse Straferhöhungsmomente nicht anerkannt sind, folgen müsse, daß dieselben auch für die Thäterschaft ohne Berücksichtigung bleiben, das leuchtet ebensowenig ein, wie wenn Jemand behaupten wollte, weil der Versuch einer Rechtsverletzung nicht für strafbar erklärt sei, deshalb müsse nun auch die vollendete Rechtsverletzung straflos bleiben. — Doch es kommt hier nicht darauf an, die Deduktionen der General-Staatsanwaltschaft zu kritisiren, sondern lediglich darauf, zu zeigen, daß in dem Vortrage desselben erklärt ist, es sei zulässig, dasjenige, was das Gesetz in Betreff der Theilnahme bestimmt hat, auch für die Mitthäterschaft als bestimmt anzusehen. —

Der Schwurgerichtshof äußert sich über das Verhältniß der Theilnahme und der Mitthäterschaft in folgender Weise:

„daß im vorliegenden Falle die gemeinschaftliche Verübung

der That auch die Theilnehmerschaft nach §. 34 Nr. 2 des St.-G.-B. in sich fasse, respektive mit dieser zusammentreffe." — eine Wendung, die in sofern richtig ist, als überall, wo ein Verbrechen von Thäter und Theilnehmer ausgeführt wird, eine gemeinschaftliche Verübung des Verbrechens durch mehrere Personen behauptet werden darf; — daß aber überall, wo mehrere Personen gemeinschaftlich ein Verbrechen ausgeführt haben, dieselben in dem Verhältnisse des Thäters und Theilnehmers stehen, daß namentlich St.-G.-B. §. 34 Nr. 2, während es den Gehülfen dem Thäter gegenüberstellt, den Gehülfen dem Mitthäter gleich geachtet habe, das ist zwar eine Behauptung, aber gewiß keine erwiesene Behauptung.

Endlich äußert sich das Obertribunal noch in folgender Weise:

„Geht aber nach der Vorschrift des §. 35 a. a. O. ein solches, die Strafbarkeit des Thäters qualificirendes Moment auf denjenigen, der sich, ohne in eben solchem persönlichen Verhältnisse zu stehen, mit Kenntniß des letzteren, als Theilnehmer (im Sinne des §. 34, also als Anstifter oder Gehülfe) an der That betheiligt, dergestalt über, daß seine Strafbarkeit nach demselben Gesetze zu beurtheilen ist, welches auf den Thäter Anwendung findet, so muß eben dies auch rücksichts der als Miturheber oder Mitthäter Betheiligten stattfinden.

Das Strafgesetzbuch setzt den Begriff eines solchen Mitthäters — ebenso wie den des Thäters überhaupt — als bekannt voraus. Es erkennt an, daß außer der Theilnahme im engeren Sinne des §. 34 die Mitwirkung mehrerer Personen zur Verübung eines Verbrechens oder Vergehens als Miturheber oder Mitthäter vorkommen kann, wie es denn einer solchen mehrfach gedenkt (Einführungs-Gesetz, Art. XXII Nr. 2, St.-G.-B. §. 218 Nr. 7, §. 232 Nr. 2, §. 195 Abs. 3). Es hat, wie dies besonders auch in den Motiven zu §§. 31 und 32 des Entwurfs vom Jahre 1850 angegeben wurde, nur nöthig gefunden, dem Begriffe des Thäters oder der Thäter gegenüber das Wesen der Theilnahme (im engeren Sinne) zu bestimmen (§. 34) und hat daran (im §. 35) den Grundsatz geknüpft, daß (selbst) auf die durch solche Theilnahme zu einem Verbrechen oder Vergehen mitwirkenden Personen das auf den Thäter anzuwendende Strafgesetz anzuwenden sei. Daß ein anderes in Bezug auf diejenigen nicht gelten solle, welche sogar gemeinschaftlich mit einander als Mitthäter zu dem beabsichtigten Erfolge thätig gewesen sind, welche sich als Theilnehmer in dem weiteren, den Thäter mit umfassenden Sinne betheiligt haben, in welchem das St.-G.-B. anderweitig auch den „Thäter" als „Theilnehmer" bezeichnet (z. B. §. 52, vergl. mit §. 50 Abs. 2), ist als selbstverständlich vorausgesetzt. Es würde widersprechend erscheinen, wenn ein solcher Mitthäter oder Miturheber gelinder behandelt werden sollte, als der einfache Gehülfe, welcher letztere nur secundär zu der That mitgewirkt hat, während jener in direkter Weise dabei mitwirkte, seine beabsichtigte Mitwirkung zu dem verbrecherischen Erfolge also in erhöhtem Grade vorhanden war."

Ehe wir zur Entwickelung unserer eigenen Ansicht vorgehen, mögen nur einige Bemerkungen über die Deduktion des Obertribunals hier angeführt werden. Dasselbe unterscheidet Theilnehmer im engern (§. 34) und im weiteren Sinne. Erstere bilden den Gegensatz zu dem Begriffe der Thäterschaft, letztere umfassen auch diesen Begriff. Einige Stellen des Strafgesetzbuches, in denen das Wort „Theilnehmer" gebraucht, dagegen „Theilnehmer" und „Thäter" gemeint seien, werden zur Rechtfertigung dieser Unterscheidung angeführt. — Es ist nun unsererseits bereits oben darauf hingewiesen worden, daß das Strafgesetzbuch hinsichtlich der Correktheit des Ausdrucks, namentlich auch in der hier zu behandelnden Materie, Fehler begangen hat, indem es verschiedenartige Begriffe mit einander confundirte. — In dem vorliegenden Falle handelt es sich um eine strenge Auseinanderhaltung der Begriffe „Thäterschaft" und „Theilnahme", man darf sich daher nicht auf solche Gesetzesstellen berufen, in denen diese Begriffe mit einander confundirt werden, um eine „Theilnahme im weiteren Sinne des Worts" zu bilden, einen Begriff, der nur störend auf die Untersuchung einwirken kann, indem er mit dazu beiträgt, daß man etwas noch zu Erweisendes als etwas bereits Erwiesenes annimmt. Präcisiren wir wenigstens zunächst den Gegensatz zwischen „Theilnahme" und „Thäterschaft" und fragen wir dann, ob es zulässig ist, diese beiden Begriffe zu einem Gemeinschaftlichen, „Theilnahme im weiteren Sinne des Wortes" zu vereinigen.

Die zweite Bemerkung bezieht sich darauf, daß das Obertribunal eine Präcisirung des eben beregten Gegensatzes versucht hat. „Es würde widersprechend erscheinen, wenn ein solcher Mitthäter oder Miturheber gelinder behandelt werden sollte, als der einfache (?) Gehülfe, welcher letztere nur *secundär* zu der That mitgewirkt hat, während jener in *direkter* Weise dabei mitwirkte, seine beabsichtigte Mitwirkung zu dem verbrecherischen Erfolge also in erhöhtem Grade vorhanden war." Was ist ein „*einfacher*" Gehülfe? Soll durch dieses Beiwort ausgedrückt werden, daß der Mitthäter, zwar auch Gehülfe, aber nicht *einfacher*, sondern vielleicht qualificirter Gehülfe sei; oder ist *jeder* Gehülfe ein *einfacher* Gehülfe, so daß also dieses Wort ganz überflüssig sein würde? Also der *einfache* Gehülfe hat nur „*secundär*" zur That mitgewirkt, der Miturheber oder Mitthäter „*in direkter Weise*"! Wenn der Gegensatz zwischen „Gehülfen" und „Mitthätern" nicht schärfer zu bestimmen sein sollte, als durch das Gegenüberstellen der Worte „*secundär*" und „*in direkter Weise*", so möchte man glauben, das Strafgesetzbuch habe sich in der Voraussetzung getäuscht, wenn es annahm, die Begriffe „Thäter" und Mitthäter" als allgemein bekannte voraussetzen zu dürfen.

Stellen wir einmal ganz kurz diejenigen Sätze zusammen, auf denen die Schlußfolgerung des Obertribunals basirt. Der eigentliche Gehülfe wirkt secundär bei der That mit. Der Miturheber oder Mitthäter in direkter Weise. Also ist die Mitwirkung des Mitthäters zu dem verbrecherischen Erfolge in erhöhtem Grade vorhanden. Strafgesetzbuch §. 35 bestimmt, daß auf den Theilnehmer dasselbe Strafgesetz anzuwenden sei, wie für den Thäter. An einzelnen Stellen des Strafgesetzbuches wird (abusive) das Wort „Theilnehmer" so gebraucht, daß auch der Thäter mit verstanden werden muß, folglich ist beim Vorhandensein mehrerer Mitthäter auf jeden derselben diejenige Strafe anzuwenden, welche nach den persönlichen Verhältnissen auch nur eines derselben die härteste ist. — Diese letzte Schlußfolgerung läßt freilich noch eine Prämisse fort, nämlich folgende: „*folglich* ist auch der *Mitthäter* mit derselben Strafe zu belegen, welche für den *Hauptthäter* zu erkennen ist. Da nun *Hauptthäter* derjenige ist, dessen persönliche Verhältnisse die schwerste Strafe bedingen, so ist beim Vorhandensein mehrerer Mitthäter auf jeden derselben diejenige Strafe anzuwenden, welche nach den persönlichen Verhältnissen auch nur eines derselben die hörteste ist."

Vielleicht ist es nicht überflüssig, bei dieser Gelegenheit an einige Bestimmungen des Landrechts-Strafrechts zu erinnern.

§. 64 Th. II Tit. 20: „Haben Mehrere an der Ausübung eines

Verbrechens unmittelbar Theil genommen, so trifft jeden von ihnen, als Urheber, die im Gesetze bestimmte Strafe."

§. 65: „Hat einer sich als Haupturheber ausgezeichnet und die Uebrigen zum Verbrechen verleitet, so wird die ordentliche Strafe gegen ihn geschärft."

Dieser Bestimmung des A. L.R. gegenüber würde es ungerechtfertigt sein, zwischen Haupturheber und Miturheber in der Weise zu unterscheiden, daß man als Haupturheber denjenigen bezeichnete, der seinen persönlichen Verhältnissen nach die schwerste Strafe verwirkt hätte; wenigstens wäre dies nur durch einen jedenfalls gar zu kühnen Rückschluß möglich gewesen. — Jetzt aber kennt das geltende Strafrecht gar nicht den Begriff Haupturheber und doch zieht sich durch die ganze Behandlung, die der vorliegende Rechtsfall in der Praxis gefunden hat, die Unterscheidung zwischen Haupt- und Miturheber hindurch. Es wird überall stillschweigend vorausgesetzt, der Ehegatte des Ermordeten sei der Haupturheber, der Fremde der Miturheber. Wenn nun aber Jemand behaupten wollte: Will man schon diese Unterscheidung, die das geltende Recht gar nicht kennt, machen, so mache man sie doch wenigstens nach den Vorschriften des früheren Rechts und bestimme als Haupturheber denjenigen Thäter, der den anderen zur Begehung des Verbrechens verleitet hat. Nun habe aber nicht der Ehegatte des Ermordeten den Fremden, sondern der Fremde den Ehegatten verleitet. Wollt ihr also die Strafe des Haupturhebers auch auf den Miturheber anwenden, so straft auch den Ehegatten mit der Strafe des einfachen Mordes. — Wollte Jemand in dieser Weise argumentiren, so würde man entgegnen können, diese Deduktion sei falsch, weil man durch dieselbe dahin gelange, daß, obwohl ein Gattenmord begangen sei, doch nur ein einfacher Mord zu bestrafen sei. Dem müßte beigetreten, aber auch zugleich festgehalten werden, daß die Unterscheidung in Hauptthäter und Mitthäter eine vollkommen willkürliche ist und zwar deswegen, weil das Gesetz diese Unterscheidung gar nicht kennt.

Wenden wir uns nun zu der Prüfung des Satzes: Was das Gesetz für den Theilnehmer bestimmt hat, das hat es auch für den Mitthäter bestimmt; oder, da wir es hier nur mit einer Art der Theilnahme, nämlich der Beihülfe, zu thun haben: Was das Gesetz für den Gehülfen bestimmt hat, das hat es auch für den Mitthäter bestimmt.

Obwohl das Strafgesetzbuch den Begriff der Thäterschaft als bekannt vorausgesetzt hat, so wird es doch erforderlich sein, denselben erst festzustellen, namentlich, um seine Unterscheidung von dem Begriffe der Beihülfe möglichst scharf zu präcisiren.

Beginnen wir mit folgendem Satze: Thäter ist derjenige, welcher ein Vergehen oder Verbrechen selbst begeht.

Berner (Grundsätze des preußischen Strafrechts S. 20) sagt: „Thäter ist derjenige, der das Verbrechen oder Vergehen auf eigenen Antrieb selbst begeht.“ Die Worte „auf eigenen Antrieb“ wären der Definition hinzuzufügen, wenn es sich darum handelte, den nicht angestifteten von dem angestifteten Thäter zu unterscheiden. Da nun aber sowohl der angestiftete, wie auch der nicht angestiftete Thäter beide Thäter sind, so ergiebt sich daraus, daß die Bernersche Definition zu enge gefaßt ist.

Es kommt nun aber darauf an, den Inhalt der für den Begriff des Thäters aufgestellten Definition darzulegen. Die Thäterschaft enthält ein subjektives und ein objektives Moment. In Betreff des subjektiven Moments kommt es darauf an, festzustellen, was der Thäter will. Er will das Verbrechen begehen, er will es selbst begehen, er will mithin die Begehungs-Handlung des Verbrechens. — Die Begehungs-Handlung des Verbrechens bildet das objektive Moment der Thäterschaft und es kommt mithin darauf an, diese zu charakterisiren; denn es ist ein für die Bestimmung der Thäterschaft bisher im Strafrechte nicht üblicher Ausdruck und es wäre derselbe schädlich, wenn er sich nicht genau bestimmen ließe, und überflüssig, wenn er nichts dazu beitrüge, den Begriff der Thäterschaft zu verdeutlichen.

Ich verstehe unter Begehungs-Handlung eine solche Handlung, welche unternommen wird, um die Verletzung des angegriffenen Rechts herbeizuführen. Dadurch erhält diese Art der verbrecherischen Handlung ein entscheidendes Kriterium, sie muß zu ihrem Abschluß eine rechtsverletzende Thätigkeit haben. Denn nur durch eine Handlung, welche in dieser Weise abschließt, kann eine Rechtsverletzung bewirkt werden. Aber wegen dieses nothwendigen Abschlusses, den die Begehungs-Handlung haben muß, wird auch die ganze verbrecherische Handlung einen bestimmten Charakter erhalten; denn eine Handlung, welche mit einer rechtsverletzenden Thätigkeit abschließen soll, muß auch schon in ihren früheren Stadien eine andere sein, als eine solche, bei welcher dies nicht der Fall ist.

Thäter ist mithin derjenige, welcher ein Verbrechen will und zur Ausführung desselben eine Handlung vornimmt, welche sich dadurch charakterisirt, daß sie mit einer rechtsverletzenden Thätigkeit abschließt. Der Thäter will also nicht bloß das Verbrechen, er will auch die das Verbrechen realisirende Handlung, er will die rechtsverletzende Thätigkeit. — Gleichgültig bleibt es für den Begriff der Thäterschaft, ob die Handlung zu Ende geführt wird, oder ob dieselbe lediglich Versuch geblieben ist. Denn nicht die rechtsverletzende Thätigkeit selbst, sondern die Handlung, welche in einer rechtsverletzenden Thätigkeit endigen soll, charakterisirt die Thäterschaft. Es ergiebt sich daraus, daß zur Ausführung eines und desselben Verbrechens mehrere Personen als Thäter mitwirken können und daß doch nur von einem derselben die Rechtsverletzung begangen ist; falls nämlich die anderen Thäter mit ihren Handlungen im Stadium des Versuches stehen blieben. Es ergiebt sich daraus weiter, daß, wenn auch die Thäterschaft eine bestimmte Art der verbrecherischen Schuld ausmacht, doch die Schuldgrade, d. h. das Quantum der Schuld bei den verschiedenen Thätern, sehr verschieden sein kann; daß es daher nicht richtig ist, wenn, wie gewöhnlich geschieht, gesagt wird, bei der Begehung eines Verbrechens durch mehrere Thäter seien alle mit derselben Strafe zu belegen, sondern daß es heißen muß: Jeder Thäter ist nach der Größe seiner Schuld zu strafen.

Das Gesagte führt mithin zu folgendem Resultat: Eine bestimmte Art der Schuld wird durch die Thäterschaft begründet, aber nicht eine bestimmte Größe der Schuld. —

Es ist noch auf Folgendes aufmerksam zu machen.

Wegen der Beschaffenheit der Handlung, welche die Thäterschaft bedingt, steht der Thäter selbständig da; er braucht zur Ausführung des Verbrechens keine zweite Person; physische Schwierigkeiten mögen dies faktisch mitunter nöthig machen; diese faktischen Verhältnisse sind aber für den juristischen Begriff der Thäterschaft gleichgültig. Somit steht also, juristisch aufgefaßt, auch da, wo faktische Verhältnisse es erforderlich machen, daß das Verbrechen von mehr als einem Thäter begangen wird, jeder derselben unabhängig von dem Mitthäter da; d. h. die Mitthäterschaft begründet lediglich ein faktisches, aber kein juristisches Verhältniß. Und zwar ist dieses nicht bloß für die sogen. zufällige Mitthäterschaft der Fall, sondern es gilt auch für das Complott und für die Bande[2]).

2) Vergl. die hiervon abweichende Ansicht bei Goltdammer, Archiv XI S. 369 ff.

Köstlin sagt in seinem Systeme des deutschen Strafrechts: „Je mehr in der neueren Gesetzgebung die Neigung sich zeigt, das Complott als eine besondere Begehungsform von Verbrechen preiszugeben, um so wichtiger wird es für die Wissenschaft, diese Form in ihrer rechtlichen Eigenthümlichkeit zu wahren." Das Eigenthümliche des Complotts besteht nach seiner Ansicht in des Verabredung Mehrerer zur gemeinschaftlichen Ausführung des Verbrechens, vorausgesetzt, daß jeder Theilnehmer die Eigenschaft des Urhebers hat. „Denn es kommt hier zu dem im vorigen Fall (nämlich der zufälligen Mitthäterschaft) noch das weitere der wechselseitigen Anstiftung der Theilnahme hinzu." — Wir wollen von dem einigermaßen incorrekten Ausdruck — jeder Theilnehmer sollte die Eigenschaft des Urhebers haben — die wechselseitige Anstiftung der Theilnehmer — absehen und nur darauf hinweisen, daß bei einer nach voraufgegangener Verabredung stattfindenden Begehung eines Verbrechens durch mehrere Thäter, zwar die Anstiftung des einen durch den anderen stattfinden kann, aber nicht stattzufinden braucht; denn es können die mehreren Mitthäter jeder für sich von Anfang an zur Begehung des Verbrechens in Folge eigenen Entschlusses sich bestimmt haben. — Auch giebt Köstlin dieses Moment als ein für den Begriff des Complottes wesentliches selbst wieder auf, indem er S. 342 sich dahin äußert: „Zum Complott gehören mehrere von der gleichen urheberischen Absicht in Beziehung auf ein bestimmtes Verbrechen beseelte Individuen, welche — in der Regel in Folge einer besonders hierauf gerichteten Anstiftung — sich ausdrücklich oder durch concludente, der Ausführung vorangehende Zeichen oder Handlungen dahin vereinigen, den allen gemeinsamen Willen als einen Gesammtwillen durch gemeinschaftliche oder Einem oder Einigen mit Uebernahme gemeinschaftlicher Verantwortung übertragene physische Thätigkeit zur Ausführung zu bringen." Wäre die gegenseitige Anstiftung ein wesentliches Moment für den Begriff des Complotts, so wäre es nicht möglich, zu erklären, sie käme nur in der Regel vor, sie müßte dann vielmehr immer vorhanden sein. Ist es aber zulässig, zu erklären, daß die gegenseitige Anstiftung nur regelmäßig vorkomme, so ist damit auch zugleich erklärt, daß sie nicht wesentlich zum Begriffe des Complottes gehöre. Wir können somit von diesem Momente nach Köstlin's eigener Ausführung bei der weiteren auf das Complott bezüglichen Untersuchung gänzlich absehen. Köstlin selbst äußert sich nun aber in Betreff der rechtlichen Beurtheilung des Complotts in folgender

Weise: „Das leitende Princip für die rechtliche Beurtheilung des Complotts liegt in dem, was das Specifische dieser Begehungsform ausmacht, d, h. in der wechselseitigen Anerkennung der ursprünglich isolirten Absichten als identischer und in der demgemäß erfolgenden Constituirung Eines Gesammtwillens mittelst wechselseitiger Anstiftung, wodurch denn für alle in diesem Gesammtwillen vereinigten Einzelwillen auch der in Folge der Gesammtabsicht hervorgebrachte Erfolg zum Gesammterfolg wird, den sie solidarisch zu vertreten haben." Daß der Gesammtwille durch wechselseitige Anstiftung zu Stande kommt, ist unwesentlich, wie bereits gezeigt; es ist daher nur noch eine Prüfung des Gesammtwillens, der Gesammabsicht und des Gesammterfolges nothwendig.

Das Resultat des Complottirens ist zunächst die Existenz des Gesammtwillens. In Folge der stattgehabten Verabredung einigen sich die verschiedenen Ansichten, es kommt zu einem Beschluß über dasjenige Verbrechen, welches begangen werden soll, über die Art der Ausführung desselben. — Blieben nun die Complottanten hierbei stehen, so würde es einem Zweifel nicht unterliegen, daß bis jetzt nur von Vorbereitungshandlungen die Rede sein könne, die Ausführung hat ja noch gar nicht begonnen, sie sollte erst durch den gemeinschaftlichen Beschluß vorbereitet, in eine bestimmte Richtung gebracht werden. Daß ein Beschluß mehrerer Personen, dem entweder alle durch gegenseitiges Compromittiren zugestimmt, oder bei welchem eine etwaige Minorität sich der Majorität gefügt hat, als der Ausdruck des übereinstimmenden Willens aller Beschließenden aufgefaßt und demgemäß auch als Gesammtwille bezeichnet werden kann, dagegen läßt sich nichts erinnern. Nur muß man festhalten, daß das Schaffen eines derartigen Gesammtwillens lediglich eine Vorbereitungshandlung mit Bezug auf das zu begehende Verbrechen ist. Diejenigen der Complottanten, welche jetzt noch von der Begehung des Verbrechens abstehen, werden straflos bleiben müssen, wie denn das ganze Complott, falls es nicht in Folge des gefaßten Beschlusses zu einer verbrecherischen Handlung kommt, für den Strafrichter indifferent sein würde. Es ist dies wenigstens die Regel, von welcher einzelne gesetzliche Bestimmungen allerdings Ausnahmen machen, z. B. Str.-G.-B. §. 63; wie denn überhaupt durch die positive Gesetzgebung Ausnahmen von der Regel, daß Vorbereitungsverhandlungen straflos sind, gemacht werden können. Kommt es nun aber zur Ausführung des beschlossenen Verbrechens, so werden sämmtliche Handelnde diejenige Absicht fassen, die sie fassen müssen, um den Beschluß der Gesammtheit zu realisiren. In Folge dessen wird die Absicht jedes der Handelnden im Allgemeinen dieselbe sein, als die jedes der anderen, es werden bei Ausführung des Verbrechens mehrere gleiche Absichten vorhanden sein; aber gegen den Begriff einer Gesammtabsicht wird man sich so lange verwahren müssen, als man an dem Satze festhält, daß jede verbrecherische Handlung ihre eigene verbrecherische Absicht haben müsse, und an dem weiteren, daß, wenn ein Verbrechen von mehreren Personen begangen wird, so viel verbrecherische Handlungen existiren als handelnde Personen vorhanden sind. Mindestens darf man der sogen. Gesammtabsicht keine weitere Bedeutung beilegen, als die, daß es eben ein Wort ist, durch welches man die im Wesentlichen gleichen Absichten sämmtlicher Handelnden zusammenfaßt; und so könnte man auch von einer Gesammthandlung sprechen und damit die Summe aller nach einem gemeinschaftlichen Ziele gerichteten Handlungen bezeichnen. — Aber auch bei dem Gebrauche der angeführten Worte in dem eben angedeuteten Sinne wird man vorsichtig sein und sich daran erinnern müssen, daß die vorhergehende Verabredung nicht bloß Mitthäterschaft, sondern auch Beihülfe entstehen lassen kann und daß es doch einigermaßen bedenklich sein dürfte, die ihrem Wesen nach verschiedenartigen Absichten der Thäter und der Gehülfen und die verschiedenartigen Handlungen derselben als Gesammtabsicht oder Gesammthandlung zu bezeichnen.

Was nun aber den von Köstlin aufgestellten Gesammterfolg anbetrifft, so fällt dieser Begriff mit der Gesammtabsicht. Es läßt sich darunter nichts weiter verstehen, als das Ganze des Erfolges, welches durch mehrere Thäter oder Theilnehmer herbeigeführt ist. Ein derartiger Gesammterfolg ist aber nicht bloß das Resultat des Complotts, er entsteht vielmehr überall, wo ein bestimmter Erfolg durch die Handlung Mehrerer hervorgebracht wurde, wobei es überdem noch gleichgültig ist, ob die Mehreren ausschließlich Thäter oder Thäter und Gehülfen waren. —

Wir sehen somit, daß dasjenige, was dem Complott eigenthümlich ist, nämlich die der Begehung des Verbrechens voraufgehende Verabredung, der in Folge derselben entstandene Entschluß, dem Stadium der Vorbereitungshandlungen angehört. Daher läßt denn auch, da die Vorbereitungshandlungen keine criminelle Schuld begründen, das Complott keine Begehungsart der Verbrechen entstehen, welche geeignet wäre, einen besonderen Schuldgrad zu erzeugen. Die voraufgegangene Verabredung hat lediglich eine faktische Bedeutung, welche ihre Wirksamkeit bei der Strafzumessung, wie andere faktische Verhältnisse auch, äußern mag. Ja es können die Gesetze in geeigneten Fällen diesen Strafzumessungsgrund für so erheblich erachten, daß sie denselben als Qualifikationsgrund verwerthen; aber es werden diejenigen Gesetze Recht haben, welche das Complott unter den Bestimmungen des allgemeinen Theiles nicht erwähnen und eine allgemeine Regel über die Strafbarkeit der Complottanten nicht aufstellen; denn diese könnte nur lauten: Jeder der Complottanten ist nach dem Grade der ihm zur Last fallenden Schuld zu strafen. —

Und dies gilt auch für diejenige Form der Miturheberschaft, welche die Doktrin unter dem Namen der Bande aufgestellt hat. „Bei der Bande," so äußert sich Köstlin a. a. O. S. 357, „erweitert sich die Einheit der Absicht zu der Einheit einer, alle ihr entsprechenden besondern Verbrechen umfassenden, Generalabsicht, wobei jedoch für die Zurechnung sich (abweichend vom Complott) eine eigenthümliche Regel daraus ergiebt, daß es sich hier stets um die Begehung im Einzelnen nicht vorher bestimmter Verbrechen handelt. Die Vereinigung in eine Bande bildet die höchste und strafbarste Stufe der Betheiligung am Verbrechen überhaupt, sofern sie eine dauernde Organisation zur gewerbsmäßigen, bei jeder passenden Gelegenheit zu wiederholenden Begehung einer unbestimmten Mehrheit im besonderen voraus nicht bestimmter Verbrechen darstellt."

Man wird zugeben, daß, wenn sich mehrere Personen eine auf längere Dauer berechnete Organisation zu dem Zwecke gegeben haben, um bei jeder passenden Gelegenheit Verbrechen überhaupt, oder Verbrechen einer bestimmten Art zu begehen, ohne daß jedoch die einzelnen Verbrechen vorher bestimmt bezeichnet sind, damit dasjenige geschaffen ist, was man Bande nennt. Man wird zugeben können, daß aus der bloßen Existenz einer solchen Bande die erheblichsten Gefahren für den Rechtszustand entstehen und es demgemäß gerechtfertigt finden, wenn die Gesetzgebung derjenigen Länder, in denen das Bandenwesen an der Tagesordnung ist, das Organisiren einer Bande und die Mitgliedschaft an derselben mit Strafe bedroht, selbst wenn es zur wirklichen Ausführung irgend eines Verbrechens gar nicht gekommen wäre. Die bloße Möglichkeit der verbrecherischen Rechtsverletzungen wird in's Auge gefaßt und das Strafgesetz tritt lediglich prävenirend gegen

Handlungen auf, die nicht selbst Verbrechen sind, sondern lediglich Verbrechen vorbereiten. — Kommt es aber zur wirklichen Ausführung eines Verbrechens, so kann dies immer nur ein in concreto bestimmtes sein; es bleibt die Strafverfolgung auf dies eine Verbrechen beschränkt. Denn so sicher die Prävention auf etwas Unbestimmtes, weil in der Zukunft Liegendes, sich beziehen muß, ebenso sicher kann die Strafe nur auf etwas Bestimmtes, weil in der Vergangenheit Liegendes, Rücksicht nehmen. Daß dann bei der Bestrafung des wirklich begangenen Verbrechens, die Intensität, die Gefährlichkeit, welche in der Organisation einer Bande enthalten ist, als ein hervorragender Strafzumessungsgrund in Betracht zu ziehen sein wird, darüber kann selbst dann kein Zweifel entstehen, wenn die Gesetze durch besondere Strafandrohungen das Organisiren von Banden für sich allein noch nicht mit Strafe bedroht, oder den Umstand, daß ein Verbrechen von einer Bande ausgeht, nicht als einen Qualificationsgrund bezeichnet hätten. So würde z. B., wenn sich mehrere Personen eine bestimmte Organisation zu dem Zwecke gegeben hätten, um bei jeder passenden Gelegenheit eine politische Körperschaft mit Bezug auf ihren Beruf zu beleidigen, dem strafrechtlichen Sprachgebrauche nach eine Bande entstanden sein, um gegen die Bestimmungen des Strafgesetzbuches §. 102 zu verstoßen und es würde, falls es zur Bestrafung eines einzelnen Deliktes käme, der Umstand als strafschärfender Zumessungsgrund nicht außer Acht gelassen werden können, daß die betreffende strafbare Handlung von einer Bande ausging; denn als wirklicher Qualificationsgrund ist in Preußen das bandenmäßige Begehen eines Verbrechens nur mit Bezug auf den Raub und Diebstahl anerkannt. Dieser Qualificationsgrund hat aber auch, wie andere Qualificationsgründe, nur die Bedeutung eines für alle vorkommende Fälle mit bestimmten gesetzlichen Wirkungen bekleideten straferhöhenden Zumessungsgrundes. —

Einflußlos für die Strafbarkeit wird also der Umstand nicht sein, daß ein Verbrechen von Personen begangen ist, die sich zu einer Bande vereinigt haben, aber dieser Einfluß ist kein anderer als der, den überhaupt Vorbereitungshandlungen auf die Bestrafung eines Verbrechens ausüben können. Da nun aber Vorbereitungshandlungen für sich allein überhaupt keine criminelle Schuld begründen, so wird man auch die Veranlassung zur Constituirung eines bestimmten Schuldgrades nicht in solchen Handlungen finden dürfen, welche Vorbereitung, sondern nur in solchen, welche der Ausführung des Verbrechens angehören.

Wenn Köstlin sagt, bei der Bande erweitere sich die Einheit der Absicht zu einer, alle ihr entsprechenden besondern Verbrechen umfassenden, Generalabsicht, so ist diese Bemerkung durch dasjenige widerlegt, was oben gegen den Begriff der Gesammtabsicht als eines charakteristischen Momentes des Complottes gesagt ist. Konnte dieser Begriff nicht stichhaltig befunden werden, so kann dies noch viel weniger mit seiner Erweiterung der Fall sein. Einheit der Absicht nicht bloß für die verschiedenen Handlungen mehrerer Thäter, sondern auch für die auf verschiedene Verbrechen bezüglichen Handlungen zu behaupten, das ist, wenn es auch eine geistreiche sein mag, so doch immer eine Gedankenspielerei, die nichts fördert, sondern nur zu begrifflichen Verwirrungen hinführt. Wer wirklich ernstlich an die Köstlinsche Gesammtabsicht und Generalabsicht glaubt, der hat beispielsweise gewiß keinen Grund, die Strafbarkeit juristischer Personen anzuzweifeln.

Fassen wir die vorstehenden Erörterungen in einzelnen kurzen Sätzen zusammen.

1) Die Thäterschaft ist eine bestimmte Art der verbrecherischen Schuld, die wesentlichen Merkmale derselben bestehen
   a) Subjektiv in dem Willen, ein bestimmtes Verbrechen zu begehen, in dem Wollen der zu diesem Zwecke erforderlichen Begehungshandlung;
   b) Objektiv in der Begehungshandlung, d. h. in einer Handlung, welche mit einer rechtsverletzenden Thätigkeit abschließt.
2) Die Thäterschaft enthält verschiedene Grade der Schuld, je nachdem die Begehungshandlung bis zur rechtsverletzenden Thätigkeit fortgeführt (Vollendung), oder vor derselben unterbrochen wurde (Versuch).
3) Die verschiedenen in der Doktrin aufgestellten Formen der Mitthäterschaft (zufällige Mitthäterschaft, Complott, Bande) sind lediglich als faktische Verhältnisse aufzufassen. Auf die Art der Schuld haben sie gar keinen, auf die Größe derselben lediglich den Einfluß von Strafzumessungsgründen.

Es wurde der Versuch gemacht, den Begriff der Thäterschaft festzustellen, ohne auf den der Theilnahme irgendwie Rücksicht zu nehmen. Diese Methode rechtfertigt sich dadurch, daß zur Begehung des Verbrechens der Thäter für sich allein genügt. In gleicher Weise die verschiedenen Arten der Theilnahme zu bestimmen, würde unmöglich sein, da der Theilnehmer allemal einen Thäter braucht, damit seine Handlung eine strafrechtliche Bedeutung erlange. Aber abgesehen davon, daß die Existenz einer jeden Art von Theilnahme die Existenz der Thäterschaft voraussetzt, läßt sich die Begriffsbestimmung der verschiedenen Arten der Theilnahme nicht bloß durch den Gegensatz zur Thäterschaft, sondern aus sich selbst bestimmen. Wir wollen dies in Betreff der einen Art von Theilnahme, von welcher der dieser Betrachtung zu Grunde liegende Rechtsfall handelt, der Beihülfe, zu thun versuchen.

Der Gehülfe will, daß ein bestimmtes Verbrechen begangen werde und zu diesem Zwecke will er eine die Begehung des betreffenden Verbrechens fördernde Unterstützungshandlung.

Hieraus ergeben sich für den Begriff der Beihülfe folgende einzelne Momente: Subjectiv der Wille, daß ein bestimmtes Verbrechen begangen werde, somit auch die Kenntniß, das Wissen von dem zu begehenden Verbrechen; ferner das Wollen einer das betreffende Verbrechen fördernden Unterstützungshandlung; objektiv die Vornahme der Unterstützungshandlung. — Das unterscheidende Kriterium für diese Art von Handlungen kann man nicht darin finden, daß dieselben ihrer Natur nach Vorbereitungshandlungen sind. Denn die Vorbereitungshandlung geht allemal der Begehung des Verbrechens voraus; und wenn auch die Unterstützungshandlung gewiß darin bestehen kann und auch häufig genug wirklich darin besteht, daß sie ein zu begehendes Verbrechen vorbereitet, so kann sie doch ebenso gut die begonnene Ausführung des Verbrechens bis zu seiner Vollendung unterstützen, z. B. der Gehülfe steht Wache, er entfernt Personen, welche dem Thäter hindernd in den Weg treten können und hält sie, während das Verbrechen ausgeführt wird, vom Orte der That entfernt u. s. w.

Mit Sicherheit läßt sich der Begriff der Unterstützungshandlung nur negativ bestimmen. Keine Unterstützungshandlung darf so angelegt sein, daß sie, um ihrer Bestimmung zu genügen, in einer rechtsverletzenden Thätigkeit abschließen muß; denn in diesem Falle würde eine Begehungshandlung vorliegen, der Gehülfe nicht mehr Gehülfe, sondern Thäter sein. Die Natur der Unterstützungshandlung charakterisirt sich durch das Fehlen derjenigen rechtsverletzenden Thätigkeit, welche erforderlich ist, damit dasjenige Verbrechen, auf welches sich die Beihülfe bezieht, begangen werden kann. Der Gehülfe bei einem Diebstahl z. B. kann niemals das Wegnehmen der zu stehlenden Sache vornehmen oder auch nur vornehmen wollen, er würde entgegengesetzten Falls der vollendeten, resp. der versuchten Thäterschaft an einem Diebstahl schuldig sein; er kann als Gehülfe nur solche Handlungen wollen, welche die Wegnahme der zu entwendenden Sachen durch einen Andern ermöglichen oder wenigstens fördern. Der gänzliche Ausschluß jeder rechtsverletzenden Thätigkeit wird sich aber für die Unterstützungshandlung nur in Bezug auf das zu unterstützende Verbrechen behaupten lassen. Denn die Fälle sind wohl denkbar, daß ein und dieselbe Handlung mit Bezug auf das Verbrechen A. Unterstützungshandlung, dagegen mit Bezug auf das Verbrechen B. Begehungshandlung ist. Es würde daraus folgen, daß sie die zur Begehung des Verbrechens A. erforderliche rechtsverletzende Thätigkeit nicht enthalten darf, während sie die zur Begehung des Verbrechens B. erforderliche rechtsverletzende Thätigkeit enthalten muß. Setzen wir beispielsweise für A. Diebstahl, für B. Tödtung. Der Fall sei der, daß X. es übernommen hat, den N., den Eigenthümer des Hauses, in welchem durch Z. ein Diebstahl ausgeführt werden soll, entfernt zu halten. Das ist eine Unterstützungshandlung, denn X. kann den N. Jahre lang von seinem Hause entfernt halten, er wird durch das noch so weite Fortführen dieser seiner Unterstützungshandlung nicht bewirken können, daß auch nur eine Stecknadel aus dem Hause des N. entfernt werde, denn dazu ist eben ein Wegnehmen, die durch den Diebstahl bedingte rechtsverletzende Thätigkeit erforderlich. Während nun aber X. Wache steht, will N. sein Haus betreten, er wird daran durch X. gehindert, es entspinnt sich ein Streit und in Folge desselben erschlägt X. den N. Diese Handlung ist an sich betrachtet ein vollendetes Verbrechen, und mit Bezug auf dieselbe X. Thäter. Aber X. mag hundert Hauseigenthümer tödten, deshalb wird noch keinem derselben auch nur eine Stecknadel entwendet werden, wenn nicht eine Handlung gewollt und ausgeführt wird, welche mit der für den Diebstahl erforderlichen rechtsverletzenden Thätigkeit, dem Wegnehmen der zu stehlenden Sache, abschließt. Die Tödtung, welche X. an dem N. begangen hat, ist mit Bezug auf den von Z. zu begehenden Diebstahl lediglich Unterstützungshandlung. —

Die Größe der Schuld, welche dem Gehülfen zuzurechnen ist, richtet sich, abgesehen von der Natur des begangenen Verbrechens, lediglich nach dem Quantum der Unterstützung, welche er dem Thäter hat zu Theil werden lassen. Der einzelne Fall nur kann es ergeben, wie viel oder wie wenig förderlich die Beihülfe für den Thäter gewesen ist. Nur in Etwas muß sie den Thäter gefördert haben und in sofern auch wesentlich für die Begehung des Verbrechens gewesen sein; der bloße Wille, daß ein bestimmtes Verbrechen begangen werde, würde ein leerer Wunsch bleiben, wenn er sich nicht in einer bestimmten Handlung geäußert hätte. — Von verschiedenen Schuldgraden läßt sich freilich im Gebiete der Beihülfe nicht sprechen. Innerhalb der Thäterschaft war dies erforderlich, denn die Thäterschaft konnte in dem vollendeten ebenso wie in dem versuchten Verbrechen bestehen. Da nun Versuch und Vollendung nicht nur quantitativ, sondern auch qualitativ von einander gesondert sind, so mußte für den Begriff der Thäterschaft behauptet werden, derselbe enthalte verschiedene Schuldgrade. Wenn aber der Gehülfe A. nur ein Hinderniß beseitigt, welches sich der Begehung eines bestimmten Verbrechens entgegenstellt und der Gehülfe B. ein Dutzend und zwar ebenso große Hindernisse hinweggräumt, wie deren A. nur eines beseitigte, so wird die Schuld des B. zwar eine zwölf Mal größere sein, als die des A.; aber sie wird eben auch nur größer, nicht anders geartet sein. Wenn daher das Gesetz, lediglich auf diesen quantitativen Unterschied Rücksicht nehmend, zwischen wesentlicher und nicht wesentlicher Beihülfe unterscheidet, so ist das zwar etwas Ueberflüssiges, aber auch ebenso etwas Unschädliches. Wenn dagegen das Gesetz zwischen wesentlicher und nicht wesentlicher Beihülfe einen qualitativen Unterschied constituirt und, daß dies geschehen ist, dadurch manifestirt, daß der Uebergang von der unwesentlichen zur wesentlichen Beihülfe nur durch einen Strafsprung ermöglicht wird, so ist das nicht mehr etwas Überflüssiges, sondern etwas Fehlerhaftes, für die praktische Anwendung des Gesetzes aber nicht etwas Unschädliches, sondern im höchsten Grade Schädliches. —

Fassen wir auch das für die Beihülfe Erörterte in einzelnen kurzen Sätzen zusammen:

1. Die Beihülfe ist eine bestimmte Art der verbrecherischen Schuld. Die wesentlichen Merkmale derselben bestehen:
   a) Subjektiv in dem Willen, daß ein bestimmtes Verbrechen begangen werde, in dem Wollen einer zu diesem Zwecke erforderlichen Unterstützungshandlung;
   b) Objektiv in der Unterstützungshandlung, d. h. einer Handlung, welche keine rechtsverletzende Thätigkeit enthalten darf.

2. Die Beihülfe enthält nicht verschiedene Grade der Schuld, wenn auch die Strafbarkeit derselben eine verschieden große sein kann.
3. Die verschiedenen durch die Gesetzgebung aufgestellten Arten der Beihülfe — wesentliche und nicht wesentliche — können, da sie nur quantitativ von einander unterschieden sind, nur die Bedeutung von straferhöhenden oder strafmindernden Zumessungsgründen haben.

Wir können jetzt daran gehen, den Unterschied zwischen Thäterschaft und Beihülfe festzustellen. Hierfür dürfte es zweckmäßig sein, diejenigen Sätze, mit welchen die Untersuchungen über die Thäterschaft abgeschlossen wurden, denjenigen gegenüberzustellen, welche soeben als für das Wesen der Beihülfe erheblich, formulirt wurden.

Thäterschaft.

1. Die Thäterschaft ist eine bestimmte Art der verbrecherischen Schuld. Die wesentlichen Merkmale derselben bestehen:
   a Subjektiv in dem Willen, ein bestimmtes Verbrechen zu begehen, in dem Wollen der zu diesem Zwecke erforderlichen Begehungshandlung.
   b Objektiv in der Begehungshandlung, d. h. in einer Handlung, welche mit einer rechtsverletzenden Thätigkeit abschließen muß.

2. Die Thäterschaft enthält verschiedene Grade der Schuld, je nachdem die Begehungshandlung bis zur rechtsverletzenden Thätigkeit fortgeführt (Vollendung) oder vor derselben unterbrochen wurde.

3. Die verschiedenen in der Doktrin aufgestellten Formen der Mitthäterschaft (zufällige Mitthäterschaft, Complott, Banden) sind lediglich als faktische Verhältnisse aufzufassen. Auf diese Art der Schuld haben sie gar keinen, auf die Größe derselben lediglich den Einfluß von Strafzumessungsgründen.

Beihülfe.

1. Die Beihülfe ist eine bestimmte Art der verbrecherischen Schuld. Die wesentlichen Merkmale derselben bestehen:
   a. Subjektiv in dem Willen, daß ein bestimmtes Verbrechen begangen werde, in dem Wollen einer zu diesem Zwecke erforderlichen Unterstützungshandlung.
   b. Objektiv in der Unterstützungshandlung, d. h. in einer Handlung, welche keine rechtsverletzende Thätigkeit enthalten darf.

2. Die Beihülfe enthält nicht verschiedene Grade der Schuld, wenn auch die Strafbarkeit derselben eine verschieden große sein kann.

3. Die verschiedenen durch die Gesetzgebung aufgestellten Arten der Beihülfe — wesentliche und nicht wesentliche — können, da sie nur quantitativ von einander verschieden sind, nur die Bedeutung von straferhöhenden oder strafmindernden Zumessungsgründen haben.

Die vorstehende Gegenüberstellung der Thäterschaft und Beihülfe ergiebt nun zunächst Folgendes:

Eine Person kann mit Bezug auf ein bestimmtes Verbrechen nur entweder Thäter oder Gehülfe sein. Es ist absolut undenkbar, daß sie sowohl Thäter wie auch Gehülfe sein kann. Denn, liegt einerseits das Wesen der Thäterschaft darin, daß eine Begehungshandlung, d. h. eine Handlung gewollt ist, welche die durch die Natur des beabsichtigten Verbrechens bedingte rechtsverletzende Thätigkeit enthalten muß, liegt andererseits das Wesen der Beihülfe darin, daß eine Unterstützungshandlung, d. h. eine Handlung gewollt ist, welche die durch die Natur des beabsichtigten Verbrechens bedingte rechtsverletzende Thätigkeit nicht enthalten darf; ist es weiter etwas Unmögliches, zu gleicher Zeit auch das Gegentheil von dem zu wollen, was man will; so ergiebt sich hieraus wohl unzweifelhaft die Richtigkeit des soeben aufgestellten Satzes, daß Niemand mit Bezug auf ein und dasselbe Verbrechen sowohl Gehülfe wie auch Thäter sein könne.

Ist nun der Mitthäter ganz gewiß Thäter, so folgt daraus, daß Niemand an ein und demselben Verbrechen sowohl Mitthäter, wie auch Gehülfe sein könne.

Hierdurch dürfte die Auffassung des Obertribunals widerlegt sein, welche in folgenden (a. a. O. S. 26) Worten Ausdruck gefunden hat:

„Auch wenn man davon ausgeht, daß der Miturheber die nothwendig erforderliche gemeinsame Absicht, die seinige, wie die des Anderen zu verwirklichen suche, schließt der Begriff der Miturheberschaft den Begriff des Urhebers und den der Gehülfen in sich, und es liegt in dem Wesen der Miturheberschaft, daß die Thätigkeit eines jeden Miturhebers in Beziehung auf die aller übrigen auch als helfende erscheint.“

Im Gegentheil mußte es heißen:

Ist gegen einen Angeklagten festgestellt, daß er bei der Ausführung eines Verbrechens als Miturheber thätig gewesen sei, so wird durch diese Feststellung ausgeschlossen, daß er mit Bezug auf dasselbe Verbrechen habe Gehülfe sein können. Der Begriff der Miturheberschaft schließt den Begriff der Beihülfe mit Nothwendigkeit aus.

Freilich werden, wenn zur Realisirung einer bestimmten Rechtsverletzung mehrere Urheber mitgewirkt haben, sich dieselben gegenseitig geholfen haben. Das liegt aber nicht im Wesen der Miturheberschaft, sondern das folgt mit Nothwendigkeit aus dem Begriffe der Urheberschaft. A. will die Tödtungshandlung, B. will ebenfalls die Tödtungshandlung. Sind nun die Tödtungshandlungen des A. und des B. gegen dasselbe Objekt gerichtet, so wird sich allerdings das Resultat ergeben, daß A. dem B. und ebenso B. dem A. hilft. Etwas Weiteres kann in den oben angeführten Worten des Obertribunals nicht liegen. Denn sollte aus dem Umstande, daß ein Miturheber dem anderen Miturheber bei der Begehung des Verbrechens hilft, folgen, daß der Begriff der Urheberschaft den der Beihülfe in sich schließe, so müßte zuerst eine Definition für den Begriff des Gehülfen geschaffen werden, welche nicht anders lauten könnte, als: Wer einem anderen bei Begehung eines Verbrechens hilft, er mag übrigens Urheber oder Gehülfe sein, ist allemal Gehülfe. — Ein Gleichniß mag hier erwähnt werden: Der Commis hilft dem Prinzipal. Und wenn zwei Prinzipale sich associirt haben, so helfen sie sich auch. Aber doch bleibt jeder Prinzipal und man wird nicht sagen mögen: Es schließt der Begriff des Prinzipals den Begriff des Prinzipals und des Commis in sich; wenn man auch zugeben mag, daß es in dem Wesen der Societät liegt, daß die Thätigkeit eines jeden der Socii „in Beziehung auf die aller übrigen auch als helfende erscheint.“

Beiläufig ist noch darauf aufmerksam zu machen, daß der Anfang der soeben mitgetheilten Stelle aus den Entscheidungsgründen des Obertribunals nicht correkt ist. Wenn es nämlich heißt: „Auch wenn man davon ausgeht, daß der Miturheber die nothwendig erforderliche gemeinsame Absicht, die seinige, wie die des Anderen zu verwirklichen suche“, so ist hierbei zunächst übersehen, daß die Absicht bei der Miturheberschaft niemals eine gemeinsame ist, selbst nicht im Falle des Complotts, sondern daß die Absicht der mehreren Urheber nur eine gleiche ist, indem die Gleichheit der Absicht bedingt wird durch die Gleichheit des von jedem Miturheber angegriffenen Objekts; ferner ist außer Acht gelassen, daß bei vorkommender Miturheberschaft nur dann davon die Rede sein kann, daß jeder der Miturheber seine eigene Absicht, wie die des Anderen zu verwirklichen suche, wenn zwischen den Miturhebern noch das Verhältniß der gegenseitigen Anstiftung stattfindet, ein Verhältniß, welches, wie oben gezeigt, nicht einmal für das Complott wesentlich ist; bei der zufälligen Miturheberschaft aber gar nicht vorkommen kann. Es giebt nämlich im Strafrecht nur einen Fall, in dem nothwendigerweise der Thäter seine eigene und die Absicht einer anderen Person realisirt, und das ist der Fall, wenn ein angestifteter Thäter ein Verbrechen begeht. Die Miturheber fördern zwar gegenseitig ihre verbrecherischen Absichten; es führt aber jeder derselben nur seine eigene Absicht aus. —

Die voraufgehende Ausführung über den Begriff der Thäterschaft und den der Beihülfe hat gezeigt, daß die Thäterschaft etwas selbständig für sich Bestehendes ist — der Thäter kann jedes Verbrechen ohne einen Gehülfen ausführen — daß dagegen die Beihülfe nur unter der Voraussetzung existiren kann, daß auch Thäterschaft existirt. Die Existenz der Beihülfe ist von der Existenz der Thäterschaft abhängig. — Hieraus ergiebt sich denn auch für die Strafbestimmungen, daß die Strafen für den Thäter selbständig bestimmt werden müssen, während die Strafen für den Gehülfen abhängig sein müssen von den für den Thäter festgesetzten Strafen. Es hängt natürlich von dem Gesetze ab, mit welchen Wirkungen dasselbe die erwähnte Abhängigkeit in Betreff der Bestrafung bekleiden, bis zu welchem Grade der Ausdehnung es dieselbe fortführen will. Das Gesetz kann beispielsweise bestimmen, daß die persönlichen Beziehungen, welche zwischen dem Thäter und dem Angegriffenen bestehen, auch wirksam sein sollen für die Bestrafung des Gehülfen; das Gesetz kann aber auch, von einer anderen Grundanschauung ausgehend, das Abhängigkeitsverhältniß des Gehülfen von dem Thäter nicht bis zu diesem Grade ausdehnen und die persönlichen Beziehungen des Thäters zu der Person des Angegriffenen oder zu dem Objekte des Verbrechens als nicht maßgebend für die Bestrafung des Gehülfen erklären. Mögen nun aber die Wirkungen dieses Abhängigkeitsverhältnisses größere oder geringere sein, sie beruhen eben unter allen Umständen nur auf diesem Abhängigkeitsverhältniß; sie können schlechterdings da nicht eintreten, wo entweder zwar ein Abhängigkeitsverhältniß existirt, aber doch ein, seinem Wesen nach anderes, oder wo ein Abhängigkeitsverhältniß überhaupt gar nicht vorhanden ist. — Nun ist oben ausgeführt worden, daß die Mitthäterschaft kein Abhängigkeitsverhältniß des einen Thäters von dem anderen entstehen läßt, daß vielmehr jeder derselben selbständig für sich dasteht; mithin können diejenigen Strafvorschriften, welche auf dem ganz bestimmten Abhängigkeitsverhältnisse zwischen Thäter und Gehülfen basiren, unmöglich auf die Mitthäterschaft ausgedehnt werden.

Aus dem Gesagten ergiebt sich die Unrichtigkeit der Anschauung des Obertribunals, wenn dasselbe a. a. O. S. 25 erklärt:

„Geht aber nach der Vorschrift des §. 35 a. a. O. ein solches die Strafbarkeit des Thäters qualificirendes Moment auf denjenigen, der sich, ohne in eben solchem persönlichen Verhältnisse zu stehen, mit Kenntniß der letzteren, als Theilnehmer (im Sinne des §. 34, also als Anstifter oder Gehülfe) an der That betheiligt, dergestalt über, daß seine Strafbarkeit nach demselben Gesetze zu beurtheilen ist, welches auf den Thäter Anwendung findet, so muß eben dies auch rücksichts der als Miturheber oder Mitthäter Betheiligten stattfinden."

Es hätte dieser Satz vielmehr richtig in folgender Weise formulirt werden müssen:

Wenn auch immerhin nach der Vorschrift des §. 35 a. a. O. ein solches die Strafbarkeit des Thäters qualificirendes Moment auf denjenigen, der sich, ohne in eben solchem persönlichen Verhältnisse zu stehen, mit Kenntniß des letzteren, als Theilnehmer (im Sinne des §. 34, also als Anstifter oder Gehülfe) an der That betheiligt, dergestalt übergeht, daß seine Strafbarkeit nach demselben Gesetze zu beurtheilen ist, welches auf den Thäter Anwendung findet, so folgt daraus gar nichts für die Strafbarkeit derjenigen, welche als Thäter ein Verbrechen begangen haben.

Die oben gegebene Gegenüberstellung der wesentlichen Merkmale der Thäterschaft und der Beihülfe wird dafür den Beweis geliefert haben, daß die Thäterschaft eine vollkommen andere Art der verbrecherischen Schuld ist, als die Beihülfe; es folgte dies mit Nothwendigkeit daraus, daß keines derjenigen Merkmale, welche das Wesen der Thäterschaft bedingten, die Beihülfe aufzuweisen hat und kein wesentliches Moment der Beihülfe sich in der Thäterschaft wiederfindet. Der Größe nach lassen sich nun aber doch ohne die Vermittelung eines beiden gemeinschaftlichen Dritten nur solche zwei Dinge vergleichen, welche gleicher Art sind. Wenn ich sage 9 ist weniger als 10, oder 20 ist mehr als 19, so ist bei dieser Behauptung die stillschweigende Voraussetzung, daß jede der beiden mit einander verglichenen Zahlen sich auf die gleiche Sache beziehen. Neun Röcke sind allerdings weniger als zehn Röcke, daß aber 20 Röcke mehr sein sollten, als 19, wenn die 19 nicht ebenfalls Röcke, sondern etwa Hunde oder Pferde sein sollten, das wird Niemand behaupten wollen. Wenn ich zehn Orangen habe, so habe ich selbstverständlich auch 9 Orangen, denn erstere verhalten sich zu letzteren wie das majus zum minus; wollte ich aber die Zahl 9 durch einen anderen Gegenstand benennen, als die Zahl zehn, so würde der dann entstehende Satz natürlich Unsinn werden. — Wohl aber kann ich die verschiedenartigsten Sachen in quantitativer Hinsicht mit einander vergleichen, wenn ich nicht die Sachen selbst, sondern ihren Werth nebeneinander stelle. Und wir sind auch in der That so sehr gewöhnt, die verschiedenen Sachen ihrem Werthe nach mit einander zu vergleichen, daß wir nicht selten die Sachen selbst mit einander zu vergleichen scheinen, während wir in Wahrheit nur ihre Werthe vergleichen. Wenn man beispielsweise sagt: Ein Pfund Gold ist mehr als ein Pfund Silber; besitze ich ein Pfund Gold, so besitze ich auch ein Pfund Silber; denn Gold verhält sich zum Silber wie das majus zum minus — so hätte es correkter heißen müssen: Der Werth eines Pfundes Gold ist ein größerer, als der Werth eines Pfundes Silber; besitze ich den Werth eines Pfundes Gold, so besitze ich auch den Werth eines Pfundes Silber. — Der quantitative Unterschied läßt sich einfach dadurch ausgleichen, daß ich das geringere Quantum um die Differenz zwischen den beiden verglichenen Gegenständen vermehre, oder das größere Quantum um die Differenz vermindere. Die Ausgleichung der qualitativen Verschiedenheit muß aber erst dadurch vorbereitet werden, daß ich die zu vergleichenden Gegenstände auf ein beiden gemeinschaftliches Drittes reducire.

Sind nun Thäterschaft und Beihülfe zwei verschiedene Arten der Schuld, so kann man auch nicht behaupten, die Thäterschaft sei das majus und die Beihülfe das minus, wenigstens darf man es mit keinem größeren Rechte sagen, als wenn man behaupten wollte, die Tödtung sei das majus und der Diebstahl das minus. Will man es nicht vertheidigen, daß die Tödtung als das majus auch den Diebstahl als das minus in sich schließe, so darf man auch nicht die Behauptung aufstellen, daß „die Mitthäterschaft des mit einem Andern gemeinschaftlich handelnden Thäters, sich zu der bloßen Theilnahme an der That des Andern, wie das majus zum minus verhalte.“ — In derselben Weise, wie ich volkswirthschaftlich alle Dinge mit einander vergleichen kann, wenn ich ihren Werth in's Auge fasse, so kann ich im Gebiete des Strafrechts die verschiedenartigsten Verbrechensformationen mit einander vergleichen, wenn ich auf ihre Bestrafung Rücksicht nehme. So mag denn immerhin gesagt werden, die Thäterschaft ist strafbarer, als die Beihülfe, oder die Beihülfe ist strafbarer, als die Thäterschaft, oder Thäterschaft und Beihülfe sind gleich strafbar. Aber wegen dieser durch das gemeinschaftliche tertium comparationis der Strafbarkeit möglich gewordenen Vergleichung wird die Verschiedenartigkeit beider Begriffe in keiner Weise gemindert oder gar beseitigt. — Es käme beispielsweise darauf an, den näheren und den entfernteren Versuch eines Verbrechens mit einander zu vergleichen. Hier würde es sich lediglich darum handeln, durch die weitere Fortführung der entfernteren Versuchshandlung die zwischen ihr und der näheren Versuchshandlung bestehende Differenz zu beseitigen. In ähnlicher Weise könnte man auch wohl die zwischen der Versuchshandlung und dem vollendeten Verbrechen bestehende Differenz ausgleichen und demgemäß auch behaupten, das vollendete Verbrechen verhalte sich zu dem versuchten, oder die nähere Versuchshandlung zur entfernteren wie das majus zu dem minus. Die Beihülfe dagegen kann ich in infinitum fortführen, sie wird niemals Thäterschaft werden. Soll die Beihülfe Thäterschaft werden, so ist dazu die erste Bedingung, daß die Beihülfe aufhöre zu existiren. Der Gehülfe kann mutato consilio Thäter werden und ebenso kann auch der umgekehrte Fall eintreten; aber nicht durch größere Extension wird Beihülfe zur Thäterschaft oder durch Restriktion die Thäterschaft zur Beihülfe — bei derartigen quantitativen Änderungen werden Beihülfe Beihülfe, und Thäterschaft Thäterschaft bleiben — sondern nur dadurch, daß der Gehülfe aufhört Gehülfe zu sein, daß er statt der Unterstützungshandlung die Begehungshandlung vornimmt, nur dadurch, daß der Thäter aufhört, Thäter zu sein, daß er sich von der Begehungshandlung weg- und der Unterstützungshandlung zuwendet, kann sich die beregte Änderung vollziehen.

Durch die voraufgehende Deduktion dürfte die in folgenden Worten a. a. O. S. 14 enthaltene Auffassung der Generalstaatsanwaltschaft widerlegt sein.

„Für den Fall, daß anzunehmen wäre, es treffe denjenigen Dritten, welcher an einem Gattenmorde wissentlich Theil genommen habe, die im zweiten Absatze des §. 175 des St.-G.-B. verhängte Straferhöhung, so würde m. E. das Nämliche von demjenigen gelten, welcher einen solchen Mord in Gemeinschaft mit dem schuldigen Ehegatten verübt hat.

Denn nach dieser Behauptung kann der Grund, weshalb der Schuldige, welchen als alleinigen Thäter nur die Strafe des gewöhnlichen Mordes getroffen haben würde, als Theilnehmer an dem von einem Descendenten oder Ehegatten verübten Morde mit der erhöhten Strafe des Verwandtenmordes belegt wird, nur darin liegen, daß der Theilnehmer zur Verübung dieser schwereren That mitgewirkt hat, indem er subjektiv diese That fördern wollte und objektiv dazu Hülfe geleistet hat. Beide Voraussetzungen treffen auch bei dem Mitthäter zu. Wenn auch eine vorgängige Verabredung nicht stattgefunden hat, so schließt doch die gemeinschaftliche Verübung der That mit Nothwendigkeit das subjektive Moment in sich, daß der Mitthäter nicht bloß seine That hat verüben, sondern auch zur Verübung der fremden That hat Hülfe leisten wollen; und objektiv muß eine Mitwirkung, welche sogar die Bedingungen der Thäterschaft in sich schließt, mindestens die Erfordernisse bloßer Theilnahme haben. Mit anderen Worten: Die Mitthäterschaft des mit einem Anderen gemeinschaftlich handelnden Thäters verhält sich zu der bloßen Theilnahme an der That des Anderen wie das majus zum minus."

Die bisherigen Ausführungen haben in mehrfacher Weise dargethan, daß, da Thäterschaft und Beihülfe zwei ihrem Wesen nach vollkommen verschiedenartige Begriffe sind, dasjenige, was für die Bestrafung der Gehülfen aufgestellt ist, keinesweges übertragen werden dürfe auf die Strafbarkeit der Thäter. Wenn namentlich das Gesetz bestimmt, es solle der Gehülfe diejenige qualificirte Strafe erdulden, welche der Thäter wegen eines persönlichen Verhältnisses, in dem er zu dem Angegriffenen steht, erdulden muß, so erklärt sich dieser Umstand eben aus dem Abhängigkeitsverhältnisse des Gehülfen von dem Thäter. Dieser Erklärungsgrund fällt aber gänzlich fort in dem Falle, wenn das Verbrechen von mehreren Thätern begangen ist. Denn zwischen mehreren Thätern eines und desselben Verbrechens besteht eben kein Abhängigkeitsverhältniß, wenigstens kein juristisches, und daher ist, soweit nicht etwa der Umstand der voraufgegangenen Verabredung von strafzumessender Bedeutung ist, die Strafbarkeit eines jeden Thäters lediglich aus seinen eigenen persönlichen Verhältnissen zu bestimmen. A., welcher der Ehegatte des ermordeten N. ist, wird daher mit der Strafe des Gattenmordes, B., welcher nicht in diesem Verhältnisse zu A. stand, mit der Strafe des einfachen Mordes zu belegen sein.

Es scheint, als ob die Generalstaatsanwaltschaft und auch das Obertribunal sich gerne dieser Ansicht angeschlossen hätten, wenn dieselbe gegenüber dem Gesetze zulässig gewesen wäre. Daß nun in dem, was über die Strafbarkeit der Gehülfen in §. 35 des St.-G.-B. gesagt ist, kein Hinderniß zu finden war, der eben beregten Ansicht Folge zu geben, das dürfte in Vorstehendem nachgewiesen sein. Nun wird aber an den genannten Stellen behauptet, die Sache ginge so doch nicht. Denn, falls B. Gehülfe des A. gewesen wäre, so hätte ihn nach den Vorschriften des §. 35 die Strafe des Gattenmordes treffen müssen. Nun sei aber doch offenbar die Thäterschaft ein höherer Schuldgrad, als die Beihülfe, folglich gelange man zu einem widersprechenden Resultate, wenn man den Thäter nicht mit derjenigen Strafe belegen wolle, welche er doch verwirkt haben würde, wenn er Gehülfe gewesen wäre. — So heißt es in der Ausführung der Generalstaatsanwaltschaft:

„Wenn gleichwohl daran gezweifelt wird, ob eine Straferhöhung, welche den Theilnehmer trifft, auf den Miturheber Anwendung erleide, so kann ich die Erklärung hierfür nur in dem Bestreben finden, ein mit dem Rechtsgefühle nicht in Einklang stehendes Ergebniß der Gesetzesauslegung auf das Engste zu beschränken. Allein diese Beschränkung widerstrebt dann m. E. dem Rechtsgefühle in noch höherem Grade. Das Uebel muß an der Wurzel angefaßt und das Gesetz, wenn dieses, ohne demselben Zwang anzuthun, geschehen kann, so ausgelegt werden, wie es unserer Rechtsanschauung entspricht.“

Weshalb eine solche Beschränkung dem Rechtsgefühle in noch höherem Grade widerstrebe, dafür ist die Erklärung in der unmittelbar vorhergehenden Äußerung der Generalstaatsanwaltschaft zu finden, daß die Mitthäterschaft sich zur Theilnahme, wie das majus zum minus verhalte. — Das Obertribunal äußert sich aber in seinen Entscheidungsgründen folgendermaßen:

„Es würde widersprechend erscheinen, wenn ein solcher Mitthäter oder Miturheber gelinder behandelt werden sollte, als der einfache Gehülfe, welcher letztere nur secundär zu der That mitgewirkt hat, während jener in direkter Weise dabei mitwirkte, seine beabsichtigte Mitwirkung zu dem verbrecherischen Erfolge also in erhöhtem Grade vorhanden war. —“

Sollten die eben mitgetheilten Äußerungen des General-Staatsanwaltes und des Obertribunals mich zur Aufstellung jener oben mitgetheilten Schlußfolgerung nicht berechtigt haben, so mag dieselbe als ein wenigstens nahe liegender fingirter Einwurf angesehen und als solcher einer näheren Betrachtung unterzogen werden. — Jene Schlußfolgerung enthält nun im Einzelnen Folgendes:

1. Obersatz. Falls B. Gehülfe des A. gewesen wäre, so hätte ihn nach den Vorschriften des §. 35 die Strafe des Gattenmordes treffen müssen.

2. Untersatz. Nun ist aber die Thäterschaft ein höherer Schuldgrad, als die Beihülfe.

3. Schluß. Folglich muß B. mit derselben Strafe belegt werden wie A.

Diese drei Sätze sind nun im Einzelnen zu betrachten.

1. Falls B. Gehülfe des A. gewesen wäre, so hätte ihn nach den Vorschriften des §. 35 die Strafe des Gattenmordes treffen müssen.

Die Strafe des Gattenmordes ist eine absolut bestimmte und aus diesem Grunde sind die Ausdrücke: Strafe des Gattenmordes und Todesstrafe nebst Aberkennung der bürgerlichen Ehrenrechte für identisch zu halten. Wäre die Strafe des Gattenmordes nicht eine solche absolut bestimmte, wäre sie auch nur in soweit eine relativ bestimmte, wie die Strafe des gemeinen Mordes, bei welcher ja auch nach Vorschrift des St.=G.=B. §. 7 die Aberkennung der bürgerlichen Ehrenrechte in Folge richterlichen Ermessens eintreten kann, so würde es, selbst wenn man nur das in §. 35 aufgestellte Prinzip der Bestrafung in's Auge faßte, nicht nothwendig sein, den B. als Gehülfen eines Gattenmordes mit derselben Strafe zu belegen, wie den Thäter. Ich führe dies nur deswegen an, um darauf hinzudeuten, daß, wenn wir nur das Strafprinzip des §. 35 hätten — „auf den Theilnehmer an einem Verbrechen oder Vergehen oder an einem strafbaren Versuche eines Verbrechens oder Vergehens ist dasselbe Strafgesetz anzuwenden, welches auf den Thäter Anwendung findet" —, wir mit der Ausdehnung des obigen Satzes auf Verbrechen, welche mit einer relativ bestimmten Strafe bedroht sind, zu einem Resultate gelangen würden, mit welchem in Wahrheit gar nichts gewonnen wäre. Man denke beispielsweise an den schweren Diebstahl (§. 218). Es würde heißen: „Falls B. der Gehülfe des A. gewesen wäre, so hätte ihn nach den Vorschriften des §. 35 die Strafe des schweren Diebstahls treffen müssen." Aber welche Strafe? und namentlich im Verhältnisse zum Thäter — denn die Strafe des §. 218 variirt ja zwischen sechs Monaten Gefängniß und zehn Jahren Zuchthaus.

Aber selbst für das mit einer absolut bestimmten Strafe bedrohte Verbrechen des Gattenmordes ist der obige Satz vollkommen bedeutungslos, da wir nicht bloß das Strafprinzip des §. 35 haben, sondern in derselben Gesetzesstelle sich auch Ausnahmen von diesem Prinzipe vorfinden. Wir können nur sagen: Falls B. Gehülfe des A. gewesen wäre, so hätte ihn nach den Vorschriften des §. 35 die Strafe des Gattenmordes treffen müssen, vorausgesetzt, daß er ein wesentlicher Gehülfe gewesen wäre. Ob nun aber B., wenn er Gehülfe gewesen wäre, wesentlicher oder nicht wesentlicher Gehülfe gewesen wäre, kann man natürlich nicht wissen, da ja B. überhaupt nicht Gehülfe, sondern Thäter gewesen ist. — Die Argumentationen aus einem zur Entscheidung gar nicht vorliegenden fingirten Falle auf einen, welcher zu entscheiden ist, sind mindestens von sehr zweifelhaftem Werth. Es käme beispielsweise auf die Bestrafung eines vollendeten schweren Diebstahls an. Was hilft es mir, wenn ich mich daran erinnere, daß der Angeklagte, selbst wenn er den schweren Diebstahl auch nur versucht hätte, doch mindestens mit sechs Monaten Gefängniß zu bestrafen wäre? — Ich werde, wenn sonst die Strafzumessungsgründe dieses bedingen, auch für den vollendeten Diebstahl sechs Monate Gefängniß erkennen und mich daran durch die Erwägung nicht hindern lassen, daß, falls der Thäter das Verbrechen nur versucht hätte, er dieselbe Strafe hätte verbüßen müssen.

Nach dem Gesagten wird es zulässig sein, die Behauptung aufzustellen, daß der Satz: „Falls B. Gehülfe des A. gewesen wäre, so hätte ihn nach den Vorschriften des §. 35 die Strafe des Gattenmordes treffen müssen," unrichtig ist, weil er unvollständig ist. Richtig formulirt, hätte er lauten müssen:

> Falls B. Gehülfe des A. gewesen wäre, so hätte ihn nach den Vorschriften des §. 35 die Strafe des Gattenmordes treffen müssen, vorausgesetzt, daß er ein wesentlicher Gehülfe gewesen wäre.

Wir könnten jetzt schon die ganze oben aufgestellte Schlußfolgerung als unrichtig konstatiren, weil in derselben der Obersatz unrichtig ist. Jedoch der Vollständigkeit wegen prüfen wir auch noch die übrigen Bestandtheile derselben.

2. Nun ist aber die Thäterschaft ein höherer Schuldgrad als die Beihülfe.

Dieser Satz ist unrichtig für das gemeine deutsche Recht und noch unrichtiger für das preußische. — Wir wollen von der incorrekten Ausdrucksweise absehen, welche in dem Worte Schuldgrad gefunden werden muß — es ist, wie oben gezeigt, die Thäterschaft eine andere Art der Schuld, als die Beihülfe — und uns damit begnügen, daß gesagt sein sollte, die Thäterschaft sei strafbarer, als die Beihülfe. — Ich denke mir folgenden Fall: N. erklärt einem Criminalisten, er werde eine verbrecherische Handlung begehen, er wisse nur noch nicht, ob als Thäter oder als Gehülfe; ob das Eine oder das Andere der Fall sein werde, das solle davon abhängen, ob er als Thäter oder als Gehülfe eine größere Strafe zu erwarten habe. — Der Gefragte würde dem N. sagen müssen, daß, so wie die Frage gestellt sei, sie sich gar nicht beantworten lasse. Denn, wenn man auch von den Strafzumessungsgründen, die in seiner Person und in der Art der Begehung des Verbrechens liegen können, ganz absehen wollte, so würde seine Strafbarkeit als Thäter doch noch wesentlich davon abhängen, ob er als Thäter das beabsichtigte Verbrechen vollenden oder nur versuchen und, wenn Letzteres der Fall sein sollte, bis zu welchem Grade er die Versuchshandlung fortführen würde. — Es käme weiter darauf an, wie viel er als Gehülfe zu thun gemeint sei, denn danach würde sich seine Strafbarkeit bestimmen, falls er sich dafür entscheiden sollte, Gehülfe zu sein. Denkbar wäre es, daß, wenn seine etwaige Begehungshandlung im Stadium des Versuches unterbrochen würde, er mit einer mehrmonatlichen Gefängnißstrafe abkäme, während seine etwaige Unterstützungshandlung ihm mehrjährige Zuchthausstrafe zuziehen könne. Freilich bestimme das gemeine Recht, daß die Strafbarkeit des Gehülfen geringer sein solle, als die des Thäters. Diese Regel beziehe sich aber nur auf das Verhältniß zwischen Thäter und Gehülfen, es werde durch dieselbe nur ausgedrückt, daß, wenn die Strafe des Thäters bereits festgestellt sei, die Strafe desjenigen, der diesen Thäter unterstützt habe, eine geringere sein solle, als die des Unterstützten. Keineswegs aber sei diese Regel dahin zu verstehen, daß mit Bezug auf ein bestimmtes Verbrechen jede Thäterschaft strafbarer sein müsse, als jede Beihülfe. — Und für das preußische Recht sei die Regel des gemeinen Rechts auch nicht einmal im Prinzipe anerkannt, sie gelte vielmehr nur dann, wenn die Beihülfe eine nicht wesentliche sei und ob dies der Fall sein werde, darüber könne man schlechterdings nichts sagen, da irgend welche juristischen Merkmale nicht existirten, durch welche sich die wesentliche von der unwesentlichen Beihülfe unterscheide. — N. wird sich nach diesen Belehrungen sagen, daß er denjenigen, der ihm gesagt habe, der Thäter sei strafbarer als der Gehülfe, nicht richtig verstanden habe. Denn man habe ihm offenbar nichts anderes sagen können, als: Die Strafbarkeit des Thäters ist größer, als die seines Gehülfen. Und für das preußische Recht hätte auch dieser Satz noch die Beschränkung erleiden müssen, falls nämlich die geleistete Hülfe unwesentlich war.

Die oben aufgestellte Schlußfolgerung würde nun folgendermaßen lauten:

Obersatz: Falls B. Gehülfe des A. gewesen wäre, so hätte ihn nach den Vorschriften des §. 35 die Strafe des Gattenmordes treffen müssen, vorausgesetzt, daß er ein wesentlicher Gehülfe gewesen wäre.

Untersatz: Nun ist aber die Strafbarkeit des Thäters größer, als die seines Gehülfen, falls nämlich die geleistete Hülfe unwesentlich war.

Daß aus diesen Prämissen nicht mehr gefolgert werden kann: Folglich muß B. mit derselben Strafe belegt werden, wie A. — das bedarf keines weiteren Beweises. — Aber selbst so, wie sie ursprünglich lautete, würde die Schlußfolgerung unhaltbar gewesen sein. Denn, wenn gesagt wurde: Falls B. Gehülfe des A. gewesen wäre, so hätte ihn nach den Vorschriften des §. 35 die Strafe des Gattenmordes treffen müssen; nun ist aber die Thäterschaft ein höherer Schuldgrad, als die Beihülfe. Folglich — muß B. mit derselben Strafe belegt werden, wie A.? Wenn B. schon als Gehülfe die Strafe des Gattenmordes verwirkt hätte, und nun, in Bezug auf dieses Verbrechen, nicht Gehülfe, sondern Thäter ist, und die Thäterschaft ein höherer Schuldgrad ist, als die Beihülfe, so würde daraus doch nur zu folgern sein, daß der Thäter mit einer höheren Strafe zu belegen sei, als der Gehülfe, und daß daher, da schon der Gehülfe die Strafe des Gattenmordes verwirkt habe, der Thäter noch mit einer höheren Strafe zu belegen sei — allerdings ein Resultat, welches in sich selbst so widersprechend ist, daß die vollkommene Haltlosigkeit des Schließens aus der Bestrafung der Beihülfe auf die Bestrafung der Thäterschaft wohl bis zur Evidenz nachgewiesen ist.

Wo das Gesetz nicht unterscheidet, da haben wir auch nicht zu unterscheiden. Diesen Satz wollen wir denn doch auch für das Strafrecht festhalten. Das Gesetz unterscheidet nicht zwischen Thäter und Mitthäter, folglich haben wir auch nicht diese Unterscheidung zu machen. Thäter eines Gattenmordes kann nach dem St.-G.-B. §. 175 al. 2 nur der Ehegatte des Ermordeten sein. Wer nicht Ehegatte des Ermordeten ist, kann niemals Thäter eines Gattenmordes sein und folglich auch nicht Mitthäter. Er ist vielmehr nur Thäter eines einfachen Mordes.

Wir hatten oben das zur Beurtheilung vorliegende Sachverhältniß in folgender Weise formulirt: „Casus. N. ist von A. und B. ermordet worden. A. und B. sind beide Thäter. — A. ist der Ehegatte des Ermordeten. Quaestio. Ist bei der Bestrafung des B. Rücksicht zu nehmen, daß A. der Ehegatte der Ermordeten ist?“ Wir dürfen jetzt hinzufügen: Responsio. Niemals wird B. des Gattenmordes schuldig zu erklären sein, sondern immer nur des einfachen Mordes. Der Umstand, daß A. der Ehegatte des Ermordeten war, kann allerdings bei der Bestrafung des B. hinsichtlich der Strafzumessung neben anderen Strafzumessungsgründen von Einfluß werden; und so wäre es möglich, daß, da nach der allgemeinen Vorschrift des §. 7 al. 2 die Aberkennung der bürgerlichen Ehrenrechte neben jedem todeswürdigen Verbrechen ausgesprochen werden kann, wenn festgestellt ist, dasselbe sei unter besonders erschwerenden Umständen begangen, auch gegen B. die Aberkennung der bürgerlichen Ehrenrechte neben der Todesstrafe ausgesprochen werden könnte. Dazu bedürfte es aber der Formulirung einer besonderen an die Geschworenen zu stellenden Frage: „Ist der von B. begangene Mord unter besonders erschwerenden Umständen begangen?“ und der Bejahung dieser Frage durch die Geschwornen.

Wie oben mitgetheilt worden, lautete aber der bei Oppenhoff aufgestellte Rechtssatz nicht etwa:

„Der von Mehreren gemeinschaftlich verübte Mord des Ehegatten eines derselben wird an Allen als Gattenmord bestraft“

sondern es war dieser für das einzelne Verbrechen formulirte Satz nur als eine Schlußfolgerung aus dem allgemeinen Satze hergeleitet, welcher folgendermaßen lautete:

„Beim Vorhandensein mehrerer Mitthäter ist für die Strafbarkeit Aller derjenige Thatbestand maßgebend, welcher nach den persönlichen Verhältnissen auch nur eines derselben sich als der schwerste darstellt —

und, wie wir a. a. O. S. 26 sehen, hat das Obertribunal selbst diesen Rechtssatz auch ausgesprochen:

„Aus dem im §. 35 des St.-G.-B. für die Theilnahme ausgesprochenen Grundsatze folgt deshalb, daß beim Vorhandensein mehrerer Mitthäter für Alle derjenige Thatbestand gelte, der nach den persönlichen Verhältnissen auch nur eines von diesen der schwerste ist."

Die Fehlerhaftigkeit dieses Satzes ist dargethan, denn dasjenige, was hier aus den Grundsätzen über die Theilnahme gefolgert worden ist, durfte nicht daraus gefolgert werden. Überdem ist dieser Rechtssatz auch von der Art, daß er in der Praxis nicht befolgt werden kann; denn seine allgemeine Anwendung würde zu Resultaten führen, welche den bestehenden Gesetzen vollkommen widersprechend sein würden. Es mag gestattet sein, dies an einzelnen Beispielen zu zeigen.

1) St.=G.=B. §. 85 bestimmt: „Wer mit der Sammlung der Wahl= oder Stimmzettel oder Zeichen beauftragt, vorsätzlich die rechtmäßige Anzahl derselben vermehrt oder vermindert u. s. w. — ingleichen, wer, bei einer Wahlhandlung mit der Führung des Protokolls beauftragt, andere als die angegebenen Namen niederschreibt, wird mit Gefängniß von einem bis zu drei Jahren bestraft.

War der Thäter nicht mit der Sammlung der Zettel oder Zeichen oder mit einer anderen Verrichtung bei dem Wahlgeschäft beauftragt, so ist die Strafe Gefängniß von drei Monaten bis zu einem Jahr."

Der Fall sei der: A. und B. sammeln bei einer Wahl die Stimmzettel ein. A. sei hierzu beauftragt; B. dagegen nicht. Jeder von ihnen fälsche das Resultat der Wahl; A. indem er eine Anzahl Stimmzettel, die von den Wählern nicht abgegeben sind, zu den abgegebenen hinzuthut; B. indem er von den abgegebenen eine Anzahl hinwegnimmt. A. sowohl wie B. sind offenbar Thäter bei dem Vergehen der Wahlfälschung. Die persönlichen Verhältnisse des A. bewirken, daß ihn die schwerere Strafe des §. 85 al. 1 trifft und somit müßte auch nach der Ansicht des Obertribunals B. mit einer Gefängnißstrafe von 1—3 Jahren bestraft werden. Nun sagt aber das Gesetz ausdrücklich, daß derjenige, welcher mit der Sammlung der Stimmzettel nicht beauftragt war, nur eine Gefängnißstrafe von 3 Monaten bis zu einem Jahre verwirkt haben solle. Das Obertribunal würde uns nöthigen, zu erklären, daß diese Strafbestimmung nur dann anwendbar sei, wenn der nicht Beauftragte alleiniger Thäter sei, sie gelte dagegen nicht, wenn außer diesem noch ein zweiter und zwar Beauftragter Thäter sei.

2) St.=G.=B. §. 177 bestimmt: „War der Todtschläger ohne eigene Schuld durch eine ihm selbst oder seine Angehörigen zugefügte

Mißhandlung oder schwere Beleidigung von den Getödteten zum Zorne gereizt und dadurch auf der Stelle zur That hingerissen worden, so bleibt die lebenslänglige Zuchthausstrafe ausgeschlossen, und es soll auf Gefängniß nicht unter zwei Jahren erkannt werden." Das heißt, so müßte man mit obigem Rechtssatze des Obertribunals in der Hand sagen, diese Bestimmung gilt nur dann, wenn der zum Zorne Gereizte der alleinige Thäter war oder wenn alle Thäter zum Zorne gereizt waren. Befand sich unter ihnen aber nur einer, welcher, ruhigeren Gemüthes, sich nicht zum Zorne reizen ließ, und dennoch vorsätzlich tödtete, so müßten alle lebenlängliche Zuchthausstrafe erdulden, ja, sollte selbst einer noch mit Überlegung gehandelt haben, so trifft alle die Todesstrafe. — Nach der Anleitung des Obertribunals würde in ganz ähnlicher Weise St.-G.-B. §. 196 zu behandeln sein.

3) St.-G.-B. §. 180. „Eine Mutter, welche ihr uneheliches Kind in oder gleich nach der Geburt vorsätzlich tödtet, wird wegen Kindesmordes mit Zuchshaus von fünf bis zu zwanzig Jahren bestraft.

Wird die vorsätzliche Tödtung des Kindes von einer anderen Person, als der Mutter verübt, oder nimmt eine andere Person an dem Verbrechen des Kindesmordes Theil, so kommen gegen dieselbe die Bestimmungen über Mord oder Todtschlag, so wie über die Theilnahme an diesem Verbrechen, zur Anwendung."

Es scheint zwar nach dem Wortlaute dieses Gesetzes zweifellos, daß die Mutter, welche ihr neugebornes uneheliches Kind tödtet, niemals härter gestraft werden dürfe, als mit Zuchthaus von fünf bis zu zwanzig Jahren; es scheint, als ob die Strafen für Mord oder Todtschlag lediglich auf die Thäter oder Theilnehmer mit Ausschluß der unehelichen Mutter beschränkt blieben. Wir erfahren nun von dem Obertribunale, daß dies wirklich auch nur so scheint; denn in Wahrheit sei die für die Mutter des unehelichen Kindes festgesetzte Strafe gar nicht unbedingt bestimmt worden; vielmehr gelte sie nur in dem Falle, wenn die Mutter die alleinige Thäterin sei. Jede Mitthäterschaft einer anderen Person bewirke, daß für alle Mitthäter, also auch für die Mutter des unehelichen Kindes, derjenige Thatbestand maßgebend sein müsse, welcher nach den persönlichen Verhältnissen auch nur eines derselben sich als der schwerste darstellt. Die Mutter des unehelichen Kindes ist mithin, wenn sich an dem von ihr begangenen Kindesmorde noch eine andere Person mit oder ohne ihr Wissen als Thäter betheiligte, zum Tode zu verurtheilen.

4) St.-G.-B. §. 228. „Entwendungen oder Unterschlagungen, welche von Eltern oder Großeltern gegen ihre Kinder oder Enkel, oder von einem Ehegatten gegen den anderen begangen werden, sollen nicht bestraft werden." Das Gesetz fügt hinzu: „Diese Bestimmung findet keine Anwendung auf andere Personen, welche als Theilnehmer oder Hehler schuldig sind." Das Obertribunal setzt noch weiter hinzu: Diese Bestimmung findet auch auf die genannten Personen keine Anwendung, wenn sie nicht die alleinigen Diebe sind, sondern in Gemeinschaft mit anderen Thätern den Diebstahl ausführten.

5) St.-G.-B. §. 218 Nr. 7. „Zuchthausstrafe bis zu zehn Jahren und Stellung unter Polizei-Aufsicht tritt in folgenden Fällen ein: Wenn zu dem Diebstahle zwei oder mehrere Personen als Urheber oder Theilnehmer mitwirken, welche sich zur fortgesetzten Verübung von Raub oder Diebstahl verbunden haben" — so sagt das Gesetz — und wir werden jetzt in der Lage sein, diese Bestimmung so extensiv zu erklären, daß wir dieselbe auf jeden Mitthäter an einem Diebstahle anwenden, auch wenn derselbe nicht zu einer Diebesbande gehört, falls nur zwei der Thäter zu einer solchen Bande gehört hätten. (cf. §. 232 Nr. 2.)

6) Ein einfacher Diebstahl werde ausgeführt von zwei Thätern; der eine derselben sei noch nie bestraft, der andere dagegen habe schon zwei Straferkenntnisse wegen Diebstahls gegen sich. Da nun bei dem Vorhandensein mehrerer Mitthäter für die Strafbarkeit Aller derjenige Thatbestand maßgebend sein soll, welcher nach den persönlichen Verhältnissen auch nur eines derselben sich als der schwerste darstellt — so kann in diesem Falle die Strafe des ersten Diebstahls gar nicht erkannt werden, sondern es wird auch der Dieb, welcher zum ersten Male dem Strafrichter vorgeführt wird, wegen eines dritten Diebstahls zu bestrafen sein. (St.-G.-B. §§. 215, 216, 219.)

7) St.-G.-B. §. 217. „In folgenden Fällen soll die Gefängnißstrafe nicht unter drei Monaten sein: 4) wenn eine Person, welche für Lohn oder Kost dient, den Diebstahl gegen ihre Herrschaft verübt." Ist bei einem solchen Diebstahl eine Person Mitthäter, welche dem Bestohlenen nicht für Lohn und Kost dient, so wird diese gleichwohl von der schwereren Diebstahlsstrafe des §. 217 betroffen.

Die Beispiele dieser Art ließen sich noch leicht vermehren. Doch auch die angeführten genügen, um zu zeigen, welches der wahre Inhalt des vom Obertribunal aufgestellten Rechtssatzes ist. Es läßt sich derselbe in folgenden Worten ausdrücken:

Diejenigen persönlichen Verhältnisse des Thäters, von welchen die Gesetze eine **mildere Bestrafung** desselben abhängig gemacht haben, werden **wirkungslos**, sobald das Verbrechen nicht von diesem Thäter allein, sondern noch von einem zweiten u. s. w. Thäter begangen ist, bei welchem diese die mildere Bestrafung bedingenden persönlichen Verhältnisse nicht vorhanden sind.

Diejenigen persönlichen Verhältnisse des Thäters dagegen, von welchen die Gesetze eine **schwerere Bestrafung** desselben abhängig gemacht haben, **dehnen ihre Wirksamkeit auch auf diejenigen Mitthäter aus**, bei welchen diese die schwerere Bestrafung bedingenden persönlichen Verhältnisse nicht vorhanden sind.

Es genügt, diesen Satz auszusprechen, um die Fehlerhaftigkeit desselben vollkommen einzusehen und es bleibt eben nur noch übrig, statt des von dem Obertribunal aufgestellten falschen Satzes den richtigen hinzusetzen. Derselbe würde lauten:

Beim Vorhandensein mehrerer Mitthäter ist für die Strafbarkeit eines jeden derselben derjenige Thatbestand maßgebend, welcher durch die persönlichen Verhältnisse jedes einzelnen derselben bedingt wird.

Daher wird der von mehreren Mitthätern verübte Mord des Ehegatten eines derselben nur an dem Ehegatten des Ermordeten als Gattenmord bestraft[1]).

---

1) Daß übrigens die hier bekämpften Grundsätze auch beim Obertribunal nicht vollkommen feststehend sein dürften, beweist das in Goltdammer's Archiv Bd. III S. 258 mitgetheilte Urtheil.

Reale Concurrenz.

Oppenhoff (Entscheidungen Bd. II S. 8) theilt folgenden Straffall mit:

„H. war von den Instanzgerichten wegen dreier Betrugsfälle zu einer Gesammtstrafe verurtheilt worden; auf seine Nichtigkeitsbeschwerde ward das appellationsgerichtliche Erkenntniß in Beziehung auf einen jener Fälle vernichtet, und H. von der betreffenden Anklage freigesprochen, im Uebrigen aber die Nichtigkeitsbeschwerde zurückgewiesen, so daß also jenes Gesammtstrafmaß bestehen gelassen wurde. In dieser Beziehung wurde erwogen:

Obgleich, wie ausgeführt worden, die Instanzrichter insofern rechtlich geirrt haben, als sie auch in dem zwischen dem Angeklagten und J. stattgehabten Verkehr einen Betrug im strafrechtlichen Sinne erkannten, und wiewohl dieser zuletzt erwähnte Fall von den Instanzrichtern bei Abmessung des Strafmaßes mit berücksichtigt worden sein mag, so konnte es gleichwohl nicht bedenklich erscheinen, ungeachtet der theilweisen Vernichtung des angefochtenen Erkenntnisses, es bei der erkannten Strafe zu belassen, da auch durch die beiden Betrugsfälle bei S. und Sch. ein sehr erheblicher Schaden verursacht ist, und überhaupt das ganze festgestellte Verfahren des Angeklagten in hohem Grade verwerflich erscheint[1]."

Die erste Frage, welche bei Gelegenheit dieser Entscheidung aufzuwerfen ist, ist die:

Ist das Obertribunal berechtigt, **Strafzumessungen** vorzunehmen?

Die entscheidende Gesetzesstelle, welche für die Beantwortung dieser Frage zu Grunde zu legen ist, ist Art. 116 des Ges. vom 3. Mai 1852:

---

1) Daß in Fällen dieser Art eine übereinstimmende Praxis nicht existirt, darüber vergl. Oppenhoff, Strafverfahren, Abschn. IV N. 66.

„Liegt der Grund der Vernichtung nicht in Mängeln des Verfahrens, so erkennt der Gerichtshof in der Sache selbst, oder verweiset, wenn es noch auf thatsächliche Ermittelungen ankommt, die Sache zur anderweiten Entscheidung an das Gericht der betreffenden Instanz."

Darüber ist nun kein Zweifel, daß, wenn einzelne Bestandtheile des gesetzlichen Thatbestandes des zur Anklage gebrachten Verbrechens fehlen, es allemal „noch auf thatsächliche Ermittelungen ankommt" und demgemäß „die Sache zur anderweiten Entscheidung an das Gericht der betreffenden Instanz" zurückverwiesen werden muß.

Dagegen findet sich eine schwankende Praxis in Betreff der Annahme mildernder Umstände. Oppenhoff (Strafverfahren zu Art. 110 N. 4) berichtet über zwei Entscheidungen des Obertribunals, von denen die eine es ausgesprochen habe, daß diesem Gerichtshofe, wenn derselbe in der Sache selbst erkenne, auch das Recht zustehe, mildernde Umstände nach seinem Ermessen festzustellen, während die andere das Gegentheil hiervon behauptet. — Oppenhoff entscheidet sich für die letztere Alternative.

Endlich hat das Obertribunal durchweg angenommen, daß, wenn es in der Sache selbst erkennt, ihm die Strafzumessung unbedingt zustehe, wenngleich es auch, anstatt dieselbe vorzunehmen, die Sache zu diesem Zwecke an das Instanzgericht zurückschicken könne. Oppenhoff will a. a. O. Nr. 6 das Recht des Obertribunals, das Strafmaß zu bestimmen, lediglich auf die Fälle beschränken, wo die zu verhängende Strafe eine absolute, genau und unbedingt angedrohte ist, mithin von keiner Strafabmessung mehr die Rede sein kann; „in allen anderen Fällen kommt es eben noch auf die nähere Ermittelung der thatsächlichen Strafzumessungsgründe an."

Um die hier vorliegenden Controversen zu beseitigen, kommt es darauf an, zu bestimmen, was Art. 116 unter „thatsächlichen Ermittelungen" versteht. Denn Oppenhoff hat darin gewiß ganz Recht, daß die Strafzumessungsgründe aus Thatsachen, die irgendwo ermittelt sein müssen, bestehen. Damit würde man aber freilich zu dem Resultate gelangen, daß außer diesen „thatsächlichen" Ermittelungen im ganzen Strafprocesse gar keine anderen Ermittelungen vorkommen, und daß es demgemäß also auch überflüssig gewesen wäre, daß das Gesetz ausdrücklich von „thatsächlichen Ermittelungen" gesprochen; der Ausdruck „Ermittelungen" allein würde vollkommen dasselbe bedeutet haben wie der wirklich gebrauchte „thatsächliche Ermittelungen". Nun ist aber bei der Interpretation der Gesetze niemals anzunehmen, daß ein Wort überflüssigerweise gebraucht sei. Mithin müssen auch die thatsächlichen Ermittelungen des Art. 116 einen anderen Sinn haben als einen solchen, nach welchem sie nichts weiter sein würden als Ermittelungen, die überhaupt im Strafprozeß vorzunehmen sind. —

Faßt man nun diejenigen Gesetzesstellen zusammen, in denen der Sache nach von thatsächlichen Ermittelungen gesprochen wird (Artt. 75, 79, 81, 84, 85 Ges. vom 3. Mai 1852; §. 121 Verordn. vom 3. Januar 1849), so kann es kaum einem Zweifel unterliegen, daß der beregte Ausdruck in §. 116 gleichbedeutend sei mit „thatsächlicher Feststellung" und daß er den Gegensatz bildet zu den rechtlichen Folgen, welche aus der thatsächlichen Feststellung herzuleiten sind. Zu vergleichen ist hier namentlich die Bestimmung des §. 121 Verordn. vom 3. Januar 1849, Abs. 2:

> „Der Angeklagte oder sein Vertheidiger dürfen die in dem Ausspruche der Geschwornen festgestellten Thatsachen nicht mehr bestreiten oder in Zweifel ziehen; ihre Ausführung muß sich auf die aus denselben herzuleitenden gesetzlichen Folgen beschränken."

Aus der Verbindung dieser Gesetzesstelle mit Art. 116 würde folgen, daß letzterer Folgendes bestimme:

Das Obertribunal ist nicht in der Lage, in der Sache selbst zu erkennen, wenn irgendwelche derjenigen Thatsachen nicht festgestellt sind, welche durch den Ausspruch der Geschwornen oder durch die thatsächliche Feststellung des rechtsgelehrten Richters festzustellen gewesen wären. Da nun zu solchen Thatsachen nach der preußischen Gesetzgebung auch das Vorhandensein oder Nichtvorhandensein der mildernden Umstände gehört, so würde das Obertribunal die Feststellung derselben vorzunehmen niemals in der Lage sein. — Dies führt denn noch einen Schritt weiter. — Zu den wesentlichen Bestandtheilen eines Verbrechens gehört es zwar nicht, ob dasselbe mit oder ohne mildernde Umstände begangen ist; nichts desto weniger findet eine thatsächliche Feststellung hierüber der Sache nach allemal statt. Sobald nämlich über die mildernden Umstände ausdrücklich nichts festgestellt wird, ist damit zugleich festgestellt, daß keine mildernden Umstände vorhanden sind. Wenn nun das Gesetz durch Aufnahme der mildernden Umstände die Möglichkeit hingestellt hat, daß der Angeklagte nur die durch dieselben bedingte geringere Strafe zu erdulden haben werde, so folgt daraus mit Nothwendigkeit, daß die Straffestsetzung wegen solcher Delikte, bei welchen die Annahme mildernder Umstände zulässig ist, nur durch ein solches Gericht erfolgen darf, welches, weil es überhaupt in der Lage ist, thatsächliche Feststellungen vorzunehmen, auch diejenigen thatsächlichen Feststellungen bewirken kann, welche sich auf das Vorhandensein der mildernden Umstände beziehen. Da nun das Obertribunal, wie oben gezeigt, nicht befugt ist, thatsächliche Feststellungen vorzunehmen, so kann dasselbe in allen den Fällen nicht in der Sache selbst erkennen, in denen es sich um die Anwendung eines solchen Gesetzes handelt, welches die Annahme mildernder Umstände gestattet. Läge also die Sache so, daß zu vernichten wäre, weil das Instanzgericht eine bestimmte thatsächliche Feststellung nnter das Strafgesetz a. subsumirt hat, während das Obertribunal der Ansicht ist, daß diese thatsächliche Feststellung unter das Strafgesetz b. zu subsumiren wäre, so wird das Obertribunal nur alsdann in der Sache selbst erkennen dürfen, wenn das Strafgesetz b. ein solches ist, welches die Annahme mildernder Umstände nicht gestattet; es wird dagegen allemal die Sache zur anderweiten Verhandlung und Entscheidung an das Instanzgericht zu verweisen sein, wenn das Strafgesetz b. die Annahme mildernder Umstände zuläßt, damit über deren Vorhandensein oder Nichtvorhandensein die erforderlichen thatsächlichen Ermittelungen resp. Feststellungen vorgenommen werden.

Wir fassen das Gesagte in folgenden drei Sätzen zusammen:

1. Das Obertribunal darf keine thatsächlichen Feststellungen vornehmen.

2. Das Obertribunal darf nicht mildernde Umstände feststellen.

3. Das Obertribunal darf in der Sache selbst alsdann nicht erkennen, wenn es sich um die Anwendung eines Gesetzes handelt, welches die Annahme mildernder Umstände gestattet.

Es wurde oben auf den Unterschied hingewiesen, der zwischen denjenigen Ermittelungen besteht, die zur thatsächlichen Feststellung gehören, und denjenigen, welche sich auf die gesetzlichen Folgen des thatsächlich Festgestellten beziehen. Das ist nichts Anderes als der Unterschied zwischen Thatfrage und Rechtsfrage.

Ein Gerichtshof zur Entscheidung der Thatfrage ist nun das Obertribunal nicht. Es bleibt noch übrig zu prüfen, wie weit dasselbe ein Gerichtshof zur Entscheidung der Rechtsfrage ist.

Zur Beurtheilung von Strafsachen hat der höchste Gerichtshof nur dann Gelegenheit, wenn gegen Urtheile der Instanzgerichte die Nichtigkeitsbeschwerde eingelegt ist. Nach Art. 107 Ges. vom 3. Mai 1852 findet die Nichtigkeitsbeschwerde statt:

1. wegen Verletzung oder unrichtiger Anwendung eines Gesetzes oder Rechtsgrundsatzes;

2. wegen Verletzung oder unrichtiger Anwendung wesentlicher Vorschriften oder Grundsätze des Verfahrens.

Durch diese gesetzliche Bestimmung wird der mögliche Inhalt des durch die Nichtigkeitsbeschwerde wachgerufenen Streites bestimmt und dadurch auch zugleich der mögliche Inhalt der richterlichen Thätigkeit in der Nichtigkeitsinstanz. „Denn," so sagt Planck (systematische Darstellung S. 512), „das Obergericht ist nicht dazu berufen, das Endurtheil hinsichtlich seiner Rechtsbeständigkeit und Gerechtigkeit nach allen Richtungen zu prüfen. Seine Aufgabe ist, die Zweifel der Parteien zu untersuchen und zu entscheiden. Seine Macht über das Endurtheil erstreckt sich daher nicht weiter, als der Angriff geht, den die Partei unternommen hat. Der Satz ist indeß einer strengeren und milderen Auffassung fähig. Die mildere wird ihn so verstehn, daß der Oberrichter darauf beschränkt ist, denjenigen Theil des Endurtheils oder diejenige Seite desselben zu prüfen, welche von der Partei in Frage gestellt wird. Sie wird ihr aber gestatten, diese Seite zum Gegenstande einer umfassenden Prüfung zu machen und dabei auch auf alle ihm aufstoßenden Bedenken und Anfechtungsgründe Rücksicht zu nehmen, selbst wenn sie von der Partei nicht ausdrücklich angeführt sind. Die Beschwerde der Partei bezeichnet hier nur die Grenze des Gebiets eigener Untersuchung des Oberrichters."

Nehmen wir nun für das preußische Recht selbst die mildere Auffassung an, so würde sich für die Thätigkeit des Nichtigkeitsrichters ergeben, daß, wenn das Urtheil des Instanzrichters wegen „Verletzung oder unrichtiger Anwendung eines Gesetzes oder Rechtsgrundsatzes" angegriffen wäre, der Nichtigkeitsrichter nicht bloß diejenigen Bedenken und Zweifel zu erledigen haben würde, welche die das Rechtsmittel einlegende Partei aufgestellt hat, sondern es würde derselbe darüber hinausgehend auch wegen eines anderen, von der Partei gar nicht urgirten Fehlers in Betreff der Anwendung von Gesetzen und Rechtsgrundsätzen das angegriffene Urtheil zu vernichten vermögen; und in analoger Weise würde sich die Sache gestalten, wenn wegen „Verletzung oder unrichtiger Anwendung wesentlicher Vorschriften oder Grundsätze des Verfahrens“ das Urtheil des Instanzrichters angegriffen würde. —

Die Strafzumessung aber, welche innerhalb der vom Gesetze aufgestellten Grenzen geblieben ist, kann, eben weil sie innerhalb der gesetzlichen Schranken geblieben ist, niemals eine Verletzung oder unrichtige Anwendung eines Gesetzes oder eines Rechtsgrundsatzes enthalten — darüber herrscht ja auch vollkommene Einstimmigkeit — und noch weniger wird Jemand behaupten wollen, daß durch die Strafzumessung eine wesentliche Vorschrift des Verfahrens verletzt werden könne. Mithin bildet die vom Instanzrichter vorgenommene Strafzumessung niemals den Gegenstand der Nichtigkeitsbeschwerde; mithin — und das ist hervorzuheben — liegt die Strafzumessung außerhalb der Competenz des Nichtigkeitsrichters.

Zu dem gleichen, in vieler Beziehung noch weiter gehenden Resultate gelangt man auch durch folgende Betrachtung. Es bestimmt §. 14 Verordn. vom 3. Januar 1849:

> „Der Fällung des Urtheils soll bei Strafe der Nichtigkeit ein mündliches, öffentliches Verfahren vor dem erkennenden Gericht vorhergehen, bei welchem der Staatsanwalt und der Angeklagte zu hören, die Beweisaufnahme vorzunehmen und die Vertheidigung des Angeklagten mündlich zu führen ist.“

Aus dieser allgemeinen Vorschrift würde sich daher ergeben, daß, wenn das Obertribunal nicht bloß Urtheile vernichten, sondern selbst Urtheile sprechen sollte, vor demselben folgende Akte stattzufinden hätten:

1. der Staatsanwalt müßte gehört werden;
2. desgleichen der Angeklagte;
3. die Beweisaufnahme müßte erfolgen;
4. die Vertheidigung des Angeklagten müßte mündlich geführt werden.

Und was erfolgt von alledem in Wirklichkeit bei dem Verfahren vor dem Obertribunal?

1. Eine Beweisaufnahme erfolgt niemals.
2. Der Angeklagte kann zwar gehört werden, aber es ist dieses kein wesentliches Erforderniß.
3. Der Staatsanwalt muß zwar gehört werden, aber das, was er zu sagen hat, bezieht sich nicht auf die Strafverfolgung, sondern ist lediglich die Motivirung eines Antrages, welcher, unabhängig von

irgend welchen Parteiinteressen, lediglich das Gutachten eines Correferenten über Inhalt und Bedeutung des Gesetzes ertheilt.

4. Da vor dem Obertribunale keine strafverfolgende Behörde auftritt, so kann auch der Natur der Sache nach eine eigentliche Vertheidigung nicht stattfinden. Wenn daher ein Vertreter des Angeklagten erscheint, so kann derselbe nur mittelbar dadurch im Interesse der Vertheidigung wirken, daß er das Obertribunal zu einer seinem Clienten vortheilhaften Rechtsansicht zu bestimmen bemüht ist, oder durch die Herbeiführung der Vernichtung demselben die Chancen des nochmaligen Verfahrens eröffnet. Die reellen Vortheile dieser Vertretung werden dann bei dem wiederholten Verfahren dem Angeklagten zu Nutze kommen.

Somit also hat das Verfahren vor dem Obertribunale diejenigen wesentlichen Merkmale nicht aufzuweisen, von deren Vorhandensein die Gesetze im Allgemeinen die Fällung des Urtheils abhängig gemacht haben. In Folge dessen ist nach allgemeinen Grundsätzen das Obertribunal überhaupt nicht in der Lage, Urtheile zu fällen; es kann lediglich Urtheile vernichten oder bestätigen. —

Wenn wir nun gegenüber dem oben aufgestellten Satze:

Die Strafzumessung liegt außerhalb der Competenz des Nichtigkeitsrichters,

und dem zweiten noch weiter gehenden:

Das Obertribunal ist überhaupt nicht in der Lage, Urtheile zu fällen; es kann lediglich Urtheile vernichten oder bestätigen —

dennoch die Bestimmung des Art. 116 Gesetz vom 3. Mai 1852 finden, wonach dieser Gerichtshof in der Sache selbst zu erkennen ermächtigt wird, so liegt es auf der Hand, daß diese Bestimmung gegenüber der allgemeinen Regel, gegenüber den allgemeinen Rechtsgrundsätzen nur als eine Ausnahmebestimmung betrachtet werden kann, die als solche denn auch strikt und lediglich aus den Motiven erklärt werden darf, welche diese Ausnahme haben entstehen lassen.

Diese sind aber keine anderen als folgende gewesen: Wenn von den Instanzgerichten eine nach jeder Richtung hin vollständige thatsächliche Feststellung erfolgt ist, das Urtheil aber deswegen angegriffen wurde, weil eine falsche Subsumirung dieser thatsächlichen Feststellung unter das Gesetz erfolgte, so würde der Gesetzgeber zwei Wege haben vorschreiben können, auf denen dieser Fehler zu corrigiren wäre. Der erste Weg wäre der, dem allgemein anerkannten Principe der Mündlichkeit und der allgemein anerkannten Stellung des Obertribunals als einer Nichtigkeitsinstanz entsprechende gewesen sein. Hätte man diesen eingeschlagen, so würde das Gesetz gelautet haben:

> Liegt der Grund der Vernichtung nicht in Mängeln des Verfahrens, so verweiset der Gerichtshof, gleichviel ob es noch auf thatsächliche Ermittelungen ankommt oder nicht, die Sache zur anderweiten Verhandlung und Entscheidung an das Gericht der betreffenden Instanz.

Aus einer derartigen gesetzlichen Vorschrift hätte sich dann freilich der Nachtheil ergeben, daß, lediglich um der Strafzumessung willen, der ganze Apparat des öffentlich mündlichen Hauptverfahrens von Neuem in Scene zu setzen gewesen wäre; aber der Vortheil einer consequenten Durchführung der recipirten allgemeinen Principien des Strafverfahrens wäre gewahrt worden.

Oder das Gesetz erklärte: Falls das öffentlich mündliche Hauptverfahren keine andere Aufgabe haben würde, als eine bereits nach allen Richtungen hin vollständige thatsächliche Feststellung der Anweisung des Obertribunals gemäß unter das richtige Strafgesetz zu subsumiren und mit Bezug auf dieses die Strafzumessung vorzunehmen, so soll eine Zurückverweisung an das Instanzgericht lediglich zu diesem Zwecke nicht stattfinden, sondern das Obertribunal soll gleich selbst die Strafzumessung vornehmen. Hieraus entsteht freilich der Nachtheil, daß die Stellung des Obertribunals als einer Nichtigkeitsinstanz aufgegeben und ebenso Verzicht geleistet wird auf die Mündlichkeit des Verfahrens zum Zwecke der Strafzumessung; dafür aber wird der Vortheil der größeren Kürze und der geringeren Kosten erreicht.

Das Gesetz entschied sich für den letzteren Weg; es erkaufte die Vortheile der größeren Kürze und der geringeren Kosten durch den Nachtheil, daß lediglich auf Grund der Proceßakten die Strafzumessung vorgenommen wird; — noch dazu auf Grund solcher Proceßakten, die zu diesem Zwecke gar nicht einmal zusammengeschrieben sind.

Diese Stellung des Gesetzes führt denn zu folgenden Voraussetzungen für die Anwendbarkeit desselben:

1. **Die thatsächliche Feststellung des Instanzrichters darf nicht geändert werden, der Inhalt muß derselbe bleiben.** Er darf nicht geändert werden, weder durch Hinzunahme neuer

Momente, noch auch durch theilweises Beseitigen des bereits Festgestellten. —

2. Die thatsächliche Feststellung des Instanzrichters muß auch eine in jeder Beziehung erschöpfende sein. Es ist oben bereits ausgeführt, daß das Obertribunal mildernde Umstände nach der Art und Weise, wie dieselben im preußischen Rechte behandelt sind, nicht feststellen kann, daß daher auch das Obertribunal niemals alsdann in der Sache selbst wird erkennen dürfen, wenn es sich um die Anwendung eines Gesetzes handelt, welches die Annahme mildernder Umstände gestattet. Hier ist denn noch darauf aufmerksam zu machen, daß dieses „Niemals" ausnahmslos dastehen dürfte. Es können zwar Fälle vorkommen, in denen das Instanzgericht eine thatsächliche Feststellung vorgenommen, dabei über die Annahme mildernder Umstände sich entschieden hat und daß das Obertribunal diese thatsächliche Feststellung unter ein anderes Gesetz subsumirt. Hat nun das letztere ebenfalls mildernde Umstände, so würde die Annahme sehr fehlerhaft sein, daß, weil von dem Instanzgericht mildernde Umstände festgestellt sind, dieselben auch für die etwaige andere gesetzliche Behandlung, welche das Obertribunal der thatsächlichen Feststellung geben möchte, mit festgestellt sind. Dies könnte man nur unter der Voraussetzung annehmen, daß mildernde Umstände lediglich für die Person des Angeklagten ohne Rücksichtnahme auf das demselben zur Last gelegte Verbrechen festgestellt werden. Es wären z. B. mildernde Umstände angenommen mit Bezug auf eine Anklage, welche Urkundenfälschung behauptet hätte. Die erfolgte thatsächliche Feststellung sei nun von der Art, daß das Obertribunal sich genöthigt sähe Betrug anzunehmen. Man wird unbedenklich zugestehen müssen, daß die unter Voraussetzung der Urkundenfälschung festgestellten mildernden Umstände durchaus nicht ohne Weiteres auf den jetzt vorliegenden Betrugsfall zu übertragen sind, sondern daß jedenfalls eine erneute Prüfung darüber stattfinden müsse, ob auch mit Bezug auf den nunmehr vorliegenden Betrug die mildernden Umstände angenommen werden können; und das ist eben eine Prüfung, die sich, wenigstens für das preußische Recht, als eine auf die Thatfrage bezügliche, der Cognition des Obertribunals entzieht. —

3. Durch das Erkennen in der Sache selbst darf das Obertribunal dem Angeklagten nicht die größeren Garantien eines ausführlicheren Verfahrens entziehen. Daher kann zwar die anderweite gesetzliche Subsumirung in der Art erfol-

gen, daß ein anderes zur Competenz der Schwurgerichte gehöriges Verbrechen als begangen angenommen wird, falls das Instanzgericht, dessen Urtheil angegriffen wurde, ebenfalls ein Schwurgericht war. Wäre aber das Instanzgericht die Gerichtsabtheilung gewesen, so könnte das Obertribunal, wenn es auf Grund des festgestellten Thatbestands ein zur Competenz des Schwurgerichts gehörendes Verbrechen annehmen zu müssen glaubt, niemals in der Sache selbst erkennen, sondern es müßte immer die Sache in die Instanz zurückverweisen. Selbst dann müßte dies erfolgen, wenn die Nichtigkeitsbeschwerde nicht wegen Verletzung wesentlicher Vorschriften des Verfahrens, sondern wegen Verletzung eines Gesetzes eingelegt worden wäre. —

Wenn wir nun mit Bezug auf die eben erörterten Grundsätze die Frage aufstellen: Ist in unserem hier zur Betrachtung vorliegenden Falle das Obertribunal, indem es in der Sache selbst erkannte, innerhalb der ihm vom Gesetz zugewiesenen Schranken geblieben, so muß diese Frage ganz bestimmt verneint werden. — Denn

1. Indem das Obertribunal von den drei concurrirenden durch den Instanzrichter angenommenen Betrugsfällen einen als nicht begangen erachtete, blieb es nicht bei dem ihm festgestellten Thatbestande stehen, sondern es wurde das thatsächlich Festgestellte etwas Anderes. — Das Obertribunal ist aber nur dann competent in der Sache selbst zu erkennen, wenn ihm für die Bestrafung dieselben thatsächlichen Voraussetzungen vorliegen, wie dem Instanzgerichte.

2. Indem das Obertribunal bestimmte, daß zwei Betrugsfälle ebenso hart zu strafen seien wie nach der Ansicht des Instanzgerichtes drei zu bestrafen gewesen wären, nahm es für die beiden durch die Vernichtung nicht berührten Delikte eine Straferhöhung vor; eine Straferhöhung, welche durch die Nichtigkeitsbeschwerde weder von einer Partei beantragt war, noch auch gemäß der Natur dieses Rechtsmittels beantragt werden konnte.

Es ist bei dieser Veranlassung und gegenüber den von dem Obertribunal aufgestellten Entscheidungsgründen noch folgende Frage zu erörtern:

In welcher Weise erfolgt bei vorhandener Verbrechensconcurrenz die Strafzumessung?

Das preußische Str.-G.-B. bestimmt in §. 56:

„Gegen Denjenigen, welcher durch verschiedene selbständige

Handlungen mehrere Verbrechen oder Vergehen begangen hat, ist auf sämmtliche dadurch begründete Strafen vereinigt zu erkennen.

Es kann jedoch, insoweit es sich um Freiheitsstrafen handelt, die Dauer derselben bis auf das Maß der für das schwerste Verbrechen oder Vergehen bestimmten Freiheitsstrafe herabgesetzt werden."

Es ist hier nicht der Ort im Einzelnen auf die Bestimmungen dieses Gesetzes einzugehen. Nur darauf muß aufmerksam gemacht werden, daß der zweite Absatz des §. 56 von einem „Herabsetzen" der Strafe spricht, welche erfolgen kann und zwar mit Bezug auf dasjenige Strafmaß, welches sich ergeben haben würde, wenn für jedes der begangenen Verbrechen die volle gesetzliche Strafe ausgesprochen wäre. Die reelle Verbrechensconcurrenz bewirkt demnach nicht, daß nur eins der mehreren begangenen Verbrechen, dieses aber in einer geschärften Weise gestraft wird, sondern es tritt im Gegentheil die Wirkung ein, daß zwar jedes der begangenen Verbrechen gestraft wird, aber die Bestrafung jedes derselben eine geringere ist, als sie gewesen wäre, wenn dieses Verbrechen für sich allein und nicht zusammen mit anderen der richterlichen Cognition vorgelegen hätte. — Mithin, die Verbrechensconcurrenz bewirkt nicht für eines der mehreren Verbrechen einen Verschärfungsgrund, sondern für jedes derselben einen Strafmilderungsgrund. Dies ist wenigstens das für die technische Anwendung zu verwerthende Resultat; auf die theoretische Begründung desselben kann hier nicht weiter eingegangen werden.

In dem vorliegenden Falle lagen nach der Ansicht des Instanzrichters drei Betrugsfälle vor. Bei Abmessung der Strafe mußte mit Nothwendigkeit der Instanzrichter diese drei Betrugsfälle berücksichtigen. In welcher Weise dieses geschehen ist, geht allerdings aus dem betreffenden Referat über den Rechtsfall nicht hervor; jedenfalls aber ist es geschehen und es klingt in den mitgetheilten Entscheidungsgründen des Obertribunals geradezu unerklärlich, wenn dort gesagt wird, daß der eine dieser drei Fälle, welche das Obertribunal als Betrug nicht anerkennen könne, von den Justizrichtern „bei Abmessung des Strafmaßes mit berücksichtigt sein mag." Denn ein derartiger Zweifel müßte doch jedenfalls einen aktenmäßigen Anhalt haben, und hätte er diesen gehabt, so würde das Obertribunal nicht mehr in der Lage gewesen sein zu zweifeln, sondern es würde gewußt haben, daß der Instanzrichter einen dieser Betrugsfälle bei Abmessung der Strafe unberücksichtigt gelassen hätte und die Vernichtung wäre wegen der Nichtbeachtung eines anerkannten Rechtsgrundsatzes auszusprechen gewesen. —

Für die Kritik der Entscheidung des Obertribunals können wir daher auch den eben beregten Zweifel desselben in keiner Weise theilen, müssen es vielmehr, da das Gegentheil nicht ausdrücklich festgestellt ist, als ausgemacht ansehen, daß der Instanzrichter eine bestimmte — in dem Referát nicht mehr angegebene — Strafe für drei Betrugsfälle abgemessen hat. Nehmen wir beispielsweise an, diese Strafe sei auf 6 Monate Gefängniß arbitrirt worden. Dieses Strafmaß würde nun in sehr verschiedener Weise haben entstehen können, z. B. dadurch, daß der Instanzrichter argumentirt hätte: der Betrug a. würde, falls er allein zur Bestrafung gekommen wäre, mit 4 Monaten Gefängniß zu bestrafen gewesen sein; der Betrug b. ebenso wie der Betrug c. würden jeder nicht eine höhere als einmonatliche Gefängnißstrafe bedingt haben; eine Veranlassung von der im zweiten Absatz des §. 56 gegebenen Möglichkeit, die Summe der Freiheitsstrafen zu erniedrigen, Gebrauch zu machen, liegt nicht vor, — es ist in Folge dessen das Gesammtstrafmaß auf 6 Monate festzusetzen. — Oder es hätte auch die Auffassung des Instanzrichters folgende sein können: Der Betrug a. würde für sich allein mit einer Strafe von 4 Monaten zu belegen gewesen sein, die gleiche Strafe würde auch für den Betrug b. ebenso wie für den Betrug c. zu erkennen gewesen sein, falls dieselben allein zur Bestrafung vorgelegen hätten. Da indessen die drei Betrugsfälle gemeinschaftlich abzuurtheilen sind, so ist nicht auf die Summe dieser drei Strafen, d. h. auf 12 Monate zu erkennen, sondern unter Bezugnahme auf Abs. 2 des §. 56 wird die Strafe für jeden dieser Fälle auf die Hälfte herabgesetzt, und demgemäß statt auf 12 Monate nur auf 6 Monate erkannt.

Es leuchtet ein, daß, sobald der Nichtigkeitsrichter erklärt, der Betrug c., welchen der Instanzrichter zu erkennen glaubte, ist weder ein Betrug, noch sonst ein Delikt, es sind vielmehr nur die beiden Betrugsfälle a. und b. vorhanden und demgemäß zu bestrafen, daß durch diese Erklärung nicht nur eine andere faktische Unterlage für die Bestrafung geschaffen ist, sondern daß auch in Betreff der nunmehr vorliegenden thatsächlichen Feststellung der Instanzrichter noch gar nicht erkannt hat. Die Sache liegt somit vollkommen anders, als wenn der Instanzrichter in Betreff einer bestimmten thatsächlichen Feststellung die Strafzumessung bereits vorgenommen hätte, aber dabei einen unrichtigen Paragraphen des Strafgesetzbuches angewandt hätte. In diesem Falle darf das Obertribunal unbestritten in der Sache erkennen und wird es um so eher thun können, als durch die bereits erfolgte Strafzumessung des Instanzrichters ihm ein sehr bemerkenswerther Maßstab für die eigene Strafzumessung an die Hand gegeben ist.

Aber es geht aus der Änderung des Thatbestandes durch den Richtigkeitsrichter noch etwas Weiteres hervor. Mag nämlich der Instanzrichter die vollen Strafen oder die mit Bezug auf die vorliegende Concurrenz herabgesetzten cumulirt haben; jedenfalls hat er seine Strafe mit Bezug auf drei Delikte ausgemessen. Mag selbst die Annahme noch Platz greifen, daß eine etwa vorgenommene Herabsetzung der Strafe für drei Betrugsfälle in höherem Maße stattgefunden habe, als sie möglicherweise für zwei Betrugsfälle stattgefunden haben würde, so wird doch ein und derselbe Richter für zwei Delikte niemals eine ebenso hohe Strafe arbitriren können, als er für diese beiden und noch für ein drittes arbitrirt hat. Das Erkenntniß in der Sache selbst muß daher, nachdem dieses dritte Delikt durch jenen Fortfall einflußlos für die Strafzumessung wurde, eine geringere Strafe aussprechen, als das frühere, welches auch noch auf das fortgefallene Delikt Rücksicht zu nehmen hatte — falls nämlich das erste Erkenntniß in Betreff seiner Strafzumessung uncorrigirt geblieben wäre.

Wenn nun das Obertribunal erklärt, die beiden jetzt noch vorliegenden Betrugsfälle sind ebenso schwer zu bestrafen, als nach der Ansicht des Instanzrichters diese beiden und noch ein dritter zu bestrafen gewesen wäre, so liegt in einem solchen Ausspruch eine Correktur der vom Instanzrichter vorgenommenen Strafzumessung. Ist das Obertribunal aber zu einer etwaigen Correktur in einem einzelnen Falle berechtigt, so kann diese Berechtigung für den einzelnen Fall sich nur aus der Berechtigung im Allgemeinen ergeben, derartige Verbesserungen in Folge der eingelegten Nichtigkeitsbeschwerde vorzunehmen. — Daß dies aber unzulässig ist, darüber ist wohl Niemand zweifelhaft.

Über mildernde Umstände nach den Bestimmungen des preußischen Strafrechts.

Den Ausdruck „mildernde Umstände" hat das preußische Strafgesetzbuch bekanntlich weder dem gemeinen deutschen Rechte, noch dem allgemeinen Landrecht entnommen, sondern — es hat denselben aus dem französischen Strafrecht übersetzt. Aber weder die preußische, noch auch die anderen Strafgesetzgebungen, welche die mildernden Umstände recipirten, haben dieses in der Weise gethan, daß sie rückhaltlos dem französischen Rechte gefolgt wären. So sind denn die mildernden Umstände ein neuer Faktor der Particularisirung des Strafrechts geworden, sie sind ein fremdes Element in unserer Rechtsentwickelung, ein Element, über dessen Werth oder Unwerth, Conservirung oder Beseitigung nicht nur die Ansichten der Criminalisten von einander abweichen.

In Preußen befinden wir uns in der bevorzugten Lage, alle Fragen, welche denkbarer Weise in Betreff der mildernden Umstände aufgeworfen werden könnten, durch die eigene Gesetzgebung aufgeworfen zu sehen, so daß eine wissenschaftliche Erörterung der preußischen Bestimmungen mit einer allgemeinen wissenschaftlichen Erörterung dieses Gegenstandes so ziemlich zusammenfällt.

Die erste Frage ist natürlich die: Was sind die mildernden Umstände? Das Gesetz antwortet auf diese Frage durch keine Legaldefinition. Wir haben also zunächst nachzusehen, ob sich aus den einzelnen Bestimmungen über die mildernden Umstände der Begriff derselben abstrahiren läßt. Da finden wir denn, daß überall, wo mildernde Umstände vorkommen, zwei verschiedene Strafbestimmungen aufgestellt sind, eine härtere, welche angewandt werden soll, wenn mildernde Umstände fehlen, und eine mildere für den Fall, daß dieselben festgestellt sind. Wollten wir aber, gestützt auf diese Wahrnehmung, definiren: Mildernde Umstände sind diejenigen Umstände, welche bewirken, daß dieses specielle Delikt geringer gestraft werde, als ein anderes specielles Delikt der gleichen Art, — so müßten wir im Hinblick auf diejenigen Strafbestimmungen, bei welchen die mildernden Umstände nicht vorkommen, sofort zu der Überzeugung gelangen, daß in dieser Definition das Wesentliche der mildernden Umstände nicht enthalten sein kann. Denn überall, wo relativ bestimmte Strafgesetze vorkommen, verpflichtet das Gesetz den Richter, auf die specielle Beschaffenheit des concreten Delikts Rücksicht zu nehmen, damit, wenn Umstände vorhanden sind, auf eine geringere oder die geringste Strafe zu erkennen, diese festgesetzt werde, während in anderen Fällen, wo derartige Umstände fehlen, auf eine entsprechend härtere Strafe erkannt werden muß. — Die obige Definition würde also, da sie nicht bloß die mildernden Umstände, sondern auch die strafmindernden Zumessungsgründe umfaßt, als eine zu weit gehende zu verwerfen sein.

Bei weiterem Zusehen finden wir denn, daß die mildernden Umstände nicht bloß eine mildere Bestrafung des Thäters ermöglichen, sondern daß sie ganz andere Strafgrenzen festsetzen. Sie verändern nicht bloß das Strafminimum, sondern auch das Strafmaximum. Es ist das wenigstens der Fall bei den §§. 63. 64. 65. 66. 68 al. 2. 74. 76. 78. 187. 193. 194. 195. (vergl. mit Bezug auf §. 193—195 den §. 196) 218. 219. 238. 240. 250. 251. 259. 260. 281. 310. Wollte man aber, gestützt auf diese 22 Fälle sagen: Mildernde Umstände sind Umstände, welche bewirken, daß die Strafe für ein concretes Delikt nicht innerhalb dieser, sondern innerhalb jener Strafgrenzen gesucht werde, so tritt dem sofort die weitere Wahrnehmung entgegen, daß es nicht wenig Fälle giebt, in denen trotz des Vorhandenseins der mildernden Umstände dasselbe Strafmaximum, auf welches auch ohne Vorhandensein der mildernden Umstände zu erkennen gewesen wäre, bestehen bleibt. Das tritt ein bei den §§. 102. 156. 192 a. (196) 216. 217. 227. 237. 242. 243 Nr. 6. 316. Denn in allen diesen Fällen beschränken die mildernden Umstände den Richter gar nicht auf ein geringeres als das gewöhnliche Maximum, so daß beispielsweise ein nach §. 216 zu strafender Diebstahl trotz der Feststellung mildernder Umstände mit 5 Jahren Gefängniß, Untersagung der Ausübung der bürgerlichen Ehrenrechte auf zehn Jahre und Stellung unter Polizeiaufsicht für die gleiche Zeitdauer gestraft werden könnte.

Vielleicht aber besteht das charakteristische Kriterium der mildernden Umstände darin, daß durch dieselben die Strafart geändert wird.

Allerdings in den Fällen der §§. 63. 64. 65. 66. 68. 74. 76. 78. 187. 193. 194. 195. 218. 238. 219 Nr. 1. 240 Nr. 1. 250. 251. 259. 260. 281. 310 muß bei Annahme mildernder Umstände eine andere Strafart eintreten, als wenn mildernde Umstände nicht angenommen sind — Gefängniß resp. Einschließung statt Zuchthaus; Geldstrafe statt Gefängniß. In anderen Fällen dagegen bleibt es trotz der Annahme mildernder Umstände in das Ermessen des Richters gestellt, die ursprüngliche Strafart festzuhalten oder statt derselben sich für eine geringere Strafart zu entscheiden; nämlich in den Fällen der §§. 102. 156. 242. 243 Nr. 6, in welchen Fällen bei Annahme mildernder Umstände zwar von der Gefängnißstrafe auf die Geldbuße übergegangen werden kann, aber keineswegs übergegangen werden muß; desgleichen in den Fällen der §§. 219 Nr. 2 und 240 Nr. 2, wo es in die Wahl des Richters gestellt bleibt, ob er bei Annahme mildernder Umstände die ursprünglich angedrohte Zuchthausstrafe beibehalten und nur das Maß derselben unter fünf Jahre herabsetzen, oder ob er statt der Zuchthausstrafe sich für Gefängnißstrafe entscheiden will. — Und selbst die facultative Änderung der Strafart wird nicht immer durch die Annahme der mildernden Umstände herbeigeführt; denn, wenn in den Fällen der §§. 192 a. 216. 217. 227. 237. 316 auch mildernde Umstände angenommen werden, so muß es dennoch in allen Fällen bei der Strafart verbleiben, auf welche auch ohne Annahme mildernder Umstände zu erkennen ist, nämlich bei der Gefängnißstrafe.

In der Änderung der Strafart wird man das wesentliche Kriterium der mildernden Umstände übrigens um so weniger finden mögen, als auch ohne dieses Hülfsmittel der Richter von einer schwereren zu einer leichteren Strafart hinabsteigen kann. Abgesehen von den vielen Fällen, wo die Wahl zwischen Gefängnißstrafe und Geldbuße offen gelassen ist, kommen auch noch einige Fälle vor, in denen die Wahl zwischen Zuchthaus- und Gefängnißstrafe getroffen werden kann. Wenn nämlich im Falle des §. 219 Nr. 2 und des §. 240 Nr. 2 die mildernden Umstände nur erst festgestellt sind, so bedarf es, um von der Zuchthausstrafe auf die Gefängnißstrafe herabzugehen, nicht erst von Neuem der Feststellung der mildernden Umstände, sondern es kann sich diese Änderung in der Strafart auch ohne dieses Hülfsmittel vollziehen. Möglich ist es, daß, wenn man die oben berührte Strafbestimmung nicht erst in der Novelle vom 9. März 1853, sondern gleich bei Emanation des Strafgesetzbuches vorgenommen hätte, ein anderer Ausweg, nämlich der in den §§. 74 und 76 vorgezeichnete gewählt worden wäre, wo die Herabsetzung der Todesstrafe auf Zuchthausstrafe, resp. der Zuchthausstrafe von 10—20 Jahren auf die von 2—10 Jahren bei „minder schweren Fällen" eintritt, während die Herabsetzung der Zuchthausstrafe auf die Strafe der Einschließung den mildernden Umständen vorbehalten blieb; möglich aber auch, daß, wenn durch irgend einen Zufall die milderen Strafbestimmungen für die zuletzt erwähnten Fälle der Majestätsbeleidigung erst nach Emanation der Novelle vom 9. März 1853 erlassen worden wären, man sich für diese dem bei den §§. 219 Nr. 2 und 240 Nr. 2 befolgten Systeme angeschlossen und demgemäß bestimmt hätte: „Wer sich einer Thätlichkeit gegen die Person des Königs schuldig macht, wird mit dem Tode bestraft. Wird festgestellt, daß mildernde Umstände vorhanden sind, so ist auf Zuchthaus von zehn bis zu zwanzig Jahren oder auf Einschließung von zehn bis zu zwanzig Jahren zu erkennen." Der Sache nach wäre nichts geändert, wohl aber eine Unterscheidung von Worten vermieden worden, für welche die entsprechende Unterscheidung von Begriffen unmöglich aufgefunden werden kann.

Wir entsinnen uns, daß nicht selten die Forderung aufgestellt ist, der Gesetzgeber dürfe den Richter durch ein gesetzlich fixirtes Strafminimum nicht binden; denn immer könnten Fälle vorkommen, in denen ein solches Minimum der Beschaffenheit des concreten Straffalles nicht entspräche. Da nun die mildernden Umstände Strafherabsetzungen bewirken, so wäre es ja möglich, daß sie die Wirkung äußern könnten, daß bei ihrem Vorhandensein der Richter durch ein bestimmtes Strafminimum bei der Strafabmessung nicht eingeengt würde. Aber unter allen Fällen sind nur vier anzuführen, §§. 187. 227. 281. 316, wo die mildernden Umstände eine Strafherabsetzung bis auf das allgemeine gesetzliche Minimum der Strafe zulassen, indem §§. 187 und 281, welche ohne mildernde Umstände die Strafherabsetzung bis auf einen Tag Gefängniß zulassen, bei Annahme mildernder Umstände das gesetzliche Minimum der Geldstrafe gestatten, während bei §. 227 und 316 die Möglichkeit gewährt ist, durch Hülfe der mildernden Umstände bis auf das gesetzliche Minimum der Gefängnißstrafe hinabsteigen zu können. Abgesehen aber von diesen vier Fällen gehen die Strafbestimmungen trotz der mildernden Umstände niemals bis auf das gesetzliche Minimum der betreffenden Strafart — Einschließung, Gefängniß, Geldbuße — herab. Andere Strafbestimmungen stellen dagegen, obwohl sie mit den mildernden Umständen nichts zu thun haben, eine Beschränkung in Betreff des Strafminimums der von ihnen gewählten Strafart nicht auf.

Noch könnte man vielleicht vermuthen, daß, da bezüglich der Hauptstrafen irgend ein Princip bei Anwendung der mildernden Umstände nicht zu erkennen ist, dieses in Betreff der Nebenstrafen der Fall sein werde. In dieser Beziehung wird es aber genügen, wenn wir die Ehrenstrafen allein ins Auge fassen. Da finden wir denn folgende Kategorien. Bei Annahme mildernder Umstände fehlen die Ehrenstrafen in den §§. 102. 156. 187. 192 a. 281; aber in diesen Fällen tritt ohne mildernde Umstände auch keine Ehrenstrafe ein. Ebenso fehlen die Ehrenstrafen, wenn unter Anwendung mildernder Umstände aus den §§. 65. 66. 68 al. 2. 78. 193. 194. 195 gestraft wird. Hier würden ohne mildernde Umstände Ehrenstrafen eintreten. Dagegen kann trotz der mildernden Umstände auf Ehrenstrafen erkannt werden in den Fällen der §§. 216. 217. 227. 237. 242. 243 Nr. 6. 250. 259. 260. 316 — in diesem letzteren Falle auf zeitige Unfähigkeit zu öffentlichen Ämtern. Trotz mildernder Umstände müssen Ehrenstrafen eintreten in den Fällen der §§. 63. 64. 218. 219 Nr. 1 und 2. 238. 240 Nr. 1 und 2. 251. 310.

Eine besondere Stellung nehmen noch die §§. 74 und 76 ein. Bei §. 74 steht die entehrende Zuchthausstrafe für die minder schweren Fälle zwischen der Todesstrafe — ohne Verlust der bürgerlichen Ehrenrechte — und der Einschließung. In §. 76 ist die entehrende Zuchthausstrafe nur ausgeschlossen, wenn mildernde Umstände vorhanden sind.

Genug, wir mögen die Bestimmungen des Strafgesetzbuches betrachten unter welchem Gesichtspunkte wir wollen, wir finden nirgends für die Begriffsbestimmung der mildernden Umstände ein durchgreifendes und noch weniger ein consequent durchgeführtes Princip. Und das kann auch gar nicht der Fall sein.

Wir müssen an dieser Stelle auf eine allgemeinere Betrachtung zurückgehen. Unterscheiden wir von dem weiteren Begriffe der strafbaren Handlung den engeren Begriff der verbrecherischen Rechtsverletzung, mag sich derselbe nun mit Beziehung auf die Terminologie des preußischen Strafgesetzbuchs als Verbrechen, Vergehen oder Übertretung darstellen! Zu jeder verbrecherischen Rechtsverletzung gehört ein angegriffenes oder verletztes Recht, und eine Person, von welcher der Angriff oder die Verletzung ausgeht. Individualisirt man das angegriffene Recht und betrachtet man bei der Frage, wie ist die verbrecherische Rechtsverletzung zu strafen, lediglich das angegriffene Recht, so wird man sagen dürfen, der Diebstahl an einem Thaler ist immer Diebstahl an einem Thaler, das Abschlagen des kleinen Fingers der rechten Hand ist immer das Abschlagen des kleinen Fingers der rechten Hand, eine Wunde von zwei Zoll Länge am Kopfe beigebracht ist immer eine Wunde dieser eben bezeichneten Art; und als Consequenz wird sich aus einer solchen Rechtsanschauung ergeben, daß der in dieser Weise individualisirten Rechtsverletzung eine speciell bestimmte, eine absolut bestimmte Strafe gegenübergestellt werden muß — wie wir denn auch dies Strafensystem in dem Compositionensystem des älteren deutschen Rechts finden, womit natürlich nicht gesagt sein soll, daß in demselben auf diejenigen subjektiven Momente, von deren Vorhandensein die Existenz der verbrecherischen Handlung überhaupt abhängt, nicht Rücksicht genommen sei. —

Dieses System der absolut bestimmten Strafen wird aber nur so lange durchführbar sein, als man im Stande ist, die verletzten Rechte selbst bis zu dem Grade zu individualisiren, daß man, ohne der Wahrheit ins Gesicht zu schlagen, behaupten kann, die Verletzung dieses Rechtes ist immer und unter allen Umständen die Verletzung dieses Rechtes. Ich kann behaupten, der Diebstahl an einem Thaler ist immer der Diebstahl an einem Thaler, aber ich kann nicht behaupten, der Diebstahl an einem Hunde sei immer der Diebstahl an einem Hunde. Man denke die Verschiedenartigkeiten, die eintreten können; hier ist ein wohldressirter Pudel eines Clown, dort ein Affenpinscher, den man in die Tasche stecken kann; hier handelt es sich um einen Hofhund reinster Bernhardinerrace, dort um einen alten triefäugigen Hühnerhund. Käme es also nur darauf an, ein Gesetz zu machen, welches lediglich die Strafbestimmung für den Hundediebstahl, aber auch für jeden Hundediebstahl aufstellen sollte, es würde nicht mehr möglich sein, eine absolut bestimmte Strafe festzusetzen, es würde vielmehr geboten erscheinen, dem richterlichen Ermessen einen etwas freien Spielraum zu lassen, damit er entsprechend der Individualität des gestohlenen Hundes die entsprechende Strafe wählen kann. Daß sich die festzusetzenden Strafgrenzen um so mehr erweitern müssen, je mehr Diebstahlsobjekte ich in das Diebstahlsgesetz aufnehme, daß sie am weitesten reichen müssen, wenn ich von meinem Diebstahlsgesetze alle stehlbaren Sachen umfaßt wissen will, das versteht sich nach dem Gesagten ganz von selbst.

Also schon die bloße Rücksichtnahme auf das durch die verbrecherische Handlung verletzte Recht fordert — vielleicht ganz geringe Ausnahmen abgerechnet — das Verlassen des Systems der absolut bestimmten und die Anerkennung des Systems der relativ bestimmten Strafen; wir würden dieses Resultat gewinnen, auch wenn die Persönlichkeit des Verbrechers für den Strafrichter nichts weiter sein und bleiben sollte, als ein Wesen, welches diese oder jene verbrecherische Handlung begangen hat.

Dieser eben geschilderten rein objektiven Betrachtungsweise des Verbrechens tritt aber eine andere gegenüber. Nicht die Rechtsverletzung, welche eine Person begangen hat, sondern die Person, welche eine Rechtsverletzung beging, soll Gegenstand der richterlichen Beurtheilung sein, und dieser Auffassung gegenüber können wir, in Betreff des aufzustellenden Strafmaßes zu keinem anderen Resultate als zu folgendem gelangen. Die verletzten Rechte lassen sich ihrer Art und Größe nach individualisiren, die Personen aber sind selbst Individuen. Darf man sagen, ein Thaler ist ein Thaler, so darf man ganz gewiß niemals sagen, Titus ist genau derselbe Mensch wie Cajus. Will man also die Persönlichkeit des Verbrechers zum ausschließlichen Gegenstande der richterlichen Beurtheilung machen, so muß dem Richter die Möglichkeit gegeben werden, für jedes Individuum die seiner Individualität entsprechende Strafe finden zu können; und da niemals auch nur zwei Individuen vollkommen gleich sind, so muß sich das richterliche Arbitrium in vollkommen unbeschränkten Grenzen bewegen können; oder mit anderen Worten, es führt uns diese einseitig subjektive Auffassung des Verbrechens zu dem Systeme der absolut unbestimmten Strafen.

Und wie steht nun unser heutiges Strafrecht? — Es wird nicht gestraft wegen einer bestimmten Rechtsverletzung, die von irgend einer, gleichviel welcher Person begangen ist, sondern es gelangt zur Bestrafung diese bestimmte, von einer bestimmten Person begangene Rechtsverletzung. Es ist nicht Gegenstand der Bestrafung die Person des Angeklagten, sondern die Person des Angeklagten insoweit dieselbe eine verbrecherische Rechtsverletzung begangen hat. Zu dem schon durch die einseitige rein objektive Auffassung des Verbrechens begründeten Systeme der relativ bestimmten Strafgesetze tritt die einseitig subjektive Auffassung, die Berücksichtigung der Individualität des Thäters. Und wenn auch ganz gewiß die ihrer Art nach bestimmte Rechtsverletzung das Verfließen der Strafsatzungen in die absolut unbestimmten Strafen hindert; daß die Rücksichtnahme auf die Individualität des Angeklagten, das System der relativ-bestimmten Strafen noch mehr befestigen, ihm eine noch größere Ausdehnung geben muß, das darf gewiß nicht bezweifelt werden.

Die Forderung also, welche an die Gesetzgebung gestellt werden muß, ist die: Strafgesetze zu liefern, welche genügend weite Strafgrenzen darbieten, um bei Beurtheilung des einzelnen Straffalles sowohl der Specialität des verletzten Rechts, wie auch der Individualität des zu Verurtheilenden Rechnung tragen zu können. Die Aufgabe des Richters aber ist es, die den einzelnen Straffall individualisirenden Momente, insoweit dieselben auf die Strafbarkeit einen Einfluß haben, vollständig herauszustellen und durch eine richtige Combination derselben die dem concreten Straffalle entsprechende Strafe zu finden. Das ist die richterliche Thätigkeit der Strafzumessung.

Es sind hier folgende Bemerkungen einzuschalten:

1. Die Strafzumessung ist niemals lediglich ein Berücksichtigen der objektiven oder der subjektiven Seite des Verbrechens, sondern allemale — auch bei dem versuchten Verbrechen — eine Combination der sowohl auf der objektiven wie auch auf der subjektiven Seite des Verbrechens vorhandenen individuellen Momente.

2. Diese beiden, bei jeder Strafzumessung zu verbindenden Scalen will Berner in seinem Lehrbuche des Strafrechts (§. 135) noch durch die dritte Scala der Modalität vermehren. Er rechnet zu dieser Scala der Modalität die von dem Thäter zur Ausführung des Verbrechens gewählten Mittel und der Art der Ausführung des Verbrechens. Da nun aber, sowohl die gewählten Mittel, wie auch die Art der Ausführung des Verbrechens lediglich von dem Thäter abhängen, da ferner Beides auf die Individualität des Thäters einen Rückschluß gestattet, so scheint sich diese Scala der Modalität von der Scala der Subjektivität nicht wesentlich zu unterscheiden.

3. Die einzelnen Zumessungsgründe sind so mannigfaltig, wie die Individualität des verletzten Rechts und die Individualität des Thäters verschieden sind. Im Allgemeinen entziehen sie sich daher der gesetzlichen Fixirung. Es darf indessen nicht in Abrede gestellt werden, daß einzelne der Strafzumessungsgründe bei allen Verbrechen gleichmäßig vorkommen können. Fixirt die Gesetzgebung einen oder den anderen dieser Gründe und zwar mit der Wirkung, daß bei dem Vorhandensein desselben die für die einzelnen Verbrechen bestimmten

Strafsätze überschritten oder nicht erreicht werden dürfen, so haben wir die **Strafschärfungs- resp. Strafmilderungsgründe**. In ähnlicher Weise kann auch **bei einzelnen Verbrechen** das häufigere Vorkommen bestimmter Strafzumessungsgründe beobachtet sein. Werden diese gesetzlich fixirt, und zwar mit den den Strafschärfungs- und Strafmilderungsgründen entsprechenden Wirkungen, so gewinnen wir für die einzelnen Verbrechen die **Qualifications- resp. Privilegirungsgründe**. Aber jeder dieser gesetzlich fixirten Strafzumessungsgründe wird immer nur **einer** Seite des Verbrechens, sei es der subjektiven, sei es der objektiven, entnommen sein können; jeder daher die Möglichkeit zulassen, daß beispielsweise der strafschärfende Einfluß eines der subjektiven Seite entnommenen Zumessungsgrundes durch den strafmindernden Einfluß eines der objektiven Seite des Verbrechens angehörigen neutralisirt werde; und umgekehrt. Und das Gesagte gilt nicht bloß von den allgemeinen Strafschärfungs- und Strafmilderungsgründen, sondern in gleicher Weise auch von den Qualifications- und Privilegirungsgründen. Hieraus ergiebt sich denn, daß die Gesetzgebung bei Aufstellung von Strafschärfungsgründen immer nur die **Möglichkeit** gewähren muß, über das gesetzliche Maximum der Strafe hinauszugehen, aber ebenso auch die Möglichkeit offen lassen muß, trotz des Vorhandenseins des Schärfungsgrundes das Strafminimum festzuhalten. Ebenso dürfen Strafmilderungsgründe nur die Möglichkeit gewähren, unter das gesetzliche Minimum hinabzugehen, aber sie dürfen nicht die Möglichkeit verschließen, dennoch unter Umständen auf das Strafmaximum zu erkennen. Und in gleicher Weise dürfen die Qualificationsgründe zwar das Maximum der Strafe des nicht qualificirten Verbrechens erhöhen, die Privilegirungsgründe das Minimum der nicht privilegirten Verbrechen herabsetzen, aber es muß bei der Qualificirung das ursprüngliche Strafmaximum und bei der Privilegirung das ursprüngliche Strafminimum festgehalten werden. Kommt die Gesetzgebung dieser Anforderung nicht nach, so läßt sich dies nur aus der Anschauung erklären, daß das Gesetz von der Ansicht ausgeht, daß **dieser** Strafzumessungsgrund durch einen zweiten auf dieser oder auf der anderen Seite des Verbrechens vorhandenen nicht neutralisirt werden könne. Dies wäre aber jedenfalls eine unrichtige Ansicht — eine Ansicht, welche den thatsächlichen Verhältnissen widerspricht.

Die mildernden Umstände sind nichts Anderes als Strafzumessungsgründe. Denn die mildernden Umstände sind gesetzlich nicht specialisirt, sie ergeben sich vielmehr aus der Individualität des Straffalles. Die mildernden Umstände gehören der objektiven Seite nicht minder, als der subjektiven Seite des Verbrechens an; wenn letzteres der Fall ist, beziehen sie sich auf die gesammte Persönlichkeit des Thäters in ihrer Beschaffenheit vor, während und nach dem Verbrechen; es giebt keine mildernden Umstände auf der objektiven Seite, die nicht durch erschwerende Umstände auf der subjektiven; keine mildernden Umstände auf der subjektiven Seite des Verbrechens, die nicht durch erschwerende Momente auf der objektiven neutralisirt werden könnten. Das Gesetz bedient sich des Ausdrucks „mildernde Umstände" — an zwei Stellen in §. 74 und 76 auch des Ausdrucks „minder schwere Fälle" — um zu erklären, es habe bei Aufstellung des Strafmaßes einen Fehler gemacht und wolle diesen Fehler verbessern. Könnten wir darüber, ob dies bereits bei Emanation des Strafgesetzbuches der Fall gewesen ist, noch in Zweifel sein, die Novellen von 1853, 56 und 59 würden uns unbedenklich zu dieser Auffassung führen. Wo die Praxis zeigte, daß die Strafen zu hoch gegriffen waren, da corrigirte man den Fehler dadurch, daß man zu dem Gesetze noch den Zusatz machte: „Wird festgestellt, daß mildernde Umstände vorhanden sind" u. s. w.

Warum also corrigirte man nicht einfach den erkannten Fehler, indem man die erkanntermaßen zu enge arbitrirten Strafgrenzen in genügender Weise erweiterte? Warum ließ man — gewissermaßen ein Zeugniß mangelhafter legislatorischer Umsicht — den erkannten Fehler im Gesetze stehen und setzte das, was zur Correktur desselben dienlich schien, daneben? Wenn beispielsweise §. 216 folgende Bestimmung getroffen hätte: „Der Diebstahl und der Versuch des Diebstahls wird mit Gefängniß nicht unter einer Woche gestraft; auch kann auf zeitige Untersagung der Ausübung der bürgerlichen Ehrenrechte und Stellung unter Polizeiaufsicht erkannt werden", würde diese Strafbestimmung irgend etwas anderes sagen, als diejenige, welche wir jetzt im Strafgesetzbuche vorfinden? Warum bestimmt der §. 250 nicht: „Die Urkundenfälschung wird mit Zuchthaus bis zu fünf Jahren, und mit Geldbuße von fünfzig bis zu Eintausend Thalern oder mit Gefängniß nicht unter drei Monaten und Geldbuße nicht unter fünf Thalern bestraft. Neben der Gefängnißstrafe kann auch auf zeitige Untersagung der Ausübung der bürgerlichen Ehrenrechte erkannt werden." Warum muß die Gefängnißstrafe von der Zuchthausstrafe durch die mildernden Umstände geschieden werden? Ist doch eine solche Scheidewand in Folge der neueren Gesetzgebung §. 219 Nr. 2 und §. 240 Nr. 2 nicht mehr als erforderlich erkannt, wenn es sich darum handelte, das richterliche Arbitrium gemeinschaftlich über Zuchthaus- und Gefängnißstrafe zu erstrecken; und hat man doch eine gleiche oder ähnliche Scheidewand nicht für geboten erachtet, um die Strafzumessung über Gefängnißstrafe und Geldbuße auszudehnen.

Man kann Folgendes einwenden:

§. 1 des Strafgesetzbuches bestimme, daß jede mit Zuchthaus bedrohte Handlung ein Verbrechen sei, und ebenso sage dieselbe Stelle, daß jede strafbare Handlung entweder ein Verbrechen oder ein Vergehen oder eine Übertretung sein müsse. Daraus ergebe sich denn, daß, wenn man eine Handlung sowohl mit Zuchthaus, wie auch mit Gefängniß bedrohen wolle, man eine Incongruenz zu §. 1 herbeiführen würde, indem man behaupte, einzelne Handlungen seien dennoch sowohl Verbrechen wie auch Vergehen. Daher müsse man eine solche Strafbestimmung mit Hülfe der mildernden Umstände in zwei Theile zerlegen; denn alsdann bleibe das Princip des §. 1 salvirt, da die betreffende Handlung ohne mildernde Umstände ein Verbrechen, mit mildernden Umständen ein Vergehen sei.

Auf diesen Einwand ist zu erwidern:

Wenn schon das preußische Strafgesetzbuch die Dreitheilung dem französischen Rechte durchaus nachmachen mußte, war es denn auch nothwendig, denselben logischen Fehler zu machen, den das französische Recht begangen hat? Dieser Fehler heißt: Eine Eintheilung und zwei principia divisionis. Das Verbrechen bestimmt sich nach dem Strafminimum; Vergehen und Übertretungen nach dem Strafmaximum. Der Fehler, daß man bei der Dreitheilung nicht auch das Verbrechen nach dem Strafmaximum bestimmte, mußte seine Folgen bei der ersten Strafandrohung zeigen, bei welcher zwei Jahre Zuchthaus zu hoch gegriffen erschienen. Man war aber einmal in französischem Fahrwasser und so half man sich auch auf französische Manier aus der Verlegenheit. Man scheute sich nicht, dem deutschen Juristen die Zumuthung zu machen, er solle glauben, daß, wenn beispielsweise das Gesetzbuch bei §. 218 die Phrase braucht: „wird festgestellt, daß mildernde Umstände vorhanden sind", daß nun der §. 218 nicht 8, sondern 16 Diebstähle enthalte, nämlich einmal die aufgezählten 8 Fälle als Verbrechen und dann noch einmal dieselben 8 Fälle als Vergehen. Die deutsche Gesetzgebung borgte das französische Mäntelchen der mildernden Umstände, um einen Fehler gegen die Logik zu verdecken! — Heute darf man aber auch nicht einmal mehr die Bestimmung des §. 1 zur Rechtfertigung der mildernden Umstände anführen. Denn der Satz, daß ein und dieselbe Handlung nicht sowohl Verbrechen, wie auch Vergehen sein dürfe, ist bereits mit Bezug auf §. 219 Nr. 2 und 240 Nr. 2 durch die Novelle vom 9. März 1853 durchbrochen. Und total umgestoßen wurde jener Satz durch die Änderung, welche die Novelle vom 30. Mai 1859 mit Bezug auf §. 35 des Strafgesetzbuches herbeiführte. Die Handlung des Gehülfen kann seit dieser Zeit ohne Anwendung der mildernden Umstände sowohl Verbrechen wie auch Vergehen sein. Es läßt sich hieraus entnehmen, daß das preußische Strafrecht ein Gleiches auch für die Handlung des Thäters vertragen werde.

Man könnte ferner Folgendes einwenden:

Wenn das Strafgesetzbuch beispielsweise bei §. 218 die Zuchthausstrafe androht, so geschehe dieses, um den vollen Ernst des Gesetzbuches zu erkennen zu geben; dieser Ernst des Strafgesetzes würde abgeschwächt werden, wenn man, ohne darauf hinzuweisen, daß nur in besonderen Fällen von der schwereren Strafe abgewichen werden dürfe, die mildere Strafe ohne Weiteres neben die schwerere setzte.

Dieser Einwand beruht auf gar keiner juristischen Grundlage, er wird sich also auch wohl durch eine nicht juristische Bemerkung zurückweisen lassen. Das Gesetz ist nicht ein Knecht Ruprecht, und diejenigen, für die das Gesetz bestimmt ist, sind nicht Kinder, die sich durch ein barsches Äußere ins Bett jagen lassen. Behält das Strafgesetz sein Maximum, so wird die abschreckende Wirkung die gleiche bleiben, die geringere Strafe möge mit oder ohne Hülfe der mildernden Umstände für zuläßig erklärt werden. —

Endlich: die Strafe, welche zu erkennen ist, wenn mildernde Umstände festgestellt sind, ist nur eine außerordentliche oder eine ausnahmsweise; die ordentliche oder regelmäßige ist diejenige, welche ohne Berücksichtigung der mildernden Umstände festgesetzt wird.

Lassen wir zunächst einmal die Unterscheidung in ordentliche und außerordentliche Strafe fort; diese Unterscheidung ist gottlob überwunden. Und was das Verhältniß von Regel und Ausnahme betrifft; — wäre es die Intention der Gesetzgebung gewesen, daß nur ausnahmsweise auf die von dem Vorhandensein der mildernden Umstände bedingte Strafe zu erkennen sein sollte — es ist dies übrigens aus den Materialien nicht ersichtlich — so würde man darauf hinzuweisen haben, daß auch bei dem Versuch die gleiche Bestrafung des Versuchs mit dem vollendeten Verbrechen, bei der Beihülfe die gleiche Bestrafung des Gehülfen mit dem Thäter, bei der Concurrenz die strenge Cumulation als Princip hingestellt ist, — als Princip! wobei man darauf rechnete, daß nicht das Princip, sondern die Ausnahmen von dem Princip zur praktischen Anwendung kommen würden.

Die mildernden Umstände sind nichts Anderes als Strafzumessungsgründe. — Nun kann man überall in den Gesetzgebungen die Erscheinung wahrnehmen, daß Confusion entsteht, wenn unter ein und demselben Worte zwei verschiedenartige Begriffe verstanden werden sollen (als Beispiel diene das Wort Herausgeber im Preßgesetz, welches in den §§. 11. 18. 25. 26 eine vollkommen andere Bedeutung hat, als in den §§. 35 und 36) und daß keine geringere Confusion in dem Falle entsteht, wo für ein und denselben Begriff zwei verschiedene Ausdrücke gewählt werden. Es entsteht in diesem letzteren Falle förmlich ein horror vacui; das Wort steht da, es muß also doch auch etwas zu bedeuten haben.

So hat man denn auch den Strafzumessungsgründen, welche den Namen mildernde Umstände führen, eine Bedeutung beigelegt — nach dem Vorbilde des französischen Rechts — diese Bedeutung besteht ja bekanntlich darin, daß über das Vorhandensein der mildernden Umstände nicht der Richter der Rechtsfrage, sondern der Richter der Thatfrage entscheiden solle.

Damit haben wir den folgenden Rechtssatz:

Im preußischen Recht giebt es Strafzumessungsgründe, deren Anwendung dem Richter der Thatfrage obliegt; es giebt auch Strafzumessungsgründe, deren Anwendung dem Richter der Rechtsfrage gebührt. Ein begrifflicher Unterschied zwischen diesen und jenen Strafzumessungsgründen existirt aber nicht.

Ich meine, dieser Satz ist für das preußische Recht richtig. Ist er es aber, so wird man nicht bestreiten mögen, daß er jeder juristischen ratio zuwider läuft. Entweder die Strafzumessung ist Sache des Richters der Thatfrage, oder sie ist Sache des Richters der Rechtsfrage. Eine Vertheilung der Strafzumessung zwischen beiden und eine Vertheilung ohne irgend ein principium divisionis — es giebt eben Erscheinungen, denen gegenüber die juristische Kritik verstummt, und die eben erwähnte ist eine solche.

Sehen wir nun einmal zu, zu welchen praktischen Consequenzen der theoretische Fehler führt.

Ein einfacher Diebstahl §. 215. 216 ist von der Gerichtsabtheilung abzuurtheilen. Der Gerichtshof als Richter der That hat über das Vorhandensein oder Nichtvorhandensein der mildernden Umstände zu befinden. Es kann das nicht wohl anders als in der Weise geschehen, daß der Gerichtshof sämmtliche Strafzumessungsgründe in Betracht zieht und in Folge dessen das Strafmaß arbitrirt. Findet er nun, daß die Strafe von einem Monat Gefängniß oder eine höhere für diesen Diebstahl angemessen ist, so wird er keine mildernden Umstände feststellen. Findet er dagegen, daß für den vorliegenden Fall die Strafe von Einem Monat zu hart sein würde, so wird er mildernde Umstände annehmen, und als solche diejenigen Strafzumessungsgründe bezeichnen, welche ihn dazu bestimmten, mit der Strafe unter einen Monat hinunterzugehen. Die Sache wird also auf den Kopf gestellt. Nicht weil mildernde Umstände festgestellt sind, wird die Strafe beispielsweise auf 14 Tage Gefängniß arbitrirt, sondern, weil die Strafe auf 14 Tage Gefängniß zu arbitriren ist, werden mildernde Umstände angenommen. — In einem Aufsatze in Goltdammer's Archiv Bd. V. S. 222 ff. — durch welchen eine Plenarentscheidung des Obertribunals „über den Begriff der mildernden Umstände" eingeleitet wird, heißt es in Betreff des eben erwähnten Falles: „Jedenfalls darf in den Fällen, wo das Gericht der Richter der That ist, dieses nicht erklären, daß es aus dem Grunde, weil das Gesetz sonst zu scharf sein würde, annehme, daß mildernde Umstände vorhanden seien." Diese Äußerung ist überaus fein formulirt; das Gericht darf nicht erklären, daß es mildernde Umstände annehme, weil es auf die geringere Strafe erkennen will. Das Gericht erklärt es auch nicht; aber es stellt das Vorhandensein der mildernden Umstände fest, weil sonst die Strafe eine zu harte sein würde.

Verfolgen wir unsern Diebstahlsfall in die zweite Instanz. Nehmen wir an, der erste Richter hätte auf zwei Monate Gefängniß erkannt. Der Appellationsrichter findet seinerseits die Strafe zu hart; er findet aus dem in den Akten niedergelegten Material, daß, entsprechend der sonstigen in dem Bezirke des Obergerichts gehandhabten Praxis, eine Strafe von 14 Tagen vollkommen ausreichend sein würde.

Der Angeklagte hat appellirt; neue Thatsachen und neue Beweismittel sind von keiner Seite beigebracht. — Nun kann der Appellationsrichter in seiner Eigenschaft als Richter der Rechtsfrage die vom ersten Richter erkannte Strafe von zwei Monaten bis auf einen Monat herabsetzen; will er aber bis auf 14 Tage Gefängniß herabgehen, so kann er das nur in seiner Eigenschaft als Richter der Thatfrage, und um als solcher fungiren zu können, muß er eine neue Beweisaufnahme vornehmen. Die darf aber, wenn — wie wir das hier annehmen — neue Thatsachen oder Beweismittel nicht beigebracht sind, nur dann stattfinden, wenn sich wesentliche und durch die bisherigen Verhandlungen nicht zu beseitigende Bedenken gegen die in dem ersten Urtheile enthaltene Feststellung der Thatsachen ergeben. In welcher Lage befindet sich nun der Appellationsrichter? Entweder er entscheidet sich im Interesse der Gerechtigkeit für eine etwas extensivere Interpretation der eben citirten Worte des Art. 101 und nimmt an, daß wesentliche Bedenken gegen die thatsächliche Feststellung des ersten Richters vorhanden sind — ein überaus zweischneidiges Auskunftsmittel — verfügt demgemäß, daß die Beweisaufnahme ganz oder zum Theil reproducirt werde, stellt dann mildernde Umstände fest, um die von ihm für gerecht befundene Strafe festsetzen zu können; oder im Interesse einer correkten Interpretation des Art. 101 hält er den Umstand, daß der erste Richter keine mildernden Umstände angenommen hat, nicht für ausreichend, um die Beweisaufnahme zu wiederholen, und erkennt in diesem Falle auf Einen Monat Gefängniß, obwohl seiner Ansicht nach eine Strafe von 14 Tagen die gerechte sein würde.

Denken wir uns aber den Fall umgekehrt. Der erste Richter habe unter Annahme mildernder Umstände auf Eine Woche Gefängniß erkannt. Der Staatsanwalt appellirt. Neue Thatsachen oder neue Beweismittel werden nicht beigebracht. Der Appellationsrichter kann nun in seiner Eigenschaft als Richter der Rechtsfrage von den vom ersten Richter festgestellten mildernden Umständen nicht abgehen; er könnte es nur in seiner Eigenschaft als Richter der Thatfrage nach voraufgegangener erneuter Beweiserhebung. Doch wozu das? Dem Appellationsrichter reicht in diesem Falle seine Stellung als Richter der Rechtsfrage vollkommen aus. Denn die festgestellten mildernden Umstände hindern ihn jetzt gar nicht, die Strafzumessung so hoch vorzunehmen, als er nur irgend will, da für §. 216 die Strafgrenze ohne mildernde

Umstände Ein Monat bis 5 Jahre und mit mildernden Umständen Eine Woche bis 5 Jahre betragen.

Also die vom ersten Richter festgesetzte Strafe von Einer Woche bis auf fünf Jahre zu erhöhen, das kann der Richter der zweiten Instanz in seiner Eigenschaft als Richter der Rechtsfrage, ohne erneuerte Beweisaufnahme. Will dagegen der Appellationsrichter die vom ersten Richter auf Einen Monat arbitrirte Gefängnißstrafe auch nur um Einen Tag herabsetzen, so kann er das nur in seiner Eigenschaft als Richter der Thatfrage und nach voraufgegangener erneueter Beweiserhebung. —

Wir haben noch einen Blick auf die Thätigkeit des Obertribunals zu werfen, falls dieser Gerichtshof in der Sache selbst erkennt. Das Obertribunal ist niemals Richter der Thatfrage, sondern immer nur Richter der Rechtsfrage; demgemäß ist dieser Gerichtshof auch nur dann in der Lage, in der Sache selbst zu erkennen, wenn thatsächliche Ermittelungen nicht mehr erforderlich sind. Da die Frage nach dem Vorhandensein der mildernden Umstände zu den thatsächlichen Ermittelungen gehört, so ergiebt sich hieraus, daß das Obertribunal selbst mildernde Umstände nicht feststellen kann. Es müssen nun folgende vier Fälle unterschieden werden:

1. Das Strafgesetz, unter welches der Instanzrichter die That des Angeklagten subsumirte, hat keine mildernden Umstände und ebensowenig dasjenige, welches das Obertribunal zur Anwendung bringt. In diesem Falle vollzieht das Obertribunal die Strafzumessung.

2. Das Strafgesetz, welches der Instanzrichter anwandte, läßt die Annahme mildernder Umstände zu; nicht aber dasjenige Gesetz, welches das Obertribunal in Anwendung bringt. Auch hier vollzieht das Obertribunal die Strafzumessung, gleichviel ob durch das Instanzgericht mildernde Umstände festgestellt sind oder nicht. Denn das von dem Obertribunal angewandte Strafgesetz kennt die mildernden Umstände nicht und die Strafzumessung — wo keine mildernden Umstände vorkommen — ist Sache des Richters der Rechtsfrage.

3. Das von dem Instanzgerichte angewandte Strafgesetz läßt keine mildernden Umstände zu, wohl aber ist dieses bei dem von dem Obertribunale herangezogenen der Fall. Wenn man auch sagen kann, daß eine Nichtigkeit daraus nicht entstehen würde, wenn bei der Verhandlung vor dem Instanzgericht eine ausdrückliche Feststellung darüber, ob mildernde Umstände vorhanden oder nicht, ex officio nicht stattfindet, daß daher das Obertribunal, gestützt auf diese Erwägung, vor sich selbst

keine Nichtigkeit begehen würde, wollte es unter Nichtberücksichtigung der mildernden Umstände in einem derartigen Falle in der Sache selbst erkennen; — so ist doch diese Auffassung keinesweges die einzig denkbare. Man kann nämlich mit gleichem Rechte behaupten, daß über das Vorhandensein oder Nichtvorhandensein mildernder Umstände jedesmal eine thatsächliche Feststellung stattfindet, indem das Nichtberücksichtigen der mildernden Umstände allemal die thatsächliche Feststellung enthält, daß keine mildernden Umstände vorhanden seien. Ist nun aber gewiß nur derjenige Richter in der Lage, das Nichtvorhandensein mildernder Umstände festzustellen, der dieselben andernfalls festzustellen berechtigt sein würde, d. h. der Richter der Thatfrage, so folgt aus dieser Anschauung, daß das Obertribunal in dem jetzt erwähnten Falle nicht im Stande sein würde, in der Sache selbst zu erkennen, daß es vielmehr die Sache zur nochmaligen Verhandlung in die Instanz zurückverweisen müßte; eine Ansicht, die durch Folgendes eine nicht unerhebliche Unterstützung gewinnt. Würde nämlich das Gesetz, welches jetzt das Obertribunal in Anwendung bringt, bereits bei dem Instanzgerichte zur Anwendung gekommen sein, so hätte der Angeklagte offenbar die Chance der mildernden Umstände für sich gehabt und es würde ungerecht sein, ihm dieselbe aus dem Grunde zu entziehen, weil das gegen ihn geltend gemachte Gesetz von dem Obertribunale gehandhabt wird und dieser Gerichtshof, weil er lediglich Richter der Rechtsfrage ist, mildernde Umstände nicht feststellen kann.

4. Sowohl das von dem Instanzrichter, wie auch das von dem Obertribunal angewandte Gesetz — beide kennen die Feststellung mildernder Umstände. Zurückweisung in die Instanz wird auch in diesem Falle erforderlich werden. Und zwar wird es für dieses Resultat ganz gleichgültig sein, ob mit Bezug auf das vom Instanzgerichte angewandte Gesetz mildernde Umstände festgestellt worden sind oder nicht. Denn das Nichtfeststellen der mildernden Umstände mit Bezug auf dies Strafgesetz schließt ja keineswegs die Feststellung derselben mit Bezug auf ein anderes Gesetz aus; und ebensowenig wird behauptet werden können, daß, weil mildernde Umstände mit Bezug auf dieses Gesetz festgestellt sind, dieselben auch festgestellt sein würden, wenn die Frage nach dem Vorhandensein der mildernden Umstände mit Bezug auf ein anderes Gesetz gestellt worden wäre. — (Vergl. oben S. 52 ff.)

Ohne noch mit einem Worte der Geschwornengerichte gedacht zu haben, waren Mißstände, Weitläufigkeiten, Inconsequenzen zu registriren, die alle ihren Grund darin haben, daß es der preußischen Gesetzgebung gefallen hat, bei einzelnen Verbrechen und Vergehen einzelne Strafzumessungsgründe mildernde Umstände zu nennen und wegen dieses Namens einen unbestimmten Theil der Strafzumessung dem Richter der That zuzuweisen.

Und doch sind die bis jetzt besprochenen Nachtheile noch die geringeren im Verhältnisse zu denen, die entstehen, wenn die Geschwornen über die mildernden Umstände befinden.

Die Verwirrung, welche hinsichtlich der Unterscheidung der That- und der Rechtsfrage entstanden ist, verdankt zum guten Theil ihren Ursprung den mildernden Umständen. Ich will hier eine Ansicht gleich von vorne herein zurückweisen. Man sagt nämlich: Ja! die mildernden Umstände sind doch Thatsachen; die Geschwornen sind Richter der Thatfrage, folglich müssen doch die Geschwornen über das Vorhandensein der mildernden Umstände befinden. Allerdings Thatsachen sind die mildernden Umstände; aber Thatsachen sind auch in ganz gleicher Weise alle anderen Strafzumessungsgründe — man möge also consequent sein und den Geschwornen die Strafzumessung überhaupt zuweisen — wofür ich mich nicht entscheiden möchte — oder ihnen die Strafzumessung auch dann noch entziehen, wenn die Strafzumessung unter Benutzung der Worte eingeleitet wird: „Für den Fall der Bejahung: Sind mildernde Umstände vorhanden?“ — dies Letztere würde ich im Interesse der Rechtspflege nicht minder als im Interesse des Geschwornengerichts im höchsten Grade wünschen. —

Die Rechtssätze nützen nur, wenn Thatsachen vorhanden sind, auf welche die Rechtssätze angewandt werden, und Thatsachen haben nur dann ein rechtliches Interesse, wenn sie zur Anwendung eines Rechtssatzes Veranlassung geben. Daß man den Geschwornen die Feststellung des gesammten thatsächlichen Materials, dem Gerichtshof die juristische Verwerthung desselben überweisen müsse, — das ist eine Idee, die niemals realisirt ist und auch niemals realisirt werden kann.

Der Richter der Thatfrage befindet über Thatsachen und der Richter der Rechtsfrage ebenfalls. Der Richter der Thatfrage kann der Anwendung von Rechtssätzen nicht enthoben werden und der Richter der Rechtsfrage ebensowenig. Die Sache liegt folgendermaßen:

Zwei Fragen hat jeder Strafproceß zu beantworten. Die erste

lautet: Hat der Angeklagte das ihm zur Last gelegte Verbrechen begangen? Die zweite: Wenn das der Fall, wie ist er zu strafen? Die erste Frage ist die Thatfrage oder Schuldfrage, die zweite die Rechtsfrage. Die Beantwortung der ersten Frage darf das Geschwornengericht als zu seiner Competenz gehörig beanspruchen; die Beantwortung der zweiten Frage gebührt dem rechtsgelehrten Richter.

Es leuchtet ein, daß die Beantwortung der gesammten Schuldfrage, wie sie hier formulirt ist, — und wie sie in England praktisch gehandhabt wird — den Geschwornen nicht bloß die Beantwortung der Frage, ob die den gesetzlichen Momenten des Verbrechens entsprechenden Thatsachen erwiesen sind; sondern daß ihnen auch die Subsumtion der für erwiesen erachteten Thatsachen unter das Strafgesetz zugewiesen ist. Es liegt dieser Betrachtung fern, zu untersuchen, ob es gerathen sei, den Geschwornen in unserm deutschen Proceß die Beantwortung der gesammten Schuldfrage zu übertragen. In Preußen hat man das hierzu erforderliche Zutrauen zu den Geschwornen nicht gehabt. Aber ein überaus bedenklicher Ersatz muß es genannt werden, wenn man den Geschwornen an Stelle dessen, was man ihnen nahm, ein vollkommen undefinirtes „Etwas" von der Rechtsfrage in der Gestalt der mildernden Umstände zur Beantwortung zuwies.

Im französischen Rechte nannte man die Sache wenigstens beim richtigen Namen. Man wollte durch das Gesetz von 1832 die mitunter übertrieben strengen Strafen des code pénal mildern. Zwei Wege, so überliefern es Chauveau und Hélie, hätten sich hierzu geboten, der eine, mittelst Revision des ganzen code die Classification der strafbaren Handlungen zu vervielfältigen und zugleich das Minimum jeder Strafe herabzusetzen und den Richtern mehr Spielraum zu lassen. Dieser Weg der Verbesserung sei der mühsamere aber sicherere gewesen, um zu einer gesunden Anwendung der Grundsätze des Strafrechts zu führen. Statt dessen aber sei der andere Weg gewählt worden, es sei die allgemeine Möglichkeit gewährt, das Minimum aller Strafen herabzusetzen. Der Rapport der Deputirtenkammer bestätigte dann, daß die Anwendung der circonstances atténuantes bestimmt sei, à corriger des dispositions, qui n'ont pu être révisées. Der Rapport führt namentlich an: Das System der mildernden Umstände dient dazu, sehr erhebliche Schwierigkeiten, welche die Strafgesetzgebung darbietet, zu beseitigen, dieses System wird in der Praxis zerstreuen die schwersten Vorwürfe gegen die Todesstrafe, gegen die Theorie des Rückfalls, der

Theilnahme, des Versuchs. Man erklärt es bei der Discussion des Gesetzes von 1832 ganz ausdrücklich, daß die Strenge des Gesetzes eine genügende Veranlassung sei, um mildernde Umstände anzunehmen.

Man gesteht also mit anerkennenswerther Offenheit ein: Richtige Strafsatzungen aufzustellen, das ist eine Aufgabe, der die französische Legislation nicht gewachsen ist; mögen die Geschwornen durch Annahme der circonstances atténuantes die Fehler, insbesondere die zu harten Strafandrohungen des Gesetzes corrigiren.

Die preußische Gesetzgebung behauptet dagegen: So wie das Gesetz ist, ist es ganz gut; die Geschwornen haben nichts daran zu corrigiren; zwar sollen sie in gewissen Fällen über das Vorhandensein von mildernden Umständen gefragt werden, sie sollen aber diese Frage beantworten, ohne sich um die Strafe, die in Folge ihres Ausspruches eintreten wird, irgend wie zu kümmern. Mag nun aber das Gesetz dieses Verlangen an die Geschwornen stellen, mag man in der Praxis noch so oft die Behauptung hören, ein gewissenhafter Geschworner werde sich bei Beantwortung der Frage nach dem Vorhandensein von mildernden Umständen um die Strafbestimmungen des Gesetzes nicht kümmern — dennoch darf man dabei stehen bleiben, daß die Geschwornen bei der Entscheidung über die mildernden Umstände auf die Strafbestimmungen Rücksicht nehmen werden; ja daß sie dies thun müssen, weil es eine psychische Nothwendigkeit ist, daß sie es thun. Sie sollen sagen, ob der ihnen vorliegende Fall zu den minder schweren oder zu den schwereren gehört. Dazu müssen sie doch einen Maßstab haben, an dem sie vergleichen können, und wo sollen sie diesen Maßstab anders finden, als in den durch das Gesetz angedrohten Strafen? Ja ich möchte behaupten, die stillschweigende, nie offen eingestandene Voraussetzung, daß die Geschwornen so handeln werden, ist der einzige Erklärungsgrund dafür, daß man den Geschwornen die Feststellung der mildernden Umstände überhaupt noch überläßt. Denn eine derartige Handlungsweise der Geschwornen, die bewußte, oft vielleicht nur unbewußte Erwägung der Frage: Wie strafbar ist der Schuldige? — das allein kann eine, wenn auch immerhin nur schwache Garantie dagegen gewähren, daß die Handhabung der mildernden Umstände durch die Geschwornen, sei es für den Angeklagten, sei es für die Interessen der Gerechtigkeit nicht zu einem vollkommen unberechenbaren Hazardspiele werde.

Aber auch unter dieser dem Wortlaute des Gesetzes nach nicht zu statuirenden Voraussetzung gewinnen wir nur eine schwache Garantie für eine richtige Strafzumessung, wenn wir dieselbe theilweise den Geschwornen überlassen.

Denn es ist etwas Anderes, wenn das Strafensystem ein System absolut bestimmter Strafen ist, und etwas Anderes, wenn es im Wesentlichen aus relativ bestimmten Strafen besteht. Das ältere deutsche Schöffengericht hatte es mit absolut bestimmten Strafen zu thun, in ihm handelte es sich überdem darum, für jeden einzelnen Fall das Recht zu finden, nicht aber auf den einzelnen Fall das bestehende Recht anzuwenden — sehr natürlich, daß unter diesen Voraussetzungen durch ein Urtheil der Schöffen auch die Strafe, die den Schuldigen treffen sollte, ausgesprochen wurde. Eine Übertragung dieser Anschauungen auf das Geschwornengericht würde einer Vernichtung dieses Instituts gleichkommen.

Die Strafzumessung ist eine specifisch juristische Thätigkeit, nur unter der Voraussetzung juristischer Bildung und Erfahrung kann diese Thätigkeit in ersprießlicher Weise gehandhabt werden. Hier handelt es sich nicht bloß um die Beurtheilung der einzelnen, immer nur wenigen Thatsachen, von denen die Existenz des verbrecherischen Unrechts abhängig ist, hier muß vielmehr die Rechtsverletzung und die Person des Angeklagten in ihrer Totalität aufgefaßt werden. Die Größe der Strafbarkeit hängt niemals von dem einen oder von dem anderen Umstande ab, sondern immer ist sie das Resultat einer Combination verschiedenartiger Umstände. Welche Umstände zum Zwecke der Combination heranzuziehen sind, welch ein Resultat die Combination ergiebt, das sind Fragen, die nicht von dem beantwortet werden können, dessen Gesichtskreis durch den einen ihm vorliegenden Fall — der über das Vorhandensein der Schuldmomente allerdings immer vollständige Auskunft ertheilt — ausgefüllt wird. Hier ist es erforderlich, aus der Fülle des juristischen Materials schöpfen zu können und dies um so mehr, als nicht bloß das die Aufgabe der Gerechtigkeit ist, daß dem Schuldigen sein Recht werde, sondern daß dem Einen Recht sei, was dem Andern billig ist. —

Und in dem eigenen Interesse des Geschwornengerichts muß man den Wunsch aufs Lebhafteste empfinden, daß dasselbe mit den mildernden Umständen nichts zu thun haben möge. —

Denn nichts untergräbt die Bedeutsamkeit des Geschwornengerichts so sehr, als Einrichtungen, welche geeignet sind, den Geschwornen die vollste Verantwortlichkeit für das von ihnen abgegebene Verdikt auch nur irgendwie zu erleichtern. Zu diesen Einrichtungen rechne ich allerdings an erster Stelle die Möglichkeit des Majoritätsvotums, die dann am Schlimmsten auftritt, wenn durch die Majorität von 7:5 die Geschwornen von jeder Verantwortlichkeit sich befreien können. An zweiter Stelle stehen aber die mildernden Umstände. So wie diese angenommen werden, ist der Geschworne von der Verantwortlichkeit frei, daß der Angeklagte in Folge seines Verdikts zur Zuchthausstrafe verurtheilt wird — und von dieser Verantwortlichkeit soll und darf man den Geschwornen nicht befreien. —

Ich habe in dem Vorstehenden Nachtheile der mildernden Umstände aufgeführt — ich will nicht behaupten, daß es erschöpfend geschehen sei. Es bliebe mir noch übrig, mich über die Vortheile derselben zu äußern. Gern würde ich dieser Aufgabe nachkommen, wenn ich es nur könnte. Aber ich muß es unumwunden eingestehen, daß ich vollkommen außer Stande bin, auch nur irgend etwas Vortheilhaftes oder Günstiges über diesen französischen Eindringling zu sagen.

An Vertheidigern seiner Existenz hat es freilich nicht gefehlt und es mag mir schließlich gestattet sein, die wesentlichsten Vertheidigungsgründe kurz zu beleuchten.

Unerwähnt lasse ich alle diejenigen, welche aus einem Mißverständnisse über den Unterschied zwischen That und Rechtsfrage hervorgegangen sind, und ebenso die Gründe derjenigen, welche die Volksthümlichkeit des Geschwornengerichts dadurch zu heben vermeinen, daß sie ihm Dinge zuweisen, die niemals Attribute desselben sein dürfen. —

Ich beschränke mich auf zwei Vertheidigungsgründe der mildernden Umstände:

1. Man führt die französische Praxis an, das Lob, welches selbst die besonnensten französischen Praktiker dem Systeme der mildernden Umstände zollen. Man übersieht aber dabei Mancherlei. Zunächst, daß diese selben französischen Praktiker nicht Anstand genommen haben, es offen zu erklären, daß „um zu einer gesunden Anwendung der Grundsätze des Strafrechts zu gelangen" das System der mildernden Umstände nicht der geeignete Weg sei, daß man vielmehr das System der mildernden Umstände nur als einen Nothbehelf angesehen habe, um der Mühe, welche mit einer Aufstellung richtiger strafrechtlicher Grundsätze verknüpft gewesen wäre, überhoben zu sein. Man übersieht fer-

ner, daß, nachdem der code pénal 22 Jahre hindurch ohne mildernde Umstände gehandhabt war, selbst die dürftige Correktur desselben, die das Gesetz vom 28. April 1632 herbeiführte, — in dieser Relativität — als eine sehr erhebliche Verbesserung der Praxis angesehen werden mochte. Man vergißt, daß von England aus, wo die mildernden Umstände unbekannt sind, noch niemals das Verlangen nach Einführung derselben laut geworden ist, daß es dort für ausreichend erachtet wird, wenn die Geschwornen für befugt gehalten werden, den Verurtheilten der Gnade zu empfehlen, während sie in Frankreich berechtigt sind, ein theilweises Begnadigungsrecht faktisch auszuüben. Man vergißt bei der Berufung auf die Praxis den Umstand, daß die Praxis allerdings noch zu jeder Zeit Mittel aufzufinden gewußt hat, um Fehler und Schwächen des Gesetzes wenigstens theilweise zu beseitigen und zu verdecken, daß aber eine gesunde und correkte Praxis nur aus einem gesunden und correkten Gesetze erwachsen kann — daß ein befriedigender Rechtszustand da nicht erwartet werden darf, wo der Praxis die Aufgabe zugewiesen wird, ein schlechtes Gesetz in einer erträglichen Weise zur Anwendung zu bringen. —

2. Man behauptet, durch die mildernden Umstände werde die Möglichkeit gewährt, weitere, der Natur der einzelnen Delikte entsprechende Strafgrenzen aufzustellen. Wenn man behaupten will, daß die Gesetzgebung durch irgend welche Bestimmung bei Arbitrirung der Strafgrenzen *beschränkt* sei, dann würde diese Behauptung vielleicht einen Sinn haben, und nur noch die Zweifel zu lösen sein, durch welche Mittel es denn gerade den mildernden Umständen möglich wird, diese der Strafgesetzgebung gesteckten Schranken zu durchbrechen. Wenn man aber der Gesetzgebung das Recht einräumt, die Strafgrenzen für die einzelnen Delikte gerade so weit zu ziehen, als es ihr geboten zu sein scheint, so verliert dieser Vertheidigungsgrund alle und jede Bedeutung.

Ich glaube mit folgenden Sätzen diese Betrachtungen abschließen zu können:

1. Die mildernden Umstände sind zu verwerfen; die Strafgrenzen zu conserviren — wo möglich in manchen Fällen noch zu erweitern.

2. Den Geschwornen ist die Feststellung mildernder Umstände zu entziehen, gleichviel ob man ihnen die Entscheidung über die *ganze*, oder nur über einen Theil der Schuldfrage zuweisen will.

Zwei Diebstähle.

I. Oppenhoff „Rechtsprechung" Bd. I S. 43 stellt folgende beiden Sätze auf:

1. Auch dem Diebe kann die in seiner Gewahrsam befindliche gestohlene Sache durch einen Dritten wiederum gestohlen werden.
2. Wer „geschlagenes Holz" aus „einem Walde" stiehlt, unterliegt der Strafe des §. 217 Nr. 3 des Str.-G.-B., sollte der betreffende Wald auch nicht derjenige sein, in welchem das Holz ursprünglich geschlagen war.

Diese beiden Sätze sind gewiß ganz unbedenklich, und wenn an irgend etwas, so könnte man höchstens daran Anstoß nehmen, daß dieselben trotz ihrer Unbedenklichkeit der besonderen Aufmerksamkeit der Praktiker empfohlen werden.

Betrachtet man freilich den Straffall, dessen Entscheidung durch das Obertribunal zur Aufstellung der obigen Rechtssätze Veranlassung gegeben hat, so erkennt man, daß statt der beiden unbedenklichen Rechtssätze nur ein und zwar ein sehr bedenklicher aufzustellen gewesen wäre. — Der Fall nämlich, um den es sich handelte, war einfach folgender: N. N. hat aus einem Walde geschlagenes Holz gestohlen. Er verbirgt dasselbe in irgend einer Schonung und aus derselben entwendet es H. Letzterer wird von dem Obertribunal schuldig befunden und aus §. 217 Nr. 3 des Str.-G.-B. bestraft:

„In folgenden Fällen soll die Strafe nicht unter drei Monaten sein:

3. Wenn geschlagenes Holz aus dem Walde oder von der Ablage, oder wenn Schwemm- oder Flößholz gestohlen wird" —

Denn, so sagt das Obertribunal, der Zweck des Gesetzes wie auch der ursprünglichen Vorschrift in §. 1144 Thl. II Tit. 20 des Allgemeinen Landrechts, und wie ferner mehrerer anderer in §. 217 des Str.-G.-B. enthaltenen Strafbestimmungen, ist nur der besondere Schutz von Sachen, welche nicht unter genauer Aufsicht gehalten werden können. Sind also die Sachen und der Ort, wo sich dasselbe befindet, die im Gesetze bezeichneten, ist also, wie hier, die Sache:

„geschlagenes Holz"

und der Ort, wo sie sich befindet, „ein Wald", so ist es gleichgültig, unter welchen Umständen die Sache an diesen Ort gelangt ist: der Schutz des Gesetzes folgt ihr vielmehr nach jedem anderen Walde.

Bei dieser rein objektiven Auffassung, welche also auch von dem Zwecke der Wegbringung von dem Orte der ersten Zurichtung und Aufstellung absieht, ist es sonach gleichgültig, ob die Sache lediglich durch einen Diebstahl an einen andern Ort gebracht und dort noch in der Gewahrsam des Diebes selbst befindlich ist, sobald nur dieser Ort „ein Wald" ist.

Der Rechtssatz, den wir aus dieser Entscheidung des Obertribunals entnehmen möchten, würde lauten:

> „Wer gestohlenes Holz, welches der Dieb in einem Walde verbarg, stiehlt, macht sich des Diebstahls nach §. 217 Nr. 3 des Str.-G.-B. schuldig."

Es kann nicht fehlen, daß der gesunde Menschenverstand diesem Satze gegenüber zu den sehr natürlichen Fragen gelangt: Wie kommt es, daß die schwerere Strafe des §. 217 nur dann eintritt, wenn dem Diebe gestohlenes Holz, das er in einem Walde verbarg, gestohlen wird, dagegen die Strafe des einfachen Diebstahls ausreichend ist, wenn dem Diebe irgend eine andere Sache, die er im Walde verbarg, von einem Dritten weggenommen wird. Und: wie kommt es, daß das geschlagene Holz gerade in einem Walde versteckt sein muß, damit die Wegnahme desselben die schwerere Strafe des §. 217 fordert, während doch, wenn der Dieb das geschlagene Holz unter einer Brücke oder in einem Kornfelde versteckt hätte, nur die gelindere Strafe des §. 216 bedingt sein würde.

Gegenüber diesen Fragen beruft sich dann vielleicht das Obertribunal auf „die rein objektive Auffassung", nach welcher es genügt, wenn nur die gestohlene Sache „geschlagenes Holz" und der Ort, von dem es fortgenommen, „ein Wald" ist. — Die „rein objektive Auffassung" ist gewiß einer der größten Vorzüge richterlicher Urtheile; nur gelangt man zu derselben nicht immer durch eine Interpretation des Gesetzes, die am Worte kleben bleibt, denn diese erzeugt in vielen Fällen nicht eine „rein objektive", sondern eine einseitige und schiefe Auffassung. Daß eine solche auch in diesem Falle stattgefunden, ist um so auffallender, als das Obertribunal den Zweck der strengeren Strafbestimmung des §. 217 Nr. 3 vollkommen richtig dahin bezeichnet hat, daß es sich hier, wie auch an anderen Stellen dieses Gesetzes, um den besonderen Schutz von Sachen, welche nicht unter genauer Aufsicht gehalten werden können, handele. — Hätte aber das Gesetz jeden Diebstahl an Sachen, welche unter genauerer Aufsicht nicht gehalten werden können, mit einer schwereren Strafe belegen wollen, so würde ein solcher Qualificationsgrund generell, nicht aber, wie im Gesetze wirklich geschehen, lediglich in seinen speciellen Consequenzen aufgestellt sein. Da nun aber Letzteres der Fall, so tritt uns die Frage entgegen, warum denn gerade nur in den vom Gesetze aufgeführten speciellen Fällen die größere Schwierigkeit der Beaufsichtigung zu Qualificationsgründen verwandt worden ist, in anderen dagegen nicht. Und diese Frage ist, wie wir glauben, ohne historische Reminiscenzen nicht wohl zu beantworten, ohne Mühe jedoch mit Hülfe derselben. Der Qualificationsgrund, den in dieser Beziehung die Strafgesetzbücher beim Diebstahl aufgestellt haben, reproducirt den Qualificationsgrund, der im älteren deutschen Rechte dadurch bedingt wurde, daß durch die Begehung des Diebstahls einer der höheren Frieden verletzt wurde.

Frieden aber bedeutet (vergl. Wilda S. 225) den geordneten und gesicherten Zustand unter der Herrschaft des Rechts. Dasjenige, was selbst ein Bruch des Friedens, eine Verletzung des Rechtes war, das konnte als durch den Frieden geschützt, nicht betrachtet werden, im Gegentheil, es stand außerhalb des Friedens. Dieser erstreckte sich nur auf rechtliche Verhältnisse; und war dieses schon bei dem gemeinen Frieden der Fall, um wie viel mehr mußte es nicht bei den höheren Frieden eintreten! Sich ein Verhältniß durch einen höheren Frieden geschützt denken, die Verletzung desselben demgemäß durch eine strengere Bestrafung bedroht sehen, während dieses Verhältniß selbst ein die Rechtsordnung, den Frieden verletzendes ist, diesen Widerspruch muß der, dem die erforderlichen deutschrechtlichen Rechtsanschauungen zu Gebote stehen, deutlich empfinden. In dem Falle, welcher dem Obertribunal zur Entscheidung vorlag, handelte es sich um das Recht des Diebes an der gestohlenen Sache, um ein an sich vitiöses Verhältniß. Mag dasselbe immerhin Veranlassung geben, daß derjenige, der dem Diebe die Sache stiehlt, selbst wegen Diebstahls bestraft wird, — aus diesem auf römischrechtlicher Basis beruhenden Umstande kann doch nimmermehr gefolgert werden, daß der Besitz des Diebes an der gestohlenen Sache unter den Schutz eines höheren Friedens zu stellen sei. Und die Sache wird um so mißlicher, wenn man diesen Satz nicht im Allgemeinen, sondern nur für den Fall aufstellt, wenn die gestohlene Sache „geschlagenes Holz" und der Versteck „ein Wald" ist. Wenn das Verhältniß des Diebes zur gestohlenen Sache selbst kein rechtliches ist, wenn die objektive Rechtlosigkeit dieses Verhältnisses lediglich die subjektive Schuld nicht zu tilgen vermag, die auch dem Diebe an gestohlenem Gute zur Last fällt, — so kann doch dieses in sich rechtlose Verhältniß durch die vollkommensten Zufälligkeiten — geschlagenes Holz — im Walde versteckt — überhaupt nicht zu einem rechtlichen werden, geschweige denn zu einem in hervorragendem Grade geschützten. Soll der höhere Schutz eines Rechtes eintreten, so muß doch zunächst überhaupt erst ein Recht da sein. Dieses Recht ist das Recht des Eigenthümers an seinen Sachen. Für dieses ist ein Rechtsschutz vorhanden; der gewöhnliche, allgemeine ist ausreichend an den intra septa befindlichen, — denn diese können leicht beobachtet, leicht beaufsichtigt und geschützt werden, — die extra septa befindlichen bedürfen dagegen, weil sie nicht von dem Eigenthümer mit gleicher Wirksamkeit geschützt werden können, eines besonderen, höheren Rechtsschutzes. Die Qualification des Diebstahls an geschlagenem Holz in einem Walde ist mithin deshalb strafbarer als andere Diebstähle, weil das Eigenthumsrecht an demselben durch einen höheren Rechtsschutz vorzugsweise gesichert werden soll. Dasselbe, was vom Eigenthumsrecht gilt, gilt natürlich auch von anderen dinglichen Rechten, insoweit sie durch Diebstahl verletzt werden können; aber ein **Recht** muß überhaupt vorhanden sein, was durch den Diebstahl verletzt wurde, ein bloß faktisches in sich selbst rechtswidriges Verhältniß kann dazu nicht ausreichend sein.

Schon jetzt würde es zulässig sein, folgenden Satz aufzustellen:

Wer gestohlenes Holz, welches der Dieb in einem Walde verbarg, stiehlt, macht sich des Diebstahls nach §. 217 des Str.-G.-B. **nicht** schuldig.

Zur näheren Motivirung dieses Satzes kann es aber vielleicht noch beitragen, wenn ein denkbarer Einwand zurückgewiesen wird. Dieser Einwand könnte in Folgendem bestehen:

Es wäre nämlich möglich, daß Jemand sagte: Wenn die subjektive Schuld des Thäters allein ausreicht, um denselben, obwohl er kein rechtlich bestehendes Verhältniß gestört hat, dennoch des Diebstahls schuldig zu befinden, so ist doch auch wenigstens die Möglichkeit nicht in Abrede zu stellen, daß lediglich die Schuld des Thäters auch zur Bestrafung eines qualificirten Diebstahls Veranlassung geben könnte. — Auf einen derartigen Einwurf würde dann zu erwidern sein:

Allerdings ist dies möglich; aber nur unter der Voraussetzung, daß das Qualificationsmoment in dem subjektiven Thatbestande oder in der Ausführungsart des Diebstahls liegt; nicht aber, wenn das Qualificationsmoment in dem objektiven Thatbestande enthalten ist. Die Qualification der letzteren Art ist aber bei den Diebstahlsfällen des §. 217 Nr. 3 vorhanden. Und eben so wenig, wie ein Kirchendiebstahl möglich ist, wenn nicht die gestohlene Sache eine dem Gottesdienste gewidmete ist, eben so wenig kann gegen den §. 217 Nr. 3 gefehlt werden, wenn nicht ein unter einem besonderen Schutze stehendes rechtliches Verhältniß verletzt ist.

Wie wenig es zur Anwendung des §. 217 Nr. 3 genügt, wenn, wie das Obertribunal sagt, die gestohlene Sache geschlagenes Holz und der Ort ein Wald ist, das mögen zwei Beispiele zeigen. Der erste Fall sei folgender: Das geschlagene Holz ist in dem Walde von dem Eigenthümer auf einen Wagen geladen und von der ursprünglichen Stelle eine Strecke weit weggefahren. Ehe der Wagen noch den Ausgang des Waldes erreicht, benutzt ein vorübergehender Holzarbeiter die Gelegenheit, um ein Scheit Holz, ohne daß der Kutscher dieses merkt, zu entwenden. — Hier befand sich das geschlagene Holz unter der unmittelbarsten Aufsicht des Eigenthümers, resp. dessen Vertreters; es wäre unmöglich hier den §. 217 Nr. 3 und nicht vielmehr den §. 216 in Anwendung zu bringen, obwohl doch der Gegenstand des Diebstahls „geschlagenes Holz" und der Ort desselben „ein Wald" war. — Dagegen sei in einem andern Falle das geschlagene Holz ebenfalls aufgeladen, indessen in der Absicht, es erst am andern Tage wegzufahren; der mit Holz beladene Wagen sei im Walde geblieben und nachdem der Eigenthümer ihn verlassen, habe Jemand das Holz von dem Wagen gestohlen. Hier wird man sagen dürfen, ob das noch im Walde befindliche geschlagene Holz auf der bloßen Erde liegt oder auf einer Unterlage, und ob diese Unterlage ein Wagen ist oder etwas Anderes, darauf kann es nicht ankommen, vielmehr liegt hier dasjenige Verhältniß vor, wo der Berechtigte außer Stande ist, die unmittelbare Aufsicht über sein Eigenthum zu führen, und deshalb wird man diesen Diebstahl an geschlagenem Holz in einem Walde nach §. 217 Nr. 3 zu bestrafen haben.

Die Praxis des Obertribunals ist übrigens in der Anwendung des §. 217 Nr. 3 nicht gleichmäßig. Bei Oppenhoff, Strafgesetzbuch, findet sich zu der genannten Gesetzesstelle unter Note 5 folgende Bemerkung:

„Dagegen gehört das im Frevel gefällte im Walde zurückgelassene Holz, zunächst nicht zu dem geschlagenen; ein Dritter kann daher an demselben nur einen einfachen Diebstahl begehen, und nach §. 216 bestraft werden; erst vom Augenblicke an, wo der Waldeigenthümer dasselbe in Bearbeitung, oder durch ein besonderes Zeichen in Besitz genommen hätte, würde §. 217 Nr. 3 sich als maßgebend darstellen."

Neuerdings ist wieder so entschieden, wie Oppenhoff Bd. I S. 43 referirt. Vergl. Goltdammer, Archiv Bd XIV S. 64.

II. Bei Oppenhoff „Entscheidungen" Bd. II S. 3 ist folgender Fall mitgetheilt, den wir hier mit Fortlassung der die entscheidenden Punkte nicht berührenden Umstände wiederholen:

N. war mit einem geladenen Gewehre in einen fremden Thiergarten eingedrungen und hatte dort einen Walddiebstahl verübt. Der App.-Richter strafte nur aus §. 217 Nr. 1, weil §. 218 Nr. 6 hier wegfalle, da das Führen von Waffen bei dieser Art von Diebstählen regelmäßig vorkomme. Das Obertribunal hat dieses Erkenntniß vernichtet und den Thäter wegen bewaffneten Diebstahls bestraft.

Mit Bezug auf diese Entscheidung formulirt dann Oppenhoff a. a. O. den Satz:

„Derjenige, welcher Wild aus einem umzäunten Gehege stiehlt, begeht, wenn er dabei eine Waffe bei sich führt, einen schweren Diebstahl, sollte die Waffe auch nur zur Erlegung des Wildes bestimmt gewesen sein und gedient haben."

Es ist zu bemerken, daß auch sonst schon für Fälle dieser Art Entscheidungen des höchsten Gerichtshofes bekannt geworden sind. Die eine derselben findet sich in Goltdammer's „Archiv" Bd. I. S. 398 und lautet folgendermaßen:

„In dem Urtel vom 1. December 1852 wider Mohr und Genossen ist vom Obertribunal erkannt, daß der Gebrauch von Schießgewehr zur Ausführung des im §. 217 Nr. 1 bezeichneten Diebstahls an Wild aus umzäunten Gehegen durch Erlegung des Wildes, den Diebstahl nicht zu einem mit Waffen ausgeführten im Sinne des §. 218 Nr. 6 mache.

Dagegen heißt es in Goltdammer's „Archiv" Bd. II S. 122: „Beschluß des Obertribunals vom 3. November 1853 in Sachen wider Horn, in Erwägung, daß der §. 218 Nr. 6 die Anwendung der Strafe des schweren Diebstahls nirgends davon abhängig macht, zu welchem Zwecke der Dieb oder der Theilnehmer die Waffen zu sich genommen, oder bei sich geführt haben, noch von der Frage, ob überhaupt ein Gebrauch von der Waffe gemacht ist; daß eine derartige Unterscheidung aber auch dem Gesichtspunkt des Gesetzgebers bei Erlaß jener Strafvorschrift zuwider sein würde, weil es die Gefährlichkeit an sich nicht mindert, daß der Dieb gerade in dem Augenblicke, in welchem er die Waffe zu sich nahm, keinen gefährlichen Gebrauch derselben beabsichtigte, oder daß er von derselben in der That keinen gefährlichen Gebrauch gemacht hat; daß hiernach der Diebstahl an Wild aus umzäunten Gehegen unter die Strafvorschrift des §. 218 Nr. 6 fällt, wenn bei der Verübung der Dieb oder einer der Theilnehmer Waffen bei sich geführt haben." —

Mit diesen Entscheidungsgründen sind im Wesentlichen diejenigen übereinstimmend, durch welche das bei Oppenhoff (Entscheidungen) mitgetheilte Erkenntniß gestützt wird.

Es liege, so wird gesagt, weder „in der Natur der Sache, noch in dem Wortlaute und der ratio des §. 218 Nr. 6" ein Grund, dieses Gesetz auf Diebstähle an Wild aus umzäunten Gehegen nicht anzuwenden; denn auch bei dieser Art des Diebstahls trete „die Gefährlichkeit des mit Waffen versehenen Diebes in viel prägnanterer Weise" hervor und es sei überhaupt „bei Anwendung des §. 218 Nr. 6 nicht entscheidend, ob der Dieb die Waffe zum Angriffe, resp. zur Abwehr, oder ob er dieselbe nur als Werkzeug zur Ausführung des Diebstahls selbst, in specie also zur Erlegung des Wildes, mitgenommen hat, indem die gefährliche Lage, in welche der Dieb sich selbst durch sein gesetzwidriges Verhalten versetzt, das Bewußtsein und das Festhalten des ursprünglichen Zweckes im Momente des Betroffenwerdens zurückdrängen, also auch hier jene Gefährlichkeit vorhanden sein wird, welcher das Gesetz durch eine schwerere Pönalsanktion vorbeugen wollte."

Es liegen somit in Betreff gleichartiger Fälle verschiedenartige Entscheidungen des Obertribunals vor und wenn auch die beiden späteren gleichlautend und von den früheren abweichend sind, so halten wir damit die Sache doch nicht für abgeschlossen, glauben vielmehr, daß bei genauerer Erwägung des Sachverhalts das Obertribunal zu der ersten, auf richtigem juristischem Takt beruhenden Entscheidung zurückkommen wird.

Wenn irgend ein strafrechtlicher Begriff des preußischen Strafrechts auf der Basis des gemeinen deutschen Strafrechts beruht, so ist es gewiß der des Diebstahls mit Waffen. — Über die Bedeutung desselben mag hier der Ausspruch Wächter's angeführt werden, weil derselbe am prägnantesten die Summe aus allen den bei diesem Delikte entstandenen theoretischen Controversen ausdrückt. Derselbe sagt in dem bekannten Aufsatze in Weiske's „Rechtslexicon" (Th. III S. 413):

„Zu dem Diebstahl mit Waffen gehört, daß der Dieb beim Ausgehen auf den Diebstahl Waffen, d. h. Werkzeuge, mit welchen er gewaltsamen Widerstand leisten und Jemand körperlich verletzen kann, in der Absicht zu sich nimmt, von den Waffen im Nothfall zur Sicherung seiner Person oder der gestohlenen Sache Gebrauch zu machen."

Zu den auch von Wächter besonders hervorgehobenen Worten: „in der Absicht" — wird in der Note bemerkt:

„Feuerbach und auch Roßhirt (Lehrbuch §. 174) behaupteten, der qualificirte bewaffnete Diebstahl sei auch dann vorhanden, wenn der Thäter diese Absicht nicht gehabt habe, wenn er also zufällig oder aus anderen Gründen bewaffnet gewesen sei. Allein dieses wird bloß aus der entschieden unrichtigen Voraussetzung hergeleitet, daß die Carolina bei diesem Diebstahle lediglich die objektive Gefahr für Personen im Auge habe. Wohl alle übrigen Criminalisten sind hier anderer, d. h. der richtigen Ansicht." (Ueber den Begriff des gefährlichen Diebstahls überhaupt vergl. Wächter a. a. O. S. 411.) (Für die richtige Ansicht vergl. übrigens auch Heffter, §. 302. Marezoll, Lehrbuch 1847, S. 480 Nr. 4. Köstlin, Abhandlungen, S. 294 u. a.)

Aus der Geschichte des preußischen Strafgesetzbuches geht aber hervor, daß die Bestimmung über den bewaffneten Diebstahl nicht bloß im Allgemeinen auf der gemeinrechtlichen Basis beruht, sondern daß auch Umstände vorhanden sind, welche zeigen, daß man die existirende gemeinrechtliche Controverse über das periculosus und dolus malus — über die objektive oder subjektive Gefährlichkeit dieses Diebstahls ganz im Sinne der auch hier als richtig anerkannten gemeinrechtlichen Theorie hat entscheiden wollen. Im Entwurf von 1843 war die jetzige Nr. 6 des §. 218 folgendermaßen formulirt:

„Wenn der Dieb Waffen bei sich führt, sofern nicht aus besonderen Umständen erhellet, daß derselbe nicht die Absicht gehabt habe, von den Waffen Gebrauch zu machen."

Von dieser Fassung aber, so berichtet Beseler, Commentar S. 425, sei man deswegen abgewichen, weil die Absicht, der Thäter habe sich zur Ausführung der That bewaffnet, sich schwer werde feststellen lassen, und weil auch ohne eine derartige ausdrückliche Bestimmung im einzelnen Falle werde erwogen werden können, ob ein Waffenführen im Sinne des Gesetzes vorliege. — Nicht also war man der Ansicht, irgendwie von den Grundsätzen des gemeinen deutschen Strafrechts abzuweichen, sondern lediglich um der Praxis unnöthige Schwierigkeiten zu ersparen, keineswegs aber, um dieselbe auf Wege zu führen, die zu vollkommen anderen als den gemeinrechtlich deutschen führen, begnügte man sich bei derjenigen Fassung des Gesetzes, die dasselbe schließlich erhalten hat.

Will daher das Obertribunal seine Entscheidungen darauf stützen, daß nach dem Wortlaute des Gesetzes es auf die Absicht des Thäters, die ihm die Waffe in die Hand gab, gar nicht ankomme, so liegt ihm der volle Beweis dafür ob, daß und aus welchen Gründen das preußische Strafrecht an dieser Stelle eine Abweichung von dem gemeinen Strafrechte gebiete. Ein derartiger Beweis ist aber gar nicht einmal versucht; um so weniger kann daher davon die Rede sein, daß er erbracht sei.

Ist ein Satz richtig, so müssen auch seine Consequenzen richtig sein. Zu welchen Consequenzen würde aber das Obertribunal gelangen? Müßte es nicht auch in dem Falle wegen Diebstahls mit Waffen verurtheilen, der bei den Vorarbeiten des Gesetzbuches, wenn auch als ein Curiosum, so doch immer als ein hinsichtlich der Möglichkeit seines Vorkommens gar nicht undenkbares Curiosum angeführt wurde?

Justizminister v. Savigny: „Es ist in einer der vorbereitenden Discussionen der Fall vorgebracht worden, wenn Jemand seinen Uniformdegen zur Reparatur hinschickt, ihn einem Dienstmädchen giebt und diese im Vorübergehen aus einem offenen Laden etwas wegnimmt, soll dies als bewaffneter Diebstahl bestraft werden? Nein gewiß nicht; ich glaube eben, daß der Richter ein solches Waffenführen nicht als

Bedingung der schweren Strafe dieses Paragraphen annehmen würde." (Beseler a. a. O. S. 425. n. g.)

Es kann ferner Folgendes angeführt werden: §. 192 des Militärstrafgesetzbuches vom 3. April 1845 bestimmt:

„Diejenigen Verbrechen der Personen des Soldatenstandes, welche weder in diesem Gesetzbuch noch in den Kriegsartikeln oder in andern Militärgesetzen als militärische Verbrechen aufgeführt werden, sind zc. zc. nach den Vorschriften der allgemeinen Landesgesetze zu bestrafen."

Käme nun der Fall vor, daß ein Soldat mit Sack und Pack, demgemäß auch mit Waffen versehen, aus einem Bäckerladen ein Brot stiehlt, so meint zwar Berner (Lehrbuch S. 291) und wir glauben mit vollem Recht, daß hier von einem bewaffneten Diebstahl nicht die Rede sein könne. Das Obertribunal jedoch müßte, wenn es über einen solchen Diebstahl zu erkennen hätte, unter Festhaltung seiner sogen. „rein objektiven" Auffassung denselben nach §. 218 Nr. 6 bestrafen. —

So widerstreitet die Auslegung, welche §. 218 Nr. 6 in neuester Zeit durch das Obertribunal gefunden hat, den Grundsätzen des gemeinen deutschen Strafrechts, und, wie wir glauben, auch der Natur der Sache.

Nun ist aber ferner noch darauf aufmerksam zu machen, daß für eine richtige Interpretation einer zweifelhaften Stelle wenigstens in Etwas die Rechtscontinuität berücksichtigt werden muß. Es scheint die Frage nicht unerheblich zu sein, wie sich die Bestrafung eines Diebstahls an Wild aus umzäuntem Gehege, mittelst Schußwaffe verübt, nach den Grundsätzen des allgemeinen Landrechts gestaltet hätte. Die einschlagenden Gesetzesstellen lauten:

Thl. II Tit. 20 §. 1175. „Ist ein Dieb bei einem gewaltsamen Diebstahle mit Gewehr oder anderen gefährlichen Werkzeugen versehen gewesen, ohne jedoch davon gegen Jemanden Gebrauch gemacht zu haben: so soll gegen ihn die durch den gewaltsamen Diebstahl selbst verwirkte Strafe (§. 1167) um sechs Monate bis zwei Jahre verlängert werden."

§. 1176. „Die Beschaffenheit der Waffen und die nach den Umständen vorwaltende mehrere oder mindere Gewißheit, daß der Dieb, bei vorgefundenem Widerstande, davon Gebrauch gemacht haben würde, bestimmen diese Verlängerung der Strafzeit."

Der erstere dieser beiden Paragraphen setzt voraus, daß der Dieb bei einem gewaltsamen Diebstahl mit Waffen versehen gewesen ist. Unter gewaltsamem Diebstahl versteht aber das A. L.R. a. a. O. §. 1163 den Diebstahl, „welcher durch gefährliches Einsteigen oder Erbrechen verübt wird.“ In Betreff der Waffe aber wird in §. 1176 von dem Gebrauch derselben bei vorgefundenem Widerstande gesprochen. Die mehrere oder mindere Gewißheit, daß der Dieb bei vorgefundenem Widerstande von der Waffe Gebrauch gemacht haben würde, ist als Strafzumessungsgrund aufgestellt. Wenn demnach sich aus den Umständen ergeben haben würde, daß der Dieb gar nicht die Absicht gehabt hätte, von der Waffe zum Widerstande Gebrauch zu machen — und dies dürfte denn doch der Fall sein, wenn der Dieb nicht mit einem Angriffs- oder Vertheidigungswerkzeuge, sondern mit einem zur Ausführung des Diebstahls erforderlichen Werkzeuge versehen gewesen wäre — so hätte dieses zweite Requisit des bewaffneten Diebstahls jedenfalls gefehlt. — Wir kommen somit zu dem Resultat, daß nach dem Rechte des A. L.R. ein Diebstahlsfall, wie derjenige, welcher hier unserer Betrachtung zu Grunde liegt, als bewaffneter Diebstahl nicht anzusehen gewesen wäre. Nun unterliegt es allerdings keinem Zweifel, daß durch das Strafgesetzbuch der Begriff des bewaffneten Diebstahls dem Landrechte gegenüber eine immense Erweiterung erfahren hat, indem jetzt zu seiner Voraussetzung nicht mehr der Begriff des gewaltsamen Diebstahls gehört. Daß aber abgesehen von dieser Erweiterung auch noch die andere stattgefunden habe, nämlich die, daß das zur Ausführung des Diebstahls erforderliche Werkzeug als Waffe zu betrachten sei, falls nämlich dieses Werkzeug unter anderen Umständen als Angriffs- oder Vertheidigungsmittel hätte benutzt werden können, darüber sagen die Materialien des Strafgesetzbuches nicht nur nichts, sondern im Gegentheil deutet dasjenige, was aus der Geschichte der Gesetzgebung bezüglich der hier einschlagenden Bestimmung oben mitgetheilt wurde, darauf hin, daß in dieser Beziehung der Begriff des bewaffneten Diebstahls gegenüber den Bestimmungen des älteren Rechtes keine Erweiterung hat erfahren sollen.

Aber selbst wenn das Obertribunal weder auf das gemeine deutsche Recht, noch auch auf das Landrechts-Strafrecht Rücksicht nehmend, sich nur auf das jetzt geltende Strafgesetzbuch zum Zwecke der Interpretation des §. 218 Nr. 6 bezogen hätte, — aber freilich nicht auf die Worte dieser einzelnen Bestimmung selbst, sondern auf die Gesammtheit der hier einschlagenden Bestimmungen — so hätte dasselbe zu einem anderen Resultate, als geschehen ist, gelangen müssen.

Über den Wilddiebstahl handeln ja doch bekanntlich außer §. 217 Nr. 1 noch die §§. 274 ff. unter dem Titel „strafbarer Eigennutz". Der Grund, weshalb der Diebstahl an nicht eingehegtem Wild als eigentlicher Diebstahl nicht betrachtet wird, wird überall richtig angeführt; es handelt sich hier nicht um eine Verletzung des Eigenthums- oder Besitzrechtes, sondern lediglich um eine Verletzung des Occupationsrechtes. Der Unterschied zwischen §. 217 Nr. 1 und §. 274 wird also lediglich durch die Natur des angegriffenen Rechtes bedingt, — im Übrigen ist zwischen beiden Delikten vollkommene Übereinstimmung vorhanden. Nun steht doch auch gewiß fest, daß der Wilddiebstahl im Sinne des §. 274 regelmäßig unter Benutzung eines Schießgewehrs begangen wird und daß auch hier die Worte des Obertribunals Platz greifen würden, wenn dasselbe sagt: „indem die gefährliche Lage, in welche der Dieb sich selbst durch sein gesetzwidriges Verhalten versetzt, das Bewußtsein und das Festhalten des ursprünglichen Zweckes im Momente des Betroffenwerdens zurückdrängen, also auch hier jene Gefährlichkeit vorhanden sein wird, welcher das Gesetz durch eine schwerere Pönalsanktion vorbeugen wollte." Wenn nun aber auch der Wilddiebstahl im Sinne des §. 274 meistentheils durch Anwendung der Schußwaffe begangen werden wird, so ist dies doch ganz gewiß nicht das einzige denkbare Mittel. Hätte nun das Strafgesetzbuch den Gedanken realisiren wollen, daß die Gefährlichkeit, welche durch das Vorhandensein von Waffen in der Hand des Diebes erzeugt wird, eine schärfere Bestrafung des Deliktes bedinge, wogegen dasselbe bei einer anderen Art der Ausführung nur in geringerem Grade zu bestrafen wäre, so hätte dies bei Gelegenheit des §. 274 gerade so gut bestimmt werden können, wie es nach der Ansicht des Obertribunals mit Bezug auf §. 217 Nr. 1 und §. 218 Nr. 6 geschehen ist. — Nun stellt sich aber bei dem Wilddiebstahl des §. 274 ff. die Sache *gerade umgekehrt*. Anstatt daß die Ausführung desselben mit der Schußwaffe als der schwerere, der mittelst anderer ungefährlicher Werkzeuge ausgeübte als der leichtere Fall bezeichnet ist, findet gerade der umgekehrte Fall statt, indem §. 275 bestimmt:

> „Die Strafe kann bis zu sechs Monaten *erhöht* werden, wenn dem Wilde *nicht mit Schießgewehr* oder Hunden, *sondern mit Schlingen, Netzen, Fallen oder anderen Vorrichtungen nachgestellt wird*."

Diese Bestimmung im Auge wird in folgender Weise zu argumentiren sein: Das Strafgesetzbuch §. 275 bestimmt ausdrücklich, daß derjenige Wilddiebstahl, welcher mittelst Schießgewehrs begangen wird, der leichtere sein solle gegenüber dem durch andere Mittel begangenen. Es tritt also bei dem Wilddiebstahle die persönliche Gefährlichkeit des Thäters gegenüber der größeren Schädlichkeit seiner Handlung in den Hintergrund zurück. — Nun unterscheidet sich aber der Diebstahl an Wild in ungezäuntem Gehege von dem Wilddiebstahl im engeren Sinne des Wortes lediglich durch die Natur des verletzten Rechtes, im Übrigen sind bei beiden Arten der Entwendungen die Verhältnisse vollkommen gleiche. Folglich wird auch derjenige Diebstahl an Wild in umzäuntem Gehege, welcher mittelst Schießgewehrs ausgeübt wird, als der leichtere anzusehen sein gegenüber demjenigen, welcher durch andere Werkzeuge ausgeführt wird. Dasjenige, was in §. 275 als Qualificationsgrund aufgestellt ist, wird in den Fällen des §. 217 Nr. 1 als strafschärfender Zumessungsgrund zu verwerthen sein, nimmermehr aber kann eine Erklärung des §. 218 Nr. 6 richtig sein, welche gegenüber den ausdrücklichen Bestimmungen der §§. 274, 275 das dort festgestellte Verhältniß für den Fall, daß §. 217 Nr. 1 anzuwenden wäre, geradezu auf den Kopf stellt.

Thatsächliche Feststellung in Fällen des s. g. qualificirten Betruges.

Das preußische Strafgesetzbuch bestimmt in §. 243 Nr. 8 Folgendes:

„Mit Gefängniß nicht unter drei Monaten und zugleich mit Geldbuße von fünfzig bis eintausend Thalern, sowie mit zeitiger Untersagung der Ausübung der bürgerlichen Ehrenrechte wird bestraft:

8) wer Urkunden, welche ihm entweder gar nicht, oder nicht ausschließlich gehören, zum Nachtheile eines Anderen vernichtet, beschädigt oder unterdrückt.“

In dem dritten Bande der „Rechtsprechung des königlichen Obertribunals in Strafsachen“ S. 516 weist Oppenhoff die Besitzer seiner Ausgabe des Strafgesetzbuches an, zu der oben angeführten Gesetzesstelle folgenden Rechtssatz einzutragen:

„Es bedarf in einem solchen Falle der Feststellung der gewinnsüchtigen Absicht, sobald dieselbe vom Angeklagten bestritten wird.“

Die Entscheidungsgründe des Obertribunals, welche zu der Aufstellung dieses Rechtssatzes Veranlassung gegeben, werden a. a. O. S. 517 in folgender Weise mitgetheilt:

„Es ist unrichtig, wenn der Appellationsrichter in den Motiven seiner Entscheidung ausspricht, daß die Anwendung des §. 243 Nr. 8 das Vorhandensein einer gewinnsüchtigen Absicht nicht voraussetze. Hier geht der Appellationsrichter zu weit. Denn das Obertribunal hat zwar wiederholt angenommen, daß es der besonderen Feststellung der gewinnsüchtigen Absicht zur Anwendung des §. 243 Nr. 8 nicht bedarf; anders verhält es sich jedoch, wenn der Angeklagte, wie hier, die gewinnsüchtige Absicht ausdrücklich bestritten hat. In einem solchen Falle muß dieselbe allerdings festgestellt werden, weil der §. 243 nur besonders ausgezeichnete Arten von Betrügereien vorsieht, von einem Betruge aber ohne alle gewinnsüchtige Absicht niemals die Rede sein kann.

Dem steht auch das Erkenntniß des Obertribunals vom 6. März 1863 contra Hackbarth nicht entgegen, worin es sich nur darum handelt, ob eine nach §. 226 und 227 Str.=G.=B. zu bestrafende Unterschlagung einer Urkunde, oder eine nach §. 243 Nr. 8 zu ahnende Unterdrückung einer Urkunde vorlag. Denn wenn hier bemerkt ist, wie die Wortfassung des §. 243 Nr. 8 und die Nebeneinanderstellung von „vernichten, beschädigen und unterdrücken" es gleichgültig erscheinen lasse, ob der Thäter irgend einen Gebrauch von der Urkunde seinerseits machen, oder gar sich dieselbe aneignen, überhaupt damit bereichern könne oder wolle, seine Absicht vielmehr darauf gerichtet sein müsse, daß die Urkunde für einen Anderen verloren geht, daß aus diesem Verlust einem Anderen Nachtheil entsteht, — so erfordert der §. 243 Nr. 8 allerdings nicht, daß der Angeklagte sich gerade mit der Urkunde selbst bereichern will, und wird in der Regel auch der gegen den Anderen beabsichtigte Nachtheil mit dem dem Angeklagten daraus erwachsenden Gewinne dergestalt zusammenfallen, daß schon die festgestellte Absicht dieses Nachtheils im Allgemeinen zur Anwendung des §. 243 Nr. 8 ausreicht. Dies trifft aber nicht zu, wenn der Angeklagte jede gewinnsüchtige Absicht überhaupt ausdrücklich bestreitet. In einem solchen Fall kann diese gewinnsüchtige Absicht, welche zwar in den Thatbestand des §. 243 Nr. 8 nicht speciell aufgenommen, aber darin doch unterstellt ist, nicht weiter vom Richter subintelligirt, sondern sie muß dem Angeklagten bewiesen werden."

Sowie wir diese Entscheidungsgründe lesen, tritt uns sofort ein Symptom für die muthmaßliche Fehlerhaftigkeit derselben deutlich genug entgegen. Es ist dies die Incorrektheit des Ausdrucks, namentlich hervorgerufen durch juristisch vollkommen gleichgültige Worte, denen man jedoch in diesem Falle eine bestimmte juristische Wirksamkeit beigelegt hat. Wir machen in dieser Beziehung auf Folgendes aufmerksam:

1) Das Obertribunal sagt, zur Anwendung des §. 243 Nr. 8 bedürfe es nicht der besonderen Feststellung der gewinnsüchtigen Absicht. — Nun giebt es aber keinen criminalistischen Begriff der besonderen Feststellung im Gegensatze etwa zu dem der allgemeinen

Feststellung; sondern es giebt nur Feststellung oder Nicht-Feststellung. Ein jedes Dritte, welches man zwischen diese beiden sich gegenseitig ausschließenden Begriffe stellt, kann zu nichts Weiterem dienen als dazu, juristische Unklarheiten zu verdecken, oder juristische Unklarheiten zu erzeugen.

2) Das Obertribunal behauptet, die gewinnsüchtige Absicht müsse festgestellt werden, wenn der Angeklagte dieselbe ausdrücklich bestritten hat; ja an einer anderen Stelle der Entscheidungsgründe heißt es sogar, die gewinnsüchtige Absicht müsse festgestellt werden, wenn der Angeklagte jede gewinnsüchtige Absicht überhaupt ausdrücklich bestreitet. Also, wenn der Angeklagte nicht jede gewinnsüchtige Absicht, sondern nur einige gewinnsüchtige Absicht bestreiten sollte, so würde eine thatsächliche Feststellung der Gewinnsucht nicht erforderlich sein! Aber wie unterscheidet sich denn das Bestreiten jeder gewinnsüchtigen Absicht von dem Bestreiten der gewinnsüchtigen Absicht, welche durch das Adjektivum „jeder" nicht specialisirt ist? — Wenn nun aber auch der Angeklagte jede gewinnsüchtige Absicht bestreitet, so genügt das noch nicht, um das Vorhandensein derselben thatsächlich festzustellen; der Angeklagte muß vielmehr nicht bloß leugnen, sondern ausdrücklich leugnen. Nun kann man wohl von einem ausdrücklichen Geständniß sprechen; aber was man sich unter einem ausdrücklichen Leugnen im Gegensatz zu einem nicht ausdrücklichen Leugnen denken soll, das auszuführen, würde dem Obertribunal gewiß Schwierigkeiten machen. Wenn auch nicht jedes Geständniß des Angeklagten ein ausdrückliches genannt werden kann, das Leugnen des Angeklagten ist allemale ein ausdrückliches und deshalb ist es fehlerhaft in richterlichen Entscheidungsgründen von einem ausdrücklichen Leugnen des Angeklagten zu sprechen.

3) Das Obertribunal sagt, der §. 243 sehe nur besonders ausgezeichneten Arten von Betrügereien vor. — Warum hat das Obertribunal nicht gesagt: der §. 243 enthält nur Fälle des qualificirten Betruges, warum ist statt des technisch vollkommen bestimmten Ausdruckes „Betrug" der in keiner Weise technische, also auch Mißverständnissen ausgesetzte Ausdruck „Betrügerei" gebraucht? Scheute sich etwa das Obertribunal, mit aller Bestimmtheit den Satz auszusprechen, daß §. 243 nur Betrugsfälle enthalte, während es vollkommen unbedenklich war zu behaupten, der §. 243 enthalte nur Fälle von „betrüglichem Handeln" und sollte etwa der

Ausdruck „Betrügerei“ gewählt sein, weil derselbe ebensogut den „Betrug“ wie auch Fälle des betrüglichen Handelns, die nicht Betrug sind, in sich begreift?

4) „Von einem Betruge kann ohne „alle“ gewinnsüchtige Absicht niemals die Rede sein.“ — Das Strafgesetzbuch definirt den Betrug in folgender Weise:

„Wer in gewinnsüchtiger Absicht das Vermögen eines Anderen dadurch beschädigt“ u. s. w.

Es sagt nicht:

„Wer — jedoch nicht ohne alle gewinnsüchtige Absicht — das Vermögen eines Anderen dadurch beschädigt“ u. s. w.

Folglich mußte das Obertribunal statt der von ihm gewählten Worte sich in folgender Weise ausdrücken:

„Von einem Betruge kann ohne gewinnsüchtige Absicht niemals die Rede sein.“ —

Der Satz nun, welcher unserer Betrachtung zunächst zu unterziehen sein wird, müßte nach den Worten der von dem Obertribunale aufgestellten Entscheidungsgründe in folgender Weise lauten:

„Zur Anwendung des §. 243 Nr. 8 bedarf es der besonderen Feststellung der gewinnsüchtigen Absicht, wenn der Angeklagte jede gewinnsüchtige Absicht überhaupt ausdrücklich bestreitet.“

Lassen wir aus diesem Satze alle überflüssigen und demgemäß fehlerhaften Worte fort, so bleibt übrig:

„Zur Anwendung des §. 243 Nr. 8 bedarf es der Feststellung der gewinnsüchtigen Absicht, wenn der Angeklagte dieselbe bestreitet.“

So viel also ist klar, daß — die Richtigkeit dieses Satzes vorausgesetzt — die Feststellung oder Nicht-Feststellung der gewinnsüchtigen Absicht bei Anklagen aus §. 243 Nr. 8 abhängt von dem Leugnen oder Nicht-Leugnen des Angeklagten.

Dieser Satz ist aber weder in dem Strafgesetzbuche, noch auch in den Strafproceßgesetzen direkt ausgesprochen. Er kann daher nur aus allgemeineren Bestimmungen hergeleitet sein. Zweierlei ist möglich. Erstens kann schon an und für sich der Umstand, daß der Angeklagte ein zu dem Thatbestande des ihm zur Last gelegten Verbrechens gehörendes Moment leugnet, einen Einfluß auf die thatsächliche Feststellung äußern; oder es kann zweitens das Leugnen des Angeklagten wenigstens in dem Falle auf die thatsächliche Feststellung einwirken, wenn die Anklage das Vorhandensein eines qualificirten Verbrechens behauptet, und der Angeklagte das Vorhandensein eines Moments leugnet, welches zu dem Begriffe des dem qualificirten Verbrechen zu Grunde liegenden gemeinen Verbrechens gehört. — Oder, um das Gesagte mit Bezug auf den uns vorliegenden Fall deutlicher auszudrücken:

Hätte der Angeklagte das Vorhandensein der gewinnsüchtigen Absicht nicht geleugnet, so würde die Feststellung derselben nicht erforderlich gewesen sein, entweder aus dem Grunde, weil überhaupt nur dasjenige festgestellt zu werden braucht, was der Angeklagte leugnet, oder aus dem Grunde, weil die Momente des einfachen Betruges bei Anklagen wegen qualificirten Betruges nur dann festgestellt zu werden brauchen, wenn der Angeklagte eines dieser Momente in Abrede gestellt hat.

Die beiden eben aufgestellten Fragen sind einer gesonderten Betrachtung zu unterziehen.

I. Kann das Leugnen oder das Zugestehen des Angeklagten einen Einfluß auf die thatsächliche Feststellung äußern? Die Antwort auf diese Frage enthält Art. 31 Ges. v. 3. Mai 1852.

> „Das Urtheil muß hervorheben, welche derjenigen Thatsachen, die zu den wesentlichen Merkmalen der den Gegenstand der Entscheidung bildenden strafbaren Handlung gehören, für erwiesen oder für nicht erwiesen zu erachten seien.“ . . .
>
> „Die Thatsachen und Beweismittel, auf Grund deren jener Beweis als geführt oder als nicht geführt angenommen worden ist, sind in den Entscheidungsgründen anzuführen.“

Diese Gesetzesstelle steht unter der Überschrift „Allgemeine Vorschriften“. Sie greift also überall Platz, wo nicht durch specielle Vorschriften von der hier aufgestellten Regel Ausnahmen bedingt sind. — Die Regel ist also folgende: Gehören zu den wesentlichen Merkmalen einer zur Anklage gebrachten strafbaren Handlung die Merkmale a. b. c. — so muß das Urtheil es hervorheben, ob die Merkmale a. b. c. oder ob nur etwa c. oder b. oder a. allein oder was sonst für erwiesen oder für nicht erwiesen zu erachten ist. Es müssen ferner die Thatsachen und Beweismittel, auf Grund deren der Beweis als geführt oder als nicht geführt angenommen worden ist, in den Entscheidungsgründen angegeben werden. — Will man nun behaupten, diese hier vorgeschriebene thatsächliche Feststellung sei nur erforderlich, wenn der

Angeklagte leugne, nicht aber wenn er gestehe, so behauptet man damit nichts Geringeres, als daß die thatsächliche Feststellung nur dann eine Funktion des Richters sei, wenn der Angeklagte leugne; wenn er dagegen gestehe, so sei die thatsächliche Feststellung eine Parteihandlung. — Dies wäre aber nur alsdann möglich, wenn das Geständniß des Angeklagten nicht Beweismittel wäre, sondern wenn dasselbe einen Verzicht des Angeklagten auf die Vertheidigung enthielte, wenn man dem Geständnisse die Wirkung beilegen dürfte, daß der Angeklagte durch Ablegung desselben sich selbst gerichtet habe.

Ob man nun das Geständniß in dem einen oder in dem anderen Sinn auffassen will, darüber läßt sich de lege ferenda streiten. Einem bestehenden Gesetze gegenüber kann man aber doch nur fragen, welche processualische Bedeutung man dem Geständnisse beilegen muß. Und diese Frage ist für den preußischen Strafproceß ganz ohne Zweifel dahin zu beantworten, daß das Geständniß des Angeklagten nichts weiter ist als ein Beweismittel. Daraus folgt denn ganz von selbst, daß die Feststellung der Schuld des Angeklagten nach voraufgegangenem Geständnisse desselben nicht die unmittelbare Folge des Geständnisses sein muß, daß die Schuld des Angeklagten nicht durch das Geständniß constatirt ist, sondern daß die Feststellung der Schuld in jedem Falle nur erfolgt nach voraufgegangener richterlicher Prüfung über die Glaubwürdigkeit des Geständnisses. Das Geständniß des Angeklagten liegt dem erkennenden Richter vor; er hat aber die Wirksamkeit auch dieses Beweismittels zu prüfen und hält er das Geständniß nicht für glaubwürdig, so wird er trotz desselben die wesentlichen Merkmale des zur Anklage gebrachten Verbrechens nicht für festgestellt erachten dürfen.

An dieser Stelle muß freilich noch der Art. 75 G. v. 3. Mai 1852 erwähnt werden. Dieser bestimmt doch bekanntlich:

> „Wenn der Angeklagte sich schuldig bekennt, und auf näheres Befragen alle Thatsachen einräumt, welche die wesentlichsten Merkmale der ihm zur Last gelegten strafbaren Handlung bilden, so wird die Staatsanwaltschaft und der Vertheidiger darüber gehört, ob die Thatsache als durch das Bekenntniß des Angeklagten festgestellt zu erachten sei."

Hier haben wir denn allerdings eine Bestimmung, aus welcher hervorzugehen scheint, daß das Gesetz selbst der Ansicht sei, es könne die thatsächliche Feststellung durch das Geständniß des Angeklagten bewirkt werden. Wie diese — übrigens nur für das schwurgerichtliche Verfahren geltende — Bestimmung in die preußische Gesetzgebung gekommen ist, darüber existiren wohl kaum irgend welche Zweifel. Es liegt hier eine Reminiscenz an den englischen Strafproceß vor, welcher in Consequenz des accusatorischen Princips eine Beweisführung des Anklägers da für überflüssig hält, wo der Angeklagte gesteht; es existirt dann eben kein Streit über das thatsächliche Fundament der Anklage, und demzufolge ist auch kein Urtheil zur Entscheidung der Thatfrage erforderlich. Verzichtet der Angeklagte selbst darauf, seine Gerechtsame wahrzunehmen, so ist kein Anderer dazu befugt, dieses ex officio zu thun. Aus diesem Grunde erfolgt ja auch in England die Bildung der Geschwornenbank erst dann, wenn der Angeklagte erklärt hat, er wolle not guilty plaidiren; erklärt er dagegen, er wolle guilty plaidiren, so unterbleibt die Bildung der Geschwornenbank ganz; denn die Geschwornen haben in dem Falle nichts zu entscheiden, wo zwischen Kläger und Angeklagten hinsichtlich der Thatfrage Übereinstimmung vorhanden ist.

Aber trotz dieser Reminiscenz an den englischen Strafproceß ist das preußische Recht doch weit davon entfernt, mit der im Art. 75 enthaltenen Bestimmung auch das Princip des englischen Strafprocesses, sei es auch nur für den Fall, daß der Angeklagte gesteht, anzuerkennen. Hätte das Gesetz dieses gewollt, so müßte auch jeder Zweifel gegen die Glaubwürdigkeit des von dem Angeklagten abgegebenen Geständnisses — die Zurechnungsfähigkeit desselben vorausgesetzt — unzulässig sein. Nun bestimmt aber derselbe Art. 75 —: Wenn der Angeklagte gesteht,

> „so hat der Gerichtshof, wenn er gegen die Richtigkeit des Bekenntnisses kein Bedenken hegt, nach Anhörung der Staatsanwaltschaft und des Vertheidigers über die Anwendung des Gesetzes, ohne Zuziehung von Geschwornen, das Urtheil zu fällen."

Also auch hier ist bestimmt, daß erst die richterliche Prüfung über die Glaubwürdigkeit des Geständnisses stattfinden soll, ehe das Vorhandensein der für die Festsetzung der Strafe erforderlichen thatsächlichen Feststellung angenommen werden darf. Nicht bewirkt das Geständniß, daß kein Streit über die Thatfrage vorhanden ist, daß also auch die Thatfrage nicht entschieden zu werden braucht, sondern auch im Falle des Geständnisses soll die Thatfrage entschieden werden, wenn auch nur implicite durch das richterliche Urtheil über die Glaubwürdigkeit des Geständnisses. Demnach werden wir auch die im ersten Absatze des Art. 75 gebrauchten Worte: „die Staatsanwaltschaft und der Vertheidiger werden darüber gehört, ob die Thatfrage als durch das Bekenntniß des Angeklagten festgestellt zu erachten sei" — nicht anders als dahin zu verstehen haben, daß ehe und bevor der Richter sein Urtheil über die Glaubwürdigkeit des Geständnisses ausspricht, er zuvor die Parteiansichten hierüber zu hören hat, daß das Partei-Plaidoyer, welches der thatsächlichen Feststellung allemale vorauszugehen hat, auch in dem Falle des Geständnisses des Angeklagten nicht ausgeschlossen sein soll.

Weit entfernt also, daß durch die Bestimmung des Art. 75 die accusatorischen Grundsätze des englischen Processes in das preußische Recht recipirt wären! Nichts weiter ist aus dem englischen Rechte recipirt als die eine Bestimmung, daß, wenn der Angeklagte gesteht, ohne Zuziehung der Geschwornen verhandelt werden solle. Oder drücken wir diesen Satz mit anderen Worten aus, so würde zu sagen sein: In schwurgerichtlichen Sachen erfolgt die thatsächliche Feststellung der Regel nach durch die Geschwornen; wenn aber der Angeklagte gesteht, so erfolgt die thatsächliche Feststellung nicht durch die Geschwornen, sondern durch den Schwurgerichtshof.

Die oben aufgestellte Regel, daß durch das Gestehen oder Nichtgestehen des Angeklagten die thatsächliche Feststellung in keiner Weise alterirt werde, findet somit auch in den Bestimmungen des Art. 75 keine Ausnahme. Wäre dieses aber auch der Fall, hätte Art. 75 wirklich die Gedanken des englischen Processes über das guilty-Plaidiren des Angeklagten vollständig recipirt, es würde diese Bestimmung dennoch nicht geeignet sein, aus ihr Analogien für andere Fälle zu ziehen. „Denn das Verhör des Angeklagten ist im deutschen Processe nicht ein der Beweisaufnahme voraufgehender processualischer Akt, durch welchen erst die Nothwendigkeit einer solchen festgestellt werden soll, sondern der erste Schritt der Beweisaufnahme selbst." „Der Angeklagte ist im Verhöre nicht Subjekt, sondern Objekt der Untersuchung, er ist ein Beweismittel wie jedes andere, ein Zeuge gegen und für sich selbst[1])." Dieser inquisitorische Gedanke beherrscht den deutschen Strafproceß der Gegenwart, von ihm aus sind in zweifelhaften Fällen die Consequen-

1) Planck, systematische Darstellung S. 358.

zen zu ziehen, nicht aber von einer beiläufig vielleicht einmal vorkommenden Ausnahme, die sich übrigens, abgesehen von der nur scheinbaren Ausnahme des preußischen Rechts, nur in einem einzigen deutschen Gesetze, dem württembergischen, findet[2]).

II. **Brauchen die thatsächlichen Momente des einfachen Betruges bei Anklagen wegen qualificirten Betruges nur dann festgestellt zu werden, wenn der Angeklagte eines dieser Momente in Abrede gestellt hat?**

Das Obertribunal ist der Ansicht, die gewinnsüchtige Absicht sei in den Thatbestand des §. 243 Nr. 8 zwar nicht speciell aufgenommen, aber darin doch „unterstellt". Der Richter könne die gewinnsüchtige Absicht „subintelligiren", falls der Angeklagte dieselbe nicht bestreitet; thue Letzterer dies aber, so dürfe der Richter die gewinnsüchtige Absicht nicht „subintelligiren", sondern müsse sie zum Gegenstande des Beweises und der thatsächlichsten Feststellung machen.

Dieser Ansicht kann nun aber in keiner Weise beigepflichtet werden. Es verbietet dieses die Natur der qualificirten Verbrechen. Denn jedes qualificirte Verbrechen enthält doch zunächst sämmtliche Merkmale des ihm zu Grunde liegenden gemeinen Verbrechens; die qualificirenden Momente heben kein einziges der das gemeine Verbrechen bildenden Merkmale auf, sie treten vielmehr zu diesen hinzu und zwar mit specialisirender Wirkung. Eine Anklage, welche das Vorhandensein eines qualificirten Verbrechens behauptet, muß daher immer das Vorhandensein sämmtlicher das gemeine Verbrechen bildenden Momente behaupten und außerdem noch das Vorhandensein der qualificirenden Umstände. Und hieraus ergiebt sich denn auch mit Nothwendigkeit, daß alle diese Momente thatsächlich festgestellt werden müssen, daß keines derselben, es mag nun ein Moment des gemeinen Verbrechens, oder eins der Qualificationsmomente sein, subintelligirt, d. h. auch ohne thatsächliche Feststellung für vorhanden angenommen werden darf. Noch deutlicher wird das Gesagte, wenn wir uns die Consequenzen der von dem Obertribunale für zulässig erklärten „Subintelligirung" vergegenwärtigen. Nehmen wir einmal an, das gemeine Verbrechen habe die Merkmale a. b. c., zu diesen treten als qualificirende Momente die Momente f. g. hinzu. Es leuchtet ein, daß gar nichts Strafbares vorliegt, wenn nur die Momente f. g. vorliegen; daß dies

2) Vergl. Planck, a. a. O. S. 359.

ebensowenig der Fall ist, wenn außer diesen Momenten noch a. oder b. allein oder auch a. und b. als vorhanden festgestellt wären. Eine strafbare Handlung ist vielmehr nur anzunehmen, wenn das Vorhandensein von a. b. c., d. h. das gemeine Verbrechen, oder das Vorhandensein a. b. c. f. g., d. h. das qualificirte Verbrechen festgestellt ist. Will man dem Richter gestatten, eines der Momente des einfachen Verbrechens zu subintelligiren, so gestattet man ihm nichts Geringeres, als eine nach den bestehenden Strafgesetzen vollkommen straflose Handlung dadurch zu einer strafbaren zu machen, daß er das die Strafbarkeit der Handlung erst bildende Moment nicht nach geführtem Beweis, sondern ohne Beweis als vorhanden annimmt. — Man braucht wirklich nur das fremde und noch dazu schlecht klingende Wort „subintelligiren" ins Deutsche zu übersetzen, um die unzweifelhafte Unrichtigkeit der Ansicht des Obertribunals zu erkennen.

Wir dürfen demnach unbedenklich den Satz aufstellen: Enthält §. 243 Nr. 8 einen qualificirten Betrug, so muß die gewinnsüchtige Absicht gegen den Angeklagten festgestellt werden.

Das Obertribunal scheint nun, wenigstens in der dieser Betrachtung zu Grunde liegenden Entscheidung, es als selbstverständlich anzunehmen, daß die erwähnte Gesetzesstelle einen qualificirten Betrug enthalte.

Ehe wir jedoch in die Prüfung der Richtigkeit dieser Ansicht eintreten, ist noch mit Bezug auf das oben Ausgeführte eine Bemerkung zu machen.

So richtig es nämlich ist, daß der Richter keines der Momente, welche das Gesetz als Voraussetzung der Strafbarkeit aufgestellt hat, ohne Beweis als vorhanden annehmen darf, ebenso gewiß ist es auch, daß das Gesetz in einzelnen und zwar in nicht ganz seltenen Fällen die Strafbarkeit einer Handlung von bestimmten Voraussetzungen abhängig gemacht hat, ohne jedoch dieselben ausdrücklich aufzunehmen. So setzt beispielsweise der §. 121 des Str.-G.-B.:

> „Wer inländisches oder ausländisches Metallgeld oder Papiergeld nachmacht ... begeht eine Münzfälschung, und wird mit Zuchthaus von fünf bis fünfzehn Jahren ... bestraft"

die Absicht des Angeklagten voraus, die Münzen zum Zwecke der Verausgabung anzufertigen. Ferner ist anzuführen, daß, da das preußische Strafgesetzbuch culpose Verbrechen nur alsdann bestraft wissen will, wenn dieses ausdrücklich im Gesetz erwähnt ist, demgemäß also der Regel nach alle Delikte als dolose aufzufassen sind, es mitunter vorkommt, daß das Gesetz die dolose Begehungsart als Delikt nicht besonders hervorhebt, während dieselbe doch selbstverständlich Voraussetzung der Strafbarkeit ist. Ein Beispiel hierfür enthält Str.=G.=B. §. 123. Wenn es nämlich an dieser Stelle heißt:

„Wer falsches oder verfälschtes Geld als ächt empfängt und nach erkannter Unächtheit als ächt ausgiebt .... wird ... bestraft" —

so ist die selbstverständliche Voraussetzung für die Anwendbarkeit des Gesetzes, daß auch bei dem Ausgeben des als unächt erkannten Geldes die Kenntniß von der Unächtheit desselben vorhanden gewesen ist. — In gleicher Weise ist darauf hinzuweisen, daß der objektive Thatbestand der culposen Verbrechen nicht weiter ausgedehnt werden darf als der objektive Thatbestand der denselben entsprechenden dolosen Delikte reicht, wenn auch das Gesetz dieses nicht ausdrücklich bestimmt haben sollte. So bestimmt beispielsweise Str.=G.=B. §. 288:

„Wer durch Fahrlässigkeit einen Brand der in den §§. 285 bis 287 erwähnten Art verursacht, wird ... bestraft

womit ausdrücklich der Umfang der culposen Brandstiftung bezeichnet ist. Dagegen sagt §. 132:

„Wer aus Fahrlässigkeit in eigenen oder fremden Angelegenheiten etwas Unwahres eidlich versichert ... wird bestraft."

Obwohl an dieser Stelle, die Arten des culposen Meineides nicht bestimmt bezeichnet sind, so versteht es sich doch von selbst, daß der culpose Meineid nicht weiter reichen kann als der dolose, daß mithin ein falscher Eid nur dann zur Anwendung des §. 132 Veranlassung geben kann, wenn das vorsätzliche Ausschwören desselben unter die vom dolosen Meineide handelnden Strafbestimmungen gefallen wäre. Der Sache nach würde nichts geändert sein, wenn §. 288 bestimmt hätte:

„Wer durch Fahrlässigkeit einen Brand verursacht, wird ... bestraft"

und §. 132 angeordnet hätte:

„Wer aus Fahrlässigkeit einen der in §§. 125 bis 131 bezeichneten Eide falsch schwört, wird ... bestraft."

Wenn nun in den Fällen der oben angegebenen Art das Gesetz ein Moment des Verbrechens nicht ausdrücklich erwähnt, obwohl dasselbe doch als Bestandtheil des betreffenden Verbrechens angesehen werden muß, so ist dies lediglich aus dem Grunde geschehen, weil dasje=

nige, was das Gesetz als selbstverständliche Voraussetzung des Verbrechens nicht erst besonders bezeichnete, auch in dem praktischen Leben, bei dem Vorkommen des einzelnen Falles als selbstverständlich angenommen werden kann. Hier kann dann aber freilich der Fall eintreten, daß der Angeklagte gerade das von dem Gesetze als selbstverständlich Vorausgesetzte in Abrede stellt, indem er z. B. behauptet, er habe bei Anfertigung des falschen Geldes nicht die Absicht gehabt, dasselbe auszugeben; er habe zwar Geld ausgegeben, welches er früher als unächt erkannt, aber die Ausgabe selbst sei nicht absichtlich, sondern lediglich durch Fahrlässigkeit oder durch einen Zufall erfolgt; er habe zwar aus Fahrlässigkeit etwas Falsches beschworen, aber der von ihm geleistete Eid sei in den §§. 125—131 des Strafgesetzbuches nicht erwähnt. Derartige Anführungen des Angeklagten sind dann nicht als Exceptionen aufzufassen, für welche ihm die Beweislast aufzuerlegen wäre, sondern es enthalten dieselben das Leugnen eines Theiles des Klaggrundes, der dem ausdrücklichen Wortlaute des Gesetzes nach zwar nicht in die Anklage aufgenommen zu werden brauchte, der aber — da er implicite im Gesetze mit enthalten ist — sofort seitens der Anklage bewiesen werden muß, wenn ihn der Angeklagte in Abrede gestellt hat.

So kann es vorkommen, daß der Richter gegen den Angeklagten in Folge seines Leugnens ein Moment mehr feststellen muß als das Gesetz ausdrücklich verlangt. Daß dagegen weniger als die vom Gesetze ausdrücklich genannten Momente festgestellt werden könnten, das darf niemals vorkommen, der Angeklagte mag leugnen oder nicht leugnen.

Wir knüpfen jetzt an den oben aufgestellten Satz an, welcher lautete:

> Enthält §. 243 Nr. 8 einen qualificirten Betrug, so muß die gewinnsüchtige Absicht gegen den Angeklagten festgestellt werden."

Zu diesem Satze bildet den natürlichen Gegensatz folgender:

> „Ist §. 243 Nr. 8 ein **selbständiges Delikt**, so sind gegen den Angeklagten nur die in diesem Delikte enthaltenen Momente festzustellen."

Für die Ansicht, daß §. 243 Nr. 8 kein selbständiges Delikt, sondern lediglich ein Fall des qualificirten Betruges sei, spricht allerdings der Umstand, daß die erwähnte Strafbestimmung sich im 21. Titel unter der Überschrift „Betrug" findet. So äußert sich denn auch Goltdammer in den Materialien Theil II S. 550 — bei der Erläuterung des §. 243 — sehr bestimmt dahin:

„Darüber, daß die hier mit Strafe bedrohten Handlungen nur als besonders ausgezeichnete Arten des Betruges, also mit seinen allgemeinen Erfordernissen (§. 241), nicht aber als selbständige Vergehen gelten sollen, kann kein Zweifel obwalten. Nirgends erhellt die Absicht einer exceptionellen Behandlung aus den Materialien. Diese Fälle stehen unter demselben Princip, welchem die §§. 217, 218, 232, 233 in Absicht auf den Diebstahl resp. auf den Raub folgen. Sie fordern also, wie der Betrug überhaupt, Beschädigung des Vermögens in gewinnsüchtiger Absicht."

Aber, wenn auch aus den Materialien nichts dafür zu entnehmen ist, daß man die Fälle des §. 243 als selbständige Delikte betrachtet habe, so ist doch außer den Materialien noch eine andere Interpretationsquelle vorhanden, nämlich der Wortlaut des Gesetzes selbst. Man vergleiche nur die Wortfassung der §§. 217, 218, 232, 233 mit der des §. 243. Nachdem in §. 241 der Betrug seine Legaldefinition erhalten, nachdem in §. 242 gesagt ist:

„Der Betrug, sowie der Versuch des Betruges wird ... bestraft"

heißt es im §. 243:

„Mit Gefängniß nicht unter drei Monaten und zugleich mit Geldbuße von fünfzig bis zu eintausend Thalern, sowie mit zeitiger Untersagung der Ausübung der bürgerlichen Ehrenrechte wird bestraft:

1) u. s. w."

worauf acht verschiedene Nummern folgen, ohne daß, sei es in den eben angeführten Einleitungsworten oder in einer der folgenden acht Nummern, auch nur ein einziges Mal das Wort „Betrug" gebraucht wäre.

Ganz anders dagegen ist die Ausdrucksweise in den Fällen der §§. 217 und 218. Nachdem nämlich der Diebstahl in §. 215 definirt, in §. 216 die Strafbestimmung aufgestellt ist, heißt es in §. 217:

„In folgenden Fällen soll die Gefängnißstrafe nicht unter drei Monaten sein:

1) wenn Ackergeräthschaften ... gestohlen werden;
2) wenn Früchte ... gestohlen werden;
3) wenn geschlagenes Holz ... gestohlen wird;
4) wenn eine Person, welche für Lohn oder Kost dient ... stiehlt;

5) wenn ein Gastwirth . . . stiehlt;
6) wenn der Diebstahl . . . begangen wird."

Und §. 218 fährt dann in folgender Weise fort:

„Zuchthausstrafe bis zu zehn Jahren und Stellung unter Polizeiaufsicht tritt in folgenden Fällen ein:

1) wenn . . . Gegenstände gestohlen werden;
2) wenn . . . gestohlen wird;
3) wenn der Diebstahl dadurch bewirkt wird;
4) wenn auf einem öffentlichen Wege . . . gestohlen wird;
5) wenn Sachen . . . gestohlen werden;
6) wenn der Dieb oder einer der Diebe, oder einer der Theilnehmer am Diebstahle Waffen bei sich führt;
7) wenn zu dem Diebstahle zwei oder mehrere Personen mitwirken . . .;
8) wenn der Diebstahl . . . begangen wird."

Ganz analog den Bestimmungen über den Diebstahl sind auch die über den Raub. Dieses Verbrechen wird definirt im §. 230, worauf §. 231 die Strafe festsetzt. Dann fahren §. 232 und 233 in folgender Weise fort:

„Der Raub wird mit Zuchthaus von zehn bis zwanzig Jahren, sowie mit Stellung unter Polizeiaufsicht bestraft:

1) wenn der Räuber oder einer der Räuber oder Theilnehmer am Raube Waffen bei sich führt;
2) wenn zu dem Raube zwei oder mehrere Personen . . . mitwirken . . .;
3) wenn der Raub . . . verübt wird;
4) wenn bei einem Raube . . .;

§. 233. Der Raub wird mit lebenslänglichem Zuchthaus bestraft:

1) wenn der Räuber schon einmal wegen Raubes . . . verurtheilt worden ist . . .;
2) wenn bei dem Raube ein Mensch gemartert . . . ist;
3) wenn bei dem Raube der Tod eines Menschen . . . verursacht ist."

Die Verschiedenartigkeit der Ausdrucksweise in den §§. 217 und 218, 232 und 233 gegenüber der in dem §. 243 muß in die Augen springen und man kann unmöglich umhin, schon aus dem einen Umstande, daß in §. 243 das Wort „Betrug" beinahe mit Ängstlichkeit vermieden ist, Bedenken gegen die Richtigkeit der Behauptung zu schöpfen, daß §. 243 lediglich Qualificationen des Betruges enthalte.

Aber nicht allein die Ausdrucksweise des Gesetzes kommt hier in Betracht — denn in dieser Beziehung könnte allerdings, wenn auch ohne viel Gewicht, gesagt werden, daß §. 245 („in allen Fällen des Betruges §§. 241 bis 244 kann auf Stellung unter Polizeiaufsicht erkannt werden") nachgeholt habe, was durch §. 243 versäumt sei, nämlich, auch die Fälle des §. 243 mit dem Namen Betrug zu bezeichnen — sehr viel bedeutsamer ist noch die Verschiedenartigkeit des Inhalts der hier mit einander verglichenen Gesetzesstellen. Diese Verschiedenartigkeit besteht darin, daß es faktisch unmöglich ist, aus irgend einer Nummer der §§. 217, 218, 232, 233 zu strafen, ohne auf die Legaldefinition der §§. 215 resp. 230 zurückzugehen, da die qualificirten Strafbestimmungen in sich selbst unvollständig sind. Denn durch den Gebrauch der Worte „Diebstahl, Dieb, stehlen, Raub, Räuber" ist durch das Gesetz selbst auf diejenigen Bestimmungen zurückgewiesen, durch welche die §§. 217, 218, 232, 233 erst einen bestimmten gesetzlichen Inhalt erhalten. Mit den Worten „Diebstahl, Dieb, stehlen" ist in die Bestimmungen der §§. 217, 218 jedesmal der §. 215 inserirt, und das Gleiche ist hinsichtlich des §. 230 geschehen durch den Gebrauch der Worte „Raub, Räuber" in den §§. 232 und 233. — Wenn ich dagegen ein Strafgesetz lese, welches bestimmt:

> „Wer Urkunden, welche ihm entweder gar nicht, oder nicht ausschließlich gehören, zum Nachtheile eines Anderen vernichtet, beschädigt oder unterdrückt, wird mit Gefängniß nicht unter drei Monaten u. s. w. bestraft"

so ist das ein in sich selbst so vollständiges Strafgesetz, daß Niemand daran denken wird, die faktische Anwendbarkeit desselben abhängig zu machen von der Ergänzung, welche diese Strafbestimmung aus irgend einer anderen erhalten müßte. Und ebenso wie mit §. 243 Nr. 8 verhält es sich mit allen anderen Strafbestimmungen des §. 243. Jede einzige derselben gestattet die Möglichkeit ihrer selbständigen Anwendbarkeit; bei keiner derselben gebietet die Unvollständigkeit der Bestimmungen, daß dieselben zum Zwecke ihrer praktischen Verwerthung aus einer anderen gesetzlichen Bestimmung ergänzt werden müßten. Wenn es nun richtig wäre, daß eine Ergänzung der acht Nummern des §. 243 aus den Bestimmungen des §. 241 stattfinden muß, so kann diese Ergänzung nur aus juristischen oder historischen Gründen gefordert werden. Wir werden zu prüfen haben, ob derartige Gründe vorhanden sind und constatiren hier nur vorläufig, daß, wenn sie vorhanden wären, wir in der Strafgesetzgebung zwei von einander wesentlich verschiedene Arten der qualificirten Strafbestimmungen hätten. Die eine Art würde die sein, wo die Strafbestimmung unvollständig ist, wo zur praktischen Anwendung derselben die Ergänzung aus einer anderen Strafbestimmung nothwendig wird; die andere dagegen die, wo die Strafbestimmung zwar in sich selbst ganz vollständig ist, wo aber aus irgend welchen Gründen das in sich schon vollständige Strafgesetz durch Ergänzung aus anderen Strafbestimmungen noch vollständiger gemacht werden muß. Im preußischen Strafrechte gehören zu der ersten Art alle Bestimmungen über qualificirte Verbrechen mit einziger Ausnahme der Bestimmungen des §. 243; zu der letzteren Art würden dagegen nur und ausschließlich die Bestimmungen des §. 243 gehören. —

Schon dieser Umstand muß es bedenklich erscheinen lassen, die Strafbestimmungen des §. 243 als qualificirte Fälle des §. 241 aufzufassen.

Aber die Bedenken gestalten sich zur Unmöglichkeit, wenn man nach den juristischen oder historischen Gründen sucht, die es nothwendig machen sollen, die an sich bereits vollständigen Strafbestimmungen des §. 243 noch aus denen des §. 241 zu vervollständigen. Die folgende Darstellung soll den Satz beweisen:

Es ist unmöglich, die Bestimmungen des §. 243 als Qualificationen des §. 241 aufzufassen.

Sollte dies nämlich geschehen, so wäre es nicht genug, aus §. 241 lediglich das Moment „gewinnsüchtige Absicht" nach §. 243 hinüberzutragen, sondern es müßte in diesem Falle auch das Gleiche mit sämmtlichen anderen Momenten geschehen, durch welche das in §. 241 enthaltene Delikt gebildet wird. Ja, es kann kaum einem Zweifel unterliegen, daß die übrigen Momente des Betruges (§. 241) selbst ein größeres Anrecht auf Berücksichtigung haben, als gerade die „gewinnsüchtige Absicht" — insofern man nämlich überhaupt einem positiven Gesetze gegenüber vom theoretischen Standpunkte aus von der größeren oder geringeren Bedeutsamkeit eines für den Thatbestand der Verbrechen geforderten Momentes sprechen kann. — Denn so gewiß auch überall zu der Begriffsbestimmung des Betruges dolus gefordert wird, den durch das Motiv der Gewinnsucht specialisirten dolus fordern nur einzelne Gesetze, während das gemeine Recht von diesem den dolus specialisirenden Momente nichts weiß[3]). Für das preußische Recht entsteht aber durch die Aufnahme der „gewinnsüchtigen“ Absicht der Mißstand, daß dolose Vermögensbeschädigungen, durch Täuschung des Berechtigten herbeigeführt, straflos sind; ein Resultat, welches um so auffälliger ist, als das Strafrecht des allgemeinen Landrechts von durchaus anderen Grundsätzen ausging. Hier nämlich wurde bestimmt Thl. II Tit. 20 §. 1256:

„Jede vorsätzliche Veranlassung eines Irrthums, wodurch Jemand an seinem Rechte gekränkt werden soll, ist ein strafbarer Betrug.“

§. 1260. „Wenn in den Gesetzen keine besondere Strafe bestimmt ist: so soll der, welcher sich eines strafbaren Betruges ... schuldig gemacht hat, um den doppelten Betrag des gesuchten Gewinnes fiskalisch bestraft werden.“

§. 1261. Kann dieser Gewinn nicht ausgemittelt werden, so muß der Richter die Geldstrafe nach dem Betrage des dem Anderen zugefügten Schadens festsetzen.“

Das Landrecht fordert die gewinnsüchtige Absicht nicht direkt, sondern nur durch die Bestimmung der Strafe nach dem gesuchten Gewinn. Der §. 1261 zeigt aber, daß dies kein ausschließliches Erforderniß sei, daß vielmehr in Ermangelung der gewinnsüchtigen Absicht auch die auf Beschädigung gerichtete zum Thatbestande ausreiche. In dieser Auffassung schließt sich das Landrecht dem gemeinen Rechte an, indem dieses nur den animus nocendi überhaupt, und nicht, wie beim Diebstahl den animus lucri faciendi, speciell und unbedingt zum Betruge fordert; eine Auffassung, die um so geläufiger hat sein müssen, als bei dieser Construktion des Begriffes im gemeinen Rechte der Anhalt durch das römische Recht geboten wird, welches die actio doli gegen den Betrüger unabhängig von dem eigenen Gewinn gewährt[4]).

So hat denn auch die preußische Gesetzgebung in den Entwürfen vor 1847 die gewinnsüchtige Absicht nicht aufgenommen; und als der Entwurf von 1847 dies Moment aufnahm, bedrohte er die durch Täuschung herbeigeführte Vermögensbeschädigung, falls dieselbe ohne gewinnsüchtige Absicht begangen war, unter dem Titel der „Vermögensbeschädigung“. Diese Vorschrift fehlt jetzt — und es ist auch gewiß richtig, daß sich dieselbe unter dem Titel der Vermögensbeschä-

3) Vergl. über die gewinnsüchtige Absicht beim Betruge: Köstlin, Abhandlungen S. 156.

4) Votum Savigny's. Vergl. Goltdammer, Materialien II S. 540.

digung nicht mehr findet — aber die gewinnsüchtige Absicht ist als Erforderniß des Betruges beibehalten worden [5]).

Das Gesagte ist eben nur angeführt, um zu zeigen, daß gerade hinsichtlich der gewinnsüchtigen Absicht mancherlei Unsicherheiten in der Gesetzgebung erkennbar sind. Aber niemals hat man bezweifelt, daß bei dem Betruge die Beschädigung eines Anderen durch Täuschung bewirkt werde und niemals — seitdem man es überhaupt verstand, den Betrug und die Fälschung begrifflich zu sondern — ist ein Zweifel darüber entstanden, daß das durch den Betrug verletzte Recht das Vermögensrecht sein müsse. Hieraus ergiebt sich denn, daß, wenn man die Strafbestimmungen des §. 243 als Qualificationen des §. 241 betrachten will, man nothwendigerweise nicht bloß das Moment der gewinnsüchtigen Absicht, sondern auch die weiteren Momente des §. 241, nämlich die Beschädigung des Vermögens eines Anderen, ferner das Vorbringen falscher oder das Entstellen oder Unterdrücken wahrer Thatsachen und endlich die Erregung eines Irrthums mit in den §. 243 hinüber nehmen muß. Und zwar müssen alle diese Momente nicht bloß zu einem oder dem anderen Falle des §. 243 hinzugezogen werden, sondern, da irgend eine Unterscheidung dieser Fälle durch das Gesetz in keiner Weise bewirkt ist, so müssen alle acht Strafbestimmungen des §. 243 durch die den Thatbestand des §. 241 bildenden Momente ergänzt werden.

Wie leicht läßt sich dieser Forderung nachkommen, wenn man in irgend einen der Fälle des §. 217 oder 218 die den Thatbestand des Diebstahls (§. 215) bildenden Momente aufnimmt. So z. B. §. 217 Nr. 1:

> Wer Ackergeräthschaften oder Thiere, welche zum Ackerbau gebraucht werden, von dem Felde, Thiere von der Weide, Wild aus umzäunten Gehegen, Fische aus Teichen oder Behältern, Bienenstöcke von dem Stande, Tuche, Linnen, Gewebe oder Garn von den Rahmen oder von der Bleiche einem Anderen in der Absicht wegnimmt, um sich dieselben rechtswidrig zuzueignen, begeht einen Diebstahl und wird . . . bestraft.

Oder §. 218 Nr. 1:

> Wer aus einem zum Gottesdienste bestimmten Gebäude Gegenstände, welche dem Gottesdienste gewidmet sind, in der Absicht

5) Vergl. Goltdammer, Materialien II S. 546.

wegnimmt, um sich dieselben rechtswidrig zuzueignen, begeht einen Diebstahl und wird . . . bestraft.

Oder §. 218 Nr. 2:

Wer in einem Gebäude oder in einem umschlossenen Raume vermittelst Einbruches oder Einsteigens einem Andern eine Sache in der Absicht wegnimmt, um sich dieselbe rechtswidrig zuzueignen, begeht einen Diebstahl und wird . . . bestraft [6]).

Nun wolle man es aber einmal versuchen, die in §. 243 zusammengestellten Strafbestimmungen durch die in §. 241 enthaltenen Momente zu ergänzen und man wird finden, daß dies vollkommen unangänglich ist.

Um dies darzuthun, wird es nöthig, auf die einzelnen Bestimmungen des §. 243 einzugehen.

Hier heißt es bei Nr. 1:

„Mit Gefängniß nicht unter drei Monaten und zugleich mit Geldbuße von fünfzig bis eintausend Thalern, sowie mit zeitiger Untersagung der Ausübung der bürgerlichen Ehrenrechte wird bestraft:

1) wer sich wissentlich unrichtiger, zum Messen oder Wiegen bestimmter Werkzeuge zum Nachtheile eines Anderen bedient.

Es ist unmöglich, diese Bestimmung aus §. 241 zu ergänzen, weil erstens das Moment der Beschädigung des Vermögens eines Anderen bereits durch die Worte „zum Nachtheile eines Anderen" ausgedrückt, und weil zweitens das Vorbringen falscher oder Unterdrücken wahrer Thatsachen in dieser Nr. 1 des §. 243 nicht bloß einen specialisirenden Zusatz erhalten hat, sondern der vollständige specialisirte Fall der Täuschung selbst ausgedrückt ist. Möglich wäre es allerdings, die Erregung des Irrthums und die gewinnsüchtige Absicht aus §. 241 in diese Bestimmung des §. 243 mit aufzunehmen. Dies würde aber nur dann zulässig sein, wenn durch §. 243 Nr. 1 die anderen Momente des §. 241 lediglich specialisirt wären, nicht aber auch dann, wenn, wie geschehen, das specialisirte und das specialisirende Moment gleichzeitig aufgenommen sind; denn damit ist eben gezeigt, daß das Gesetz nicht die Absicht gehabt hat, qualificirende Momente zu den Bestandtheilen des gemeinen Verbrechens hinzuzufügen, sondern daß die Intention desselben darauf gerichtet war, ein ganz neues Delikt zu schaffen, ein Delikt, welches zwar einzelne

6) In ähnlicher Weise lassen sich auch ohne weitere Schwierigkeiten die Momente des §. 230 in die §§. 232 und 233 hinüberziehen.

Momente des in §. 241 aufgestellten Delikts und zwar in einer specialisirten Form reproducirt, welches aber die Momente des §. 241 nur insoweit enthalten soll, als dieses ausdrücklich in §. 243 Nr. 1 ausgedrückt ist. Hätte diese letztere Bestimmung den Erfolg herbeiführen wollen, eine Qualification des §. 241 zu geben, so hätte die Fassung derselben eine vollkommen andere sein müssen. Dann wäre zu sagen gewesen:

„Wenn der Betrug dadurch begangen wird, daß der Betrüger mit Bezug auf unrichtige zum Messen oder Wiegen bestimmte Werkzeuge, deren er sich wissentlich bediente, falsche Thatsachen vorbringt oder wahre Thatsachen entstellt oder unterdrückt — so tritt eine Strafe von ..... ein."

Wenn das Gesetz in dieser Weise lautete, so würde dies für die praktische Anwendung die Folge gehabt haben, daß ausdrücklich festzustellen gewesen wäre:

1) die Beschädigung des Vermögens eines Anderen,
2) die gewinnsüchtige Absicht des Thäters,
3) die Kenntniß von der Unrichtigkeit der zum Messen oder Wiegen bestimmten Werkzeuge,
4) das Vorbringen falscher oder das Entstellen oder Unterdrücken wahrer Thatsachen mit Bezug auf die vom Thäter benutzten unrichtigen zum Messen oder Wiegen bestimmten Werkzeuge,
5) das Erregen eines Irrthums in Folge der unter 4 bezeichneten Täuschung,
6) der Causal-Zusammenhang zwischen dem erregten Irrthum und der eingetretenen Vermögensbeschädigung.

Die Praxis hat es aber — und mit vollkommenem Rechte — nicht für geboten erachtet, alle diese Momente bei Anklagen aus §. 243 Nr. 1 festzustellen, sie begnügt sich vielmehr, die thatsächliche Feststellung auf die ausdrücklichen Bestimmungen des §. 243 Nr. 1 zu beschränken. Damit ist denn aber auch ausgesprochen, daß die Praxis in dieser Gesetzesbestimmung nicht eine Qualification des §. 241 erblickt, sondern daß sie in ihr ein selbständiges Delikt anerkennt, welches lediglich in einem äußeren Zusammenhange mit einer anderen Strafvorschrift steht. Oppenhoff (Commentar zum St.-G.-B., Zus. zu §. 243 Nr. 1) theilt mit, ein Plenarbeschluß des Obertribunals sei von der Ansicht ausgegangen, daß die Strafbestimmung der Nr. 1 zu ihrer Anwendung die sämmtlichen Erfordernisse des §. 241 voraussetze, habe sodann aber als

Präjudiz angenommen, daß „die im §. 241 erforderte gewinnsüchtige Absicht in den Worten der Nr. 1: „„wer sich wissentlich unrichtiger Werkzeuge zum Nachtheil eines Anderen bedient““ enthalten sei, und neben derselben nicht noch besonders festgestellt zu werden brauche.“ Eine Feststellung, welche der Fassung der Nr. 1 entsprach, sei hiernach für ausreichend erachtet worden. — Es leuchtet ein, daß hier eine contradictio in adjecto in bester Form vorliegt. Denn, wenn es richtig ist, daß die Strafbestimmung des §. 243 Nr. 1 zu ihrer Anwendung sämmtliche Erfordernisse des §. 241 voraussetze, so kann hieraus nur das Eine folgen, daß auch wirklich zur praktischen Anwendung des §. 243 Nr. 1 sämmtliche im §. 241 enthaltenen Momente festgestellt werden. Ist es dagegen richtig, daß zur Anwendung des §. 243 Nr. 1 eine thatsächliche Feststellung genügt, welche der Fassung dieser Gesetzesstelle entspricht, so kann dieser Schluß nur aus der Prämisse gezogen werden, daß §. 243 Nr. 1 ein für sich bestehendes, selbständiges Delikt ist, welches eben aus diesem Grunde einer aus irgend welcher anderen Strafbestimmung entnommenen Ergänzung nicht bedarf.

Aus dem Gesagten wird nun wohl deutlich hervorgehen, daß, wenn man §. 243 Nr. 1 als eine Qualification des §. 241 betrachtet und dieser Anschauung gemäß consequent handeln will, man dazu gelangt, ein vollkommen anderes Delikt zu schaffen, als das Gesetz selbst aufstellen wollte; daß es im Gegentheil nur möglich ist, den Intentionen des Gesetzes gemäß zu handeln, wenn man die Nr. 1 des §. 243 als ein für sich bestehendes, selbständiges Delikt behandelt.

Und dies in Betreff der Nr. 1 des §. 243 Gesagte gilt in gleicher Weise auch für die unter Nr. 2, 3, 4, 5 aufgeführten Fälle. Aber in noch viel höherem Grade gilt es für die unter Nr. 6, 7 und 8 aufgestellten Delikte. Denn für diese hört geradezu die Möglichkeit auf, sie als Qualificationen des einfachen Betruges aufzufassen und zwar deswegen, weil sie eine vollständig andere Natur haben, als der Betrug.

Denn das dürfte doch durch die neueren Untersuchungen über den Begriff des Betruges festgestellt sein, daß „Betrug“ und „betrügliches Handeln“ zwei verschiedenartige Begriffe sind, indem zwar jeder „Betrug“ auch ein betrügliches Handeln involvirt, aber noch lange nicht jedes „betrügliche Handeln“ Betrug ist. Nur dann wird das betrügliche Handeln zum Betruge, wenn zunächst das angegriffene Rechtsverhältniß ein Vermögensrecht ist. Diesem Erfordernisse des Betruges würden allerdings noch die Nr. 6—8 des §. 243 entsprechen. Aber „Betrug" ist noch nicht jedes betrügliche Handeln gegen ein Vermögensrecht. Vielmehr muß, damit der Begriff des Betruges existent werde, die Vermögensbeschädigung aus einem in der Person des Berechtigten hervorgerufenen Irrthum entstanden sein. In Folge dieses Irrthums thut der Berechtigte selbst dasjenige, was einen vermögensrechtlichen Nachtheil für ihn involvirt, weil er eben in Folge des in ihm erregten Irrthums die ihn benachtheiligende Handlung für eine ihm vortheilhafte oder doch mindestens indifferente hält. Der Betrogene disponirt selbst zu seinem eigenen Nachtheile über seine vermögensrechtlichen Ansprüche, er disponirt zu seinem eigenen Schaden, weil der in ihm erregte Irrthum es bewirkt, daß er die für ihn schädliche Disposition für eine ihm nützliche hält und daher selbst will. **Ohne eine Mitthätigkeit des Verletzten ist der Begriff des Betruges schlechterdings undenkbar.** — Wenn aber eine Vermögensbeschädigung dadurch begangen wird, daß der Berechtigte selbst sich den Schaden in Folge eines Irrthums zufügt, in den er durch einen Anderen versetzt wurde, so ist damit der Begriff des Betruges erfüllt. — Nun sehen wir in dem preußischen Strafgesetzbuche diesen reinen Begriff des Betruges gar nicht mit Strafe bedroht. Denn §. 241 bestimmt nicht:

> „Wer das Vermögen eines Anderen dadurch beschädigt, daß er durch Vorbringen falscher oder durch Entstellen oder Unterdrücken wahrer Thatsachen einen Irrthum erregt, begeht einen Betrug",

sondern es ist gesagt:

> „Wer in gewinnsüchtiger Absicht das Vermögen eines Anderen dadurch beschädigt, daß er" u. s. w.

und damit ist bestimmt, daß nur der Betrug, welcher aus dem Motiv des Eigennutzes hervorgegangen ist, gestraft werden solle.

Betrachten wir nun diejenigen strafbaren Handlungen, welche in §. 243 zusammengestellt sind, so ergiebt sich, daß die unter Nr. 1—5 begriffenen Fälle die wesentlichen Erfordernisse des Betruges haben.

1) Der Thäter beschädigt das Vermögen des Käufers, indem er denselben in einen Irrthum über die Richtigkeit des beim Verkaufe benutzten Maßes oder Gewichtes versetzt; der Käufer aber will selbst den ihn beschädigenden Kauf, weil er in Folge des in ihm erregten Irrthums das falsche Maß oder Gewicht für ein richtiges hält.

2) Der Thäter beschädigt das Vermögen des Käufers, indem er

ihn in einen Irrthum über den Werth des zu verkaufenden Goldes oder Silbers versetzt; der Käufer aber will selbst den ihn beschädigenden Kauf, weil er in Folge des in ihm erregten Irrthums den Gehalt des Goldes oder Silbers für einen höheren hält, als er es in der That ist.

3) Der Zahlende beschädigt das Vermögen desjenigen, der die Zahlung empfängt, indem er in ihm einen Irrthum über den Werth des Geldstückes hervorruft; der Empfänger des Geldstückes aber will dieses ihn beschädigende Resultat, weil er in Folge des Irrthums, in den er versetzt wurde, das in seinem Werthe verringerte Geldstück für ein vollwichtiges hielt.

Das Gleiche wie unter 3) ist auch über den unter Nr. 4 (§. 243) aufgestellten Fall zu sagen. Freilich sind sowohl Nr. 3 wie auch Nr. 4 keine reinen Betrugsfälle, sondern Betrugs- und Fälschungsfälle in Verbindung mit einander. Wenn nämlich Jemand eine vollhaltige Münze zum Zwecke des Ausgebens durch Abfeilen oder Beschneiden in ihrem Werthe verringert, so begeht er dadurch eine Münzverfälschung; derjenige aber, welcher wissentlich eine in dieser Art verfälschte Münze ausgiebt, macht sich schon durch diese Handlung allein des Betruges schuldig. Das Strafgesetzbuch bestimmt nun im §. 243 Nr. 3, daß weder jener Fall der Münzverfälschung, noch auch dieser Fall des Betruges mit der im §. 243 angedrohten Strafe gestraft werden solle, daß vielmehr diese Strafe nur eintreten könne, wenn sowohl die Fälschungs-, auch die Betrugshandlung in einer Person zusammentreffen, so daß also die Strafe des §. 243 Nr. 3 bestimmt ist für eine Betrugshandlung, mit welcher eine an sich straflose Fälschungshandlung concurrirt. Weiter ist derjenige, welcher im Einverständnisse mit dem Verfälscher der Münzen diese zum Zwecke der Verausgabung an sich bringt, ein Gehülfe der Münzverfälschung. Es kann aber diese Theilnahme an einem an sich straflosen Delikte nicht strafbar sein; die Strafbarkeit tritt vielmehr erst alsdann ein, wenn mit dieser eben charakterisirten Theilnahme noch die Betrugshandlung des Ausgebens der verfälschten Münzen concurrirt. Im Uebrigen würde das Ausgeben verringerter Münzen, falls sonst die Erfordernisse des §. 241 vorliegen, unter diese Strafbestimmung fallen; wenn dagegen das Ausgeben der verfälschten Münzen gewohnheitsmäßig erfolgt, so ersetzt diese Gewohnheitsmäßigkeit des Betrügers in Verausgabung verfälschter Münzen die sonstigen Erfordernisse des §. 241 und es tritt die Strafe des §. 243 ein.

5) Der Thäter beschädigt das Vermögen dessen, der eine Zahlung empfängt, indem er den Empfänger über den Inhalt eines Geldpacketes täuscht; der Empfänger will aber selbst die ihn beschädigende Handlung, weil er in Folge des in ihm erregten Irrthums das in seinem Inhalte verringerte Geldpacket noch für ein unversehrtes hält.

In diesen fünf ersten Nummern des §. 243 sind also — wenn auch nicht überall vollkommen reine — so doch überall Betrugsfälle mit Strafe bedroht, Betrugsfälle deshalb, weil überall Vermögensbeschädigungen nachgewiesen werden konnten, welche der Beschädigte selbst wollte und zwar deshalb wollte, weil durch die Erregung des Irrthums sein eigener Wille eine ihm selbst nachtheilige Richtung annahm.

Ganz anders aber verhält sich die Sache mit den beiden letzten Nummern des §. 243. In diesen nämlich erregt der Thäter nicht einen Irrthum, um den Berechtigten zur Vornahme einer ihm schädlichen Handlung zu bestimmen, sondern der Thäter selbst begeht die Rechtsverletzung. Der Betrug fordert die Mitthätigkeit des Verletzten. Die im §. 243 Nr. 7 und 8 aufgestellten Delikte schließen dagegen die Mitthätigkeit des Verletzten vollkommen aus. Sollten diese beiden Gesetzesstellen Betrugsfälle enthalten, so müßten sie folgendermaßen lauten:

7) Wer das Vermögen eines Anderen dadurch beschädigt, daß er ihn durch Erregung eines Irrthums dazu bestimmt, Grenzsteine oder andere zur Bezeichnung einer Grenze oder des Wasserstandes bestimmte Merkmale zu seinem eigenen Nachtheile wegzunehmen, zu vernichten, unkenntlich zu machen, zu verrücken oder fälschlich zu setzen.

8) Wer das Vermögen eines Anderen dadurch beschädigt, daß er ihn durch Erregung eines Irrthums dazu bestimmt, Urkunden, welche ihm entweder ganz oder theilweise gehören, zu seinem eigenen Nachtheile zu vernichten, zu beschädigen oder zu unterdrücken.

Bei einer derartigen Fassung des Gesetzes würde zu behaupten sein, daß §. 243 Nr. 7. 8 Betrugsfälle enthielten. Wenn man aber die im Gesetze wirklich enthaltene Fassung mit der hier aufgestellten vergleicht, so wird man sich überzeugen, daß und warum §. 243 Nr. 7 und 8 keine Betrugsfälle enthalten. Daraus folgt denn aber auch mit absoluter Nothwendigkeit, daß es juristisch vollkommen undenkbar sein muß, eine dieser Bestimmungen aus §. 241 zu ergänzen. Denn in der That, die Bestimmungen des §. 241 und die des §. 243 Nr. 7 und 8 haben nichts Weiteres mit einander gemein, als daß hier wie dort von Vermögensverbrechen die Rede ist. Wenn dies aber ein ausreichender Grund sein sollte, nach §. 243 Nr. 7 und 8 die Merkmale des §. 241 hinüberzutragen, so könnte man mit gleichem Rechte verlangen, die Merkmale des Diebstahls oder der Vermögensbeschädigung in diese Delikte hineinzutragen; und man würde damit auch wirklich weniger fehlen, als wenn man die von dem Obertribunale beliebte Ergänzung aus §. 241 vornehmen wollte. Denn §. 243 Nr. 7 steht dem Diebstahl wahrlich näher als dem Betruge und §. 243 Nr. 8 enthält selbst Vermögensbeschädigungen, wenn auch nur mittelbare durch Verlust der das Vermögensrecht nachweisenden Urkunde.

Absichtlich ist §. 243 Nr. 6 vorläufig außer Acht gelassen. Die Bestimmung, daß, wer in der Absicht, eine verhängte Execution abzuwenden oder hinauszuschieben, von einem Postscheine über eine Versendung von Geld oder anderen Werthgegenständen Gebrauch macht, obgleich er weiß, daß der versendete Brief, oder das versendete Packet dasjenige nicht enthält, was durch den Postschein als abgesendet nachgewiesen werden soll, daß der gestraft werden solle — diese Bestimmung findet sich im Strafgesetzbuche — man muß sie also deshalb für ein Delikt gelten lassen. Möglich wäre es freilich gewesen, dieses Delikt ganz zu entbehren und statt der Strafbestimmung lediglich eine Instruktion an den Executor zu erlassen, die vorzunehmende Execution nicht auf Grund von bescheinigten Werthdeclarationen, sondern lediglich auf Grund von Post-Einzahlungsscheinen zu unterlassen; aber das ist eine Sache für sich. Hier kommt es nur darauf an, zu zeigen, daß dieses Delikt kein Betrug ist. Zwar die Benachtheiligung des Vermögens wird beabsichtigt mit Bezug auf die Person desjenigen, der eine Execution nachgesucht hat; auch findet die Erregung eines Irrthums statt, nämlich in der Person des Executors. Da aber die getäuschte Person in ihren Vermögensrechten nicht beschädigt, die beschädigte Person nicht getäuscht wird, da es weiter zum Begriffe des Betruges wesentlich gehört, daß der Getäuschte selbst in Folge des in ihm erregten Irrthums eine ihn benachtheiligende Disposition vornimmt, so folgt hieraus mit Nothwendigkeit, daß bei diesem Delikte von „Betrug" auch nicht im Entferntesten die Rede sein kann. Seine Natur weist diesem Delikte einen ganz anderen Platz im Strafgesetzbuche an. Es handelt sich um die rechtswidrige Verhinderung der Vornahme einer Amtshandlung. Davon ist im fünften Titel des Strafgesetzbuches unter der Überschrift: „Widerstand gegen die Staatsgewalt" die Rede. In §. 89 wird bestimmt:

„Wer einem Beamten, welcher zur Vollstreckung der .... Urtheile der Gerichte berufen ist ...., durch Gewalt oder Drohung Widerstand leistet, wird mit Gefängniß von vierzehn Tagen bis zu zwei Jahren bestraft."

Bei dieser Gelegenheit konnte man sich vergegenwärtigen, daß die Vereitelung einer Execution nicht bloß durch Gewalt oder Drohungen, sondern auch durch Täuschung des Executors herbeigeführt werden könne. Wollte man dann die Täuschung des Executors lediglich auf die Täuschung durch einen Postschein beschränken, so stand dem gewiß kein Hinderniß entgegen. Zweckmäßig wäre es auch noch aus einem anderen Grunde gewesen, wenn man die Bestimmung der jetzigen Nr. 6 des §. 243 unter dem Gesichtspunkte des §. 89 betrachtet hätte. Man würde sich dann nämlich gleich anfänglich gesagt haben, daß, wenn Jemand, der den Executor durch Gewalt oder Drohung an der Vornahme der Execution hindert, nur mit einer Gefängnißstrafe von vierzehn Tagen bis zu zwei Jahren zu bestrafen ist, derjenige, der die Execution durch die Vorzeigung eines Postscheines zu hindern sucht, unmöglich mit einer Strafe von drei Monaten bis fünf Jahren angesehen werden könne. Vom Jahre 1856 bis zum Jahre 1859 hat diese horrende Strafbestimmung bestanden; man corrigirte sie bekanntlich in dem zuletzt genannten Jahre mit Hülfe der „mildernden Umstände"; eine Correktur, durch welche man zwar eine gerechtere Behandlung des einzelnen Falles für die Praxis ermöglichte, die principiellen Fehler des Deliktes jedoch vollkommen unberührt ließ.

Durch das Gesagte dürfte dargethan sein:

1) daß die in §. 243 enthaltenen Bestimmungen acht selbständig für sich bestehende Delikte sind,

2) daß von diesen acht selbständig für sich bestehenden Delikten die unter Nr. 6, 7 u. 8 aufgestellten Fälle gar keine Betrugsfälle sind.

Aus diesen beiden Sätzen folgt dann

3) daß keines der im §. 243 aufgestellten Delikte in irgend einer Weise aus einer anderen Vorschrift des Strafgesetzbuches zu ergänzen ist.

Und mit diesem Resultate stimmt denn auch die Geschichte des Strafrechts ganz vollkommen überein. Man weiß, wie schwer es gewesen ist, den Begriff des Betruges rein und correkt herauszustellen, wie es namentlich schwer geworden ist, den Betrug von den ihm äußerlich ähnlichen und in der Praxis mit ihm so häufig verbundenen Fällen der Fälschung zu sondern [7]). Und was speciell die Geschichte des Preußischen Strafgesetzbuchs anbetrifft, so ist es ja auch eine bekannte Thatsache, daß die Nr. 3, 4, 7 u. 8 lediglich aus Zweckmäßigkeitsgründen für die äußere Anordnung gerade im §. 243 ihren Platz gefunden haben, daß diese ihre Placirung erst durch den Entwurf von 1850 geschehen ist, während in früheren Entwürfen diese Delikte auch äußerlich von dem Betruge gesondert waren.

Wie wenig aber das Strafgesetzbuch gemeint gewesen ist, diese rein äußerliche Nebeneinanderstellung verschiedenartiger Delikte zu verwischen, zeigt am besten, daß die in Nr. 3 und 4 enthaltenen Delikte noch besonders die Strafbarkeit des Versuches hervorheben, eine Bestimmung, die natürlich war, so lange man die genannten Delikte unter dem Titel der Münzfälschung behandelte, die aber vollkommen überflüssig erscheint, wenn man, wie es eben jetzt geschehen, auch diese Delikte unter die Strafen des Tit. XXI gestellt hat.

---

7) Vergl. hierüber namentlich Köstlin, Abhandlungen S. 119 ff.

Beiseiteschaffen, Zerstören und Unterschlagen von Urkunden (St.-G.-B. §. 106. 225. 243 Nr. 8).

Nach Oppenhoff (Rechtsprechung u. s. w. Bd. I S. 29) deducirt das Obertribunal in folgender Weise:

„Das Beiseiteschaffen einer Urkunde im Sinne des §. 106 des Str.-G.-B. setzt bei dem Handelnden die Absicht voraus, die darin bezeichneten Gegenstände der Verwahrung dauernd zu entziehen. Dies ergiebt sich schon aus dem Umstande, daß das vorsätzliche Beiseiteschaffen hier, und die vorsätzliche Vernichtung nebeneinander und auf eine Linie gestellt sind. Auch weist die Analogie aus §. 225 darauf hin, wo gleichfalls die Handlung des Thäters auf eine Entziehung der Sache selbst, eine Disposition über deren Substanz gerichtet sein muß. So wie namentlich auch hier der Angriff auf die Sache zum Zweck der bloßen vorübergehenden Benutzung noch keine Unterschlagung darstellt, so wenig kann auch ein Beiseiteschaffen von Akten im Sinne des §. 106 angenommen werden, wenn deren Wegnahme nicht mit der Absicht der dauernden Entziehung, vielmehr nur zum Zweck eines augenblicklichen, allerdings unbefugten Gebrauchs, geschehen ist.“

Ein Bureaubeamter hatte unbefugter Weise Akten vom Bureau des Gerichts weggenommen, dieselben nach der Wohnung eines Anderen gebracht und diesem gegen eine vorher versprochene Belohnung von fünf Thalern Einsicht in dieselben gestattet. Bei dieser Gelegenheit wurden die Akten, allerdings nicht von dem Bureaubeamten, verbrannt. Das Obertribunal erklärt nun, daß §. 106 auf diesen Fall keine Anwendung leide, da gegen den Angeklagten nicht festgestellt sei, daß er die Absicht gehabt habe, die Akten dauernd wegzuschaffen. —

Gelegentlich eines anderen Falles wurde die Frage aufgeworfen, ob Urkunden Gegenstand einer Unterschlagung oder eines Diebstahls sein könnten und in welcher Weise die Unterschlagung resp. der Diebstahl an einer Urkunde sich unterscheide von der Unterdrückung einer

Urkunde. Diese Frage finden wir gestützt auf ein Erkenntniß des Obertribunals bei Oppenhoff (Rechtsprechung u. s. w. Bd. III S. 322) durch folgende beiden Sätze beantwortet:

1. Eine Urkunde kann Gegenstand einer Unterschlagung oder eines Diebstahls sein.
2. Der Diebstahl und die Unterschlagung einer Urkunde unterscheiden sich von der „Unterdrückung" u. s. w. einer solchen durch die Absicht des Thäters; bei jenen ist die Hauptabsicht auf einen durch die Veräußerung u. s. w. zu erzielenden Vortheil, bei dieser dagegen darauf gerichtet, daß die Urkunde für einen Andern verloren gehe, daß aus diesem Verluste einem Andern Nachtheil erwachse.

Von der Unterdrückung einer Urkunde handelt allerdings ausschließlich Str.=G.=B. §. 243 Nr. 8:

„Mit Gefängniß nicht unter drei Monaten u. s. w. wird bestraft: Wer Urkunden, welche ihm entweder gar nicht oder nicht ausschließlich gehören, zum Nachtheile eines Anderen vernichtet, beschädigt oder unterdrückt."

Dagegen aber stellt einen ähnlichen Thatbestand auf Str.=G.=B. §. 106, woselbst es heißt:

„Wer Urkunden, Register, Akten oder sonstige Gegenstände, welche sich an einem öffentlichen Verwahrungsorte aufbewahrt finden, oder einem Beamten, zu dessen Amte die Verwahrung derselben gehört, in amtlicher Eigenschaft übergeben worden sind, vorsätzlich vernichtet oder bei Seite schafft, wird mit Gefängniß nicht unter drei Monaten bestraft.

Ist die Handlung in gewinnsüchtiger Absicht begangen, so soll zugleich auf zeitige Untersagung der Ausübung der bürgerlichen Ehrenrechte erkannt werden."

Man ersieht hieraus, daß beide Gesetzesstellen von dem „Vernichten" der Urkunden sprechen; während aber §. 243 Nr. 8 außer dem „Vernichten" noch das „Beschädigen" und „Unterdrücken" erwähnt, wird in §. 106 außer dem „Vernichten" nur noch das „Beiseiteschaffen" genannt. Daß mithin die Manipulation mit den Urkunden nach dem Wortlaute des §. 106 wenigstens in vielen Fällen die gleiche ist wie nach §. 243 Nr. 8, leuchtet auch bei oberflächlicher Betrachtung beider Gesetzesstellen ein. Daß dessenungeachtet beide Gesetzesstellen von einander verschieden sind, wird auch nicht bezweifelt werden. Worin aber die Unterscheidung besteht, darüber ließe sich vielleicht noch ein Wort sagen.

Die Fragen, welche zur Erörterung zu stellen sind, können in folgender Weise formulirt werden:

1. Welcher Art und Beschaffenheit ist das in §. 106 aufgestellte Delikt?

Mit dieser Frage kann sogleich der Streitpunkt erörtert werden, ob §. 106 nur dann Anwendung findet, wenn der Thäter die Absicht hatte, die Urkunden u. s. w. dauernd bei Seite zu schaffen.

2. Welcher Art und Beschaffenheit ist das im §. 243 Nr. 8 aufgestellte Delikt?

3. Wann ist das Unterdrücken von Urkunden als Diebstahl resp. Unterschlagung und wann als selbständiges Delikt nach §. 243 Nr. 8 zu bestrafen?

Was die Art und Beschaffenheit des im §. 106 aufgestellten Delikts anbetrifft, so ist vor Allem darauf aufmerksam zu machen, daß es sich bei diesem Delikt nicht um eine gegen ein bestimmtes Rechtssubjekt gerichtete Rechtsverletzung handelt.

Indem der Staat öffentliche Verwahrungsorte für Urkunden oder sonstige Gegenstände einrichtet, indem er Beamte dazu bestimmt, dergleichen Gegenstände in Verwahrung zu nehmen, so schafft er damit öffentliche Einrichtungen, welche Jedem zu Gute kommen sollen, der überhaupt in der Lage ist oder sein wird, von dieser öffentlichen Einrichtung Gebrauch zu machen. Jeder, der ein Interesse daran hat, daß Urkunden, Akten oder andere Gegenstände sicher aufbewahrt werden, soll wissen, daß die vom Staate hierzu begründeten Einrichtungen Sicherheit gewähren. Das Durchbrechen dieser Sicherheit verletzt nicht bloß den A. oder den B.; es verletzt alle diejenigen, welche ein Interesse haben oder haben werden, daß die an öffentlichen Verwahrungsorten verwahrten Gegenstände sicher verwahrt sind. — Möglich ist es allerdings, daß nebenbei noch die speciellen Rechte einer einzelnen speciell bestimmten Person verletzt werden. Es würde dann diese gegen eine bestimmte Person gerichtete Rechtsverletzung zu der in §. 106 bedrohten in Concurrenz treten — ob in ideale oder reale hängt davon ab, wie man den Begriff der verbrecherischen Handlung auffaßt, was hier nicht weiter erörtert werden kann.

Die Sicherheit aber, welche die öffentliche Aufbewahrung gewähren soll, kann nun doch in nichts Anderem als darin bestehen, daß die öffentlich verwahrten Gegenstände für denjenigen vorhanden sind, in dessen Interesse sie aufbewahrt werden, daß sie nur für diesen vorhanden sind — (wenn ich privatim eine Urkunde verwahre, bei welcher es mein Interesse mit sich bringt, daß ich sie Niemandem zeige, so darf diese Urkunde auch Niemandem gezeigt werden, wenn sie sich an einem öffentlichen Verwahrungsorte befindet; durch das Niederlegen an einem öffentlichen Verwahrungsorte soll ich nichts verlieren, nur gewinnen soll ich, nämlich die größere Sicherheit, welche die öffentliche Verwahrung gegenüber der privaten darbietet) — daß sie jederzeit da sind, wenn der Berechtigte sie verlangt; daß sie niemals da sind, wenn ein Unbefugter irgend einen Gebrauch derselben sich anmaßen will. Das folgt, so darf man sagen, aus der Natur der Sache. Aber diese ganze Auffassung wird über den Haufen geworfen, wenn man mit dem Obertribunale annimmt, daß das Beiseiteschaffen der Urkunden nur alsdann unter die Bestimmung des §. 106 falle, wenn der Thäter die Absicht gehabt hat, die Urkunde dauernd zu beseitigen. Man nehme folgenden Fall an: Eine Partei bringt eine Urkunde zu den Proceßakten. Diese Urkunde wird von den Bureaubeamten versteckt, so lange bis die rechtskräftige Entscheidung der Sache erfolgt ist. Der strafrechtliche Schutz gegen ein solches Handeln ist nach der Ansicht des Obertribunals in §. 106 nicht zu finden; denn der Thäter hat nicht die Absicht gehabt, die Urkunde dauernd zu beseitigen. Möglich, daß eine Bestrafung aus §. 243 Nr. 8 eintreten könnte. Dazu gehört aber die Absicht des Thäters, den Eigenthümer der Urkunde benachtheiligen zu wollen. Denken wir uns nun den Fall, daß die Partei eine für diesen Proceß zwar indifferente, sonst aber höchst wichtige Urkunde zu den Akten gegeben hätte, daß durch eine rechtswidrige Handlung diese Urkunde für eine längere oder kürzere Zeit der Disposition des Eigenthümers entzogen wird, daß diesem daraus ein Schaden entsteht, den der Thäter nicht beabsichtigte, auch nicht beabsichtigen konnte, weil ihm die Verhältnisse, die jetzt das Vorhandensein der Urkunde erfordern, unbekannt waren — §. 243 Nr. 8 ist unanwendbar, weil das Moment „zum Nachtheil eines Anderen" sich nicht feststellen läßt, der §. 106 ist unanwendbar, weil das Obertribunal sagt, es muß dauernde Beseitigung beabsichtigt sein; folglich geht der Thäter mit heiler Haut durch die Strafgesetzbuchs-Paragraphen hindurch. —

Die nahe liegende Frage ist dann aber doch wohl die: Sagt denn der §. 106 selbst etwas von dauerndem Beiseiteschaffen? Das Gesetz selbst sagt nichts weiter als:

„Wer Urkunden u. s. w. bei Seite schafft."

Das Obertribunal ist der Ansicht, das bedeutet so viel als:

„Wer Urkunden u. s. w. **dauernd** bei Seite schafft."

Dieses Wort „dauernd" ist also lediglich durch die Interpretation des Obertribunals in das Gesetz gekommen. Daß nach dem gemeinen Sprachgebrauche die beiden Begriffe „bei Seite schaffen" und „dauernd bei Seite schaffen" nicht identisch sind, daß vielmehr der letztere durch den adjektivischen Zusatz „dauernd" den ersten specialisirt, wird das Obertribunal selbst nicht bestreiten wollen. Wir haben also zu fragen: Welche Gründe sind es, die das Obertribunal dazu bestimmten, dem Gesetze einen Sinn beizulegen, den dasselbe dem gemeinen Sprachgebrauche nach nicht haben würde? welche Gründe nöthigen uns, dem Ausdruck „bei Seite schaffen" einen anderen Sinn unterzulegen, als er dem gemeinen Sprachgebrauche nach haben kann?

Die Gründe des Obertribunals sind bereits oben mitgetheilt. Fassen wir dieselben jetzt etwas näher ins Auge!

Der erste Grund ist der: Im §. 106 sind das „vorsätzliche Beiseiteschaffen" und „die vorsätzliche Vernichtung" **neben einander und auf eine Linie gestellt.**

Es ist nicht ganz leicht in den Sinn dieser Rede einzudringen. Die Reihenfolge der von dem Gesetze gebrauchten Worte ist allerdings die: vorsätzlich — vernichtet — oder — bei — Seite — schafft. — Neben einander gestellt sind also die Worte „vernichten" und „bei Seite schaffen" keineswegs, sondern es sind diese beiden Worte durch das Wort „oder" von einander getrennt. Die Bedeutung, der Sinn eines zweifelhaften Ausdrucks wird doch aber dadurch nicht bestimmt werden können, daß man sagt, es stehe derselbe neben, oder doch beinahe neben einem unzweifelhaften Ausdruck. Aber das Obertribunal sagt nicht bloß, daß beide Worte neben einander stehen, sondern es fügt auch noch hinzu, daß sie auf eine Linie gestellt sind. Ein bildlicher Ausdruck als Entscheidungsgrund! Das Obertribunal wird sich etwas Bestimmtes unter diesem Bilde gedacht haben; das Bild selbst aber ist unbestimmt und vieldeutig. Soll es heißen: Weil „vernichten" und „bei Seite schaffen" auf eine Linie gestellt sind, so müssen sie das Gleiche bedeuten? Das würde vollkommen falsch sein; denn das Gesetz sagt: „vernichtet oder bei Seite schafft", nicht aber „vernichtet, das heißt so viel als bei Seite schafft". Oder soll durch das von dem Obertribunale gebrauchte Bild gesagt sein: Weil „vernichten" und „bei Seite schaffen" auf eine Linie gestellt sind, so müssen sie die gleiche strafrechtliche Wirksamkeit haben? — Das wäre vollkommen richtig, würde aber für die Ansicht des Obertribunals absolut gar nichts beweisen. Die gleiche strafrechtliche Wirksamkeit zeigt sich nämlich in Folgendem. Das Gesetz sagt: 1) Wer Urkunden vernichtet, wird mit Gefängniß nicht unter drei Monaten bestraft. 2) Wer Urkunden bei Seite schafft, wird mit Gefängniß nicht unter drei Monaten bestraft. Folgt daraus, so müssen wir fragen, daß das Gesetz für die Vernichtung der Urkunde dieselbe Strafe androht, wie für das bei Seite Schaffen der Urkunden, irgend etwas für den Sinn der Worte „bei Seite schaffen" und speciell für den Sinn, welchen das Obertribunal in diese Worte gelegt hat? Fast könnte man, um aus diesen Zweifeln herauszukommen, auf den Gedanken verfallen, das Obertribunal habe in folgender Weise concludirt: Das Gesetz bestimmt für das Vernichten der Urkunden eine Gefängnißstrafe von drei Monaten bis zu fünf Jahren; die gleiche Strafe ist angedroht für das bei Seite Schaffen der Urkunden. Diese gleiche Strafbestimmung läßt sich nur dadurch rechtfertigen, daß man dem „bei Seite Schaffen" die gleiche Intensität beilegt, wie dem „Vernichten". Dies ist aber nur dadurch zu erreichen, daß man unter dem „bei Seite schaffen" ein bei Seite Schaffen für die Dauer versteht, und folglich müssen die Worte des §. 106 „bei Seite schafft" so viel heißen als: „dauernd bei Seite schafft". Doch müssen wir billig Bedenken tragen, dem Obertribunal diese Conclusion zu supponiren. Denn einmal ist gar kein Grund vorhanden, weswegen man gerade den Ausdruck vernichten als das Bestimmte ansehen müßte, um aus ihm den Ausdruck — bei Seite schaffen — zu erklären. Man könnte mit gleichem Rechte sagen, daß, da der Ausdruck bei Seite schaffen, die Möglichkeit der Wiedererlangung der Urkunde involvire, da das Vernichten der Urkunden mit gleicher Strafe bedroht sei, wie das bei Seite Schaffen, auch der Ausdruck Vernichten so restriktiv interpretirt werden müßte, daß er nichts Ärgeres bedeute als der Ausdruck „bei Seite schaffen". Sodann aber würde die oben als denkbar bezeichnete Argumentation nur dann den

Schein eines Grundes für sich haben, wenn die Strafe, welche §. 106 androht, eine absolut bestimmte wäre. Sie ist aber eine relativ bestimmte und demgemäß können von dieser Strafbestimmung Delikte verschiedener Schwere getroffen werden, ohne daß die Gerechtigkeit irgendwie verletzt wird. —

Genug, wir mögen den Worten des Obertribunals jeden denkbaren Sinn unterlegen, immer kommen wir zu dem Resultate: Es ist kein Grund beigebracht, es ist nichts bewiesen.

Der zweite Grund ist folgender: „Die Analogie aus §. 225 weist darauf hin, wo gleichfalls die Handlung des Thäters auf eine Entziehung der Sache selbst, auf eine Disposition über deren Substanz gerichtet sein muß. Der Angriff auf die Sache zum Zwecke der bloßen vorübergehenden Benutzung stellt noch keine Unterschlagung dar; folglich kann auch ein Beiseiteschaffen von Akten im Sinne des §. 106 nur angenommen werden, wenn deren Wegnahme mit der Absicht der dauernden Entziehung, nicht aber dann, wenn das nur zum Zweck eines augenblicklichen, allerdings unbefugten Gebrauchs geschehen ist. —"

§. 225 bestimmt:

„Wer eine fremde bewegliche Sache, deren ... Gewahrsam er mit der Verpflichtung erlangt hat, sie zu verwahren, ... zum Nachtheile des Eigenthümers ..... veräußert, verpfändet, verbraucht oder bei Seite schafft, macht sich einer Unterschlagung schuldig."

Nun sagt das Obertribunal: die Worte „bei Seite schafft" bedeuten nicht vorübergehende Benutzung, sondern Aneignung. Dem kann man beinahe beistimmen. Denn es ist gewiß richtig, daß die Unterschlagung in der widerrechtlichen Aneignung einer beweglichen Sache besteht, welche der Thäter zur Zeit der Aneignung bereits in Besitz oder Gewahrsam hat. Das Gesetz hätte ja auch sagen können:

„Eine Unterschlagung begeht, wer eine fremde bewegliche Sache, deren ... Gewahrsam er mit der Verpflichtung erlangt hat, sie zu verwahren .... sich rechtswidrig aneignet." —

Bei dieser Fassung des Gesetzes würde die rechtswidrige Aneignung Gegenstand der thatsächlichen Feststellung geworden sein, und man würde, da der Thäter die rechtswidrig angeeignete Sache zur Zeit der That bereits in eigenem Gewahrsam hatte, die Thatsache der Aneignung selbst nicht anders haben constatiren können, als indem man von Handlungen, welche, wie das Veräußern, Verpfänden, Verbrau-

Behauptung stehen bleiben, daß jedes absichtliche Beiseiteschaffen, dasselbe mag für die Dauer oder für eine vorübergehende Zeit berechnet sein, für die Herstellung des Thatbestandes des in §. 106 bedrohten Delikts ausreichend ist. —

Sehr einfach ist der Unterschied zwischen dem eben besprochenen Delikt und dem, welches in §. 243 Nr. 8 aufgestellt ist. Bei diesem letzteren:

„Wer Urkunden, welche ihm entweder gar nicht oder nicht ausschließlich gehören, zum Nachtheile eines Anderen vernichtet, beschädigt oder unterdrückt" —

muß eine individuell bestimmte Person verletzt sein, während das in §. 106 aufgestellte Delikt die Verletzung einer individuellen Person ausschließt. Das unterscheidende Kriterium liegt in der Verschiedenartigkeit des angegriffenen Rechts. Bei §. 106 ist es das gesetzliche Recht, welches Jedem, der Urkunden unter öffentlicher Autorität verwahrt weiß, Sicherheit der Aufbewahrung garantirt; bei §. 243 Nr. 8 ist es das wohlerworbene Recht des Einzelnen auf eine ihm gehörige Urkunde. Wenn, abgesehen hievon, die beiden Gesetzesstellen noch einen Unterschied in Betreff der Art der Ausführung des respektiven Delikts aufzustellen scheinen, so ist das mehr als etwas Zufälliges anzusehen. Wenn §. 106 sagt: Wer Urkunden vernichtet, oder bei Seite schafft, und §. 243 Nr. 8 sagt: Wer Urkunden vernichtet, beschädigt oder unterdrückt, so hätte, ohne daß der Sinn ein anderer geworden wäre, §. 243 Nr. 8 die Ausdrucksweise des §. 106 und §. 106 die Ausdrucksweise des §. 243 Nr. 8 wählen können. Am Besten wäre es freilich gewesen, wenn beide Gesetzesstellen zur Bezeichnung der gleichen Sache auch den gleichen Ausdruck gewählt hätten.

Mit dem Unterdrücken der Urkunden (§. 243 Nr. 8) hat der Diebstahl und die Unterschlagung von Urkunden das Uebereinstimmende, daß, wie Diebstahl und Unterschlagung überhaupt, so auch Diebstahl und Unterschlagung einer Urkunde gegen einen individuell Berechtigten gerichtet sein müssen. Unterschlagung und Diebstahl an Urkunden unterscheiden sich, wie Unterschlagung und Diebstahl sich überhaupt von einander unterscheiden und kommt es hier nur noch darauf an, zu erörtern, in welcher Weise eins dieser beiden Delikte — und wir werden im Folgenden ohne Weiteres den Diebstahl wählen — sich von der Unterdrückung der Urkunden (§. 243 Nr. 8) unterscheidet.

Das Obertribunal beantwortet diese Frage dahin, daß es auf die Absicht des Thäters ankomme. Vollkommen sicher scheint dasselbe in Betreff dieses Kriteriums freilich nicht zu sein; denn, wie auch Oppenhoff a. a. O. reproducirt, nicht die Absicht schlechthin ist es, auf die es ankommen soll, sondern die **Haupt**absicht". Mit diesem Worte weiß die juristische Kritik nichts anzufangen; denn die Rechtswissenschaft kennt nicht den Unterschied zwischen Haupt- und Nebenabsicht. So gewiß man von Haupt- und Nebenzwecken, oder von Haupt- und Nebenmotiven sprechen kann, so gewiß nicht von Haupt- und Nebenabsicht.

Wir berühren hier freilich ein Gebiet, welches in Betreff der Terminologie zu den einigermaßen unsicheren gehört. Doch kommt es ja nicht auf das Wort, sondern auf die Sache an. Und da wird man Folgendes immer von einander sondern müssen: Erstens die Frage, welches Recht wollte der Verbrecher verletzen? und zweitens die Frage, was veranlaßte den Verbrecher zur Rechtsverletzung, was wollte er für sich durch die Rechtsverletzung erreichen? Wenn man von Absicht oder von Vorsatz spricht, so kann man oder so soll man — wenn man criminalistisch correkt verfährt — dabei an nichts Anderes denken als an die Beantwortung der Frage: Welches Recht wollte der Verbrecher verletzen? kommt es dagegen auf die Beantwortung der Frage an: was wollte der Thäter durch die Begehung des Verbrechens für sich erreichen, was bestimmte ihn zur verbrecherischen That? — so kann man nur von Motiv oder Zweck, niemals aber von Absicht oder Vorsatz sprechen.

Der Einwand, welcher gegen diese Auffassung aus den positiven Gesetzen erhoben werden kann, liegt nahe. Denn wenn in denselben von „gewinnsüchtiger **Absicht**", von der „**Absicht** sich eine Sache anzueignen" gesprochen wird, so ist es klar, daß durch diese Ausdrücke dasjenige bezeichnet wird, was der Thäter für sich aus der Begehung des Verbrechens erlangen will, was ihn zur Begehung des Verbrechens bestimmte. Aber diese Ausdrucksweise der Gesetze ist eben keine correkte, hat zu Mißständen in der Praxis und in der Gesetzgebung selbst geführt, und ist daher — wenn sie aus den Gesetzen nicht weggeschafft werden kann — wenigstens für die Praxis unschädlich zu machen. Und dies wird geschehen, wenn man daran festhält, daß das Wort „Absicht“ nur abusive gebraucht ist, wenn man durch dasselbe nicht die verbrecherische Willensrichtung des Thäters gegen ein bestimmtes Recht, sondern die den Thäter zur Begehung des Verbrechens bestimmenden Motive und Zwecke bezeichnen wollte. Niemand wird bestreiten mögen, daß, wenn man sagte: Wer in gewinnsüchtiger Absicht einen anderen tödtet — oder: Wer in der Absicht, sich eine Sache anzueignen, ein bewohntes Gebäude in Brand setzt, dies incorrekt gesprochen sei. Ist nun deswegen der Ausdruck gewinnsüchtige Absicht bei Vermögensverbrechen um deswillen correkter, weil durch die Begehung dieser Delikte eine Befriedigung des Eigennutzes häufiger herbeigeführt wird, als dies bei anderen Delikten der Fall ist? Doch gewiß nicht. Sehen wir aber zu, wie die Gesetze selbst die „gewinnsüchtige Absicht“ oder „die Absicht, sich eine Sache anzueignen“ behandeln. Beim Betruge heißt es:

„Wer in gewinnsüchtiger Absicht das Vermögen eines Anderen dadurch beschädigt“ u. s. w.

bei der Erpressung:

„Wer, um sich oder Dritten einen rechtswidrigen Vortheil zu verschaffen, einen Anderen zu einer Handlung oder Unterlassung dadurch zwingt“ u. s. w.

Die „gewinnsüchtige Absicht“ steckt in dem Thatbestande der Erpressung ganz ebenso, wie in dem Thatbestande des Betruges. Aber bei der Erpressung hat man das, was Motiv zur That ist, als Motiv bezeichnet, beim Betruge das, was Motiv ist, Absicht genannt. Wechseln wir mit den Ausdrücken und definiren den Betrug:

Wer, um sich oder Dritten einen rechtswidrigen Vortheil zu verschaffen, das Vermögen eines Anderen dadurch beschädigt, u. s. w.

und die Erpressung:

Wer in gewinnsüchtiger Absicht einen Anderen zu einer Handlung oder Unterlassung dadurch zwingt, u. s. w.

und wir haben den Inhalt der Delikte in Nichts geändert.

Wenn es dann weiter beim Diebstahle und beim Raube heißt;

„Wer eine fremde bewegliche Sache einem Anderen in der Absicht wegnimmt, dieselbe sich rechtswidrig zuzueignen“

so würde man an dem Thatbestande dieser Delikte nichts ändern, wenn man — ähnlich wie das bei der Erpressung geschehen — die der Bezeichnung des Motivs entsprechende Ausdrucksweise wählt, und demgemäß sagt:

„Wer eine fremde bewegliche Sache einem Anderen wegnimmt, um sich dieselbe rechtswidrig zuzueignen."

Die Motive können bei der Verletzung ein und desselben Rechts verschiedenartige sein, und durch das Vorhandensein bestimmter Motive kann das Verbrechen specialisirt werden, ebenso wie auch die Ausführungsart ein und desselben Verbrechens verschiedenartig sein, und durch eine besonders sich auszeichnende Ausführungsart das Verbrechen specialisirt werden kann. Aber weder die Specialität des Motivs, noch die Specialität der Ausführungsart können irgend etwas an der Absicht, welche dem Verbrechen zu Grunde liegt, ändern. Zwei Verbrechen, welche gegen zwei gleiche Rechte gerichtet sind, haben allemale die gleiche Absicht und erst eine Verschiedenartigkeit der Angriffsobjekte bedingt eine Verschiedenartigkeit in der Absicht. —

Wenden wir uns nach dieser Betrachtung wieder dem Obertribunale zu. Dasselbe sagt: Der Diebstahl resp. die Unterschlagung von Urkunden unterscheiden sich von der Unterdrückung von Urkunden (St.=G.=B. §. 243 Nr. 8) durch die Absicht des Thäters. Bei Diebstahl und Unterschlagung nämlich sei die Absicht auf einen zu erzielenden Vortheil gerichtet; bei der Unterdrückung der Urkunde dagegen sei die Absicht darauf gerichtet, daß aus dem Verluste der Urkunde einem Anderen ein Nachtheil erwachse. — Damit ist denn in Betreff der Unterdrückung von Urkunden gesagt, welches Recht verletzt wird, und in Betreff des Diebstahls und der Unterschlagung von Urkunden, was der Thäter für sich durch die Rechtsverletzung erreichen wollte. Für das eine Delikt ist also die Absicht, für das andere der Zweck angegeben und somit in Wahrheit nichts Anderes gesagt, als Folgendes: Zwei Delikte unterscheiden sich durch die Absicht des Thäters; denn bei dem einen Delikt ist die Absicht diese und bei dem anderen der Zweck jener. —

Und doch, glauben wir, hat das Obertribunal vollkommen recht, wenn es sagt, Diebstahl und Unterschlagung von Urkunden unterscheiden sich von der Unterdrückung (§. 243 Nr. 8) von Urkunden durch die Absicht des Thäters. Dies können wir aber nur alsdann annehmen, wenn beide Delikte ein verschiedenartiges Angriffsobjekt haben. Denn, so hatten wir gesehen, Gleichheit des Angriffsobjektes bedingt mit Nothwendigkeit Gleichheit der Absicht, ebenso wie Verschiedenartigkeit des Angriffsobjektes Verschiedenartigkeit der Absicht entstehen läßt.

Bei dem Diebstahl oder bei der Unterschlagung der Urkunde ist das Recht, welches der Thäter verletzen will, das Recht an der Urkunde als an einer Sache. Diebstahl und Unterschlagung setzen eine Sache voraus und eine Urkunde ist ja auch eine Sache und mitunter eine sehr werthvolle. Dagegen ist bei der Unterdrückung einer Urkunde das Recht, welches der Thäter verletzen will, das durch die betreffende Urkunde gestützte **Recht**, während die Urkunde selbst als Sache gar nicht, sondern nur insoweit in Betracht kommt, als sie Beweismittel für ein Recht ist.

Danach würde der von Oppenhoff nach dem Vorgange des Obertribunals aufgestellte Satz dahin abzuändern sein:

„Der Diebstahl und die Unterschlagung einer Urkunde unterscheiden sich von der Unterdrückung u. s. w. einer solchen durch die Absicht des Thäters; bei jenen ist die Absicht auf die Verletzung des Rechts an der Urkunde als an einer Sache, bei dieser dagegen auf die Verletzung des durch die Urkunde gestützten Rechtes gerichtet."

Die Verschiedenartigkeit der Absicht wurde aber bedingt durch die Verschiedenartigkeit des Angriffsobjekts, die Verschiedenartigkeit des verletzten Rechtes. Und demgemäß können wir auch den so eben aufgestellten Satz in folgender Weise ausdrücken:

„Der Diebstahl und die Unterschlagung einer Urkunde unterscheiden sich von der Unterdrückung u. s. w. einer solchen durch die Verschiedenartigkeit des Angriffsobjektes; dieses ist bei Diebstahl und Unterschlagung einer Urkunde die Urkunde in ihrer Eigenschaft als Sache, bei der Unterdrückung dagegen die Urkunde in ihrer Eigenschaft als Beweismittel."

Vertheidiger und Vertreter.

Nach der Mittheilung von Oppenhoff — die Rechtsprechung des Königlichen Obertribunals in Strafsachen Bd. II, S. 321 — hat der höchste Gerichtshof folgenden Rechtssatz angenommen:

„In der Appellationsinstanz bedarf es einer besonderen Vorladung des Vertheidigers des nicht verhafteten Angeklagten nicht."

Motivirt wird dieser Satz durch folgende Erwägungsgründe:

„In Erwägung, daß der für das Verfahren in zweiter Instanz maßgebende §. 134 cit. dem Richter in einem Falle, wo der Angeklagte, wie es hier zutrifft, nicht verhaftet ist, nur die Pflicht auferlegt, den Angeklagten zum Termine vorzuladen, es demnach einer besonderen Vorladung des von ihm bestellten Vertheidigers nicht bedarf, es vielmehr Sache des Angeklagten bleibt, seinen Bevollmächtigten von der erhaltenen Ladung in Kenntniß zu setzen, und ihn zum Erscheinen im Termine zu veranlassen."

Die Kritik dieses Urtheils hat zunächst auf den von dem Obertribunale selbst angezogenen §. 134 der Verordn. vom 3. Jan. 1849 Rücksicht zu nehmen. Dieser bestimmt wörtlich:

„Nachdem die Akten bei dem Gerichte zweiter Instanz eingegangen sind, bestimmt dasselbe einen Termin zum mündlichen Verfahren und ladet dazu den Oberstaatsanwalt, den Angeklagten, sofern derselbe nicht verhaftet ist, sowie diejenigen Zeugen vor, deren Abhörung mit Bezug auf die Vorschrift des §. 126 für erforderlich erachtet wird."

Nach dem Wortlaut dieser gesetzlichen Bestimmung, wenn sie ganz für sich allein und nicht im Zusammenhange mit anderen processualischen Vorschriften stände, würde ein Appellationsgericht, welches zur Verhandlung der Sache in zweiter Instanz nur den Angeklagten und nicht seinen Vertheidiger vorgeladen hätte, seinen Verpflichtungen vollkommen genügt haben. Aber freilich stände die so eben allegirte gesetzliche Bestimmung für sich allein, so würde daraus auch mit Nothwendigkeit folgen, daß das persönliche Erscheinen des Angeklagten nothwendig ist, da offenbar die Vorladung einer Person, deren Erscheinen bei der mündlichen Verhandlung nicht nothwendig ist, entweder gar keine, oder doch höchstens die Bedeutung einer monitorischen Ladung haben würde. Nun ist aber die persönliche Anwesenheit des Angeklagten bei dem Audienztermine so gar nicht wesentlich, daß §. 135 Verordn. v. 3. Jan. 1849 bestimmt:

„Erachtet das Appellationsgericht aus besonderen Gründen das persönliche Erscheinen des Angeklagten für nothwendig, so kann es die Vorführung oder Gestellung desselben anordnen."

Regelmäßig also braucht der Angeklagte gar nicht persönlich zu erscheinen, nur aus „besonderen Gründen" kann seine Anwesenheit verlangt werden. Also — es soll nach der Bestimmung des §. 134 die Vorladung erfolgen an eine Person, welche in den meisten Fällen gar nicht zu erscheinen brauchte? Und wenn der Angeklagte selbst persönlich nicht zu erscheinen braucht, — ist denn in Preußen das Verfahren in zweiter Instanz so eingerichtet, daß regelmäßig in Abwesenheit des Angeklagten, also auch folgeweise ohne denselben gehört zu haben, verhandelt und entschieden wird? — Diese Bedenken werden nun vollständig beseitigt durch die Bestimmung, welche in dem zweiten Absatz des bereits angeführten §. 134 enthalten ist. Hier heißt es:

„Ist der Angeklagte verhaftet, so kann er im Termine nur durch einen Vertheidiger vertreten werden, der ihm auf seinen Antrag von Amtswegen bestellt werden muß. Auch dem nicht verhafteten Angeklagten steht frei, sich im Termine durch einen mit Vollmacht zu versehenden Vertheidiger vertreten zu lassen."

Danach stellt sich also die Sache so: Der verhaftete Angeklagte erscheint niemals persönlich bei den Verhandlungen der zweiten Instanz, seine Gerechtsame werden vielmehr immer durch einen Vertheidiger wahrgenommen; der nicht verhaftete Angeklagte braucht, abgesehen von besonderen Fällen, nicht zu erscheinen, kann vielmehr seine Gerechtsame durch einen bevollmächtigten Vertheidiger wahrnehmen lassen. —

Bei dieser Lage der Sache muß es nun doch höchst bedenklich erscheinen, wenn das Obertribunal den §. 134 al. 1 so interpretirt, daß die Ladung an den Angeklagten selbst, der doch gar nicht zu erscheinen braucht, erfolgen müsse, wogegen die Vorladung des Vertheidigers, der nach der Verpflichtung, welche er dem Angeklagten gegenüber übernommen hat, erscheinen muß, für überflüssig erklärt wird.

Schon die praktischen Bedenken, welche dieser Ansicht entgegentreten, sind offenbar so erheblicher Art, daß sie allein schon eine derartige Erklärung des Gesetzes als eine unmöglich richtige erscheinen lassen. Der Angeklagte z. B., weil er weiß, daß bei der Verhandlung in zweiter Instanz seine Gerechtsame durch einen Vertheidiger wahrgenommen werden können, bevollmächtigt einen solchen und begiebt sich auf eine Geschäftsreise. Jetzt wird ihm, nicht seinem Vertheidiger die Vorladung zum Termine insinuirt. Der Angeklagte weiß nichts davon — er findet etwa erst bei seiner Rückkehr die Vorladung an der Thüre angeheftet — und der Vertheidiger auch nichts, denn sein Erscheinen zu bewirken, das bleibt nach der Ansicht des Obertribunals die Sache des Angeklagten, und so wird denn ohne daß auf den Angeklagten weiter Rücksicht genommen wird, in zweiter Instanz das Urtheil gesprochen. Der Referent erwähnt zwar, daß Angeklagter den Rechtsanwalt X. als seinen Vertreter bevollmächtigt habe, wie dies die bei den Akten befindliche Vollmacht darthue; es sei das aber gleichgültig, da der Gerichtsbote zu den Akten bescheinigt habe, daß dem Angeklagten die Vorladung ad aedes insinuirt sei. — Doch es ist nicht erforderlich, auf diese praktischen Bedenken näher einzugehen; die Unrichtigkeit der durch das Obertribunal aufgestellten Ansicht kann, abgesehen von allen Zweckmäßigkeitsrücksichten, in streng juristischer Weise festgestellt werden.

Zunächst ist anzuführen, daß das Gesetz es dem Angeklagten als ein processualisches Recht gewährt, sich bei den Verhandlungen in zweiter Instanz durch einen bevollmächtigten Vertheidiger vertreten zu lassen. Aus diesem dem Angeklagten gewährleisteten Rechte folgt aber für das Proceßgericht die Verpflichtung, ihm die Ausübung dieses Rechtes möglich zu machen. Dieser Pflicht handelt aber das Gericht entgegen, wenn es von dem Angeklagten, der von seinem gutem Rechte, sich vertreten zu lassen, Gebrauch gemacht hat, verlangt, daß er zu Hause sitze, um auf den Gerichtsboten zu warten, der ihm an irgend einem Tage die betreffende Vorladung des Appellationsgerichtes überbringen dürfte, daß der Angeklagte, der vielleicht viele Meilen vom Sitze des Appellationsgerichtes entfernt ist, sich von Neuem mit seinem bereits bevollmächtigten Anwalt in Verbindung setzt, um diesem Tag und Stunde der mündlichen Verhandlung mitzutheilen.

Wäre dieses für den vertretenen Angeklagten erforderlich, welch' ein Unterschied existirte dann wohl zwischen diesem und dem nicht vertretenen. Denn daß auch dieser sich des Beistandes eines Vertheidigers bedienen kann, steht doch fest. Das Recht der Vertretung soll ja aber gerade dem vertretenen Angeklagten Bequemlichkeiten gewähren, über welche der nicht vertretene Angeklagte nicht zu gebieten vermag. Mithin, soll das Recht der Vertretung einen Sinn haben, so muß der zu den Akten bevollmächtigte Vertreter vom Gerichte vorgeladen werden. Und das ist keine Deduktion de lege ferenda, sondern durchaus eine solche de lege lata. Freilich der cit. §. 134 al. 1 nennt ausdrücklich nur den Angeklagten als diejenige Person, welche außer dem Staatsanwalt vorzuladen ist. Dasjenige aber, was processualische Gesetze für die Parteien oder in Bezug auf die Parteien bestimmt haben, ist zugleich — soweit eine Vertretung überhaupt zulässig ist — auch für die Vertreter der Parteien bestimmt. — Für den Civilproceß wird diesen Satz Niemand bestreiten mögen (man vergleiche beispielsweise §. 8 ff. der Verordn. v. 1. Juni 1833, wo überall nur von den Parteien ausdrücklich die Rede ist, dennoch aber das für die Parteien selbst Vorgeschriebene auch für die Vertreter desselben Anwendung finden muß). Es wird keinem Civilrichter einfallen, gestützt auf §. 18 der Verordn. v. 1. Juni 1833 —

> „Es sind die Parteien, sobald die bestreitende Klagebeantwortung erfolgt ist, unter Mittheilung einer Abschrift derselben an den Kläger, zur mündlichen Verhandlung der Sache vor das erkennende Gericht vorzuladen, mit Androhung des nach den §§. 23, 24, 25 den Ausbleibenden treffenden Nachtheils, und mit der Aufforderung, die in Bezug genommenen oder nur in Abschrift beigebrachten Urkunden urschriftlich zur Stelle zu bringen" —

nur die durch einen bevollmächtigten Rechtsanwalt vertretene Partei selbst und nicht deren Vertreter vorzuladen. Ja es ist die ausschließliche Vorladung des Vertreters im Civilprocesse so sehr Regel geworden, daß nur für einzelne besondere Fälle ausnahmsweise bestimmt ist, es solle die Vorladung des legitimirten Vertreters allein nicht genügen, sondern auch die Partei selbst mit vorgeladen werden. So ist z. B. durch Präj. 2318 v, 31. Okt. 1851 der Grundsatz aufgestellt worden — und es ist beachtenswerth, daß es überhaupt noch nothwendig wurde, diesen Grundsatz aufzustellen — es müsse die Vorladung zur Ableistung eines

Eides der Partei, welche schwören soll, selbst insinuirt werden, und könne die Insinuation der Vorladung nicht für genügend erachtet werden, wenn die Vorladung bloß an den Mandatar der Partei insinuirt ist. — Und doch spricht das Civilproceßgesetz ebenso wie §. 134 der Verordn. v. 3. Januar 1849 nur von den vorzuladenden Parteien, nicht aber von der Vorladung der Vertreter derselben. Da aber im Civilproceß das Institut der processualischen Vertretung ein für alle Male anerkannt ist, so ist die Folge davon die, daß für die Proceßführung die Partei selbst ausscheidet und an ihrer Stelle der legitimirte Vertreter eintritt. Das Gericht hat es vom Tage der Einbringung der Vollmacht an nicht mehr mit der Partei selbst, sondern statt ihrer mit dem bevollmächtigten Vertreter zu thun und nur bei denjenigen processualischen Handlungen tritt die Partei selbst ein, welche durch einen Vertreter nicht vorgenommen werden können, oder nach den ausdrücklichen Bestimmungen der Gesetze nicht vorgenommen werden dürfen.

Die processualische Vertretung ist nun aber auch für den Strafproceß und zwar für den Angeklagten gesetzlich anerkannt und es ist dieselbe, soweit man davon heute überhaupt noch sprechen kann, ein Institut des deutschen und nicht bloß des preußischen Strafprocesses. (Außer Preußen kennt das Institut noch Cassel, Braunschweig, Hannover, Österreich. Vergl. Planck, systematische Darstellung des deutschen Strafverfahrens S. 166 Note 4.) Ihrem Wesen und ihren processualischen Folgen nach, unterscheidet sich aber die Vertretung im Strafprocesse in keiner Weise von der dem Civilprocesse eigenthümlichen. Der Unterschied beider ist lediglich ein quantitativer. Denn während im Civilprocesse die Vertretung der Regel nach für alle processualischen Akte zulässig ist, tritt sie im Strafprocesse nur in wenigen Fällen ein; es existirt hier keine Präsumtion für deren Zulässigkeit, sondern nur eine ausdrückliche gesetzliche Bestimmung kann ihre Statthaftigkeit begründen. „Der Grund hierfür ist", wie Planck sagt, „nicht zu suchen in der Unmöglichkeit eines Stellvertreters bei Erduldung der Strafe, noch in der Absicht, den anwesenden Angeklagten als Kenntnißquelle zu benutzen, sondern in der Ansicht der Gesetzgebung, daß die Vertheidigung in Strafsachen wegen der hohen Bedeutung der in Frage stehenden Güter ein höchst persönliches Recht sei, dessen Ausübung Andern nicht überlassen werden dürfe. Das Verbot der Vertretung des Angeklagten durch einen Bevollmächtigten tritt daher nicht ein bei geringeren Straffällen, wohin die neueren Gesetze die nur mit Geldbuße bedrohten Vergehen, häufig auch alle Übertretungen, oder doch die bis zu einem gewissen Maß von Gefängnißstrafe bedrohten, zählen. Es tritt ferner nicht ein bei solchen processualischen Handlungen, welche vollkommen ebenso gut durch Dritte vorzunehmen sind, wohin die Gesetze ausdrücklich die Einlegung von Rechtsmitteln, ja regelmäßig die ganze Verhandlung in der Rechtsmittelinstanz zählen.“ Nach preußischem Rechte ist nun für die Verhandlung in der Appellationsinstanz für den verhafteten Angeklagten die Vertretung *geboten*, für den nicht verhafteten *freigegeben*. (§. 134 cit. al. 2.) Daß es sich hier aber wirklich um eine *Vertretung*, nicht bloß um eine *Vertheidigung* handelt, das kann aus dem Grunde, weil das Gesetz von einer Vertretung durch einen *Vertheidiger* spricht, nicht bezweifelt werden. Denn das Gesetz braucht ausdrücklich und zwar zweimal das Wort „*vertreten*“, und Art. 20, Gesetz vom 3. Mai 1852, unterscheidet ausdrücklich die beiden Begriffe „*Vertheidiger*“ und „*Vertreter*“, so daß, wenn §. 134 von einer *Vertretung* durch einen *Vertheidiger* spricht, damit nichts weiter gesagt sein kann, als daß für die Verhandlung in zweiter Instanz nur solche Personen als *Vertreter* auftreten dürfen, welchen nach Art. 20 die Befugniß zur *Vertheidigung* zusteht. Aber auch abgesehen von dem Wortlaute des Gesetzes entscheidet auch der Sinn desselben dafür, daß es sich hier um eine eigentliche Vertretung handelt. Denn der Vertheidiger, welcher nicht *neben dem anwesenden*, *sondern an Stelle des abwesenden Angeklagten* auftritt, ist eben nicht bloß *Vertheidiger*, sondern ein den Angeklagten vertheidigender *Vertreter*. —

Handelt es sich hier nun aber, wie nach dem eben Gesagten nicht bezweifelt werden kann, um eine wirkliche Vertretung, so müssen auch die Consequenzen dieses Instituts praktisch anerkannt werden, d. h. wenn der Angeklagte für die Verhandlung in der Appellationsinstanz von dem ihm zustehenden Rechte, sich vertreten zu lassen, Gebrauch macht, so scheidet er damit, so weit die Befugniß seines Vertreters reicht, aus der Proceßführung gänzlich aus; processualisch existirt er gar nicht für das Appellationsgericht, für dieses ist der Angeklagte Niemand anderes als der *durch Vollmacht legitimirte Vertreter*. Hieraus ergiebt sich denn auch für die Vorladung die Sache ganz von selbst. Vorzuladen ist nach dem Wortlaute des Gesetzes der *Angeklagte*, d. h. denn doch selbstverständlich derjenige, welcher dem Appellationsgerichte zum Zwecke der Verhandlung in zweiter Instanz als Angeklagter gegenübersteht und das ist im Falle der Vertretung nur und allein der Vertreter, nicht aber der Angeklagte selbst, welcher eben in Folge der Vertretung augenblicklich gar nicht im Processe versirt.

Hieraus ergiebt sich denn aber von selbst die Unrichtigkeit der oben angeführten Entscheidung des Obertribunals. Es kann nicht heißen:

„In der Appellationsinstanz bedarf es einer besonderen Vorladung des Vertheidigers des nicht verhafteten Angeklagten nicht.“

sondern es muß heißen:

„In der Appellationsinstanz muß der Vertreter des nicht verhafteten Angeklagten vorgeladen werden.“

Wenn das Obertribunal das Gegentheil hiervon behauptet, so ist dies nur unter folgenden Voraussetzungen denkbar:

Entweder das Obertribunal anerkennt die Vertretung des nicht verhafteten Angeklagten in der Appellationsinstanz, und in diesem Falle verstößt es gegen den Sinn des Gesetzes, welches, indem es das Institut der Vertretung recipirte, das Gericht zu denjenigen Handlungen verpflichtete, welche durch die Vertretung mit Nothwendigkeit bedingt werden;

oder das Obertribunal leugnet die Vertretung des nicht verhafteten Angeklagten in der Appellationsinstanz, und in diesem Falle verstößt dasselbe gegen den Wortlaut des Gesetzes. —

Es scheint beinahe, als ob das Letztere der Fall wäre. Denn in dem von dem Obertribunale aufgestellten Satze und in der Motivirung desselben ist mit keiner Silbe von dem Vertreter oder von der Vertretung des Angeklagten die Rede, sondern es wird nur von dem Vertheidiger resp. dem bevollmächtigten Vertheidiger gesprochen.

Dies giebt mir denn noch zu folgenden Bemerkungen Veranlassung.

Dem Obertribunal trat die Frage entgegen: Welche Personen sind für die Verhandlung in zweiter Instanz vorzuladen? Über diese Frage findet sich in den gesammten preußischen Strafproceßgesetzen nur eine ausdrückliche Bestimmung, nämlich §. 134 al. 1, und diese ordnet an, es solle der Oberstaatsanwalt und der Angeklagte, sofern derselbe nicht verhaftet ist, vorgeladen werden. Nun wird auf Grund dieser Bestimmung entschieden, unbekümmert darum, was sonst noch in den Gesetzen enthalten sein mag und was namentlich unmittelbar nach dem al. 1 schon in al. 2 desselben Gesetzesparagraphen in Betreff der

Vertretung des Angeklagten gesagt ist. Es wird eben aus §. 134 al. 1 entschieden, so, als ob diese Gesetzesstelle ein Gesetz für sich allein wäre. Das ist eine Methode, die sich empfehlen mag, wenn es sich darum handelt, in einem Wörterbuche ein bestimmtes Wort aufzusuchen. Kommt es aber darauf an, ein Gesetz richtig zu handhaben, so wird man sich daran erinnern müssen, daß selbst zum Zweck der richtigen Verbal-Interpretation einer einzelnen Gesetzesstelle die Zusammengehörigkeit derselben mit dem ganzen Gesetze nicht außer Acht gelassen werden darf. —

Und so haben wir uns denn auch daran zu erinnern, daß die Vertretung des Angeklagten nicht bloß in der Appellationsinstanz, sondern auch in der Richtigkeitsinstanz und bei dem Verfahren wegen Übertretungen und wegen solcher Vergehen, die bloß mit Geldbuße bedroht sind, stattfindet. Da heißt es denn §. 145 Verordn. v. 3. Januar 1849:

„Die Entscheidung über die Richtigkeitsbeschwerde erfolgt auf mündlichen Vortrag von einem aus sieben Mitgliedern bestehenden Senate des Obertribunals in öffentlicher, nur durch Aushang an der Gerichtsstelle bekannt zu machender Sitzung, in welcher die Staatsanwaltschaft, so wie ein etwa erschienener Vertreter des Angeklagten zu hören ist."

Von einer Vorladung des Vertreters des Angeklagten ist hier ebensowenig die Rede wie von einer Vorladung der Staatsanwaltschaft. Wollte das Obertribunal die Interpretationsmethode, welche es mit Bezug auf §. 134 al. 1 angewandt hat, auch an dieser Stelle anwenden, so würde der beim Obertribunal angestellte zur Vertretung des Angeklagten bevollmächtigte Rechtsanwalt nicht vorzuladen, sondern auf die durch Aushang an der Gerichtsstelle erfolgte Bekanntmachung zu verweisen sein. Dasselbe müßte natürlich auch der Staatsanwaltschaft gegenüber erfolgen. Auch in Betreff des Verfahrens wegen Übertretungen ist nirgends etwas von der Vorladung des Vertreters gesagt, sondern überall sprechen die gesetzlichen Bestimmungen (vergl. §. 32 —35 der Verordnung v. 3. Jan. 1849) immer nur ausdrücklich von dem Angeklagten selbst. Und doch wird es einem Bedenken nicht unterliegen können, daß, falls z. B. gegen ein Strafmandat durch einen bevollmächtigten Vertreter Einspruch erhoben wurde, dieser zu dem mündlichen Verfahren durch eine schriftliche Verfügung — nach Vorschrift des §. 32 vorgeladen werden muß, da durch Art. 23 Ges. v. 3. Mai

10*

1852 die Vertretung des Angeklagten in Untersuchungen wegen Übertretungen und wegen solcher Vergehen, welche bloß mit Geldbuße bedroht sind, gestattet ist. —

Wir müssen mithin den oben aufgestellten Rechtssatz:

„In der Appellationsinstanz muß der Vertreter des nicht verhafteten Angeklagten vorgeladen werden"

jetzt noch und zwar in folgender Weise erweitern:

„In allen Fällen, in denen die Vertretung des Angeklagten gestattet ist, muß die Vorladung des Vertreters erfolgen."

Ja ich möchte sogar noch einen Schritt weiter gehen und hierzu die Veranlassung aus einem Beschluß des Obertribunals vom 10. April 1862 (Oppenhoff Bd. II, S. 342) entnehmen.

Veranlassung zu demselben gab folgender Fall.

Der Angeklagte hatte durch einen bevollmächtigten Vertheidiger die Nichtigkeitsbeschwerde anmelden lassen und in der Vollmacht seinem Vertheidiger die Ermächtigung zur Empfangsnahme der Urtheilsausfertigung ertheilt. Abgesehen davon hatte der Vertheidiger noch bei Anmeldung der Nichtigkeitsbeschwerde an das erstinstanzliche Gericht das Gesuch gestellt, ihm selbst die Urtheilsausfertigung zuzustellen. — Dessen ungeachtet läßt das betreffende Gericht die Ausfertigung nicht dem Vertheidiger, sondern dem Angeklagten selbst insinuiren. Dieser, in dem Bewußtsein, einen zuverlässigen Vertheidiger bevollmächtigt zu haben, unterläßt es, demselben noch besondere Mittheilung darüber zu machen, daß auch er eine Ausfertigung des Erkenntnisses erhalten habe und während dem Vertheidiger die Frist zur Angabe der Beschwerdepunkte noch gar nicht zu laufen beginnt, ist dieselbe für den Angeklagten bereits abgelaufen; das Gericht erklärt demgemäß die Anmeldung der Nichtigkeitsbeschwerde für wirkungslos, und verfügt Zurückweisung derselben. Die Beschwerde des Vertheidigers weist darauf das Obertribunal dem Antrage des General-Staatsanwalts entsprechend zurück, indem es anführt:

„Die Frist zur Angabe der Beschwerdepunkte lief vom Tage der dem Angeklagten geschehenen Behändigung der Urtelsausfertigung; diese Insinuation ist an ꝛc. bewirkt, gleichwohl eine Rechtfertigung innerhalb der gesetzlichen Frist nicht eingereicht worden. Hieran wird auch durch die Ihnen in der Vollmacht ertheilten Ermächtigung zur Empfangnahme der Urtelsausfertigung und die von Ihnen bei Anmeldung der Nichtigkeitsbeschwerde vorgetragenen Bitte: „Ihnen die Ausfertigung behändigen zu lassen" wesentlich nichts geändert, da falls das Gericht in Gemäßheit des Art. 110 es vorzog, die Ausfertigung dem Angeklagten selbst zu ertheilen, es an Letzterem gewesen wäre, Sie davon in Kenntniß zu setzen."

Obwohl Art. 110 nur von der Behändigung der Urtheilsausfertigung an den Angeklagten selbst spricht, so scheut sich doch das Obertribunal hier so zu interpretiren, wie §. 134 al. 1 interpretirt worden ist, und demgemäß schlechtweg zu erklären: die Urtheilsausfertigung ist nur dem Angeklagten zu insinuiren. Er erkennt vielmehr an, daß die Insinuation auch an den Vertheidiger erfolgen könne; nur, wenn das erstinstanzliche Gericht es vorziehe, dem Angeklagten insinuiren zu lassen und dem bevollmächtigten Vertheidiger nicht, — dann freilich lasse sich dagegen nichts machen. Die Parteien sind dabei nun freilich in der üblen Lage, die Gründe nicht zu kennen, durch welche sich ein Gericht erster Instanz bestimmen lassen könnte, bald der einen, bald der anderen Art der Insinuation das Vorzugsrecht einzuräumen und so dürfte sich denn leicht aus diesem von dem Obertribunal geschaffenen Vorzugsrechte eine nicht unbedenkliche Ungleichmäßigkeit der Praxis und somit eine nicht minder bedenkliche Rechtsunsicherheit beim Gebrauche der Nichtigkeitsbeschwerde ergeben. Ich will annehmen, das Berliner Stadtgericht habe seit 10 Jahren in Folge der angemeldeten Nichtigkeitsbeschwerde immer an den bevollmächtigten Vertheidiger, sofern ein solcher vorhanden, insinuirt. Plötzlich fiele es ihm aus irgend welchen Gründen ein, sich um den bevollmächtigten Vertheidiger nicht zu kümmern und der Insinuation an den Angeklagten selbst den Vorzug zu geben. Daß bei dieser plötzlich geänderten Praxis eine Menge Nichtigkeitsbeschwerden auf's Trockne gesetzt und den Parteien der Gebrauch dieses wichtigen Rechtsmittels wenigstens für einige Zeit faktisch entzogen werden würde, das wird kaum zu bezweifeln sein.

Aber ebensowenig möchte ich auch bezweifeln, daß diese Entscheidung des Obertribunals gerade so fehlerhaft ist, wie die oben angeführte und daß sie es im Wesentlichen aus dem gleichen Grunde ist. Während dort unter Anwendung der lexikographischen Methode aus §. 134 al. 1, so wird hier unter Zugrundelegung der gleichen Methode aus Art. 110 al. 2 entschieden, während eine Rücksichtnahme auf die Gesammtheit der Bestimmungen der beiden Proceßgesetze zu einer ganz anderen Entscheidung hätte führen müssen.

Die Sache verhält sich so:

Nach den gesetzlichen Bestimmungen ist es zulässig, daß die Anmeldung der Richtigkeitsbeschwerde ebenso wie die Ausführung der Beschwerdepunkte durch einen bevollmächtigten Vertheidiger anstatt durch den Angeklagten selbst erfolgen kann. Überall da, wo eine processualische Handlung statt durch den Angeklagten selbst durch einen bevollmächtigten Vertheidiger vorgenommen werden kann, da ist die Zulässigkeit der Vertretung des Angeklagten anerkannt. Die ausdrückliche wörtliche Bezeichnung ist nicht nöthig; denn wenn die Handlung, welche die Vertretung thatsächlich enthält, gesetzlich sanktionirt ist, so ist eben die Vertretung selbst anerkannt und der Jurist muß das Institut wiedererkennen, auch wenn es ohne besondere Benennung auftritt. Und somit sind die vorstehenden Betrachtungen mit dem Satze zu beschließen:

„Die allgemeinen Grundsätze der processualischen Vertretung sind im Strafprocesse auf alle diejenigen Handlungen anzuwenden, welche statt durch den Angeklagten selbst, durch einen von ihm bevollmächtigten Vertheidiger vorgenommen werden dürfen."

Da in dem Vorstehenden von der Vorladung des Vertheidigers und des Vertreters gehandelt worden ist, so kann noch eines anderen Falles Erwähnung geschehen, in welchem ebenfalls die Nothwendigkeit der Vorladung des Vertheidigers zu Zweifeln Veranlassung gegeben hat.

Oppenhoff theilt nämlich (l. c. S. 124) folgenden Rechtssatz mit:

„Es genügt, wenn zu einer vom erkennenden Richter angeordneten commissarischen Zeugenvernehmung der Angeklagte vorgeladen wird; es bedarf dann nicht auch noch der Vorladung des Vertheidigers."

Zur Erläuterung desselben wird ein Erkenntniß des Obertribunals angeführt, in dem es heißt:

„Verfehlt ist die Rüge, daß zu den 2c. Zeugenvernehmungsterminen nicht auch der Vertheidiger des Angeklagten vorgeladen worden. Es genügte die erfolgte Citation des Angeklagten, dem es überlassen blieb, seinen Defensor mitzubringen, wenn er es für erforderlich hielt."

Oppenhoff führt jenen Rechtssatz und diese Entscheidung zur Erläuterung des §. 21 Verordn. vom 3. Januar 1849 an, und bezieht sich noch überdem auf die in seinem Buche „die preußischen Gesetze über das mündliche und öffentliche Verfahren in Strafsachen“ zu dem genannten §. 21 bereits gegebene Anmerkung 8, in welcher ausgesprochen wird: „Dagegen bedarf es neben der Benachrichtigung des Angeklagten nicht auch noch einer besonderen Benachrichtigung des Vertheidigers.“ Wäre es gestattet, aus der Oppenhoff'schen Redaktionsarbeit einen Schluß zu ziehen auf diejenige gesetzliche Bestimmung, welche für das Obertribunal bei seiner Entscheidung maßgebend gewesen ist, so müßten wir annehmen, das Obertribunal habe diesen Fall auf Grund des §. 21 Verordn. vom 3. Januar 1849 entschieden — und das würde unrichtig sein. Denn wenn diese Gesetzesstelle bestimmt:

„Kann bei dem mündlichen Verfahren die Vernehmung eines Zeugen wegen Krankheit, Alterschwäche, großer Entfernung, oder wegen anderer unabwendbarer Hindernisse nicht erfolgen, so ist solche anderweit zu bewirken, und in diesen Fällen, sowie alsdann, wenn ein schon zuvor gerichtlich vernommener Zeuge inzwischen verstorben ist, das Vernehmungsprotokoll bei dem mündlichen Verfahren vorzulesen,“ —

so handelt es sich hier doch nur um Ausnahmen von dem in §. 14 Verordn. vom 3. Januar 1840 aufgestellten Principe der Mündlichkeit. Daher würde diese Gesetzesstelle maßgebend sein, wenn es in Frage kommen sollte, ob das Gericht seinen Verpflichtungen in Betreff der Mündlichkeit des Verfahrens nachgekommen ist. Davon ist nun aber in dem hier vorliegenden Falle gar nicht die Rede. Hier handelt es sich nicht darum, ob das Princip der Mündlichkeit respektirt wurde, sondern darum, ob die processualischen Rechte des Angeklagten und namentlich das demselben gewährte Vertheidigungsrecht die erforderliche Beachtung fanden. — Aus diesem Grunde durfte daher gar nicht auf den für diesen Fall ganz gleichgültigen §. 21 eingegangen werden, sondern es mußten die zur Entscheidung führenden Erwägungen bei §. 16 desselben Gesetzes ihren Ausgangspunkt nehmen. Hier wird nämlich bestimmt:

„Der Angeklagte kann in allen Fällen, jedoch wenn eine Voruntersuchung stattfindet (§. 42 ff., §. 75 ff.), erst nach Abschluß derselben, sich des Beistandes eines Vertheidigers bedienen.

„Bei schweren Verbrechen (§. 60) muß dem Angeklagten ein Vertheidiger, falls er einen solchen nicht erwählt hat, von Amtswegen bestellt werden.“ (Vergl. Art. 21.)

Hieraus ergiebt sich aber Zweierlei. Zunächst, daß dem Angeklagten nach abgeschlossener Voruntersuchung in allen Fällen das Recht zusteht, sich des Beistandes eines Vertheidigers zu bedienen; sodann, daß dieses Recht des Angeklagten bei den zur Competenz des Schwurgerichts gehörenden Verbrechen bis zu dem Grade potenzirt ist, daß aus demselben für das Gericht die Verpflichtung entsteht, dafür Sorge zu tragen, daß dieses dem Angeklagten zustehende Recht auch wirklich im Interesse desselben geltend gemacht werde. —

Wird nun die Frage aufgeworfen: Genügt es, wenn zu einer vom erkennenden Richter angeordneten commissarischen Zeugenvernehmung der Angeklagte vorgeladen wird, oder bedarf es auch noch der Vorladung des Vertheidigers? — so ist gleich von Anfang unter Bezugnahme auf §. 16 Verordn. vom 3. Januar 1849 so viel klar, daß eine solche Frage unrichtig, weil zu allgemein formulirt ist. Denn handelt es sich um eine in das schwurgerichtliche Verfahren incidirende commissarische Zeugenvernehmung, so würde bei Beantwortung der Frage die in solchen Sachen dem Gerichte obliegende Verpflichtung, für die Vertheidigung Sorge zu tragen, nicht unberücksichtigt bleiben können — es würden die Entscheidungsgründe auszuführen haben, weshalb jene zwar im Allgemeinen bestehende Verpflichtung für einen derartigen Incidentpunkt als nicht existirend zu erachten sei — während, wenn es sich um eine nicht schwurgerichtliche Sache handelte, die Entscheidung mit Bezug darauf erfolgen müßte, daß das Gericht irgend eine Verpflichtung, für die Vertheidigung zu sorgen, gar nicht habe; wenn daher entschieden werden sollte, daß die Vorladung auch des Vertheidigers erforderlich sei, so müßten die Entscheidungsgründe jetzt darthun, weshalb die im Allgemeinen nicht bestehende Verpflichtung des Gerichtes, für einen Vertheidiger Sorge zu tragen, für diesen einen Incidentpunkt als entstanden zu erachten sei. — Wir haben demgemäß zunächst eine Theilung der Frage vorzunehmen und statt der oben erwähnten einen, folgende zwei zu formuliren:

1. Genügt es, wenn zu einer von dem Schwurgerichtshof angeordneten commissarischen Zeugenvernehmung der Angeklagte vorgeladen wird, oder bedarf es auch noch der Vorladung des Vertheidigers?

2. Genügt es, wenn zu einer von dem erkennenden Rich-

ter in einer nicht schwurgerichtlichen Sache angeordneten commissarischen Zeugenvernehmung der Angeklagte vorgeladen wird, oder bedarf es auch noch der Vorladung des Vertheidigers?

Wenden wir uns zur Beantwortung der ersten Frage, so würde Folgendes zu erwägen sein. Die Zuordnung eines Vertheidigers ist für jedes schwurgerichtliche Verfahren ein wesentliches Erforderniß. Zwar ist die Gültigkeit der Hauptverhandlung nicht dadurch bedingt, daß die Vertheidigung des Angeklagten durch den gewählten oder zugeordneten Vertheidiger wirklich geführt werde (Art. 22 Ges. vom 3. Mai 1852); aber die Zuordnung eines Vertheidigers kann denn doch keinen anderen Sinn haben als den, daß eine Vertheidigung wirklich geführt werden solle und geführt werden könne. Daher genügt auch nicht die Mittheilung an den Angeklagten, daß ihm N. N. als Vertheidiger zugeordnet sei, sondern es muß auch der zugeordnete Vertheidiger in Folge der Vorschrift des §. 452 der Crim.-Ordn. ausdrücklich zum Termine vorgeladen werden; es würde Nichtigkeit entstehen, wenn wegen nicht erfolgter Vorladung der Vertheidiger ausgeblieben wäre. (Vergl. Oppenhoff S. 112 N. 15.) Und selbst wenn die Vorladung erfolgt und der Vertheidiger trotz derselben ausgeblieben wäre, so würde doch noch aus der Nichtanwesenheit des Vertheidigers ein Grund zur Vertagung der Hauptverhandlung wenigstens entnommen werden können (Art. 222 al. 2). Soll nun aber die Vertheidigung nach der Absicht des Gesetzes überhaupt geführt werden, so ist anzunehmen, daß sie auch vollständig geführt werden soll; d. h. das Gericht muß dem Vertheidiger Gelegenheit geben, Alles, was zur Vertheidigung gehört, vornehmen zu können; nur ausdrückliche Gesetzesbestimmungen könnten diesen Grundsatz modificiren, falls sie existirten. — Sie existiren aber nicht.

Nun gehört aber doch zur Führung der Vertheidigung nicht bloß, daß der s. g. Vertheidigungsvortrag gehalten werde. So wichtig dieser auch sein mag, er kann sich doch nur auf die stattgehabte Beweisaufnahme stützen. Diese zu controliren, im Interesse des Angeklagten auf sie einzuwirken, das wird immer die Hauptaufgabe des Vertheidigers bleiben. Die Gesetze erkennen dies auch an, indem Art. 76 ausdrücklich bestimmt, daß der Vertheidiger, falls der Richter es gestattet, Fragen an den Angeklagten und die Zeugen richten dürfe, und Art. 77 nach dem Vorbilde des englischen Rechts sogar ein förmliches Kreuzverhör für zulässig erachtet. Und selbst, wenn die Gesetze diese ausdrücklichen Bestimmungen nicht enthielten, es würde doch die

Theilnahme des Vertheidigers an der Beweisaufnahme angenommen werden müssen. Denn da einmal ein öffentlich mündliches Hauptverfahren und bei demselben die Anwesenheit des Angeklagten und zwar vorzugsweise bei der Beweisaufnahme vorgeschrieben ist, da auf dieses letztere Erforderniß ein solcher Nachdruck gelegt ist, daß Art. 28 ausdrücklich bestimmt, es könne zwar der Angeklagte bei der Vernehmung einzelner Zeugen oder etwaniger Mitangeklagten einstweilen aus dem Sitzungssaale entfernt werden, dann aber müsse die Vernehmung und zwar die der Zeugen vor ihrer Vereidung in Gegenwart des Angeklagten wiederholt werden; so resultiren doch alle diese Bestimmungen lediglich aus dem Gedanken, daß dem Angeklagten das Recht nicht vorenthalten werden solle, alle diejenigen Einwendungen in Betreff der Belastungszeugen zu machen, und an die Entlastungszeugen alle diejenigen Fragen zu richten, welche ihm zum Zwecke seiner Vertheidigung dienlich zu sein scheinen. Der Vertheidiger ist aber doch nur dazu da, dasjenige besser zu machen, was der Angeklagte selbst minder gut machen würde. Der Vertheidigungsvortrag mag mitunter von dem Angeklagten selbst möglicherweise besser gehalten werden können als von dem Vertheidiger; die vortheilhafte Thätigkeit jedoch, welche bei der Aufnahme des Beweises von einem geschäftskundigen Vertheidiger ausgeübt werden kann, wird in gleich wirksamer Weise schwerlich jemals von einem Angeklagten ausgehen können.

Muß nun aber unzweifelhaft das Gericht dem Vertheidiger die Gelegenheit geben, seinen Einfluß bei der Beweisaufnahme zur Geltung zu bringen, so versteht es sich von selbst, daß diese Vorschrift auf die ganze Beweisaufnahme zu erstrecken ist und da zur Beweisaufnahme auch zweifellos die commissarischen Zeugenvernehmungen, welche während des Hauptverfahrens angeordnet werden, mit gehören, so folgt daraus mit Nothwendigkeit, daß auch zu diesen Vernehmungen der Vertheidiger vorgeladen werden muß; es wäre denn, daß die Gesetze das Gegentheil ausdrücklich bestimmten, was aber nicht der Fall ist. Es hätte auch in der That eine derartige gesetzliche Bestimmung nur unter der Voraussetzung stattfinden können, daß die Vernehmung der abwesenden Zeugen minder wichtig sei als die der erschienenen. Aber gerade das Gegentheil wird angenommen werden müssen, da bei den größeren Schwierigkeiten einer commissarischen Vernehmung diese vorzugsweise dann angeordnet werden wird, wenn sich erwarten läßt, daß die Aussage des commissarisch zu vernehmenden Zeugen von Erheblichkeit für die Sache sein werde; ein indifferenter Zeuge, dessen Vernehmung im Audienztermine hin und wieder mit unterlaufen mag, wird die Weitläufigkeiten einer commissarischen Vernehmung schwerlich entstehen lassen.

Das soeben Ausgeführte scheint auch durch die bisherige Praxis unterstützt zu werden. So referirt Oppenhoff (die preußischen Gesetze rc. S. 127 Note 9), dem Angeklagten und seinem Vertheidiger müsse es gestattet werden, bei der commissarischen Vernehmung zugegen zu sein, und Fragen zu stellen; es trete Nichtigkeit ein, wenn der erschienene Angeklagte von der commissarischen Vernehmung entfernt, und ihm nur der wesentliche Inhalt der Zeugenaussagen mitgetheilt wird. — Erwägt man nun, daß in schwurgerichtlichen Sachen das Gericht dem Vertheidiger nicht bloß den Zutritt zur Hauptverhandlung zu gestatten hat, wenn der Angeklagte es verlangt, sondern daß das Gericht selbst die Verpflichtung hat, das Seinige dazu zu thun, damit der Angeklagte während der Dauer des Hauptverfahrens nicht ohne die Unterstützung eines Vertheidigers bleibe, so folgt doch daraus ganz von selbst, daß, so wie das Gericht die Verpflichtung hat, den Vertheidiger zum Hauptverfahren überhaupt vorzuladen, es auch die Verpflichtung hat, ihn zu diesem Theile desselben, nämlich zu der commissarischen Zeugenvernehmung, vorzuladen. Denken wir uns doch den Fall, daß das Hauptverfahren aus irgend einem Grunde, vielleicht weil der Staatsanwalt sich einen Ordnungsruf des Richters nicht gefallen lassen will, sein Buch zuklappt und nach Hause geht, vertagt werden müßte — es kann dann doch keinem Zweifel unterliegen, daß zu dem in dieser Sache anberaumten zweiten Termine der Vertheidiger ebenso gut vorgeladen werden müßte, wie zu dem ersten. Nun sei der Grund der Vertagung der, daß ein nicht erschienener Zeuge commissarisch vernommen werden müsse. Der zweite Termin zur Absolvirung des Hauptverfahrens ist nun eben diese commissarische Vernehmung; der dritte wird die Verhandlung der Sache in öffentlicher Sitzung wieder aufnehmen unter Mitbenutzung des in dem zweiten Termine gewonnenen Beweismaterials. Wenn nun die Nothwendigkeit der Vorladung des Vertheidigers für den ersten und dritten Termin unzweifelhaft feststeht, so müssen es doch die triftigsten und durchschlagendsten Gründe sein, in Folge deren man dieselbe für den zweiten Termin als überflüssig erklären darf, mindestens bessere als wir in den Worten des Obertribunals aufzufinden vermögen: „Verfehlt ist die Rüge, daß zu den Zeugenvernehmungsterminen nicht auch der Vertheidiger des Angeklagten vorgeladen worden." Ja, man wird nicht zu viel behaupten, wenn man unter Bezugnahme auf Art. 22 al. 2 behauptet, daß das Fortbleiben des zur commissarischen Zeugenvernehmung vorgeladenen Vertheidigers Veranlassung werden könne, um einen neuen Termin zum Zwecke dieser Beweisaufnahme anzuberaumen.

Es ist endlich noch auf den Fall Rücksicht zu nehmen, daß der Angeklagte verhaftet und die commissarische Zeugenvernehmung wegen zu großer Entfernung des Wohnorts der Zeugen von dem Orte des erkennenden Strafgerichts angeordnet wird. „Damit in einem solchen Falle," sagt Oppenhoff a. a. O. S. 127 Note 10, „jeder Schein einer Beschränkung der Vertheidigung wegfalle, muß (arg. §. 134) dem Angeklagten auf sein Begehren am Orte der commissarischen Vernehmung ein Vertheidiger zugeordnet, und event. das requirirte Gericht darum ersucht werden." Kann nämlich bei dem mündlichen Verfahren die Vernehmung des Zeugen wegen „großer Entfernung" nicht erfolgen, so würden die in diesem Umstande liegenden Schwierigkeiten nicht beseitigt, sondern im Gegentheil vermehrt werden, sollte statt der Anwesenheit des Zeugen bei dem erkennenden Gerichte, die Anwesenheit des verhafteten Angeklagten am Orte der commissarischen Vernehmung gefordert werden. Es folgt mithin aus der ratio legis des §. 21, daß der verhaftete Angeklagte nicht das Recht hat, zu verlangen, bei der commissarischen Vernehmung persönlich gegenwärtig zu sein. Wollte man nun aber hierbei vorgehen, ohne daß die Gerechtsame des Angeklagten vertreten wären, so würde daraus nicht bloß der Schein einer Beschränkung der Vertheidigung entstehen, sondern es würde, wie dies oben ausgeführt ist, in Wirklichkeit die Vertheidigung beschränkt sein; und aus diesem Grunde muß dem Angeklagten und zwar nicht bloß „auf sein Begehren", sondern auch ohne dies von Amtswegen ein Vertheidiger bestimmt werden. Denn in schwurgerichtlichen Sachen ist es die Pflicht des Gerichts, für die Vertheidigung des Angeklagten Sorge zu tragen und kein Gesetz beseitigt diese Pflicht für den Theil des Hauptverfahrens, welcher in einer commissarischen Vernehmung besteht. Aber vollkommen richtig hat Oppenhoff für die Zuordnung dieses Vertheidigers sich auf §. 134 berufen. Denn diese Gesetzesstelle handelt al. 2 von der Vertretung des verhafteten Angeklagten. Und da ein Vertheidiger, welcher bei der commissarischen Vernehmung die Rechte des Angeklagten wahrzunehmen hat, nicht neben ihm sondern statt seiner eintritt, so ist ein solcher Vertheidiger processualisch aufgefaßt nichts anderes als ein Vertreter des Angeklagten und als ein solcher auch von dem Gerichte zu behandeln.

Nach diesen Betrachtungen dürfte sich mithin die oben aufgestellte erste Frage dahin beantworten lassen:

„Es genügt nicht, wenn zu einer von dem Schwurgerichtshof angeordneten commissarischen Zeugenvernehmung der Angeklagte vorgeladen wird, es muß vielmehr auch noch der Vertheidiger resp. Vertreter desselben vorgeladen werden.“ —

Für die Beantwortung der zweiten Frage ist davon auszugehen, daß bei nicht schwurgerichtlichen Sachen das Gericht keinerlei Verpflichtung hat, für die Vertheidigung des Angeklagten Sorge zu tragen. Ergab sich nun für die schwurgerichtlichen Sachen die Verpflichtung des Gerichts, den Vertheidiger zu den commissarischen Zeugenvernehmungen vorzuladen, als ein Resultat aus der allgemeinen Verpflichtung, überhaupt für die Vertheidigung desselben Sorge tragen zu müssen, so folgt von selbst, daß, da für nicht schwurgerichtliche Sachen eine derartige Verpflichtung nicht existirt, für diese die Entscheidung des Obertribunals richtig ist.

Dabei ist aber noch auf Zweierlei aufmerksam zu machen.

Wenn es heißt: Es genügt, wenn zu einer von dem erkennenden Richter in einer nicht schwurgerichtlichen Sache angeordneten commissarischen Vernehmung der Angeklagte vorgeladen wird; es bedarf dann nicht auch noch der Vorladung des Vertheidigers — so ist dieser Satz nur richtig, wenn und so lange es sich um einen wirklichen Vertheidiger handelt. Sobald der Vertheidiger in Wahrheit Vertreter ist, würde der Satz vollkommen unrichtig sein. Hier ist wiederholt auf die Bestimmung des §. 134 al. 2 einzugehen. Der Grund, weshalb bestimmt ist, daß der verhaftete Angeklagte nur durch einen Vertheidiger vertreten werden kann, und dieser ihm auf sein Verlangen von Amtswegen bestellt werden muß, liegt eben in der Verhaftung des Angeklagten, die seine persönliche Gestellung bei dem Appellationsgericht in vielen Fällen mit solchen Schwierigkeiten verknüpfen würde, daß dieselbe in allen Fällen untersagt ist. Ist nun der Angeklagte wegen eines nicht zur Competenz des Schwurgerichts gehörenden Verbrechens oder wegen eines Vergehens bereits während der Hauptverhandlung in erster Instanz verhaftet und es wird während derselben eine commissarische Zeugenvernehmung angeordnet, so hat die Verhaftung hier unzweifelhaft die Wirkung, daß der Angeklagte seine persönliche Anwesenheit bei diesem Akte nicht wird verlangen können. Noch viel weniger wird er in der Lage sein, zu demselben einen Vertheidiger mitzubringen. Deshalb kann er aber das ihm nach §. 16 für alle Fälle gewährte Recht, sich des Beistandes eines Vertheidigers zu bedienen, nicht verlieren. Die analoge Anwendung des §. 142 führt dann von selbst darauf, daß der Angeklagte in Fällen der vorgedachten Art sein Vertheidigungsrecht dadurch muß geltend machen können, daß er *zum Zwecke seiner Vertretung* entweder die Bestellung eines Vertheidigers beantragt, oder einen solchen selbst bevollmächtigt. Ein solcher Vertheidiger würde dann *Vertreter* des Angeklagten für die commissarische Zeugenvernehmung sein und als solcher auch *vorgeladen werden müssen*.

Sodann ist wohl die Bemerkung gestattet, daß die Gesetze zwar Bestimmungen enthalten, welche in gewissen Fällen die Vorladung des Vertheidigers *gebieten*. Nirgends aber findet sich eine Bestimmung, welche die Vorladung des Vertheidigers *verbietet*. Dadurch, daß dieselbe erfolgt, auch wenn sie nicht ausdrücklich vorgeschrieben ist, wird gewiß niemals Nichtigkeit des Verfahrens entstehen; und wenn das Gericht nur die Existenz eines Vertheidigers kennt, so wird es gewiß gut thun, denselben *in allen Fällen* vorzuladen. Die Vertheidigung hat in den preußischen Gesetzen wahrlich keinen zu weiten Spielraum und es sieht nicht gut aus, wenn das Gericht dem Angeklagten erklärt: Zu deiner Vertheidigung thue ich gerade nur so viel, als ich zu thun ausdrücklich gezwungen bin.

Verlesung der Zeugenaussagen.

Bei Oppenhoff (die Rechtsprechung des Königlichen Obertribunals in Strafsachen) ist Thl. II S. 328 folgender Rechtssatz aufgestellt:

„Die Aussagen von Zeugen, welche auf Anordnung des erkennenden Richters bei Einnehmung eines Augenscheins vernommen worden sind, können mit dem über den letzteren aufgenommenen Protokolle im Hauptverfahren verlesen werden, ohne daß es der nochmaligen persönlichen Abhörung in der Sitzung bedarf."

Motivirt wird dieser Satz durch ein Erkenntniß des Obertribunals vom 2. April 1862:

„Die Beschwerde des Imploranten darüber, daß die Vernehmung der Zeugen nicht im Audienztermine erfolgt ist, erledigt sich dadurch, daß die Abhörung der Zeugen nicht in der Audienz erfolgen konnte, weil der Appell.-Richter für zweckmäßig gefunden hatte, sie an Ort und Stelle zu vernehmen und gleichzeitig die Localität, wo die Zolldefraudation verübt sein sollte, festzustellen. Einer nochmaligen Abhörung dieser Zeugen in der Audienz bedurfte es aber nicht, weil ihre Aussage als integrirender Theil des über die erfolgte Einnehmung des Augenscheins an Ort und Stelle aufgenommenen Protokolls anzusehen ist, also nach §. 19 cit. nur die Vorlesung dieses Protokolls erforderlich war, welche denn auch erfolgt ist."

Liest man nun den §. 19 der Verordnung vom 3. Januar:

„Hat eine Beweisaufnahme durch Einnehmung des Augenscheins an Ort und Stelle stattgefunden, so muß das darüber aufgenommene Protokoll bei dem mündlichen Verfahren vorgelesen werden"

so ist doch offenbar dadurch Folgendes bestimmt.

Da der preußische Strafproceß das Princip der Mündlichkeit anerkannt hat:

„§. 14 (Verordnung vom 3. Januar 1849): Der Fällung des Urtheils soll bei Strafe der Nichtigkeit ein mündliches öffentliches Verfahren vor dem erkennenden Gerichte vorhergehen, bei welchem der Staatsanwalt und der Angeklagte zu hören, die Beweisaufnahme vorzunehmen und die Vertheidigung des Angeklagten mündlich zu führen ist“ —

da sich dieses Princip der Mündlichkeit namentlich darin äußert, daß die Beweisaufnahme vor dem erkennenden Gerichte vorgenommen werden soll, dieses aber in Betreff der Einnahme des Augenscheins faktisch unthunlich ist, so soll wenigstens, damit selbst dieses Beweismittel, so weit dies thunlich ist, in die mündliche Verhandlung eingeführt werde, das bei der Augenscheineinnahme aufgenommene Protokoll vorgelesen werden. Es ist diese Vorlesung daher als ein Nothbehelf anzusehen und es folgt daraus von selbst, daß, wenn in dem einzelnen Falle mehr als dieser Nothbehelf gewährt werden kann, auch mehr gewährt werden müsse. Es enthält der §. 19 zwar eine Ausnahme von dem in §. 14 aufgestellten Principe; doch nur insofern als dadurch festgestellt wird, daß die Einnehmung des Augenscheins durch das erkennende Gericht an Ort und Stelle nicht zu wiederholen ist. Keineswegs ist aber gesagt, daß, wenn nur die Verlesung des Protokolls erfolgt ist, damit nun in allen Fällen genug gethan sei, um dem Princip der Mündlichkeit gerecht zu werden, sondern der Sinn des §. 19 kann in Verbindung mit der Bestimmung des §. 14 nur der sein: Wenn von der Augenscheineinnahme nichts weiter vor dem erkennenden Gerichte reproducirt werden kann, — die Vorlesung des Protokolls muß wenigstens unter allen Umständen erfolgen; kann darüber hinaus noch etwas mehr geleistet werden, — dann natürlich je mehr desto besser. — In ähnlicher Weise äußert sich auch Planck (systematische Darstellung) unter Bezugnahme auf den citirten §. 19: „Ist früher bereits, namentlich in der Voruntersuchung, ein Augenschein gehörig eingenommen, der sich nicht wohl reproduciren läßt, so erfolgt die Vorlesung des betreffenden Protokolls, zu dessen besserem Verständniß etwa angefertigte Handrisse und Modelle vorgelegt werden.“ Diese Auffassung ist ja auch eine so durchaus natürliche. Denn könnte der Richter alles dasjenige, was sich auf die verbrecherische Handlung bezieht, selbst sehen und hören, so würde die Beweisführung jedenfalls die denkbar größte Zuverlässigkeit gewinnen. Alle übrigen Beweismittel dienen doch nur dazu, einen Ersatz für dasjenige zu liefern, was der Richter selbst nicht wahrnehmen kann. Was also von der Augenscheineinnahme vor dem erkennenden Gerichte reproducirt werden kann, das wirklich zu reproduciren, ist eine Verpflichtung des Richters, welcher derselbe im Interesse der Wahrheitserforschung nachkommen muß. — Wenn nun das Obertribunal sagt: Einer nochmaligen Vernehmung der Zeugen in der Audienz bedurfte es nicht, weil .... nur die Vorlesung des Protokolls erforderlich war — so würde eine solche Äußerung mit einem Gesetze vereinbar sein, welches etwa bestimmte: „Hat eine Beweisaufnahme durch Einnehmung des Augenscheins an Ort und Stelle stattgefunden, so genügt es, wenn das darüber aufgenommene Protokoll bei dem mündlichen Verfahren vorgelesen wird" — nicht aber mit dem wirklich bestehenden, welches anordnet: ...... so muß das darüber aufgenommene Protokoll vorgelesen werden.

Die Sache ist aber noch von einer anderen Seite zu betrachten. Der Grundsatz nämlich, daß die Beweisaufnahme in der öffentlich-mündlichen Verhandlung stattfinden solle, ist nicht lediglich im Interesse der Wahrheitserforschung aufgestellt; vielmehr werden durch denselben auch für die Parteien namentlich für den Angeklagten bestimmte processualische Rechte begründet. Der Umfang derselben läßt sich in dem einen Satze ausdrücken, daß die Beweismittel, welche bis dahin wesentlich im Interesse der Verfolgung wirksam gewesen sind, so wie alle noch etwa zu producirenden, jetzt zu gemeinschaftlichen Beweismitteln werden. Durch die Produktion aller Beweismittel, auf welche sich zuletzt das Urtheil stützen soll, im mündlichen Verfahren, wird — und dadurch allein — dem Angeklagten die Möglichkeit gewährt, gegen die seitens der Anklage producirten Beweismittel Einwendungen zu machen und dieselben auch zu seinem Vortheil zu benutzen; und dasselbe findet für den Ankläger in Betreff der von dem Angeklagten beigebrachten Beweismittel statt. In wie weit nun dieses den Parteien zustehende Recht zu beschränken ist, darüber können nicht Zweckmäßigkeitsgründe entscheiden, sondern, da dieses Recht den Parteien durch das Gesetz gewährt wird, so dürfen auch nur diejenigen Beschränkungen eintreten, welche das Gesetz selbst und zwar — da es sich um Ausnahmen handelt — ausdrücklich bestimmt. Die dem Principe des §. 14 entsprechende Regel enthält nun Art. 25 (Ges. vom 3. Mai 1852):

„Über die Thatsachen, welche für die Entscheidung von Erheblichkeit sind, müssen die Personen, welche darüber Auskunft geben können, der Regel nach mündlich vernommen werden."

Die Ausnahmen von dieser Regel finden sich dann in §. 21 (Verordnung v. 3. Jan. 1849):

„Kann bei dem mündlichen Verfahren die Vernehmung eines Zeugen wegen Krankheit, Altersschwäche, großer Entfernung, oder wegen anderer unabwendbarer Hindernisse nicht erfolgen, so ist solche anderweit zu bewirken, und in diesen Fällen, so wie alsdann, wenn ein schon zuvor gerichtlich vernommener Zeuge inzwischen verstorben ist, das Vernehmungsprotokoll bei dem mündlichen Verfahren vorzulesen."

und in Art. 24 (Ges. vom 3. Mai 1852):

„Mitglieder des Königl. Hauses und der beiden Hohenzollernschen Fürstenhäuser werden in ihrer Wohnung vernommen.

Zur Hauptverhandlung werden sie nicht vorgeladen, sondern es soll statt dessen ihre protokollarische Aussage verlesen werden."

Wenn dann außerdem noch Art. 25 am Schlusse bestimmt:

„Insoweit es jedoch auch außer den Fällen der §§. 19 und 21 der Verordnung und des Art. 24 zur Aufklärung der Sache als nothwendig erscheint, ist das Gericht befugt, auf Antrag der Staatsanwaltschaft, des Angeklagten oder von Amtswegen die Vorlesung eines jeden Schriftstücks anzuordnen"

so ist durch diese Bestimmung keineswegs die Zahl der gegen die im Anfange des Art. 25 ausgesprochene Regel zugelassenen Ausnahmen vermehrt, — diese bleiben vielmehr auf die Bestimmungen des §. 21 und des Art. 24 beschränkt — sondern es sind hierdurch nur die in §§. 19 und 21 und Art. 24 für einzelne Fälle ausdrücklich getroffenen Anordnungen in Betreff der Verlesung von Schriftstücken verallgemeinert.

Wenn nun gegenüber diesen gesetzlichen Bestimmungen das Obertribunal entscheidet, daß die Abhörung der Zeugen in der Audienz nicht erfolgen konnte, weil der Appell.-Richter für zweckmäßig gefunden hatte, sie an Ort und Stelle zu vernehmen, so kann hierin etwas irgendwie Überzeugendes nicht gefunden werden. Das Gesetz stellt ja mehrere Gründe auf, bei deren Vorhandensein ein Zeuge nicht persönlich vernommen werden kann. Daß aber die Vernehmung eines Zeugen in der Audienz nicht erfolgen könne, weil das App.-Gericht die Vernehmung desselben bei einer anderen Gelegenheit für zweckmäßig erachtet hatte, das einzusehen wird schwerlich irgend Jemand im Stande sein. Der Nutzen, den ein Zeuge an einer Stelle geschaffen hat, kann doch

sung des Protokolls wegzulassen, die persönliche Vernehmung der Zeugen überflüssig machen. Die für die Zeugenvernehmung getroffenen gesetzlichen Vorschriften können doch unmöglich dadurch als beseitigt angesehen werden, daß der App.-Richter die Auslassungen eines Zeugen in ein Protokoll schreibt, in welches dieselben nicht hineingehören. In der That ist es kaum erforderlich, an die Consequenz zu erinnern, zu welcher die Entscheidung des Obertribunals führen würde, um die Unrichtigkeit derselben zu erkennen. Die Consequenz würde nämlich keine andere sein als die, daß es jedem Untersuchungsrichter frei stehen würde, in das Protokoll über die Einnahme des Augenscheins gleichzeitig nach Belieben verschiedenartige Zeugenaussagen und zwar so aufzunehmen, daß dieselben von den auf den Augenschein bezüglichen Anführungen so wenig gesondert werden können, daß bei der nothwendigen Verlesung des Protokolls über die Einnahme des Augenscheins auch diese Zeugungsaussagen mit verlesen werden müssen. Jetzt bilden die Aussagen dieser Zeugen „einen integrirenden Theil des über die erfolgte Einnehmung des Augenscheins an Ort und Stelle aufgenommenen Protokolls", so daß also „nach §. 19 cit. nur die Verlesung dieses Protokolls erforderlich war, welche dann auch erfolgt ist."

Beweis (Überzeugungstheorie).

Bei Oppenhoff (Entscheidungen Bd. II S. 110)*) findet sich folgender Rechtsfall:

„Der erste Richter hatte den Angeklagten verurtheilt, indem er den Beweis seiner Schuld vorzugsweise aus der unbeeidigten Aussage zweier eidesunfähigen Zeugen entlehnte. Auf die Appellation des Angeklagten erfolgte in zweiter Instanz Aufhebung jenes Urtheils und Freisprechung, weil mit Unrecht die beiden gedachten Personen als Beweiszeugen angesehen seien, und in Ermangelung anderer Beweismittel die Überzeugung von der Schuld nicht gewonnen werden könne."

Das Urtheil des Appellationsgerichtes wurde von dem Obertribunal vernichtet; und gewiß mit vollstem Rechte. Denn für die Beurtheilung der Schuldfrage ist in zweiter Instanz maßgebend: Entweder die thatsächliche Feststellung des Richters der ersten Instanz, oder die thatsächliche Feststellung des Appellationsrichters. Aber ebenso wie die thatsächliche Feststellung des Richters der ersten Instanz eine stattgehabte Beweisführung zu ihrer Voraussetzung hat, ebenso muß eine solche auch der thatsächlichen Feststellung des Richters der zweiten Instanz vorhergehen. Wenn daher der Appellationsrichter eine von der thatsächlichen Feststellung des ersten Richters abweichende Entscheidung der Thatfrage vorgenommen hat, ohne daß er eine Beweisaufnahme vor sich veranlaßte — mochte diese nun in der Erhebung neuer Beweismittel oder in der Wiederholung der Beweisführung der ersten Instanz bestehen — so hat er dadurch, wie dies auch das Obertribunal, wenn auch mit etwas anderen Worten, anerkennt, gegen die Vorschriften des §. 126 Verord. v. 3. Jan. 1849 und Art. 101 Ges. v. 3. Mai 1852 gefehlt und mußte demgemäß das Urtheil aus diesem Grunde zweifelsohne vernichtet werden.

---

[1]) Vergl. Entscheidungen Bd. III S. 407.

Das Obertribunal vernichtete aber noch aus einem zweiten Grunde, nämlich aus folgendem. Der Appellationsrichter hatte nämlich gesagt: Der Richter der ersten Instanz hat sein Urtheil über die Schuld des Angeklagten lediglich auf die Aussage zweier nach den Bestimmungen der Criminalordnung gänzlich unfähiger Zeugen gestützt: das durfte er nicht thun.

Hierauf erklärt nun das Obertribunal: „Da der Schlußsatz des §. 356 der Cr.=Ordn. dem Richter ausdrücklich gestattet, die der bürgerlichen Ehre verlustigen Personen (Nr. 7 daselbst) zur Entdeckung der Wahrheit nicht eidlich zu vernehmen, auch der §. 12 Nr. 4 des Str.=G.=B. nur die eidliche Vernehmung derselben als Zeugen verbietet und der §. 22 der Verord. v. 3. Jan. 1849 es der freien Überzeugung des Richters überläßt, welche Wirkung er für sein Erkenntniß über Schuld oder Nichtschuld des Angeklagten den vor ihm erfolgten Verhandlungen beilegen will: so hat das Kreisgericht, indem es die 2c. vernahm, ohne sie zu vereiden und aus ihren wiewohl unbeeideten Aussagen die Überzeugung der Schuld des Angeklagten schöpfte, gegen keine jener Vorschriften verstoßen, vielmehr das Appellationsgericht demselben zu Unrecht einen solchen Verstoß vorgeworfen. Der Vorwurf würde nur begründet gewesen sein, wenn der erste Richter jene Personen als „Beweiszeugen" im engeren Sinne, d. h. als formell gültige Zeugen vernommen hätte, wovon das Gegentheil aus der Unterlassung ihrer Beeidung erhellt, oder wenn er in seinem Erkenntnisse sie nachweislich als beeidigte Zeugen betrachtet und mit Rücksicht auf diese rechtsirrthümlich angenommene Eigenschaft derselben seine Überzeugung motivirt hätte."

Ehe im Einzelnen auf die Kritik dieses Entscheidungsgrundes eingegangen wird, mag es gestattet sein, eine Bemerkung allgemeinerer Natur voraufzuschicken.

Die sog. gesetzliche Beweistheorie mochte zu diesen und jenen fehlerhaften Bestimmungen in den einzelnen Landesgesetzen geführt haben, in noch höherem Grade waren einzelne mit derselben in nahem Zusammenhange stehende processualische Mißbräuche zu verwerfen — wir erinnern an die vorläufige Freisprechung und an die Verurtheilung in eine außerordentliche Strafe wegen unvollständig geführten Beweises — indeß würden diese Umstände ein gänzliches Beseitigen der gesetzlichen Beweistheorie schwerlich zur Folge gehabt haben, hätte man nicht, veranlaßt vielleicht durch recht lange andauernde Unkenntniß des englischen

Strafverfahrens, es geradezu für ein Axiom hingestellt, daß Beweisregeln und Geschwornengerichte vollkommen unvereinbare Dinge seien, wozu denn noch das Gefühl einer gewissen geistigen Erhabenheit über die anscheinend kleinlichen juristischen Bedenken kam, die den „gesunden Menschenverstand“ nicht beengen dürften. So trat denn an Stelle der gesetzlichen Beweistheorie, die sog. Überzeugungstheorie; an Stelle des redlichen Mühens, möglichst mathematisch sicher zu rechnen, der nicht selten phantasievolle Flug einer von allen Schranken befreiten individuellen Anschauung. —

Wir können nicht umhin, hier auf eine Bemerkung Planck's aufmerksam zu machen, mit dem Wunsche, daß dieselbe eine allgemeinere Beachtung finden möchte, als ihr anscheinend bis jetzt zu Theil geworden ist. In seiner „systematischen Darstellung des deutschen Strafverfahrens“ sagt derselbe: „Es muß in Bezug auf jeden einzelnen Beweissatz das beigebrachte Beweismaterial zusammengesucht und geprüft werden. Dabei wird die genaue Kenntniß der in dem früheren Untersuchungsproceß herrschenden gesetzlichen Beweistheorie die besten Dienste leisten. Denn wenngleich die Regeln derselben über Werth und Unwerth der einzelnen Beweise als positiv-gesetzliche Vorschriften nicht mehr in Kraft sind, so sind doch die meisten von der Beschaffenheit, daß jeder gesunde Menschenverstand bei dem Geschäfte der Prüfung historischer Gewißheit sich ihrer bedienen muß. Denn in der That sind sie weiter nichts als das Resultat einer durch Jahrhunderte gesammelten Erfahrung, welche sich fast auf alle Gebiete menschlicher Begegnisse erstreckt. Diese Beweistheorie, auf welche unsere Strafproceßlehrer so viele Sorgfalt verwendet haben, darzustellen, ist nicht länger die Aufgabe der Strafproceßtheorie. Schwerlich aber wird ein Staatsanwalt oder Vertheidiger seine eigene kleine Erfahrung als reicher an Umfang und zuverlässiger sorgfältiger Richtung jenem Schatz von Jahrhunderten entgegensetzen wollen, auf welchen mit Geringschätzung herabzusehen fast zum guten Ton der neueren Zeit zu gehören scheint.“

Mag es gestattet sein, diesen Worten Planck's, denen ich aus vollster Überzeugung beistimme, noch Folgendes hinzuzufügen. Ich bin der Ansicht, daß jeder gewissenhafte Strafrichter, obgleich durch keine gesetzlichen Regeln hinsichtlich der Wirksamkeit der Beweismittel gebunden, dennoch bei sich selbst die Frage zu erörtern haben wird, wie er zu urtheilen hätte, falls er durch die Regeln der gesetzlichen Beweistheorie gebunden wäre, und daß derselbe in jedem Falle, wo er von dem so gewonnenen Urtheile abweicht, sich der Gründe, warum er dieses thut, vollständig klar bewußt sein muß. Ebenso bin ich der Ansicht, daß es die Verpflichtung des einem Geschwornengerichte vorsitzenden Richters ist, diese seine Gedankenoperation in der den Geschwornen zu ertheilenden Direktion mit der Bedeutsamkeit, die ihr zweifelsohne gebührt, hervorzuheben. Dies alles führt mit Nothwendigkeit darauf hin, folgenden Satz aufzustellen: Für die Anwendung der sog. Überzeugungstheorie existirt keine gesetzliche Vermuthung, vielmehr gilt diese nur gerade so weit, als sie durch bestimmte gesetzliche Vorschriften **ausdrücklich** anerkannt ist.

Die Richtigkeit dieses Satzes folgt zunächst aus denjenigen Grundsätzen, welche bezüglich des Verhältnisses älterer und neuerer Gesetze zu einander allgemein feststehen. Das ältere Gesetz behält seine Geltung in allen den Bestimmungen, welche durch das neuere Gesetz nicht beseitigt werden. Das ältere preußische Gesetz hatte nun aber in der Criminalordnung die gesetzliche Beweistheorie anerkannt. Folglich besteht dieselbe fort, soweit das neuere Gesetz nicht ausdrückliche Änderungen herbeigeführt hat.

Der zweite Grund für die Richtigkeit des obigen Satzes liegt aber in ausdrücklichen Bestimmungen des Gesetzes selbst. Obgleich die Bestimmung des §. 22 der Verord. v. 3. Januar 1849 zu den am meisten celebren unserer neuen Proceßgesetze gehört, so haben wir doch Gelegenheit gehabt, über den wahren Sinn derselben so vielen Mißverständnissen zu begegnen — und die oben mitgetheilte Entscheidung des Obertribunals vermehrt dieselbe in der gewichtigsten Weise — daß es nöthig wird, auf den Inhalt dieses §. 22 näher einzugehen. Die Worte desselben lauten:

„Die bestehenden gesetzlichen Vorschriften über das Verfahren bei Aufnahme der Beweise, insbesondere auch darüber, welche Personen als Zeugen vernommen und vereidet werden dürfen, bleiben ferner maßgebend.

Dagegen treten die bisherigen positiven Regeln über die Wirkungen der Beweise außer Anwendung. Der erkennende Richter hat fortan unter genauer Prüfung aller Beweise für die Anklage und Vertheidigung nach seiner freien, aus dem Inbegriffe der vor ihm erfolgten Verhandlungen geschöpften Überzeugung zu entscheiden, ob der Angeklagte schuldig oder nichtschuldig sei. Er ist aber verpflichtet, die Gründe, welche ihn dabei geleitet haben, in dem Urtheile anzugeben.

Auf vorläufige Lossprechung (Freisprechung von der Instanz) soll nicht mehr erkannt werden. — "

Für uns sind nur die beiden ersten Absätze von Interesse. Diese haben aber richtig aufgefaßt folgenden Sinn:

Von den bisher bezüglich des Beweises bestehenden gesetzlichen Bestimmungen bleiben alle in Kraft — (Absatz 1)

Nur — und ausschließlich nur — diejenigen gesetzlichen Bestimmungen, welche die Wirkungen der Beweise regelten, sind außer Kraft gesetzt. (Absatz 2.)

Mit einem Worte: Bei der Interpretation des §. 22 ist der Nachdruck auf den ersten Absatz des Gesetzes zu legen, weil dieser die Regel enthält und nicht auf den zweiten, denn dieser enthält lediglich die Ausnahmen. Aber der allgemeine Charakter eines Gesetzes wird doch wahrlich nicht nach der Ausnahme, sondern nur nach der Regel bestimmt. — Wollte man daher behaupten, die Verord. v. 3. Januar 1849 hat im Allgemeinen die gesetzliche Beweistheorie der Criminalordnung bestehen lassen und nur ausnahmsweise in der einen Bestimmung über die Wirksamkeit der Beweise eine Änderung eingeführt, so würde das vollkommen richtig sein. Und keinesfalls darf man etwas Weiteres als dieses meinen, wenn man sich des Ausdruckes bedient, durch die neue Proceßgesetzgebung sei an Stelle der früheren gesetzlichen Beweistheorie die Überzeugungstheorie getreten.

Aus dem Gesagten ergiebt sich aber nun Folgendes:

1. Das Urtheil des Richters über den geführten Beweis ist vollständig frei, durch keine gesetzlichen Vorschriften beschränkt.

2. Die Voraussetzungen für das Urtheil, die Grundlagen desselben müssen bestimmten gesetzlichen Erfordernissen genügen.

Letzteres heißt denn im Einzelnen:

1. Existirt überhaupt kein Beweismittel, welches als taugliches Beweismittel von den Gesetzen anerkannt ist, so existirt nichts, worauf der Richter seine freie Überzeugung stützen kann, es ist unmöglich, in einem solchen Falle überhaupt von einem geführten Beweise sprechen zu wollen.

2. Existiren zwar taugliche Beweismittel, sind dieselben aber nicht

in der Weise benutzt, wie die Gesetze dieses vorschreiben, — hat die Beweiserhebung nicht in der gesetzlich vorgeschriebenen Weise stattgefunden — so ist wiederum nichts da, worauf sich die richterliche Überzeugung stützen kann; es ist wiederum unmöglich, in einem solchen Falle überhaupt von einem geführten Beweise zu sprechen.

3. Die Überzeugung des Richters kann vielmehr erst dann entstehen und ihre Wirksamkeit äußern, wenn erstens gesetzlich anerkannte Beweismittel vorhanden und diese zweitens in der vom Gesetze vorgeschriebenen Form benutzt sind.

Das Gesetz drückt dieses auch deutlich genug aus. Denn wenn es in der angeführten Stelle heißt: „Der erkennende Richter hat .... unter genauer Prüfung aller Beweise .... nach seiner freien Überzeugung zu entscheiden", so ist doch soviel klar, daß er nur auf Grund von Beweisen entscheiden soll; daß aber Beweise eben nichts anderes sein können, als die vom Gesetze für zulässig erkannten Beweismittel, wird man nicht bestreiten mögen. Oder will man etwa dem Richter gestatten, auf ein Gerücht hin oder auf den bösen Leumund des Angeklagten zu verurtheilen, weil er das Gerücht seiner „freien Üeberzeugung nach" für wahr und den bösen Leumund für begründet hält? Möglich wäre es, daß Jemand den Einwand erhöbe, das Gesetz sage nicht „unter genauer Prüfung aller Beweismittel", sondern „unter genauer Prüfung aller Beweise"; der Beweis aber sei die Gesammtheit aller Beweismittel, die gesammte vor dem erkennenden Richter stattgehabte Beweisführung. Dieser Einwand würde aber vollständig zerfallen. Denn das Gesetz sagt nicht „unter genauer Prüfung des Beweises", sondern „unter genauer Prüfung aller Beweise"; und da vor dem erkennenden Richter die Beweisführung niemals im Pluralis, sondern immer nur im Singularis stattfindet, so würde die plurale Fassung des Gesetzes schlechterdings keinen Sinn haben, wollte man unter dem Worte „Beweise" etwas anderes verstehen als „Beweismittel". —

Nun ist es ganz gewiß unzweifelhaft, daß es kein Nichtigkeitsgrund ist, wenn eine Partei behauptet, der erkennende Richter sei nach Prüfung aller Beweise nicht zu der richtigen Überzeugung gekommen; aber ebenso dürfte es unzweifelhaft sein, daß es ein Nichtigkeitsgrund ist, wenn eine Partei behaupten sollte, es habe dem Richter überhaupt kein Beweis vorgelegen, die Überzeugung desselben könne mithin keine solche sein, wie die Gesetze sie verlangen. Und für identisch muß es erachtet werden — wenigstens für den Juristen — ob überhaupt gar keine Beweisführung stattgefunden hat, oder nur eine solche, die sich lediglich aus gesetzlich unzulässigen Beweismitteln zusammensetzte. —

In dem oben mitgetheilten Rechtsfalle hatte nun das Appellationsgericht erklärt, der Richter habe die Überzeugung von der Schuld des Angeklagten nicht gewinnen können, denn diese Überzeugung beruhe lediglich auf dem Beweismittel zweier eidesunfähigen — wie sich aus dem Verlaufe der Darstellung des Falles ergiebt, weil zum Verluste der Ehrenrechte verurtheilten — Zeugen. — Die nähere Motivirung dieses Urtheils ist nicht angegeben, es läßt sich aber dieselbe unschwer ergänzen. Das Appellationsgericht war zweifelsohne der Ansicht, ein zum Verluste der Ehrenrechte Verurtheilter sei ein vollkommen unfähiger Zeuge, der niemals irgend einen Beweis liefern könne. Die richterliche Überzeugung setze aber einen geführten Beweis voraus; in concreto habe zwar eine Beweisführung stattgefunden, aber nur eine mit lauter untauglichen Beweismitteln — nämlich mit lauter eidesunfähigen Zeugen — was juristisch eben so viel sagen will, als ob gar keine Beweisführung stattgefunden hätte. Somit lag dem Appellationsgerichte eine bloß angebliche Überzeugung des ersten Richters vor, die jeglichen Beweisfundamentes entbehrte, die also nicht die allergeringste Beachtung verdienen und nicht die allergeringste Wirksamkeit äußern konnte. — Das Obertribunal dagegen spricht die Ansicht aus, daß auch die Aussagen eidesunfähiger Zeugen eine genügende Stütze für die „freie Überzeugung" sein könnten. Da nun das Obertribunal unmöglich der Ansicht sein kann, daß durch die Anhäufung einer Menge vollständig untauglicher Beweismittel ein Beweis geschaffen werden könne, — so formulirt sich die hier vorliegende Controverse sehr einfach in folgende Frage: **Ist nach heutigem Rechte ein eidesunfähiger Zeuge ein taugliches Beweismittel oder nicht?**

Gehen wir zunächst von der oben bezüglich des §. 22 der Verordn. v. 3. Januar 1849 gegebenen Interpretation aus, so reducirt sich diese Frage auf folgende weitere: **War nach dem Rechte der Criminalordnung ein eidesunfähiger Zeuge ein taugliches Beweismittel oder nicht.** Denn das ist klar, daß, wenn das jetzige Recht keine Änderungen über die im Strafprocesse zulässigen Beweismittel gegenüber den Vorschriften des älteren Rechts gemacht hat, noch heutigen Tages dieselben Beweismittel, welche die Criminalordnung für zulässig erachtet, zulässig sein **müssen**, und **nur** diese und keine anderen zulässig sein **können**. —

Die Criminalordnung hat es aber sowohl direkt, wie auch indirekt ausgesprochen, daß eidesunfähige Zeugen nicht taugliche Beweismittel sind.

Die direkten Bestimmungen sind in Folgendem enthalten:

1. In den Anfangsworten des §. 356: „Zu Ablegung eines Zeugnisses sind gänzlich unfähig: rc." Wem aus der Theorie des gemeinen deutschen Strafprocesses noch der Unterschied zwischen testis inhabilis und testis suspectus erinnerlich ist, wird, wenn er in der Criminalordnung §. 356 von mehr oder minder glaubwürdigen Zeugen liest, nicht zweifeln können, daß die gänzlich unfähigen Zeugen nicht als Beweismittel betrachtet worden sind.

2. Nachdem in §. 356 die absolut untauglichen Zeugen aufgezählt sind, werden in §. 357 die relativ untauglichen genannt und zwar geschieht dies unter Voraufschickung folgender Worte:

> „Andere Personen können zwar in Rücksicht der Verbindung, in welcher sie mit dem Angeschuldigten stehen, oder aus anderen Ursachen als Beweiszeugen nicht gelten, wohl aber zur näheren Aufklärung der Sache vernommen werden."

Aus den Anfangsworten des §. 357 in Verbindung mit denen des §. 356 geht hervor, daß „Beweiszeugen" nur solche Zeugen sein können, welche weder absolut unfähige noch auch relativ unfähige Zeugen sind, daß mithin der Ausdruck Beweiszeugen auf die testes habiles zu beschränken.

3. Nur Beweiszeugen werden vereidet. §. 357 sagt: „In wie fern Angeber als Beweiszeugen angesehen, und mit dem Eide zu belegen sind." . . . Und weiter heißt es in §. 358 mit Bezug auf die relativ unfähigen Zeugen: „In wie fern diese der näheren Erkundigung wegen zu vernehmenden Personen . . . . . . dennoch mit dem Zeugeneide zu belegen sind" rc.

4. Criminalordnung §. 332 bestimmt: „Jede Zeugenaussage muß, wenn sie als Beweismittel dienen soll, eidlich bestärkt werden."

Der indirekte Beweis für das gleiche Resultat ergiebt sich aber aus Folgendem:

Die Criminalordnung hat die Bestimmungen über die Wirkungen des Zeugenbeweises nicht in der Art formulirt, daß sie sowohl von den wirksamen und von den unwirksamen, oder nur von den Zeugenaussagen der letzteren Art spräche; sie hat vielmehr nur von den mehr oder minder wirksamen Zeugnissen gesprochen. In §. 386 wird bestimmt, wann durch Zeugen voller Beweis geliefert wird und in §. 387, wann die Aussage von Zeugen nicht als voller Beweis erachtet werden dürfe. Ersteres ist bei den testes omni exceptione majores der Fall, letzteres tritt bei den testes suspecti ein. Beide Arten der Zeugen gehören aber zu der Kategorie der testes habiles, woraus dann von selbst folgt, daß, da die testes inhabiles an derjenigen Stelle der Criminalordnung, wo von den Wirkungen der Beweise gehandelt wird, gar nicht erwähnt werden, ihnen auch gar keine beweisende Kraft beigelegt ist. Da nun aber ein Beweismittel ohne irgend welche beweisende Kraft gerade so viel ist wie das bekannte Lichtenbergische Messer ohne Heft und Klinge, so folgt daraus, daß die Criminalordnung alle diejenigen Zeugen, welche sie als untaugliche und demgemäß als eidesunfähige bezeichnet hat, als taugliche Beweismittel nicht betrachtet haben kann. —

Ist nun in Vorstehendem der Beweis dahin geliefert, daß nach den Grundsätzen der Criminalordnung eidesunfähige Zeugen untaugliche Beweismittel sind, so ist damit auch bewiesen, daß nach heutigem Rechte ein eidesunfähiger Zeuge ein untaugliches Beweismittel ist, daß mithin, wenn dem erkennenden Richter ausschließlich Aussagen eidesunfähiger Zeugen vorliegen, derselbe schlechterdings keinen Beweis und somit überhaupt nichts hat, worauf er seine Überzeugung stützen kann.

Das Alles gilt aber freilich nur unter der Voraussetzung, daß die oben gegebene Erklärung des ersten Absatzes von §. 22 der Verord. vom 3. Januar 1849 richtig ist. — Das Obertribunal scheint sich dieser Erklärung und den aus derselben folgenden Consequenzen nicht anschließen zu mögen. Wir haben die abweichende Ansicht desselben näher zu prüfen.

Das Obertribunal sagt:

„Da der Schlußsatz des §. 356 der Cr.-Ordn. dem Richter ausdrücklich gestattet, die der bürgerlichen Ehre verlustigen Personen (Nr. 7 daselbst) zur Entdeckung der Wahrheit nicht eidlich zu vernehmen, auch der §. 12 Nr. 4 des Str.-G.-B. nur die eidliche Vernehmung derselben als Zeugen verbietet", — rc.

Der Schlußsatz des §. 356 der Criminalordnung bestimmt allerdings wörtlich Folgendes:

„Dem Richter steht jedoch frei, alle vorgenannten Personen, insofern es ihre persönlichen Eigenschaften erlauben, nicht eidlich zu vernehmen, wenn es nicht unwahrscheinlich ist, daß ihre Aussage zur Entdeckung der Wahrheit führen werde." —

Und mit diesen Worten steht dann im engsten Zusammenhange der Anhang des §. 357: „Andere Personen können zwar ..... als Beweiszeugen nicht gelten, wohl aber zur näheren Aufklärung der Sache vernommen werden."

Wir möchten uns die sehr nahe liegende Frage erlauben: Welchem Richter gestattet die Criminalordnung die Vernehmung von Personen, welche der bürgerlichen Ehre verlustig sind? — Hat nach den Grundsätzen der Criminalordnung jemals der Decernent eine derartige Vernehmung vornehmen können? — Für diesen, also für den erkennenden Richter gab es gar keine Zeugenvernehmung und in den Akten gab es für ihn keine Zeugenaussagen, auf die er seine Überzeugung hätte bilden können, als die der tauglichen Zeugen. Die nichteidliche Vernehmung der absolut oder relativ untauglichen Zeugen war lediglich Sache des Inquirenten und hatte keinen anderen Sinn als den, durch die Aussage der informationis causa vernommenen Personen möglicherweise brauchbares Beweismaterial zu gewinnen. Diese Art der Vernehmung war mithin eine vorbereitende Handlung im eminentesten Sinne des Wortes. —

Nun bestimmt jetzt §. 22, Verordn. v. 3. Januar 1849: „Die bestehenden gesetzlichen Vorschriften über das Verfahren bei Aufnahme der Beweise .... bleiben ferner maßgebend." Wir können freilich nicht sagen, daß der erkennende Richter des heutigen Processes dasselbe sei, wie der Decernent der Criminalordnung; auch stimmt der Inquirent des älteren Processes nicht vollständig mit dem heutigen Voruntersuchungsrichter überein. Erwägt man aber, daß §. 43, Verordn. v. 3. Jan. 1849: — „Der Untersuchungsrichter hat bei der Voruntersuchung alle in der Criminalordnung für den Inquirenten gegebenen Vorschriften, insbesondere auch die Vorschrift wegen Zuziehung eines vereideten Protokollführers zu beachten" — den heutigen Untersuchungsrichter und den früheren Inquirenten in eine überaus nahe Beziehung zu einander bringt, daß ferner §. 44 desselben Gesetzes die das Hauptverfahren und die Anklage vorbereitenden Handlungen der Voruntersuchung zuweist; so wird man zwar kein Bedenken tragen dürfen zu erklären: Ganz zweifellos wird man entsprechend dem Sinne und dem Geiste unserer Proceßgesetze die informatorische Vernehmung solcher Personen, welche ein Zeugniß abzulegen untauglich sind, dem Untersuchungsrichter übertragen dürfen; will man aber behaupten, daß, weil die Criminalordnung die informatorische Vernehmung untauglicher Zeugen, wie sie sagt, „dem Richter“, und wie sie meint „dem Inquirenten“ gestattet, jetzt auch der erkennende Richter zu einer derartigen Vernehmung befugt sei, da ja doch die Criminalordnung von einem „Richter“ spricht, — will man diese Behauptung, wie es das Obertribunal thut, ganz unbedingt und unbeschränkt aufrecht erhalten, so ist das eine Interpretation, die am Worte kleben bleibt, ohne irgendwie auf den durch den historischen Zusammenhang bedingten Sinn der Gesetze einzugehen. —

Wenn es nun aber wirklich gerechtfertigt wäre, daß auch der erkennende Richter wann und wie es ihm beliebt, eidesunfähige Personen informationis causa vernehmen dürfte, gewinnt er dann durch eine derartige Vernehmung irgend einen Beweis, auf den er seine Überzeugung stützen kann? Nach den Grundsätzen der Criminalordnung gewiß nicht. Denn daß diese Beweiszeugen und eidesunfähige Zeugen als vollständige Gegensätze behandelt, das ist oben bereits nachgewiesen.

Doch das Obertribunal behauptet auch, daß der Richter eidesunfähige Zeugen als Beweismittel benutzen könne.

Es sagt nämlich:

„Da der §. 22 der Verordn. v. 3. Januar 1849 es der freien Überzeugung des Richters überläßt, welche Wirkung es für sein Erkenntniß über Schuld oder Nichtschuld des Angeklagten den von ihm erfolgten Verhandlungen beilegen will: so hat das Kreisgericht, indem es die 2c. vernahm, ohne sie zu vereiden, und aus ihren wiewohl unbeeideten Aussagen die Überzeugung der Schuld des Angeklagten schöpfte, gegen keine jener Vorschriften verstoßen.“

Das Obertribunal übersieht hier einige Worte, die in dem zweiten Absatze des von ihm citirten §. 22 wahrlich nicht ohne Grund stehen. Es lautet nämlich die angeführte Stelle nicht: „Der erkennende Richter hat fortan nach seiner freien, aus dem Inbegriffe der vor ihm erfolgten Verhandlungen geschöpften Überzeugung zu entscheiden, ob der Angeklagte schuldig oder nicht schuldig sei“ — auf einen derartigen Wortlaut des Gesetzes deutet der Entscheidungsgrund des Obertribunals hin und es würde derselbe als ein correkter aufzufassen sein, wenn das Gesetz so und nicht vielmehr anders lautete. In Wahrheit sagt das Gesetz:

„Der erkennende Richter hat fortan unter genauer Prüfung aller **Beweise** für die Anklage und Vertheidigung nach seiner freien, 2c. Überzeugung zu entscheiden." Man wird zugeben, daß so, wie der Entscheidungsgrund des Obertribunals lautet, es ganz gleichgültig sein würde, ob die hervorgehobenen Worte in dem Gesetze stehen oder nicht. Da sie aber nun einmal in demselben enthalten sind, so werden sie auch wohl einige Bedeutung haben und dürfte dieselbe eben darin bestehen, daß die vor dem Richter geführten Verhandlungen nur dann geeignet sein sollen, eine Überzeugung bei dem Richter entstehen zu lassen, falls durch diese Verhandlungen Beweise beigebracht sind. Verhandlungen, die keine Beweise geschafft haben, zeigen eben, daß ganz gewiß nichts gegen die Angeklagten vorliegt. Auch dürfte es nur unter dieser Voraussetzung möglich sein, dem strikten Wortlaut des Gesetzes Genüge zu leisten. Der Richter soll eine genaue Prüfung aller Beweise anstellen. Wie soll er das wohl thun, wenn er gar keine Beweise hat? —

Das Obertribunal führt endlich noch an:

„Der Vorwurf" — nämlich gegen die Bestimmung des §. 22 verstoßen zu haben — „würde nur begründet gewesen sein, wenn der erste Richter jene Personen als „Beweiszeugen" im engeren Sinne, d. h. als formell gültige Zeugen vernommen hätte, wovon das Gegentheil aus der Unterlassung ihrer Beeidung erhellet, oder wenn er in seinem Erkenntnisse sie nachweislich als beeidete Zeugen betrachtet und mit Rücksicht auf diese rechtsirrthümlich angenommene Eigenschaft derselben seine Überzeugung motivirt hätte."

Dieser Satz enthält eine entschiedene Bereicherung der Proceßtheorie. Bis jetzt kannten wir nur den einen Unterschied zwischen tauglichen Zeugen (Beweiszeugen) und untauglichen Zeugen; die Beweiszeugen pflegte man dann gewöhnlich in verdächtige und unverdächtige Zeugen einzutheilen. Das Obertribunal stellt noch eine neue Eintheilung auf. Die Beweiszeugen sind nämlich entweder Beweiszeugen im engeren Sinn oder Beweiszeugen im weiteren Sinn. Beweiszeugen im engeren Sinne sind solche, welche formell gültige Zeugen sind, während Beweiszeugen im weiteren Sinne solche sind, welche materiell gültige Zeugen sind. Wir müssen eingestehen, daß unsere processualischen Kenntnisse nicht so weit reichen, um mit Bestimmtheit zu wissen, was das Obertribunal mit dieser bis dahin ungebräuchlichen Zeugeneintheilung gemeint hat. Wir sind lediglich im Stande zu vermuthen, daß damit Folgendes gemeint sein dürfte:

Das Gesetz unterscheidet allerdings Zeugen, die vereidet werden dürfen und ganz untaugliche Zeugen, bei denen dies nicht zulässig ist. Das ist aber lediglich eine Unterscheidung, welche die Zulässigkeit oder Unzulässigkeit der Vereidigung betrifft; auf die Zulässigkeit, als Beweismittel benutzt zu werden, hat dieser Unterschied keinen Einfluß. Wenn nun der Richter glaubt, daß unvereidete Zeugen die Wahrheit gesagt haben, so kann er immerhin auf ihre Aussage seine Überzeugung von der Schuld des Angeklagten stützen. —

Wäre dieses in den Entscheidungsgründen des Obertribunals gemeint, so drängen sich sofort folgende Fragen auf:

1. Wozu hat §. 22 der Verordn. v. 3. Jan. 1849 noch besonders die Vorschriften des älteren Rechtes über taugliche und untaugliche Zeugen als noch geltende angeführt, wenn sowohl die einen wie die andern als wirksame Beweismittel benutzt werden können?

2. Wozu ist es überhaupt nöthig, daß Zeugen vereidet werden, wenn selbst die unvereidete Aussage eines von den Gesetzen als ganz untauglich bezeichneten Zeugen die Überzeugung von der Schuld des Angeklagten begründen kann?

3. Wenn das Obertribunal in zahlreichen Fällen deshalb vernichtet hat, weil taugliche Zeugen nicht vereidigt wurden (vergl. Oppenhoff zu §. 55 der Verordn. v. 3. Januar 1849, N. 23. ff.), wie erklärt sich dann der Widerspruch, daß die unbeeidigte Aussage solcher Personen, die nach allgemein anerkannten Erfahrungssätzen volles Vertrauen für die Wahrhaftigkeit ihrer Aussage verdienen, nicht beweisen soll, weil die Aussage eine unbeeidigte blieb, während doch — nach der Ansicht des Obertribunals — die Aussage solcher Personen beweisen soll, die nach allgemeiner Erfahrung so unglaubwürdig sind, daß das Gesetz dieselben der Versuchung, einen Meineid zu schwören, nicht hat aussetzen wollen?

Ehe uns diese drei Fragen in geeigneter Weise beantwortet sind, werden wir Anstand nehmen müssen, der Ansicht des Obertribunals beizupflichten. Und wenn Oppenhoff, gestützt auf diese Entscheidung, folgenden Rechtssatz aufgestellt hat:

„Der Instanzrichter kann seine Überzeugung von der Schuld des Angeklagten aus der unbeeidigten Aussage eines eidesunfähigen Zeugen schöpfen“ —

so werden wir diesen Satz für unrichtig erklären und statt desselben den folgenden als den richtigen aufstellen:

„Der Instanzrichter kann seine Überzeugung von der Schuld des Angeklagten **niemals** aus der unbeeidigten Aussage gleichviel wie vieler eidesunfähiger Zeugen schöpfen."

Schließlich mögen noch einige Andeutungen über die Vernehmungen informationis causa gestattet sein.

Wäre eine Vorschrift durchzuführen, welche bestimmte: Im Hauptverfahren sollen Vernehmungen informationis causa gar nicht stattfinden, dieselben sollen vielmehr nur während der Voruntersuchung zulässig sein — so würde eine solche Vorschrift alle Übelstände zu beseitigen wohl geeignet sein. Bei der Stellung indessen, welche die Voruntersuchung einnimmt, vermöge deren sie nur die Anklage und das Hauptverfahren vorbereiten, keineswegs aber das Beweismaterial erschöpfen soll, würde eine derartige Forderung praktisch sehr schwer durchzuführen sein. Und in der That, sie würde auch für alle Fälle, in denen die Sache ohne Zuziehung von Geschwornen erledigt wird, überflüssig sein. Der rechtsgelehrte Richter kann zwischen beweisenden und nicht beweisenden Zeugen unterscheiden — wenigstens kann man mit Fug den Anspruch erheben, daß er das zu thun vermöge — deshalb kann auch in dem Hauptverfahren vor dem rechtsgelehrten Richter die Vernehmung informationis causa erfolgen. Die Überzeugung von der Schuld wird der rechtsgelehrte Richter auf derartige Aussagen nicht stützen und er wird Gelegenheit haben, dieses selbst in dem Erkenntnisse auszusprechen, wenn er die Gründe anführt, welche ihn bei seiner Entscheidung geleitet haben. Ganz anders jedoch ist es, wenn Strafsachen vor Geschwornen verhandelt werden. Der Geschworne hat nicht die erforderlichen Kenntnisse, um zwischen tauglichen und untauglichen Zeugen zu unterscheiden — wenigstens darf man derartige Kenntnisse bei ihm nicht voraussetzen — und noch weniger hat er die technische Übung, welche erforderlich ist, um seine Überzeugung lediglich auf die Aussagen dieser und nicht jener Zeugen zu stützen. Planck sagt mit vollkommenem Rechte (vergl. a. a. O. S. 355), wenn auch in einem anderen Zusammenhange, so doch für dies hier behandelte Verhältniß anwendbar:

„Völlig nichtssagend ist offenbar die französische Unterscheidung, daß dergleichen Zeugen u. s. w. nicht zum Beweise, sondern nur zur Nachricht dienen sollen. Der Einfluß auf die Geschwornen, selbst wenn ihnen jene Formel zu Gemüthe geführt wird, bleibt doch derselbe. Gefährlich ist sogar das Verbot der Beeidigung solcher Zeugen, welches entweder schlechthin oder sobald eine Partei widerspricht, zu gelten pflegt. Denn es fehlt dann sogar die Garantie gewissenhafter Aussage." — Man wird sich der Überzeugung nicht verschließen können, daß diese Planck'schen Worte vollkommen richtig sind. Es wird demgemäß das Verlangen gerechtfertigt sein, daß in Schwurgerichtssachen die Vernehmungen informationis causa ganz fortbleiben und daß lieber, falls in dem Hauptverfahren der Fall eintreten sollte, wo die Vernehmung eines eidesunfähigen Zeugen der Sache förderlich zu sein scheint, eine Vertagung beschlossen, als eine Beweisführung gewählt werde, welche das Urtheil der Geschwornen nothwendig verwirren muß.

Doch damit würde die Sache legislativ noch nicht erledigt sein — es sind dies Nothbehelfe für die Praxis — die definitive Erledigung finden wir bei Planck a. a. O. S. 366 angedeutet. Seine Worte mögen die vorstehende Betrachtung abschließen:

„Die Wirkung des anerkannten Unfähigkeitsgrundes ist stets die, daß die betreffende Person nicht Zeuge sein, daher nicht als solcher beeidigt werden kann. Gleichwohl ist es in allen Fällen dem Ermessen des Gerichts anheimgestellt, dieselbe, wie es heißt, zur Aufklärung zu vernehmen, sobald es nicht unwahrscheinlich sei, daß ihre Aussage zur Entdeckung der Wahrheit führen werde. Der Werth einer solchen Aussage wird unter Hervorhebung des Unfähigkeitsgrundes den Geschwornen anheimzustellen sein. Eine solche Einrichtung kann im Untersuchungsverfahren kaum entbehrt werden, obgleich augenscheinlich die ganze Lehre von der Unzulässigkeit der Zeugen dadurch ziemlich bedeutungslos wird. Eine strengere Durchführung des **Anklageprincips** würde den Katalog der Unzulässigkeitsgründe, wie im englischen Proceß, bedeutend einschränken, dafür aber auch die Vernehmung der unzulässigen ganz verbieten, und **alle** übrigen vereiden lassen, um wenigstens diese Garantie einer wahrhaften Aussage nicht zu entbehren."

Über die Grundlagen unserer Criminalentscheidungen.

(Eine Replik.)

In dem zwölften Bande des Goltdammerschen Archivs, S. 474 ff., findet sich unter dem Titel „Über die Grundlagen unserer Criminalentscheidungen“ eine Abhandlung, welche, hervorgerufen durch die vorstehende Kritik einer Entscheidung des preußischen Obertribunals, die Frage über den Umfang der s. g. Überzeugungstheorie einer weiteren Erörterung unterzieht.

Der Gegenstand, um den es sich handelt, ist von einer so durchgreifenden Bedeutung für unsere Strafrechtspflege und für unsere Gesetzgebung, daß es geboten erscheint, an die genannte Abhandlung des Goltdammerschen Archivs anzuknüpfen, um die so wichtige Angelegenheit einer befriedigenden Lösung anzunähern.

Die Sache betrifft die Interpretation und praktische Handhabung des §. 22 der Verordnung vom 3. Januar 1849, durch welchen bekanntlich Folgendes bestimmt ist:

„Die bestehenden gesetzlichen Vorschriften über das Verfahren bei Aufnahme der Beweise, insbesondere auch darüber, welche Personen als Zeugen vernommen und vereidet werden dürfen, bleiben ferner maßgebend.

Dagegen treten die bisherigen positiven Regeln über die Wirkungen der Beweise außer Anwendung. Der erkennende Richter hat fortan unter genauer Prüfung aller Beweise für die Anklage und Vertheidigung nach seiner freien, aus dem Inbegriffe der von ihm erfolgten Verhandlungen geschöpften Überzeugung zu entscheiden, ob der Angeklagte schuldig oder nichtschuldig sei. Er ist aber verpflichtet, die Gründe, welche ihn dabei geleitet haben, in dem Urtheil anzugeben.

Auf vorläufige Lossprechung (Freisprechung von der Instanz) soll nicht mehr erkannt werden.“

Gegenüber dieser gesetzlichen Bestimmung kommt es nun auf die Beantwortung folgender Fragen an:

Erstens: Welches ist die bestehende Praxis bei Handhabung des citirten §. 22?

Zweitens: Entspricht die bestehende Praxis den Bestimmungen der geltenden Gesetzgebung?

Drittens: Sind die Bestimmungen der bestehenden Gesetzgebung zu billigen? oder

Viertens: Worin sind die Bestimmungen der bestehenden Gesetzgebung zu ändern?

I. Welches ist die bestehende Praxis bei Handhabung des §. 22 der Verordnung vom 3. Januar 1849?

Bei Beantwortung dieser Frage ist keine Meinungsverschiedenheit zwischen uns und dem Verfasser des Aufsatzes im Goltdammerschen Archiv vorhanden. Es heißt hier: „Die Auffassung, welche der §§. 22 bisher in der Praxis gefunden hat, ist die, daß der erste Satz:

„Die bestehenden gesetzlichen Vorschriften über das Verfahren bei Aufnahme der Beweise, insbesondere auch darüber, welche Personen als Zeugen vernommen und vereidet werden dürfen, bleiben ferner maßgebend" —

nur eben das Verfahren, also im Wesentlichen nur die Form der Beweiserhebung, hat aufrecht erhalten wollen, so daß also ein Verstoß hiergegen lediglich als eine Verletzung der Form zu einem Richtigkeitsgrunde wird, daß dagegen dadurch der Umfang der Beweisquellen für den erkennenden Richter in keiner Weise beschränkt werden solle." (Vergl. Goltd., Archiv a. a. O. S. 479.)

„Darüber kann ein Zweifel nicht obwalten," — nämlich mit Bezug auf die Ergebnisse der Praxis — „daß nach der Aufhebung der positiven Beweistheorie des gemeinen Rechts und unserer Criminalordnung, der Begriff des „Beweises" in Strafsachen, d. h. derjenigen Beweismittel, aus denen der Strafrichter die Resultate seiner Überzeugung zu schöpfen hat, ein durchaus relativer, unbestimmter geworden ist, also theoretisch eigentlich gar nicht mehr, oder doch nur in der Beschränkung besteht, daß der Richter nicht aus sich allein, sondern aus Außenumständen seine Überzeugung schöpfen darf. Im Übrigen aber sind nicht allein die früheren Mittel jener Beweistheorie, nämlich Geständniß, Augenschein, Urkunden, Zeugniß und Gutachten, sondern es sind nunmehr alle Außenumstände, alle Gegenstände sinnlicher Wahrnehmung, Beweismittel für den Richter. Ein Angriff aus dem Grunde, weil irgend ein solches Objekt an sich nicht zulässiges Beweismittel sei, dürfte daher jetzt nicht mehr statthaft sein." (Goltd., Archiv a. a. O. S. 480.)

Diese Sätze zeigen, wie sich die heutige preußische **Praxis** zu der Bestimmung des §. 22 der Verordnung vom 3. Januar 1849 gestellt hat. Nur für dieses faktisch bestehende Verhältniß sind jene Sätze richtig; und die theoretische Formulirung dessen, was sie als faktisch bestehend beschreiben, kann durch Folgendes bewirkt werden.

Wir hatten nach den Bestimmungen der Criminalordnung eine gesetzliche Beweistheorie. Diese schrieb dem Richter dreierlei vor: 1) die Form, welche er bei der Erhebung der Beweismittel beobachten mußte; 2) die Art und Beschaffenheit der Beweismittel, die er benutzen durfte; 3) die Wirkung, welche die für zulässig erklärten Beweismittel äußern sollten.

Wir haben — so sagt die **Praxis** — in Folge der Bestimmung des §. 22 der Verordnung vom 3. Januar 1849 statt der gesetzlichen Beweistheorie die s.g. Überzeugungstheorie, d. h. wir sind nicht gebunden: 1) in Betreff der Wirkung der Beweismittel, 2) in Betreff der zu benutzenden Beweismittel. Wir sind vielmehr nur gebunden in Betreff der Form, welche bei Erhebung der Beweismittel zu beobachten ist.

Diese theoretische Formulirung der bestehenden Praxis wird zu irgend welchen Meinungsverschiedenheiten eben so wenig Veranlassung geben, wie die Thatsachen selbst, welche im praktischen Rechtsleben existiren. Hinsichtlich der Beantwortung der ersten Frage ist also überhaupt kein Streit vorhanden.

II. Entspricht die bestehende Praxis den Bestimmungen der geltenden Gesetzgebung?

Es kommt zur Beantwortung dieser Frage natürlich darauf an, zu constatiren, was die geltende Gesetzgebung bestimmt. Die Kritik hatte behauptet, durch §. 22 der Verordnung vom 3. Januar 1849 sei die s. g. Überzeugungstheorie **nicht vollständig** eingeführt; dieselbe gelte vielmehr nur für die Wirkung der zu benutzenden Beweismittel, wogegen die gesetzlichen Vorschriften über die zu benutzenden Beweismittel, wie auch die gesetzlichen Vorschriften über die Form, in welcher die Benutzung stattzufinden habe, von zwingender Bedeutung für den Richter seien.

In diesem Resultat stimmt die „Abhandlung“ mit der „Kritik“ überein. (Vergl. Goltd., Archiv a. a. O. S. 477 ff.) Die „Kritik“ hatte dieses Resultat aus dem Wortlaute des §. 22 deducirt. Daß dieses zulässig, anerkennt auch die „Abhandlung“ (a. a. O. S. 480). Dieselbe bringt noch einen weiteren Grund für die Richtigkeit ihrer und unserer Ansicht bei, nämlich die Entstehungsgeschichte des §. 22, welche deutlich zeigt, daß die Absicht der neueren Gesetzgebung nur darauf gerichtet gewesen ist, die gesetzliche Beweistheorie einzig und allein in Betreff der Wirkungen der Beweismittel zu beseitigen, während dieselbe in allen übrigen Beziehungen, namentlich in Betreff der zu benutzenden Beweismittel, ihre Geltung behalten sollte.

Zu diesen beiden Gründen können nun noch folgende weiteren hinzugefügt werden:

1. Der §. 22 sagt:

„Die bestehenden gesetzlichen Vorschriften über das Verfahren bei Aufnahme der Beweise .... bleiben ferner maßgebend.“

Fragt man nun, welche gesetzlichen Vorschriften hier gemeint sind, so kann man die Antwort auf diese Frage doch nur in den Gesetzen finden, welche am 3. Januar 1849 in Preußen Geltung hatten. Nun lautet die Überschrift des fünften Abschnittes der Criminalordnung:

„Vom Verfahren des Richters bei Aufnahme der Beweise.“

Es sind dieselben Worte, welche der §. 22 der Verordnung gebraucht. Diejenigen gesetzlichen Bestimmungen, — so müssen wir den §. 22 paraphrasiren — welche das bisherige Recht unter dem Ausdrucke „Verfahren bei Aufnahme der Beweise“ zusammenfaßte, bleiben maßgebend. Nun begriff aber das ältere Recht unter dem Ausdrucke „Verfahren bei Aufnahme der Beweise“ nicht bloß die Regeln über die Form der Beweiserhebung, sondern auch die Vorschriften über die Arten der zu benutzenden Beweismittel, wie dieses der Inhalt des fünften Abschnittes der Criminalordnung zeigt. Folglich, so muß geschlossen werden, sind durch §. 22 alle gesetzlichen Bestimmungen über die zu benutzenden Beweismittel aufrecht erhalten worden. Und zwar alle. Denn, wenn §. 22 noch zum Überflusse die Worte braucht:

„insbesondere auch darüber, welche Personen als Zeugen vernommen und vereidet werden dürfen" — so versteht es sich von selbst, daß diese Worte nur in folgender Weise erläuternd umschrieben werden dürfen: „Alle gesetzlichen Vorschriften über die Art der im Strafprocesse zu benutzenden Beweismittel bleiben wirksam. Da man indessen diese Vorschrift am leichtesten in Betreff der zu vernehmenden und zu vereidenden Zeugen in Zweifel ziehen könnte, so wird in Betreff dieses Punktes noch ausdrücklich darauf hingewiesen, daß auch nach dem jetzt geltenden Recht Niemand als Zeuge vernommen und vereidet werden darf, der nicht auch nach den Vorschriften des fünften Abschnittes der Criminalordnung als Zeuge vernommen und vereidet werden durfte."

So zeigt sich also ein Bezugnehmen des ersten Absatzes des §. 22 auf den fünften Abschnitt der Criminalordnung.

Und die gleiche Bezugnahme findet in dem zweiten Absatze des §. 22 auf den sechsten Abschnitt der Criminalordnung statt. Der zweite Absatz des §. 22 beginnt nämlich mit den Worten:

„Dagegen treten die bisherigen positiven Regeln über die Wirkungen der Beweise außer Anwendung."

und die Überschrift zum sechsten Abschnitt der Criminalordnung lautet:

„Von den Wirkungen der Beweise und Vermuthungen in peinlichen Sachen."

Der Sinn des §. 22 würde kein anderer sein, wenn die Fassung desselben folgendermaßen lautete:

„Der fünfte Abschnitt der Criminalordnung, insoweit in demselben nicht Bestimmungen über die Wirkung der Beweise enthalten sind, bleibt in gesetzlicher Wirksamkeit.

Dagegen wird der sechste Abschnitt der Criminalordnung ebenso wie diejenigen Bestimmungen des fünften Abschnittes, welche sich auf die Wirkung der Beweise beziehen, aufgehoben."

2. Wenn es anerkannt ist, wie dieses auch die „Abhandlung" zugiebt, daß die Praxis den ersten Abschnitt des §. 22 in der Weise versteht, daß durch denselben die Form der Beweiserhebung nach den Vorschriften der Criminalordnung hat aufrecht erhalten werden sollen; wenn es richtig ist, daß ein Verstoß gegen die Form zu einem Nichtigkeitsgrunde wird, so muß man doch auch zugeben, daß Beweismittel, welche nicht in der gesetzlich vorgeschriebenen Form erhoben sind, auch keine Wirksamkeit äußern dürfen. Nun ist es aber doch ein Ding der Unmöglichkeit, eine gesetzlich bestimmte Form der Beweiserhebung für

andere als für die im Gesetze ausdrücklich anerkannten Arten der Beweismittel festzusetzen. Denn, so wie das Gesetz sagt, dies Beweismittel solle in dieser und in keiner anderen Form benutzt werden, anerkennt es damit doch auch zugleich die Zulässigkeit desjenigen Beweismittels, für dessen Anwendung es eben die bestimmte Form vorgeschrieben hat. Und andererseits, wenn ein Gesetz ein Beweismittel nicht für zulässig anerkennen will, so wird es demselben doch nimmermehr beikommen, eine Form zu bestimmen, welche bei Benutzung dieses Beweismittels beobachtet werden soll.

Daraus ergiebt sich denn Folgendes: Will die Praxis wirklich nur diejenigen Formen der Beweiserhebung benutzen, welche die Criminalordnung zuläßt, so ist das nur denkbar unter der Voraussetzung, daß sich die Praxis auch auf diejenigen Beweismittel beschränkt, für deren Benutzung die Criminalordnung die gesetzliche Form vorgeschrieben hat. Wenn dagegen die Praxis noch andere als die gesetzlich anerkannten Beweismittel benutzt, so muß sie sich auch die Form schaffen, in der sie dieses gesetzlich nicht anerkannte Beweismittel benutzt. Eine von der Praxis selbst geschaffene Form ist aber ganz gewiß keine gesetzlich anerkannte Form. Es wäre denkbar, daß ein Strafproceßgesetz sagte: „Der Richter darf diese und nur diese Beweismittel anwenden; in welcher Form er sie anwendet, ist gleichgültig.“ Das hätte einen Sinn. — Wenn aber ein Strafproceßgesetz sagen wollte: „Der Richter soll die Beweismittel nur in der vom Gesetz vorgeschriebenen Form anwenden; welche Beweismittel er anwenden will, ist gleichgültig“ — so hätte das keinen Sinn, da — wie gezeigt — eine gesetzlich vorgeschriebene Form ein gesetzlich anerkanntes Beweismittel voraussetzt.

Das so eben unter 1 und 2 Gesagte soll nur dazu dienen, den Beweis für die Behauptung zu verstärken, in Betreff deren zwischen der „Kritik“ und der „Abhandlung“ ein Streit nicht existirt, nämlich für die Behauptung, daß in Folge der Vorschrift des §. 22 die gesetzliche Beweistheorie **nicht** beseitigt ist, **daß dieselbe vielmehr fortbesteht**, sowohl in Betreff der zu benutzenden Beweismittel, wie auch in Betreff der Form, in welcher die zulässigen Beweismittel benutzt werden sollen.

Das Gleiche können wir auch durch eine andere Formel ausdrücken, in Betreff deren auch kein Streit zwischen der „Abhandlung“ und der „Kritik“ existirt, nämlich durch folgende: Die Überzeugungstheorie ist durch §. 22 nur und allein für die Wirkungen der Beweise anerkannt — **und für nichts Weiteres.**

Nun wurde oben, und zwar auch in Übereinstimmung mit der „Abhandlung", darauf hingewiesen, daß die bestehende Praxis die Anwendung der Überzeugungstheorie nicht bloß beschränkt auf die Wirkungen der Beweise, sondern daß sie dieselbe auch ausdehnt auf die Arten der zu benutzenden Beweismittel. — Es wurde ferner hier an dieser Stelle dargethan, daß eine gesetzlich anerkannte Form der Beweiserhebung nur denkbar sei bei gesetzlich anerkannten Beweismitteln. Hieraus folgt denn, daß die Praxis auch die Form der Beweiserhebung nach ihrem freien Ermessen da vornimmt und vornehmen muß, wo sie ein gesetzlich nicht anerkanntes Beweismittel benutzt.

Stellen wir die Bestimmungen des bestehenden Gesetzes und die bestehende Praxis einander gegenüber:

Das Gesetz bestimmt:	Die Praxis behauptet:
1. Der Richter soll nur diejenigen Beweismittel benutzen, welche als taugliche im Gesetze ausdrücklich bezeichnet sind. Welche Beweismittel zu benutzen sind, das hängt nicht von der Überzeugung des Richters ab, sondern nur von den positiven Bestimmungen des Gesetzes.	1. Der Richter darf alle und jede „Außenumstände", alle und jede „Gegenstände sinnlicher Wahrnehmung" als Beweismittel benutzen. Was als Beweismittel zu benutzen ist, das hängt nicht von irgend welcher gesetzlichen Vorschrift ab, sondern bestimmt sich lediglich nach der freien Überzeugung des Richters.
2. Wenn die gesetzlich zulässigen Beweismittel benutzt werden, so muß dies in der gesetzlich vorgeschriebenen Form geschehen.	2. Wird ein solches Beweismittel benutzt, welches gesetzlich anerkannt ist, so muß dasselbe in der vom Gesetze vorgeschriebenen Form benutzt werden. Hinsichtlich der vom Gesetze nicht anerkannten Beweismittel bleibt die Form der Beweiserhebung dem richterlichen Ermessen anheimgegeben.
3. Über die Wirkung der gesetzlich zulässigen und in gesetzmäßiger Form erhobenen Beweise entscheidet lediglich die Überzeugung des Richters.	3. Über die Wirkung der Beweise, welche entsprechend den unter 1 und 2 ausgesprochenen Grundsätzen benutzt sind, entscheidet lediglich die Überzeugung des Richters.

Sind nun aber diese einzelnen Sätze richtig, so ergiebt sich aus ihnen mit Nothwendigkeit folgendes Resultat:

Die Beweismaxime, welche die preußische Praxis handhabt, ist eine vollkommen andere als die Beweismaxime, welche das Gesetz aufgestellt hat.

Da nun aber die Praxis nur alsdann eine richtige ist, wenn sie mit den Vorschriften des Gesetzes übereinstimmt, so folgt daraus,

daß die bestehende Praxis vollkommen unrichtig ist.

Weder durch die „Kritik", noch durch die vorliegenden Bemerkungen sollen „die Grundlagen unserer bisherigen strafrechtlichen Entscheidungen in Frage gezogen werden", insofern dieselben auf gesetzlicher Basis beruhen, sondern es sollen nur die Grundlagen derjenigen strafrechtlichen Entscheidungen in Frage gezogen werden, welche **nicht** auf gesetzlicher Basis beruhen. Denn das leuchtet ein, daß zwei verschiedene Kategorieen von Straffällen vorkommen können. Die erste derselben umfaßt nämlich diejenigen Fälle, in welchen keine Veranlassung vorhanden war, andere als die gesetzlich anerkannten Beweismittel zu benutzen, während in die zweite Kategorie diejenigen Fälle zu verweisen sind, bei denen das Beweisresultat auf solche Beweismittel gestützt wird, welche eine gesetzliche Anerkennung nicht gefunden haben. Die erste Kategorie stimmt mit den gesetzlichen Bestimmungen dem Resultate nach überein; die zweite Kategorie widerspricht dem Gesetz, und kann dem Gesetze nur dadurch conform gemacht werden, daß die Praxis die Gelegenheit, andere als die gesetzlich anerkannten Beweismittel anzuwenden, nicht benutzt. —

Ob die Praxis den gesetzlichen Vorschriften entspricht, oder ob dies nicht der Fall ist, das hängt von Zufälligkeiten des einzelnen Falles ab. Denn nur das zufällige Fehlen gesetzlich nicht anerkannter Beweismittel bewirkt, daß nur die gesetzlich anerkannten benutzt werden; und das zufällige Vorhandensein gesetzlich als Beweismittel nicht anerkannter „Außenumstände" bewirkt die Benutzung derselben als Beweismittel. Wenn daher auch in denjenigen Straffällen, in denen, veranlaßt durch das zufällige Fehlen nicht anerkannter Beweismittel, die Entscheidung nur auf gesetzlich anerkannte Beweismittel gestützt wird, eine dem Resultate nach richtige Entscheidung getroffen wird; so ist doch diese dem Resultate nach richtige Entscheidung noch keineswegs eine juristisch correkte zu nennen. Denn correkt ist eine juristische Entscheidung doch erst dann, wenn sich dieselbe als die nothwendige Folgerung aus bestimmten, rechtlich anerkannten Prämissen ergiebt, nicht aber dann, wenn sie sich als das Resultat von Zufälligkeiten darstellt, welche eben so gut auch andere hätten sein können. Sagt man: N. ist zu verurtheilen, weil der Beweis seiner Schuld durch gesetzlich anerkannte Beweismittel gegen ihn geführt ist — so ist correkt entschieden. Sagt man dagegen: N. ist zu verurtheilen, weil der Beweis seiner Schuld durch diese und jene „Außenumstände", welche zufällig auch vom Gesetze als zulässige Beweismittel anerkannt sind, gegen ihn geführt ist — so ist incorrekt entschieden; obwohl dem Resultate nach, daß nämlich N. zu verurtheilen, diese Entscheidung eben so richtig ist als jene. —

Wir haben hier darzuthun gesucht, daß die zweite der oben aufgestellten Fragen:

> Entspricht die bestehende Praxis den Bestimmungen der geltenden Gesetzgebung?

nicht anders als mit **Nein** beantwortet werden kann.

Hiermit stimmt die „Abhandlung" auch überein. Zwar wird dort das „Nein" nicht geradezu ausgesprochen, aber doch der Sache nach.

Die „Abhandlung" sagt wörtlich:

> „In so weit würde also der obigen Kritik beizutreten sein, insofern sie unter den im §. 22 gedachten „Beweisen" nur die „vom Gesetze für zulässig erklärten Beweismittel" versteht."

Die „Abhandlung" erklärt aber auch ebenso, daß die Praxis unter den „Beweisen" des §. 22 nicht bloß die vom Gesetze für zulässig erklärten Beweismittel versteht, sondern daß dieselbe sich für ermächtigt hält, „alle Außenumstände, alle Gegenstände sinnlicher Wahrnehmung" als Beweismittel zu benutzen. Die „Abhandlung" sagt weiter von der bestehenden Praxis, daß „ein Angriff aus dem Grunde, weil irgend ein solches Objekt an sich nicht ein zulässiges Beweismittel sei, nicht statthaft sein dürfte."

Somit also findet zwischen der „Kritik", resp. diesen Ausführungen und der „Abhandlung" ein Streit über die Prämissen der Schlußfolgerung überhaupt nicht statt; und aus diesem Grunde dürfen wir annehmen, daß auch hinsichtlich der aus diesen Prämissen gezogenen Schlußfolgerung ein Streit zwischen uns und dem Verfasser der „Abhandlung" nicht existiren kann. Der Verfasser der „Abhandlung" wird nicht umhin können, die Nothwendigkeit unserer Schlußfolgerung anzuerkennen und auch seinerseits dem Satze beizutreten:

Die Beweismaxime, welche die preußische Praxis

handhabt, ist eine vollkommen andere als die Beweismaxime, welche das Gesetz aufgestellt hat. Mithin ist die bestehende Praxis vollkommen unrichtig.

III. Sind die Bestimmungen der bestehenden Gesetzgebung zu billigen?

Die „Abhandlung" beantwortet diese Frage mit: Nein. Dem Resultate nach ist auch hier zwischen der „Abhandlung" und der „Kritik" kein Streit vorhanden. Aber die Begründung dieses Resultats möchten wir in anderer Weise unternehmen, als dieses durch die „Abhandlung" geschehen ist.

„Der Fehler," so heißt es a. a. O. S. 480, „liegt nämlich in jenem von uns oben erwähnten Umstande, daß man nicht, wie die „Principienfragen" wollten, mit der Aufhebung der Beweistheorie nun zugleich einen Katalog der „zulässigen Beweismittel" aufstellte, sondern es in dieser Hinsicht lediglich bei den Vorschriften der Criminalordnung bewenden ließ. Diese sind aber dafür fast unbrauchbar, sie beziehen sich auf eine Lehre, die positive Beweistheorie, welche nicht mehr besteht."

Dieser Auffassung können wir nicht beitreten. Die positive Beweistheorie ist durch §. 22 der Verordnung nicht aufgehoben, sie sollte auch nach der Ansicht der „Principienfragen" (vergl. a. a. O. S. 477, 478) gar nicht aufgehoben werden, sondern es sollte jedenfalls in Rücksicht auf die zu benutzenden Beweismittel die positive Beweistheorie bestehen bleiben; und in Rücksicht auf die zu benutzenden Beweismittel besteht denn auch die positive Beweistheorie als geltendes Recht. Wenn im Jahre 1849 ein Gesetz bestand, welches positive Vorschriften enthält, sowohl über die zu benutzenden Beweismittel, wie auch über die Wirkung derselben, und ein neues Gesetz bestimmt, daß diejenigen Vorschriften, welche sich auf die Wirkung der Beweismittel beziehen, aufgehoben werden, diejenigen dagegen, welche sich auf die zu benutzenden Beweismittel beziehen, ihre Geltung behalten sollen, so kann man doch in keinem Falle behaupten, daß der Richter nicht in der Lage wäre, zu wissen, was geltendes Recht sei. Freilich, die gesetzliche Beseitigung der Lehren von der Wirkung der Beweismittel war ein so bedeutsamer Eingriff in die bestehende Gesetzgebung, daß es nicht mehr als natürlich gewesen wäre, wenn die neue Gesetzgebung sich die Frage vorgelegt hätte, ob es nicht zweckmäßig sei, auch in Betreff der Lehre von den zu benutzenden Beweismitteln Änderungen eintreten zu lassen. Wenn nun aber die Gesetzgebung — wie faktisch geschehen — diese Frage dahin beantwortet hat, daß an den bestehenden gesetzlichen Bestimmungen über die zu benutzenden Beweismittel nichts zu ändern sei; so kann man darüber streiten, ob diese Entscheidung, welche der Gesetzgeber getroffen hat, eine zweckmäßige sei, ob nicht andere Bestimmungen, wenn sie getroffen wären, viel zweckmäßiger sein möchten, man kann die Gesetzgebung tadeln, daß sie die unzweckmäßigen Bestimmungen habe bestehen lassen; das Alles aber kann doch noch keinen Rechtfertigungsgrund für die Praxis abgeben, wenn sie das bestehende Gesetz ignorirt, wenn sie einfach erklärt: die gesetzlichen Bestimmungen über die zu benutzenden Beweismittel sind unzweckmäßig, sie werden daher überhaupt nicht beachtet.

Die „Abhandlung" erklärt zwar, die in der Criminalordnung aufgeführten zulässigen Beweismittel seien für das durch §. 22 der Verordnung begründete Recht, „fast unbrauchbar" — was allerdings mehr zu bedeuten scheint, als der von uns gewählte Ausdruck „unzweckmäßig" — und zwar deswegen, weil sie sich auf die positive Beweistheorie beziehen, welche nicht mehr existirt. Nun ist so viel unzweifelhaft, daß, als die Criminalordnung ihren Katalog der zulässigen Beweismittel aufstellte, sie dieses unter der Voraussetzung that, daß der Richter auch hinsichtlich der Wirksamkeit dieser Beweismittel noch an bestimmte gesetzliche Vorschriften gebunden sein werde. Jetzt aber hat die Verordnung vom 3. Januar 1849 denselben Katalog der zulässigen Beweismittel reproducirt (§. 22, Al. 1) und bestimmt, daß der Richter, der diese Beweismittel benutzt, in Betreff der Wirksamkeit derselben nicht mehr an bestimmte gesetzliche Vorschriften gebunden sein solle. Liegt in dieser Bestimmung denn ein Widerspruch? ein Widerspruch, welcher der Praxis die Nothwendigkeit auferlegte, den einen Theil derselben nicht zu befolgen, wenn sie den andern befolgen will? Ganz gewiß nicht! Denn mag das Gesetz nun sagen: der Richter soll in Betreff der Wirkung der Beweismittel an bestimmte gesetzliche Regeln gebunden sein; oder mag das Gesetz sagen: der Richter soll in Betreff der Wirkung der Beweismittel lediglich seiner freien Überzeugung folgen; in beiden Fällen wird es dem freien legislatorischen Ermessen anheim gegeben bleiben, zu bestimmen, welche Beweismittel benutzt werden sollen, unter welchen Voraussetzungen sie benutzt werden dürfen, welche Formalitäten bei ihrer Benutzung zu beobachten sind.

Die „Abhandlung" hat freilich auch nicht behauptet, die gesetzlichen Beweismittel der Criminalordnung seien für das heutige Recht „unbrauchbar", sie erklärt nur, sie seien „fast unbrauchbar" — also doch auch wohl „fast brauchbar". Es wäre vielleicht gut gewesen, wenn die „Abhandlung" einen Ausdruck, der das, was gemeint ist, unbestimmt läßt, vermieden hätte — wie denn überhaupt derartige Ausdrücke das Streben nach Wahrheit ganz ungemein erschweren.

Nun fährt die „Abhandlung" in folgender Weise fort: „Es liegt in dem Wesen dieser Theorie (nämlich der positiven Beweistheorie) und des Inquisitionsprocesses, den Umfang der vollkräftigen Beweismittel zu beschränken, also die Zahl der untüchtigen oder doch nicht vollkräftigen Beweismittel zu erweitern. Sobald die Zuverlässigkeit im Voraus nach abstrakten Grundsätzen abgeschätzt werden sollte, mußten alle Umstände in's Auge gefaßt werden, und in's Gewicht fallen, welche nach der Natur der Dinge diese Zuverlässigkeit irgend wie beeinträchtigen können. So abstrakt betrachtet, ließ sich fast kein einziges Beweismittel als ein untrügliches betrachten. Daraus wurde die Regel für alle Fälle gebildet. Daher, was z. B. den Zeugeneid betrifft, die zahlreichen Kategorien völlig unfähiger oder doch nicht glaubwürdiger Zeugen in den §§. 356, 357. Alle diese Vorschriften stehen aber in der genauesten Verbindung und Wechselwirkung mit dem Titel über die „Wirkungen der Beweise", wie das aus einer Vergleichung der einzelnen Vorschriften unzweifelhaft erhellt; sie waren seine nothwendige Grundlage."

Dieser Auffassung können wir nicht vollständig beitreten. Zunächst erscheint nämlich in den mitgetheilten Worten eine Sonderung zweier Begriffe, die für die hier zu entscheidende Frage vollkommen bestimmt geschieden werden müssen, nicht mit der erforderlichen Schärfe vorgenommen. Diese beiden Begriffe sind erstens der Begriff „taugliche Beweismittel", zweitens der Begriff „glaubwürdige, vollkräftige, untrügliche Beweismittel". Es ist doch immer zuerst die Frage aufzuwerfen: „Welche Beweismittel darf ich benutzen?" Und die Antwort auf diese Frage ist: „Keine anderen, als die tauglichen Beweismittel." Dann erst entsteht die weitere Frage: „Welche Wirkungen haben die Beweismittel?" Darauf ist die Antwort: „Das hängt ab von der größeren oder geringeren Glaubwürdigkeit, Vollkräftigkeit, Trüglichkeit der benutzten Beweismittel — welche keine andere als taugliche sein dürfen. Speciell wird man daher auch bei dem Zeugenbeweise den Unterschied zwischen tauglichen und zwischen unglaubwürdigen Zeugen festhalten müssen." Wird gefragt: „Welche Zeugen dürfen als Beweismittel benutzt werden?" so ist darauf die Antwort: „Nur die tauglichen." Wird dann weiter gefragt: „Welche Wirkung haben die benutzten Zeugen?" so ist darauf die Antwort: „Das hängt ab von der größeren oder geringeren Glaubwürdigkeit der tauglichen Zeugen."

Eine Vermischung dieser beiden principiell von einander zu sondernden Begriffe kann eintreten — und ist in diesem Falle für den Praktiker nicht erheblich nachtheilig — wenn für die praktische Handhabung beider gesetzliche Vorschriften existiren, oder wenn dieselben für die praktische Handhabung beider fehlen. Wenn aber die Frage nach der Tauglichkeit der Beweismittel nach der Vorschrift des positiven Gesetzes, die Frage nach der Glaubwürdigkeit der Beweismittel ohne die Vorschriften des positiven Gesetzes, lediglich nach der freien Überzeugung des Richters entschieden werden soll, dann wird jede Vermischung dieser beiden Begriffe von den erheblichsten praktischen Nachtheilen begleitet sein.

Wir bestreiten sodann, daß es in dem Wesen des Inquisitionsprocesses liege, die Zahl der tauglichen Beweismittel zu vermindern; daß dagegen das Wesen des Anklageprocesses eine Vermehrung der tauglichen Beweismittel erheische. Denn wäre dieses der Fall, so müßte der wesentliche Unterschied dieser beiden Proceßarten darin bestehen, daß ersterer — der Inquisitionsproceß — über ein geringeres, letzterer — der Anklageproceß — über ein größeres Wahrheitserforschungsmaterial disponirte. Darin aber liegt doch nicht der Unterschied dieser beiden Proceßarten, sondern vielmehr darin, daß die Form, in welcher das zulässige Wahrheitserforschungsmaterial zur Cognition des Richters gebracht wird, eine andere beim Inquisitionsproceß ist und eine andere beim Anklageproceß. Der Anklageproceß an sich verträgt den engsten Umfang der zulässigen Beweismittel — man denke an den Proceß des Richtsteiges — während der Inquisitionsproceß den weitesten Umfang der Wahrheitserforschungsmittel gestatten kann — und es ist nicht der geringste Grund vorhanden, weshalb man behaupten müßte, wenn der Proceß eines Landes Inquisitionsproceß gewesen und jetzt Anklageproceß geworden ist, so muß in Folge dessen der Umfang der zulässigen Beweismittel vermehrt werden. Vielmehr kann nur behauptet werden: Wenn die Änderung aus dem Inquisitionsproceß in den Anklageproceß auch wirklich stattgefunden hat — es ist ja bekannt, daß dies für den preußischen Strafproceß nur zu einem sehr kleinen Theile der Fall ist — so hat dies auf die Zahl der zu benutzenden Beweismittel an sich gar keinen Einfluß. Bestimmt das neue Gesetz hierin nicht ausdrücklich Änderungen, so bleiben alle diejenigen Beweismittel, welche früher für den Inquisitionsproceß als taugliche Beweismittel erklärt waren, auch jetzt für den Anklageproceß taugliche Beweismittel; und kein Beweismittel, welches für den früheren Inquisitionsproceß nicht als taugliches Beweismittel galt, kann jetzt für den Anklageproceß als ein solches gelten.

Wenn endlich in der „Abhandlung" noch darauf hingewiesen wird, daß die Vorschriften über die tauglichen Beweismittel, z. B. die Bestimmungen der §§. 356, 357 der Criminalordnung in der genauesten Verbindung und Wechselwirkung mit dem Titel über „die Wirkungen der Beweise" stehen, daß sie seine nothwendige Grundlage wären, so ist dieser Auffassung nur theilweise beizustimmen. Richtig ist, daß die Bestimmungen über die tauglichen Beweismittel nach dem Rechte der Criminalordnung die nothwendige Grundlage für die Bestimmungen über die „Wirkung der Beweise" waren. Denn selbstverständlich konnte ein Beweismittel diejenigen Wirkungen, die ihm das Gesetz zuschrieb, nur dann haben, wenn das Gesetz zuvörderst bestimmt hatte, daß das Beweismittel selbst ein taugliches sei. Die Grundlage also und der Zusammenhang, der sich aus dieser Grundlage ergiebt, muß zweifellos anerkannt werden. Die „Wechselwirkung" dagegen ist eben so unzweifelhaft in Abrede zu stellen. Denn das Fortfallen der „Grundlage" würde allerdings bedingt haben, daß auch dasjenige fortfällt, was auf dieser Grundlage erbaut wurde; d. h. wenn die gesetzlichen Bestimmungen über die Tauglichkeit der Beweismittel aufgehoben wären, so würden damit von selbst die gesetzlichen Bestimmungen über die Wirksamkeit der Beweismittel gefallen sein; wenn aber lediglich dasjenige beseitigt ist, was auf einer bestimmten Grundlage erbaut ist, so fällt deshalb die Grundlage selbst noch keineswegs zusammen; d. h. wenn die gesetzlichen Bestimmungen über die Wirkungen der Beweise aufgehoben sind, so bleiben davon die Vorschriften über die Tauglichkeit der Beweismittel unberührt.

Fassen wir also das Gesagte zusammen. Die „Abhandlung" deducirt: Durch die neue Gesetzgebung ist eine Änderung hinsichtlich der Grundsätze über die Wirkung der Beweise eingeführt, die neue Gesetzgebung hat den Inquisitionsproceß in einen Anklageproceß verwandelt, folglich mußte sie auch die Grundsätze über die Tauglichkeit der Beweismittel ändern, und da sie das nicht gethan hat, so kann die Praxis mit der bestehenden Gesetzgebung nicht auskommen.

Wir unsererseits behaupten, die Aufhebung der Regeln über die Wirkung der Beweise, die Änderungen, welche die Form des Strafprocesses erfahren hat, bedingen keineswegs mit innerer Nothwendigkeit eine Änderung der Vorschriften über die Tauglichkeit der Beweismittel. Und wenn die Praxis behauptet, sie könne mit diesen Vorschriften nicht auskommen, so liegt der Grund dafür in ganz anderen Dingen als in §. 22 der Verordnung vom 3. Januar und in dem s. g. Anklageproceß.

Vergegenwärtigen wir uns doch nur den Zustand des Strafprocesses bis zum Jahre 1849. Wir finden eine bestimmte Anzahl von Beweismitteln und diese mit bestimmten gesetzlichen Wirkungen bekleidet. Nicht weniger als vierundzwanzig Jahre lang bleiben alle diese Vorschriften in Wirksamkeit. Da erscheint ein neues das Strafverfahren regelndes Gesetz. Nimmt dieses dem Beweise irgend eines der bis dahin zulässigen Beweismittel? Nein! Dieses Gesetz erklärt, daß alle diejenigen Beweismittel, welche bis dahin zulässig gewesen sind, auch fernerhin zulässig sein sollen; es sagt ausdrücklich, daß alle die Mittel, welche bis dahin dem Richter zur Wahrheitserforschung gedient haben, ihm auch fernerhin dazu dienen sollen. Das Gesetz befreit ferner den Richter von allen Beschränkungen, die ihm das frühere Recht in Betreff der Wirkung der Beweise auferlegte — und nun kommt die Praxis und erklärt: So lange wir noch in Betreff der Wirkung der Beweise beschränkt waren, konnten wir uns auch die Vorschriften über die zu benutzenden Beweismittel gefallen lassen; nun man uns aber von jener Schranke befreit hat, geht es auch mit dieser nicht mehr; die Praxis kann wohl die doppelte Beschränkung vertragen, aber nicht die einfache!! —

Die Sache liegt doch in der That folgendermaßen:

Man überzeugte sich, daß es für die Wahrheitserforschung nicht förderlich sei, wenn man den Richter an positive Regeln über die Wirkung der Beweise bindet, und in Folge dessen hob man diese gesetzlichen Bestimmungen auf.

Da lag denn allerdings die Frage sehr nahe, ob nicht auch unter denjenigen Bestimmungen, welche die Tauglichkeit der Beweismittel regeln, solche vorhanden seien, welche ebenfalls der Wahrheitserforschung hinderlich wären. Die Gesetzgebung beantwortete diese Frage mit „Nein“ — wir wollen annehmen, daß dieses sehr fehlerhaft war — aber es geschah so; die Praxis aber erklärt: Die Gesetzgebung hätte diese Frage nicht mit „Nein“, sondern mit „Ja“ beantworten sollen, sie hätte den Katalog der gesetzlich für untauglich erklärten Beweismittel revidiren und denselben hie und da abkürzen, also die Zahl der tauglichen Beweismittel vermehren sollen; das ist allerdings nicht geschehen; somit bleibt also nichts übrig, als die Gesetzgebung zu corrigiren und zwar gleich recht radical; die bloße Revision der gesetzlichen Bestimmungen über die Zulässigkeit der Beweismittel, die man freilich allein von der Gesetzgebung hätte fordern können, damit ist es nichts; wir werfen gleich die ganze Geschichte über den Haufen. Und sollte Jemand darauf kommen, uns zu fragen, mit welchem Rechte wir das thäten, so sagen wir bloß „Beseitigung der positiven Beweistheorie“ — „Überzeugungstheorie“ — „Anklageproceß“ — mit dem Mysticismus dieser Worte reicht man schon eine Weile aus.

Übrigens würde es doch noch sehr die Frage sein, ob die Gesetzgebung des Jahres 1849 so sehr unrecht that, als sie sich darauf beschränkte, hinsichtlich der Regeln der Tauglichkeit der Beweismittel lediglich auf die Criminalordnung zu verweisen. Denn gerade diejenige Bestimmung, welche in der Praxis den größten Anstoß erregt, und welche auch auf die Dauer unhaltbar ist, findet sich nicht in der Criminalordnung, sondern in dem zwei Jahre nach der Verordnung vom 3. Januar 1849 publicirten Strafgesetzbuche. Es ist dieses bekanntlich die Bestimmung des Strafgesetzbuches §. 12 Nr. 4, nach welcher der Verlust der bürgerlichen Ehre mit umfaßt „die Unfähigkeit als Zeuge oder Sachverständiger eidlich vernommen zu werden“, zu welcher Bestimmung noch die des §. 21 hinzukommt, nach welcher die Untersagung der Ausübung der bürgerlichen Ehrenrechte auf Zeit die Unfähigkeit bewirkt, während der im Urtheil bestimmten Zeit die im §. 12 erwähnten Rechte auszuüben. Ganz anders lauteten die durch diese Bestimmungen des Strafgesetzbuches beseitigten Vorschriften der Criminalordnung. Nach diesen sollten unfähig sein, ein Zeugniß abzulegen, §. 356 Nr. 6 diejenigen, welche eines falschen Zeugnisses oder anderen Meineides überführt worden sind; Nr. 7 diejenigen, welche begangener Verbrechen wegen für ehrlos erklärt worden .... Andere Verbrechen, wenn auch zeitige Festungs- oder Zuchthausstrafe darauf geordnet wäre, machen den Verbrecher zur Ablegung eines Zeugnisses nicht untauglich."

So viel steht jedenfalls fest: Nach den gesetzlichen Bestimmungen giebt es keine anderen Beweismittel als die durch die Criminalordnung anerkannten. Was speciell den Zeugenbeweis anbetrifft, so sind, abgesehen von den in der Criminalordnung als unfähig bezeichneten, auch diejenigen nicht als Beweismittel zu verwenden, welche nach den Bestimmungen des preußischen Strafgesetzbuches als Zeugen nicht vereidigt werden dürfen.

Hiermit — wir geben es zu — kann die Praxis auf die Dauer nicht auskommen; denn der Beweis durch Zeugen ist namentlich in Folge der Bestimmungen des Strafgesetzbuches zu sehr beschränkt. Aber dennoch muß sie dieselben befolgen; denn die Praxis steht unter dem Gesetz. Ändert die Praxis das Gesetz durch irgend welche Interpretationen, so schadet sie nach zwei Richtungen hin. Erstens schadet sie dadurch, daß sie den Fehler der Gesetzgebung verdeckt und so der Gesetzgebung selbst die Gelegenheit entzieht, die begangenen Fehler zu verbessern. Sodann aber schadet sie der Rechtssicherheit. Denn diese beruht darauf, daß den Anforderungen der juristischen Methode entsprechend richtig interpretirt wird, gleichviel zu welchen Resultaten man gelangt — hier gilt das fiat justitia pereat mundus —; interpretirt man dagegen, um ein schon vorher festgestelltes Resultat zu beweisen, so giebt man die juristische Methode preis und damit das juristische Fundament der richterlichen Unabhängigkeit. —

Für die Würdigung des bestehenden Rechtes in Betreff der hier erörterten Frage kommt aber noch ein anderer Umstand in Betracht.

Die „Abhandlung" macht mit vollem Rechte darauf aufmerksam, daß das bestehende Recht — die Novellen von 1849 und 1852 — eine Scheidung zwischen Beweismitteln, welche das Scrutinialverfahren und die Voruntersuchung zur Ermittelung der Spuren des Verbrechens und seines Thäters, und solchen, welche nur die mündliche Hauptverhandlung benutzen darf, nicht zuläßt. Daraus freilich würde ein besonderer Übelstand sich noch nicht ergeben. Nun benutzt aber der Strafproceß außer den gesetzlich anerkannten Beweismitteln noch andere Mittel zur Erforschung der Wahrheit, welche nicht Beweismittel sind. Und auch in Betreff dieser Nicht-Beweismittel, z. B. der bloßen Informationszeugen, machen die Gesetze keine Scheidung in Betreff der Benutzung derselben in den verschiedenen Stadien des Verfahrens, sondern lassen die Benutzung derselben sowohl in der Voruntersuchung, wie auch im Hauptverfahren zu.

Dadurch entsteht denn allerdings die Gefahr, daß in der Praxis ein Nicht-Beweismittel, z. B. ein bloßer Informationszeuge, als Beweismittel verwerthet wird, da dasjenige, was z. B. ein bloßer Informationszeuge aussagt, — oder dasjenige, was ein auf Grund des Art. 25 zu verlesendes Schriftstück enthält — unter Umständen nicht ohne Einfluß auf die Überzeugung des Richters, resp. der Geschwornen bleiben wird.

In Betreff der Verdikte der Geschwornen sagt nun die „Abhandlung", die Vorschrift, resp. die mehrfache Anordnung des Obertribunals, daß den Geschwornen z. B. die Vorlesung der Schriftstücke nach Art. 25, sowie die Vernehmung der Informationszeugen ausdrücklich „als nur zur Aufklärung erfolgt" bezeichnet werden solle, habe sich als illusorisch erwiesen. Wir haben keinen Grund die Richtigkeit dieser Thatsache zu bezweifeln*) und stützen auf dieselbe, gemeinschaftlich mit der „Abhandlung" und in derselben Richtung bestimmte Forderungen an die Gesetzgebung.

Aber etwas Anderes ist es doch mit der Benutzung von Nicht-Beweismitteln, wenn dieselbe von der Gerichtsabtheilung erfolgt. Hier greift eine gesetzliche Bestimmung Platz, auf welche, wie es uns bedünken will, die Praxis nicht genügendes Gewicht legt. Es ist dies die Bestimmung des Art. 31 des Gesetzes vom 3. Mai 1852:

> „Das Urtheil muß hervorheben, welche derjenigen Thatsachen, die zu den wesentlichen Merkmalen der den Gegenstand der Entscheidung bildenden strafbaren Handlung gehören, für erwiesen, oder für nicht erwiesen zu erachten seien .... Die Thatsachen und Beweismittel, auf Grund deren jener Beweis als geführt oder als nicht geführt angenommen worden ist, sind in den Entscheidungsgründen anzugeben."

Diese Bestimmung hat doch offenbar keinen Sinn, wenn sie nicht bewirken sollte, daß der erkennende Richter — denn auf Geschworne kann sich dieselbe ja der Natur der Sache nach nicht beziehen — das-

*) Vergl. indessen das Erkenntniß des Obertribunals vom 11. Mai 1864 (Just.-Min.-Bl. S. 163), worin festgestellt ist, daß ein Verfahren nichtig sein solle, wenn bei der Verlesung der protokollirten Aussage eines in der Voruntersuchung vernommenen Zeugen, die Geschwornen nicht ausdrücklich belehrt worden sind, daß die Verlesung nur „zur Aufklärung der Sache" erfolge.

jenige, was er für erwiesen oder für nicht erwiesen hält, lediglich auf Beweismittel und nicht auf bloße Informationsmittel stütze. Dieser Bestimmung gegenüber muß man doch sagen, daß ein Richter, welcher Thatsachen auf die Aussage von Informationszeugen hin als erwiesen angenommen hat, gesetzwidrig gehandelt habe, und daß ein Urtheil, in dessen Entscheidungsgründen diese begangene Gesetzwidrigkeit erkennbar ist, vernichtet werden muß. — Die „Abhandlung" scheint dem auch beizustimmen; sie führt ein Beispiel aus der Praxis an, in welchem wesentlich nur auf die Aussage eines Zuchthaussträflings hin, also eines ganz untauglichen, weil eidesunfähigen Zeugen eine Verurtheilung erfolgt sei, weil die Umstände von der Art waren, daß der Aussage dieses vom Gesetze für untauglich erklärten Zeugen volle Glaubwürdigkeit beizumessen gewesen wäre — und knüpft an diesen Fall die Betrachtung, daß die Praxis „gewiß entschuldbar" erscheinen werde, wenn sie die Frage nach der Zulässigkeit der Beweise weder in den Instanzen für die Thatfrage, noch auch in der Cassationsinstanz lediglich nach den gesetzlichen Bestimmungen beantwortete.

Wir erwidern hierauf, daß wir die Praxis entschuldigen könnten, wenn es ihr möglich wäre zu erklären: „In diesem Falle soll verurtheilt werden, aber die Verurtheilung ist nach dem bestehenden Rechte ungesetzlich." Denn in diesem Falle würde die Wahrheit des Rechts aufrecht erhalten bleiben. Nun kann aber die Praxis immer nur erklären: In diesem Falle soll verurtheilt werden, und diese Verurtheilung ist nach dem bestehenden Rechte gesetzlich; und dies sagt die Praxis, obwohl sie weiß oder doch wenigstens wissen sollte, daß diese Behauptung der Wahrheit widerspricht. Das ist nicht entschuldbar, sondern das gereicht der Praxis zum schweren Vorwurf.

Sehen wir zu, wohin wir gekommen wären, wenn die Praxis sich strenge an das Gesetz gehalten hätte! Es wären vielleicht von der Cassationsinstanz ein Dutzend Verurtheilungen, wie die von der „Abhandlung" erwähnte, cassirt, und in Freisprechungen verwandelt worden. Das hätte dann allerdings den Anforderungen, welche die Praxis an das Gesetz machen darf, nicht entsprochen; aber es wäre die Fehlerhaftigkeit des Gesetzes auf das Eclatanteste constatirt, und statt des schlechten hätten wir jetzt ein brauchbares Gesetz.

Und was haben wir jetzt? Ein schlechtes Gesetz, welches Aussicht hat, noch recht lange zu bestehen, weil sich die Praxis mit ihm eingerichtet hat — eine geradezu bodenlose Praxis — und eine nicht geringe Zahl von Richtern, deren juristisches Urtheil durch die Gewöhnung in diese Praxis so verworren geworden ist, daß sie alles Ernstes glauben, die bestehende Praxis sei wirklich eine vollkommen gesetzmäßige. —

Der Fehler der Gesetzgebung, der hier zur Sprache gekommen ist, liegt darin, daß dieselbe noch im Hauptverfahren außer den „Beweismitteln“ das Vorbringen von „Informationsmitteln“ — um durch dieses Wort in Kürze diejenigen Wahrheitserforschungsmittel zu bezeichnen, welche nicht Beweismittel sind — gestattet. Das muß beseitigt werden. Denn, wenn die Sonderung in Voruntersuchung und Hauptverfahren überhaupt einen Sinn haben soll, so kann derselbe nur darin bestehen, daß in der Voruntersuchung untersucht und im Hauptverfahren verhandelt wird. Soll dieser Forderung aber Genüge geschehen — und es muß ihr Genüge geschehen, soll anders unser Strafproceß correkt werden — so kann dies nur dadurch bewirkt werden, daß aus dem Hauptverfahren sämmtliche inquisitorische Momente entfernt und in die Voruntersuchung verwiesen werden, und daß das Hauptverfahren eine consequente Regelung nach den Grundsätzen des Accusationsprocesses erfährt.

IV. Worin sind die Bestimmungen der bestehenden Gesetzgebung zu ändern?

Die Beantwortung dieser Frage ergiebt sich aus dem unter III. Gesagten ganz von selbst. Die Gesetzgebung hat folgenden Anforderungen zu genügen:

1. Sie hat eine Revision derjenigen gesetzlichen Bestimmungen vorzunehmen, welche die von dem Richter zu benutzenden Beweismittel aufzählen. Diese Revision hat aber keineswegs die Aufgabe, alles dasjenige, was die Praxis jetzt im Widerspruche mit der bestehenden Gesetzgebung als Beweismittel benutzt, zum gesetzlich anerkannten Beweismittel zu erheben. Vielmehr wird eine derartige Revision die Lehren, welche eine Jahrhundert lange Erfahrung über die Tauglichkeit der Beweismittel aufgestellt hat, als ihr Fundament, als Achtung erheischende Autorität anerkennen, und wird von den in diesen Lehren enthaltenen Grundsätzen nur alsdann abweichen, wenn erwiesenermaßen die Anforderungen einer gesunden Praxis, einer Praxis, der es nicht um Verurtheilungen, sondern um die Sicherheit der Verurtheilungen zu thun ist, eine Abweichung unumgänglich nöthig erscheinen läßt.

2. Sie hat den Grundsatz anzuerkennen, daß die Herbeischaffung des beweisenden Materials lediglich Sache der Voruntersuchung ist, daß die Hauptverhandlung dagegen nur die Frage zu erörtern hat, was aus dem durch die Voruntersuchung gewonnenen Beweismaterial für die Schuld oder Nichtschuld des Angeklagten folgt. Sie wird als eine Consequenz dieses Grundsatzes die Bestimmung treffen, daß in dem Hauptverfahren nur „Beweismittel" nicht aber „Informationsmittel" zugelassen werden.

Und bis die Gesetzgebung dieser ihrer Pflicht nachgekommen ist, hat die Praxis die Aufgabe, durch correkte Handhabung der bestehenden Gesetze die Gesetzgebung täglich an ihre Pflicht zu mahnen.

Verletzung des Vertheidigungsrechts durch Nichtberücksichtigung des Beweisantrages seitens des Angeklagten.

Oppenhoff (die Rechtsprechung u. s. w. Thl. III S. 491) stellt folgenden Rechtssatz auf:

„Der Instanzrichter kann einen gestellten Beweisantrag aus dem Grunde ablehnen, weil das vorgeschlagene Beweismittel den geeigneten Erfolg nicht haben könne, sollte er auch die Erheblichkeit der unter Beweis gestellten Thatsache anerkennen."

Wir sehen vorläufig von der Entscheidung des Obertribunals, welche zur Aufstellung des oben erwähnten Rechtssatzes Veranlassung gegeben, vollständig ab und betrachten diesen für sich allein.

Zwei Voraussetzungen müssen zur Anwendung desselben vorhanden sein:

1. Der Instanzrichter anerkennt zwar die Erheblichkeit der unter Beweis gestellten Thatsache; aber
2. das vorgeschlagene Beweismittel kann den Erfolg, die unter Beweis gestellte Thatsache zu beweisen, nicht haben.

Treffen diese beiden Voraussetzungen zusammen, so kann — dies ist die Ansicht Oppenhoff's — der Instanzrichter den gestellten Beweisantrag ablehnen.

Gehen wir etwas näher auf diese Ansicht ein:

Das ist gewiß unbestritten und unbestreitbar, daß auch die denkbar erheblichsten Thatsachen vollständig indifferent werden, wenn sie nicht unter Beweis gestellt sind. Und in gleicher Weise steht es fest, daß Thatsachen nur in dem Falle als unter Beweis gestellt erachtet werden dürfen, wenn sie durch ein Beweismittel gestützt sind, welches nach den bestehenden Gesetzen überhaupt beweisen kann. Thatsachen, welche durch vollkommen untaugliche Beweismittel erwiesen werden sollen, sind überhaupt nicht unter Beweis gestellt. — Denken wir uns also den Fall: Ein Angeklagter habe Thatsachen angeführt, die im Interesse seiner Vertheidigung überaus erheblich sein würden, er habe dieselben aber gar nicht unter Beweis gestellt; — selbstverständlich kann und darf der Richter derartige Anführungen gar nicht berücksichtigen; — nehmen wir an, der Angeklagte habe die von ihm angeführten Thatsachen zwar durch Beweismittel gestützt, aber durch solche, welche nur seiner Ansicht nach Beweismittel sind, in den Augen des Richters aber als solche nicht gelten dürfen, weil sie durch die bestehenden Gesetze als untaugliche bezeichnet sind, so wird dieser Fall gerade so liegen wie der frühere, d. h. der Richter wird sich sagen müssen, der Angeklagte hat zwar Thatsachen angeführt, die zu seiner Exculpirung dienen könnten, falls er sie unter Beweis gestellt hätte; — nun hat er sie aber nicht unter Beweis gestellt, — denn untaugliche Beweismittel sind nicht Beweismittel — folglich kann und darf ich auf dieselben gar nicht näher eingehen.

Demnach scheint es, daß Oppenhoff seinen Rechtssatz correkter in folgender Weise formulirt hätte:

„Der Instanzrichter **muß** einen gestellten Beweisantrag ablehnen, wenn das vorgeschlagene Beweismittel den geeigneten Erfolg nicht haben **kann**."

Wir sind freilich bei der Formulirung dieses Satzes von der Voraussetzung ausgegangen, daß „Beweismittel, welches nicht beweisen **kann**" und „untaugliches Beweismittel" identische Begriffe seien.

Das Obertribunal scheint hierin freilich anderer Ansicht zu sein. Der Rechtsfall nämlich und die Entscheidung desselben, welche zu dem oben mitgetheilten Oppenhoff'schen Satze Veranlassung gegeben, werden a. a. O. in folgender Weise mitgetheilt:

„Der Schwurgerichtshof hatte die Erhebung eines vom Angeklagten beantragten Beweises, ohne die Erheblichkeit der unter Beweis gestellten Thatsache zu prüfen, lediglich aus dem Grunde abgelehnt, weil das vorgeschlagene Beweismittel den geeigneten Erfolg nicht haben könne. Nichtigkeitsbeschwerde des Angeklagten. Zurückweisung. Gründe:

Es kann nicht die Absicht des Gesetzgebers gewesen sein, die Vernehmung eines Zeugen bloß davon abhängig zu machen, ob der zu bekundende Umstand wesentlich sei; sondern es wird dem Richter, wie bereits in ähnlichen Fällen angenommen worden, außerdem auch noch Prüfung und Urtheil darüber zustehen, ob ein vorgeschlagenes Beweismittel den geeigneten Erfolg haben könne (vgl. Art. 101 des Ges. v. 3. Mai 1852 a. E. in den Worten: „mit Rücksicht auf die vorgeschlagenen neuen Thatsachen und Beweise"). Im vorliegenden Falle hat nun der Schwurgerichtshof in Betracht des Benehmens des Angeklagten, sowie der bereits zuvor von den vorgeschlagenen Zeugen dargelegten Unglaubwürdigkeit die Unerheblichkeit der etwa zu erlangenden Aussage constatirt; es ist deshalb die gerügte Verletzung des Vertheidigungsrechts nicht vorhanden."

Bleiben wir vorläufig bei dem concreten Falle stehen. In einer zur Competenz des Geschwornengerichts gehörenden Strafsache führte der Angeklagte gewisse nicht näher bezeichnete Thatsachen zu seiner Vertheidigung an; zum Beweise seiner Anführungen benennt er einen Zeugen. Der Schwurgerichtshof befindet nun, daß der vorgeschlagene Zeuge unglaubwürdig sei, constatirt damit die Unerheblichkeit der etwa zu erlangenden Aussage und lehnt demgemäß die Erhebung des vom Angeklagten beantragten Beweises ab. — Das Obertribunal erachtet dieses Verfahren des Schwurgerichtshofes für correkt, und es würde dasselbe, seiner Entscheidung entsprechend, nicht umhin können, folgendem Satze zuzustimmen:

„Der Schwurgerichtshof kann einen vom Angeklagten gestellten Beweisantrag aus dem Grunde ablehnen, weil der vorgeschlagene Zeuge **unglaubwürdig** ist."

Dieser Satz ist nun aber durchaus fehlerhaft.

Zunächst ist nur daran zu erinnern, daß der Begriff „unglaubwürdiger Zeuge" oder „verdächtiger Zeuge" für den heutigen preußischen Strafproceß gar kein technischer Begriff ist. Technisch ist lediglich der Begriff „untauglicher Zeuge". Der Richter der Rechtsfrage wird daher unter allen Umständen zu prüfen haben, ob ein vorgeschlagener Zeuge ein tauglicher Zeuge im Sinne des Gesetzes sei. Wenn aber diese Entscheidung getroffen ist, so ist damit auch entschieden, daß alle als tauglich erkannten Zeugen irgend etwas zu beweisen fähig sind, daß jeder derselben die Möglichkeit darbietet, irgend einen für die Entscheidung der Sache bald mehr, bald minder erheblichen Umstand beizutragen. Wie viel oder wie wenig der an sich taugliche Zeuge zur Ermittelung der Wahrheit in dem einzelnen Falle beiträgt, darüber die Entscheidung zu treffen, ist nicht Sache des Richters der Rechtsfrage, sondern lediglich Sache des Richters der Thatfrage. Wollte man das Gegentheil annehmen, so würde man damit nichts Geringeres behaupten, als daß die positiven Regeln des früheren Rechtes über die Wirkungen der Beweise noch jetzt in Kraft bestehen, während dieselben doch bekanntlich durch §. 22 Verordn. v. 3. Jan. 1849 außer Anwendung gesetzt sind. Der erkennende Richter, so bestimmt es die eben angeführte Gesetzesstelle, soll „unter genauer Prüfung aller Beweise für die Anklage und Vertheidigung nach seiner freien, aus dem Inbegriffe der vor ihm erfolgten Verhandlungen geschöpften Überzeugung entscheiden, ob der Angeklagte schuldig oder nichtschuldig sei.“ Man wird nun nicht bestreiten mögen, daß in Schwurgerichtssachen die Geschwornenbank darüber zu entscheiden hat, ob der Angeklagte schuldig oder nichtschuldig ist, daß die Geschwornenbank demgemäß erkennender Richter über die Schuldfrage ist. Es wird ferner zugegeben werden müssen, daß, so lange bis das Urtheil der Geschwornen gesprochen ist, der Schwurgerichtshof nicht als erkennender Richter, sondern nur als proceßleitender — resp. untersuchender — Richter fungirt, da seine Aufgabe in nichts Weiterem besteht, als darin, die correkte Entscheidung der Geschwornen über die Schuldfrage zu ermöglichen. Der Schwurgerichtshof wird erst dann erkennender Richter, wenn, nach Beantwortung der Schuldfrage, es sich darum handelt, das Endurtheil auszusprechen. — Ist es nun wohl möglich, so muß gefragt werden, daß der über die Schuldfrage erkennende Richter der Aufgabe nachkommen könne, die ihm das Gesetz gestellt hat, nämlich unter genauer Prüfung **aller** Beweise für die Anklage und Vertheidigung über Schuld oder Nichtschuld des Angeklagten zu entscheiden, wenn über einen beliebigen Theil der Beweise ihm die Entscheidung entzogen wird?

Sollte der Schwurgerichtshof wirklich in der Lage sein, die an sich tauglichen Beweismittel erst noch einer Prüfung in Betreff ihrer Glaubwürdigkeit zu unterwerfen und nur die nach einer solchen Prüfung für glaubwürdig befundenen Beweise den Geschwornen zu unterbreiten, so müßte sich eine derartige Bestimmung ausdrücklich in den Gesetzen finden. Denn allgemeiner Grundsatz ist es, daß über die Glaubwürdigkeit der an sich tauglichen Beweismittel der Richter der Schuldfrage entscheidet. Soll also dieser allgemeine Grundsatz dann eine Modification erleiden, wenn der Richter der Schuldfrage die Geschwornenbank ist, so hätte dies im Gesetze ausdrücklich ausgesprochen werden müssen — was aber bekanntlich nicht geschehen ist.

Somit müssen wir also den Satz hinstellen:

Wenn der Schwurgerichtshof einen an sich **tauglichen** Zeugen um deswillen zurückweist, weil er denselben aus irgend welchen Gründen nicht für **glaubwürdig** hält, so greift er über seine Competenz hinaus und in die der Geschwornen hinein.

Wir glauben kaum, daß aus den Worten des §. 22 cit. folgender Einwand entnommen werden dürfte. Durch die genannte Gesetzesstelle wird doch angeordnet, daß der erkennende Richter verpflichtet sei, die Gründe, welche ihn bei seinem Ausspruche über die Schuld oder Nichtschuld geleitet haben, in dem Urtheile anzugeben. Wollte man nun etwa sagen, daß, da der erkennende Richter Gründe für seine Entscheidung abgeben müsse, die Geschwornen jedoch ihr Verdikt aussprechen, ohne Gründe für dasselbe anzugeben, letztere als erkennende Richter im Sinne des Gesetzes nicht angesehen werden können, so würde auf diesen Einwand zu erwidern sein, daß die Bestimmung des §. 22 Verordn. v. 3. Januar 1849 sich unter den allgemeinen Bestimmungen des Gesetzes findet und daß diese allgemeine Bestimmung für das Urtheil der Geschwornen eine Modification erlitten hat durch Art. 95 Ges. v. 3. Mai 1852, woselbst angeordnet ist, daß die Geschwornen ihr Verdikt ohne Gründe abzugeben haben. Übrigens ist auch noch auf die Bestimmung des Art. 98 Ges. v. 3. Mai 1852 hinzuweisen, nach welcher, wenn die Geschwornen mit 7 gegen 5 Stimmen sich für die Schuld des Angeklagten entschieden haben, der Gerichtshof den in dieser Art von den Geschwornen festgestellten Punkt entscheidet und zwar „ohne Angabe von Gründen", woraus dann deutlich genug erhellt, daß nach den bestehenden preußischen Gesetzen die beiden Begriffe: „erkennender Richter" und „ein Richter, welcher sein Urtheil durch Gründe unterstützt" keineswegs als identische anzusehen sind.

Der Schwurgerichtshof aber, welcher einen Zeugen zurückweist, weil ihm derselbe nicht glaubwürdig erscheint, greift nicht bloß in die Competenz der Geschwornenbank hinüber, er verletzt auch durch die Zurückweisung eines ihm unglaubwürdig erscheinenden Zeugen, wenn dessen Vernehmung von dem Angeklagten beantragt wurde, die Rechte der Vertheidigung.

Die einschlagende gesetzliche Bestimmung ist nämlich §. 52 Verordn. v. 3. Jan. 1849. Diese stellt fest:

„Als Zeugen werden, ohne Rücksicht darauf, ob sie schon in der Voruntersuchung vernommen sind oder nicht, alle diejenigen vorgeladen, deren Abhörung der Staatsanwalt oder das Gericht für erforderlich erachtet, oder der Angeklagte verlangt, in sofern das Gericht die Umstände, über welche die Abhörung der Zeugen beantragt ist, wesentlich findet. Zu diesem Zwecke müssen die Thatsachen ganz bestimmt angeführt werden.“

Die Regel ist hiernach die, daß alle Zeugen, deren Vorladung, sei es von dem Staatsanwalt, sei es von dem Gericht, sei es von dem Angeklagten für erforderlich erachtet wird, zur Hauptverhandlung vorgeladen werden müssen. Von dieser Regel wird in Betreff des Angeklagten eine Ausnahme bestimmt, denn die von diesem benannten Zeugen sollen erst dann vorgeladen werden, wenn eine Prüfung des Gerichts es festgestellt hat, daß die Umstände, über welche die vom Angeklagten benannten Zeugen vernommen werden sollten, wesentliche sind. Die Prüfung des Gerichts soll sich also nur auf die Wesentlichkeit oder Unwesentlichkeit der von den betreffenden Zeugen zu bekundenden Umstände erstrecken. Findet das Gericht, daß diese Umstände wesentlich sind, so muß dasselbe die von dem Angeklagten benannten Zeugen vorladen. Denn diese letzteren stehen, falls sie nach der Angabe des Angeklagten über etwas Wesentliches aussagen sollen, genau auf derselben Linie wie diejenigen Zeugen, deren Vorladung das Gericht oder die Staatsanwaltschaft für erforderlich erachtet. Ebenso wenig wie in Betreff der letzteren der Schwurgerichtshof sich auf eine Prüfung ihrer Glaubwürdigkeit einlassen darf, ebenso wenig darf er dieses mit Bezug auf die vom Angeklagten über wesentliche Umstände vorgeschlagenen Zeugen.

Mit dieser Auffassung stimmt denn auch allein die Schlußbestimmung der oben angeführten Gesetzesstelle überein. Der Angeklagte soll, so heißt es, zu dem Zwecke die Thatsachen ganz bestimmt anführen, über welche die Zeugen vernommen werden sollen, damit der Richter prüfen könne, ob die Umstände, welche der Zeuge bekunden soll, wesentliche sind oder nicht. Hätte das Gesetz die Absicht gehabt, außer dieser Prüfung dem Richter noch die weitere zu übertragen, die nämlich, ob der über wesentliche Umstände vorgeschlagene Zeuge auch glaubwürdig sei, so hätte für den Angeklagten nicht bloß die Vorschrift getroffen sein müssen, daß derselbe die Thatsachen, über welche der Zeuge vernommen werden soll, genau bezeichne, sondern es hätte in gleicher Weise auch bestimmt werden müssen, daß die Gründe der Glaubwürdigkeit des vorgeschlagenen Zeugen von dem Angeklagten darzuthun seien. In der That, das Verfahren, wie es in dem uns vorliegenden Falle von dem Instanzgericht beliebt und von dem Obertribunal sanktionirt ist, deutet auf ein ganz anderes Gesetz, als auf das wirklich bestehende hin; auf ein Gesetz, welches etwa folgendermaßen lauten würde:

„Als Zeugen werden, ohne Rücksicht darauf, ob sie schon in der Voruntersuchung vernommen sind oder nicht, alle diejenigen vorgeladen, deren Abhörung der Staatsanwalt oder das Gericht für erforderlich erachtet, oder der Angeklagte verlangt, in sofern das Gericht die Umstände, über welche die Abhörung der Zeugen beantragt ist, wesentlich findet **und die Glaubwürdigkeit der Zeugen für zweifellos erachtet.** Zu diesem Zwecke müssen die Thatsachen **und die Gründe der Glaubwürdigkeit** ganz bestimmt angeführt werden."

So lautet nun aber das Gesetz nicht. Es müßte so lauten, sollten wir das Verfahren des Instanzgerichts und die Entscheidung des Obertribunals für correkt erachten. Wie man sagen kann — das Obertribunal thut es freilich — eine Beschränkung des Vertheidigungsrechtes liege nicht vor, wo das Instanzgericht die Geltendmachung der Vertheidigung außer von den im Gesetze bestimmten, noch von weiteren im Gesetze mit keiner Sylbe erwähnten Voraussetzungen abhängig macht, das ist etwas, was mancher Jurist zu verstehen sich außer Stande erklären dürfte.

Aber abgesehen von dem Wortlaute des Gesetzes; — auch der Sinn desselben kann zu keiner anderen als der von uns aufgestellten Interpretation führen. —

Mit dem Beginn des Hauptverfahrens nämlich steht dem Ankläger der Angeklagte als Partei gegenüber. Der Angeklagte hat von jetzt an Parteirechte zu beanspruchen und zu diesen gehört denn doch an erster Stelle das Recht des vollständigen Gehörs zum Zwecke der Vertheidigung, das Recht der vollständigen Vertheidigung selbst. Entsprechend dem Grundgedanken, auf welchem das Hauptverfahren basirt ist, darf der Angeklagte die gleichen Rechte geltend machen wie der Ankläger und nur entweder ein Verlassen des accusatorischen

Prinzips im Einzelnen, oder Rücksichten lediglich äußerer Art können die Beschränkung der Rechte des Angeklagten gegenüber denen des Anklägers gerechtfertigt erscheinen lassen. Diese letzteren Umstände werden aber immer lediglich als Ausnahmen gegenüber dem Prinzip der Gleichberechtigung der Parteien aufzufassen und demgemäß strikt zu interpretiren sein. Wir werden daher auch in Betreff der Stellung der Parteien beim Beweisverfahren es festhalten müssen, daß prinzipiell der Angeklagte die gleichen Rechte mit dem Ankläger beanspruchen darf, und daß etwaige Ausnahmen gegen diese Regel strikt interpretirt werden müssen. Das Gesetz verkürzt nun allerdings die Stellung des Angeklagten gegenüber der des Anklägers, indem es sagt, daß die von letzterem benannten Zeugen schlechterdings, die des ersteren dagegen nur dann zur Hauptverhandlung vorgeladen werden sollen, wenn das Gericht die Umstände, über welche die Abhörung der Zeugen beantragt ist, wesentlich findet. Bei dieser Beschränkung ist nun aber auch strikt stehen zu bleiben, und jede weitere Beschränkung, wie z. B. auch die in Betreff der Glaubwürdigkeit der Zeugen beliebte, muß als eine vollkommen ungerechtfertigte, das Recht der Vertheidigung gegen den Sinn und die Absicht des Gesetzes beschränkende aufgefaßt werden.

Das Obertribunal bringt freilich zur Rechtfertigung seiner Entscheidung noch einen anderen Grund bei. Es sagt: Dem Richter wird auch Prüfung und Urtheil darüber zustehen, ob ein vorgeschlagenes Beweismittel den geeigneten Erfolg haben könne (vergl. Art. 101 des Gesetzes v. 3. Mai 1852 a. E. in den Worten: „mit Rücksicht auf die vorgeschlagenen neuen Thatsachen und Beweise").

Wenn man diese oben mitgetheilten Worte liest, so wird die Vermuthung nahe gelegt, der von dem Obertribunal citirte Art. 101 enthalte für das Beweisrecht des Angeklagten neben der im §. 52 Verordn. v. 3. Jan. 1849 aufgestellten, noch eine neue Beschränkung, und zwar die, daß der Richter nicht nur die Erheblichkeit der von dem Defensionalzeugen zu bekundenden Umstände, sondern auch die Glaubwürdigkeit der Zeugen zu prüfen habe, ehe er dieselben dem Antrage des Angeklagten gemäß zur Hauptverhandlung zuläßt. Lesen wir nun aber den vom Obertribunal cit. Art. 101. Derselbe beginnt mit den Worten:

„Das Rechtsmittel der Appellation ist nur gegen Urtheile der Gerichtsabtheilung zulässig."

Es wird dann weiter bestimmt, daß der Appellationsrichter der Regel nach bei der thatsächlichen Feststellung des ersten Richters stehen bleiben soll,

„insofern nicht neue Thatsachen oder neue Beweise, oder die gänzliche oder theilweise Wiederholung der in erster Instanz stattgefundenen Beweisaufnahme eine abweichende thatsächliche Feststellung begründen."

„Eine solche Wiederholung," so heißt es schließlich, „hat das Appellationsgericht nur dann anzuordnen, wenn sich wesentliche und durch die bisherigen Verhandlungen nicht zu beseitigende Bedenken gegen die in dem ersten Urtheile enthaltene Feststellung der Thatsachen ergeben, oder wenn die Wiederholung mit Rücksicht auf die vorgebrachten neuen Thatsachen oder Beweise nothwendig erscheint."

Bevor man aus dieser Gesetzesstelle irgend welche Schlußfolgerungen zieht, ist es erforderlich, dieselbe richtig zu verstehen und die erste Voraussetzung für das richtige Verständniß einer Gesetzesstelle ist die, daß man dieselbe richtig liest. Hat Oppenhoff die Entscheidungsgründe des Obertribunals richtig mitgetheilt, so müssen wir zuerst constatiren, daß das Obertribunal den citirten Art. 101 nicht richtig gelesen hat. In den Entscheidungsgründen wird nämlich diese Gesetzesstelle zwischen Anführungshäkchen in folgender Weise citirt:

„mit Rücksicht auf die vorgeschlagenen neuen Thatsachen **und** Beweise"

während es im Gesetze selbst heißt:

„mit Rücksicht auf die vorgebrachten neuen Thatsachen **oder** Beweise."

Diese Veränderung des von dem Gesetze gebrauchten Wortes „oder" in das durch die Entscheidungsgründe substituirte Wort „und" ist nun aber für den Sinn und die Bedeutung des Gesetzes gewiß nicht gleichgültig. Denn das Gesetz sagt Folgendes:

Die thatsächliche Feststellung des ersten Richters soll für das Appellationsgericht dann nicht maßgebend sein, wenn dieselbe — abgesehen von dem Falle, daß sich wesentliche und durch die bisherigen Verhandlungen nicht zu beseitigende Bedenken gegen die in dem ersten Urtheile enthaltene Feststellung der Thatsachen ergeben; in welchem Falle die Wiederholung der Beweisaufnahme gar nicht von dem Vorbringen neuer Thatsachen oder Beweismittel abhängig ist —

1. durch vorgebrachte neue Thatsachen, oder
2. durch vorgebrachte neue Beweismittel

erschüttert wird.

Der erste Fall, daß nämlich neue Thatsachen vorgebracht werden, involvirt auch das Vorbringen von Beweismitteln, allerdings nicht immer von neuen Beweismitteln, da die neuen Thatsachen auch auf Beweismittel gestützt sein können, welche in der ersten Instanz bereits benutzt worden sind. Aber auf Beweismittel überhaupt, also auf taugliche Beweismittel müssen die in zweiter Instanz vorgebrachten neuen Thatsachen jedenfalls gestützt sein; denn Thatsachen, die nicht von Beweisen unterstützt sind, haben selbstverständlich in der zweiten ebenso wenig Werth, als in der ersten Instanz. Sind nun neue Thatsachen in der Appellationsinstanz angebracht, so verpflichtet das Gesetz den Richter, schon um dieser Thatsachen willen, falls sich dieselben als erhebliche charakterisiren, die Beweisaufnahme zu wiederholen. Hinsichtlich der Prüfung der Beweismittel, auf welche diese neuen Thatsachen gestützt sind, sagt das Gesetz selbst gar nichts. Es bleibt bei den allgemeinen Regeln. —

Nun kann aber auch der zweite Fall vorkommen, nämlich der, daß an dem thatsächlichen Material der ersten Instanz durch das Vorbringen der Parteien nichts geändert wird, daß vielmehr nur zum Zwecke einer Änderung der Beurtheilung des in der ersten Instanz thatsächlich Vorgebrachten neue Beweismittel vorgebracht werden. Die Partei beabsichtigt durch die Produktion neuer Beweismittel die thatsächliche Feststellung des ersten Richters zu ändern. In diesem Falle, bestimmt Art. 101, soll der Appellationsrichter die Art und Beschaffenheit, die Tauglichkeit nicht bloß, sondern auch die Glaubwürdigkeit der vorgebrachten Beweismittel prüfen. Die Erheblichkeit der neu vorgebrachten Beweismittel bewirkt in diesem Falle dasselbe wie in jenem die Erheblichkeit der neu vorgebrachten Thatsachen*).

Wir sehen somit, daß Art. 101 hinsichtlich der richterlichen Prüfung der von den Parteien vorgebrachten Beweismittel nichts weiter als Folgendes bestimmt:

Wenn die thatsächliche Feststellung des ersten Richters dadurch angegriffen wird, daß die Parteien lediglich neue Beweismittel, aber

*) Daß es unzulässig ist, in Art. 101 statt „Thatsachen oder Beweise“ zu lesen: „Thatsachen und Beweise“ zeigt überdem eine Vergleichung dieser Gesetzesstelle mit §§. 126 u. 166 Verordn. v. 3. Jannar 1849.

keine neuen Thatsachen vorbringen, so soll der Appellationsrichter auf eine Beweiserhebung nur dann eingehen, wenn er die neu producirten Beweismittel für erheblich erachtet.

Und wozu, so ist weiter zu fragen, benutzt das Obertribunal diesen Satz? — Dasselbe macht folgenden Schluß:

Da in der *Appellationsinstanz* der Richter die Bedeutsamkeit der Beweise zu prüfen hat, falls die Parteien lediglich auf Grund neuer Beweismittel die thatsächliche Feststellung des ersten Richters umzustoßen beabsichtigen, — so muß auch angenommen werden, daß das Gesetz dem *Schwurgerichtshof* die Verpflichtung oder mindestens die Befugniß zugewiesen habe, die Wirksamkeit der Beweismittel zu prüfen und nur die als wirksam erkannten zuzulassen, wenn der Angeklagte erhebliche Thatsachen durch an sich taugliche Beweismittel darzuthun unternimmt.

Diese Argumentation ist aber vollkommen unrichtig, und zwar aus folgenden Gründen:

1. In der Appellationsinstanz handelt es sich darum, *eine bereits bewirkte thatsächliche Feststellung umzustoßen*. Die Regel ist, der Richter der zweiten Instanz solle an die thatsächliche Feststellung des ersten Richters gebunden sein und nur *Ausnahmen* werden von dieser Regel gestattet. In der ersten Instanz kommt es doch aber darauf an, daß eine thatsächliche Feststellung überhaupt erst erfolgt. Nun will man behaupten, daß die Voraussetzungen, die Beschränkungen, an welche das Gesetz die *Beseitigung* einer erfolgten thatsächlichen Feststellung geknüpft hat, auch Platz greifen müßten, wenn es sich darum handelt, eine thatsächliche Feststellung erst zu gewinnen! — Es ist wirklich nur erforderlich, diesen Satz auszusprechen, um die Unmöglichkeit einer derartigen Analogie einzusehen.

2. In Schwurgerichtssachen sind die Geschwornen Richter der Thatfrage und der Schwurgerichtshof ist Richter der Rechtsfrage. Dagegen ist in allen Fällen, welche zur Competenz des Einzelrichters oder zur Competenz der Gerichtsabtheilung gehören, der erkennende Richter sowohl Richter der Thatfrage, wie auch Richter der Rechtsfrage. Dasselbe tritt ein, wenn in der Appellationsinstanz eine Wiederholung der Beweisaufnahme stattfindet. In allen den Fällen nun, in denen ein und dasselbe Organ zur Entscheidung der That- und der Rechtsfrage berufen ist, werden von dem rechtsgelehrten Richter selbstverständlich *alle* die Funktionen wahrzunehmen sein, welche in Schwurgerichts-

sachen entsprechend der Unterscheidung zwischen Thatfrage und Rechtsfrage zwischen dem Schwurgerichtshof und der Geschwornenbank zu vertheilen sind. Ganz ohne Zweifel hat der Einzelrichter, die Gerichtsabtheilung, das Appellationsgericht — falls es sich um die Wiederholung der Beweisaufnahme handelt — nicht bloß die Tauglichkeit, sondern auch die Glaubwürdigkeit der Zeugen zu prüfen. Aber die genannten Organe nehmen diese Prüfung vor, nicht in ihrer Eigenschaft als Richter der Rechtsfrage. Sondern weil sie auch Richter der Thatfrage sind, bewirken sie diese Prüfung in ihrer Eigenschaft als Richter der Thatfrage.

Darf man nun wohl ernstlich die Behauptung aufstellen, daß, weil der Appellationsrichter in seiner Eigenschaft als Richter der Thatfrage competent ist, die Glaubwürdigkeit eines Zeugen zu prüfen und den ihm unglaubwürdig erscheinenden zurückzuweisen, das Gleiche auch dem Schwurgerichtshof zustehe, der niemals Richter der Thatfrage, sondern immer nur Richter der Rechtsfrage ist?

Es genügt auch hier die Frage aufgestellt zu haben, die Beantwortung ergiebt sich von selbst.

Die Analogie, die für die Entscheidung des vorliegenden Rechtsfalles von dem Obertribunal aus Art. 101 des Gesetzes v. 3. Mai 1852 gezogen ist, kann nicht nur als keine richtige angesehen werden, sie stellt sich vielmehr dar als ein Paradigma fehlerhafter Analogieen.

Es bleibt noch übrig, statt des von Oppenhoff aufgestellten fehlerhaften Satzes die richtigen zu formuliren.

Dieselben würden lauten:

1. Der Schwurgerichtshof **muß** einen gestellten Beweisantrag ablehnen, wenn das vorgeschlagene Beweismittel ein **untaugliches** ist, sollte er auch die Erheblichkeit der angeführten Thatsachen anerkennen.
2. Der Schwurgerichtshof **muß** einem gestellten Beweisantrag Folge geben, wenn er die Erheblichkeit der unter Beweis gestellten Thatsachen anerkennt und das vorgeschlagene Beweismittel ein **taugliches** ist.
3. Die Prüfung der Glaubwürdigkeit der Beweismittel steht in Schwurgerichtssachen lediglich den Geschwornen zu.

Beitrag zur Lehre von den Injurien.

I.

Objektiv beleidigende Äußerungen.

Der Rechtsfall, welcher in Folgendem der Betrachtung unterzogen werden soll, ergiebt sich aus den Entscheidungsgründen des Erkenntnisses vom 13. April 1864, welche daher hier nach dem Wortlaute des Justizministerialblattes (1864 S. 144) zunächst Platz finden.

Es heißt:

„Nach den Feststellungen der Instanzrichter steht es fest, daß die hier in Rede stehende Äußerung des Stadtverordneten H. in der Stadtverordneten-Versammlung objektiv beleidigend ist, daß der H. selbst aber wegen dieser Beleidigung nicht strafbar ist, weil ihm nach §. 154 sein persönliches Verhältniß als Vertreter der Stadt zur Seite steht. Es ist also lediglich ein persönlicher, subjektiver Grund, welcher in diesem Falle und unter den obwaltenden Verhältnissen die Straflosigkeit des H. begründet hat. Daraus folgt, daß dieser Grund dritten Personen, welche dieselbe Äußerung wiederholen, und welche nicht selbst in dem bezeichneten Verhältnisse stehen, nicht zu Statten kommen kann. Die Instanzrichter haben daher auch mit Recht erwogen, ob nicht der Angeklagte durch den Abdruck der Rede, also durch die Wiederholung der Äußerung, aus §. 102 des Strafgesetzbuches selbst als Thäter der strafbaren Handlung strafbar sei, und sie haben dies nur verneint, weil dem Angeklagten das Bewußtsein des strafbaren Inhalts gefehlt habe, oder weil doch der Beweis dieses Bewußtseins nicht vorliege. Dieser wiederum lediglich subjektive Grund findet aber bei dem Thatbestande des §. 37 des Preßgesetzes vom 12. Mai 1851 keine Anwendung. Hier entscheidet lediglich der objektiv strafbare Charakter des Artikels, um den Redakteur wegen dessen Aufnahme verantwortlich zu machen, sofern ihm auch hierbei nicht eine lediglich aus seinem Redaktionsverhältnisse entnommene Entschuldigung zur Seite steht. Eine solche ist aber nicht festgestellt, und konnte nicht festgestellt werden, weil der Artikel mit der Kenntniß und Genehmigung des Angeklagten in seine Zeitung aufgenommen ist."

Diese Entscheidungsgründe belehren uns also über Folgendes: Eine Person macht eine Äußerung, welche in Folge der Bestimmungen des §. 154 des Str.-G.-B. nicht strafbar ist. Diese nicht strafbare Äußerung von einem Anderen wiederholt wird strafbar, wenn Letzterer nicht in dem gleichen persönlichen Verhältnisse steht, als derjenige, der die straflose Äußerung zuerst gemacht hat. Die straflose Äußerung des Stadtverordneten X. durch Y. wiederholt wird strafbar, weil Y. nicht Stadtverordneter ist. Der Grund der Strafbarkeit liegt also darin, daß Y. nicht Stadtverordneter ist.

Die Fehler, welche dieses Resultat haben entstehen lassen, sind folgende drei: Erstens ist der Begriff der sog. objektiven Beleidigung oder die Bezeichnung von Äußerungen als objektiv beleidigender fehlerhaft. Zweitens ist §. 154 des Str.-G.-B. unrichtig verstanden. Drittens ist der Satz, daß der Theilnehmer strafbar sein könne, obgleich der Thäter straflos ist, fehlerhaft angewandt.

I. Was heißt es: Eine Äußerung ist objektiv beleidigend? Es kann das füglich nichts Anderes heißen, als: Eine Äußerung losgetrennt von einem Subjekte hat eine beleidigende Wirkung. Und vergleichen wir die Entscheidungsgründe des Obertribunals, so glauben wir kaum, daß dieser Ausdruck dort in einem anderen Sinne verstanden ist.

Wir müssen, um die Bezeichnung „objektiv beleidigende Äußerung" in ihrer criminalistischen Bedeutung zu charakterisiren, von einem allgemeineren Gesichtspunkte ausgehen. Durch Verbrechen werden Rechte verletzt. Die Wirkung der Verbrechen ist in den meisten Fällen eine Rechtsverletzung, und jede Rechtsverletzung enthält die Störung, die Vernichtung eines Rechtes. Keineswegs aber ist die Störung, die Vernichtung eines Rechtes lediglich die Folge von Verbrechen, sie ist ebenso in vielen Fällen die Folge von natürlichen Ereignissen oder von Zufälligkeiten. Soll aber die Verletzung eines Rechts durch ein Verbrechen bewirkt werden, so setzt das voraus, daß ein zurechnungsfähiges Subjekt die rechtsverletzende Handlung begangen hat; fehlt diese Voraussetzung, so ist überhaupt von keinem Verbrechen die Rede; der Begriff eines jeden Verbrechens fordert das subjektive Moment.

Die Behauptung, irgend etwas sei rein objektiv betrachtet etwas Verbrecherisches, ist geradezu undenkbar, weil die Natur des Verbrecherischen diese rein objektive Betrachtungsweise ausschließt. Rein objektiv betrachten kann man nur einen bestimmten rechtsverletzenden Erfolg, eine Störung, eine Vernichtung des Rechts, und bei dieser rein objektiven Betrachtung muß man es vollständig unentschieden lassen, ob der schädliche Erfolg seine Ursache in der verbrecherischen Willensbestimmung eines handelnden Subjekts, oder in einem Naturereignisse, oder in einem Zufall hat. Den objektiven Thatbestand eines Verbrechens gewinne ich erst, wenn ich weiß, daß der eingetretene Erfolg seine Ursache in dem Willen eines handelnden Subjektes hat.

Worauf es also ankommt, ist Folgendes: Es giebt nichts objektiv Verbrecherisches, sondern es giebt nur objektiv rechtsverletzende Erfolge. Die letzteren werden erst durch das Hinzutreten des subjektiven Momentes zu etwas objektiv Verbrecherischem.

Dies im Allgemeinen. Aber bei den Injurien giebt es auch nicht einmal objektiv rechtsverletzende Erfolge. Das Angriffsobjekt bei diesem Delikte, die Ehre, kann nicht durch ein Naturereigniß oder durch einen Zufall, sondern nur durch die Handlung eines zurechnungsfähigen Menschen verletzt werden. „Ehre," so sagt Köstlin, Abhandlungen S. 1, „ist das aus wechselseitiger Anerkennung reflektirte Werthbewußtsein des Menschen von sich als vollberechtigtem Mitgliede der menschlichen und bürgerlichen Gesellschaft." Die „Ehre" setzt somit zu ihrer Existenz ein Verhältniß der Einzelnen zu den übrigen Mitgliedern der menschlichen und bürgerlichen Gesellschaft voraus, sie ist selbst nichts Absolutes, sondern bestimmt sich ihrem Wesen und ihrem Inhalte nach durch das Verhältniß, in welchem die Mitglieder der menschlichen und bürgerlichen Gesellschaft zu einander stehen. Und daher kann sie auch nur durch die Mitglieder der menschlichen und bürgerlichen Gesellschaft selbst verletzt werden.

Sobald ein ehrverletzender Erfolg vorliegt, muß auch eine ehrverletzende Handlung begangen sein. Bei Ehrverletzungen decken sich die beiden Begriffe — rechtsverletzender Erfolg und verbrecherische Rechtsverletzung — in der Weise, daß von einem rechtsverletzenden Erfolge, welcher nicht verbrecherische Rechtsverletzung wäre, gar nicht die Rede sein kann.

Was will man also unter objektiv injuriirenden Äußerungen, unter objektiv injuriirenden Handlungen verstehen? Solche Äußerungen und Handlungen, die immer und unter allen Umständen beleidigen? Das darf doch aber zunächst nur behauptet werden, wenn die Äußerungen, wenn die Handlungen von Menschen ausgehen. Man denke sich ein Wort von noch so injuriirendem Charakter, dieses Wort werde aber zu einem Menschen gesprochen nicht von einem anderen Menschen, sondern von einem Papagei, der es hat sprechen lernen, und die injuriirende Natur dieses Wortes hört auf zu existiren. Wenn A. den B. mit Koth bewirft, so darf man sagen, diese Handlung sei absolut injuriirend, und doch konnte die Schwalbe, welche dem Tobias Koth auf sein Auge fallen ließ, denselben zwar blind machen — eine objektive Verstümmelung — nicht aber konnte sie ihn injuriiren.

Hat doch auch die Unterscheidung in absolut oder relativ injuriirende Handlungen keinen Einfluß auf die Existenz, sondern nur auf den Beweis des animus injuriandi. Injurie ohne animus injuriandi ist ein Widerspruch in sich selbst, und dieser Widerspruch ist genau derselbe, welcher auch in den Worten „objektiv injuriirende Äußerungen" oder „objektive Injurien" enthalten ist*).

Gegen diesen Ausdruck, der nur geeignet ist, zu fehlerhaften praktischen Consequenzen und zu verkehrten theoretischen Anschauungen zu führen, wollen wir hiermit durchaus und unter allen Umständen Protest eingelegt haben.

II. Das Erkenntniß des Obertribunals interpretirt den §. 154 des Str.-G.-B. in unrichtiger Weise. Diese Gesetzesstelle bestimmt:

„Tadelnde Urtheile über wissenschaftliche, künstlerische oder gewerbliche Leistungen, ingleichen Äußerungen, welche zur Ausführung oder Vertheidigung von Gerechtsamen gemacht worden sind, so wie Vorhaltungen und Rügen der Vorgesetzten gegen ihre Untergebenen, dienstliche Anzeigen oder Urtheile von Seiten eines Beamten und ähnliche Fälle sind nur in sofern strafbar, als aus der Form der Äußerung oder aus den Umständen, unter welchen dieselbe erfolgt, die Absicht zu beleidigen hervorgeht."

Um diesen Paragraphen richtig aufzufassen, muß man sich daran erinnern, daß es zwei wesentlich verschiedene Gründe sind, aus denen nicht gestraft wird.

*) Vergl. Köstlin, Abhandlungen, S. 55. 56.

Erstens wird nicht gestraft, weil kein Delikt vorliegt. Um Irrthümer in dieser Beziehung zu vermeiden, bestimmen die Gesetze theils im Allgemeinen, bald positiv, bald negativ, von welchen Voraussetzungen die Existenz der Delikte abhängen solle, theils führen sie gelegentlich der einzelnen Delikte specielle Fälle an, welche wegen einer äußeren Ähnlichkeit mit dem Thatbestande eines Delikts die Gefahr entstehen lassen, unter die betreffenden Strafbestimmungen subsumirt zu werden, während dies doch aus irgend welchen Gründen nicht geschehen soll. So bestimmt das preußische Strafgesetzbuch im Allgemeinen in §. 40: „Ein Verbrechen oder Vergehen ist nicht vorhanden, wenn der Thäter zur Zeit der That wahnsinnig oder blödsinnig, oder die freie Willensbestimmung desselben durch Gewalt oder durch Drohungen ausgeschlossen war.“ Das heißt denn: Wenn z. B. ein Wahnsinniger eine Rechtsverletzung herbeiführt, so wird derselbe nicht gestraft, und zwar deswegen nicht gestraft, weil überhaupt kein Delikt vorliegt. Denn zu jedem Delikt, so ist §. 40 zu paraphrasiren, gehört als wesentliche Voraussetzung Freiheit der Willensbestimmung. Mithin, wo Freiheit der Willensbestimmung fehlt, existirt auch kein Delikt. Beim Wahnsinnigen fehlt nun die Freiheit der Willensbestimmung, folglich ist dasjenige, was der Wahnsinnige thut, niemals Verbrechen. — Weiter bestimmt im Speciellen das Strafgesetzbuch im §. 211: „Eine widerrechtliche Freiheitsberaubung ist nicht vorhanden, wenn eine Person vorläufig ergriffen und festgenommen wird, welche, bei Ausführung einer strafbaren Handlung oder gleich nach derselben betroffen oder verfolgt, die Flucht ergreift oder der Flucht dringend verdächtig ist, u. s. w. Ebenso ist eine widerrechtliche Freiheitsberaubung nicht vorhanden, wenn die Fürsorge für einen Geisteskranken die Beschränkung seiner Freiheit nothwendig macht u. s. w.“ Der Grund für diese Bestimmungen des §. 211 ist im §. 210 zu finden. Letzterer sagt: „Wer vorsätzlich und widerrechtlich einen Menschen einsperrt, wird u. s. w. bestraft.“ Nun kann es im Allgemeinen dem richterlichen Ermessen anheimgegeben bleiben, wann das Moment der Widerrechtlichkeit in concreto erfüllt ist und wann nicht. Um indessen in Betreff dieses Punktes möglichst wenig Zweifel entstehen zu lassen, erklärt das Gesetz noch ausdrücklich von einzelnen Kategorieen nicht widerrechtlicher Einsperrungen, daß dieselben nicht widerrechtliche sind, daß also bei ihnen die Voraussetzungen des §. 210 fehlen.

Zweitens wird nicht gestraft, weil Gründe vorhanden sind,

welche trotz des begangenen Delikts die Strafbarkeit desselben ausschließen.

Diese Strafausschließungsgründe sind auch theils allgemeine, theils beziehen sie sich nur auf einzelne Verbrechen. Ein solch allgemeiner Strafausschließungsgrund findet sich in §. 45 des Strafgesetzbuches: „Nach Ablauf der Verjährungszeit findet die Verfolgung und Bestrafung eines Verbrechens oder Vergehens nicht statt." Niemals kann man von Verjährung sprechen, wenn nicht etwas vorhanden ist, was verjähren kann. Das Verbrechen oder Vergehen ist begangen, ist seiner Existenz nach nachgewiesen, aber es kann nicht gestraft werden, weil trotz der Begehung desselben in der Verjährung ein Grund für den Ausschluß der Strafbarkeit liegt. Man bemerkt ja auch in der Wortfassung des Gesetzes den Unterschied zwischen §. 40 und §. 45. Dort hieß es: „Ein Verbrechen oder Vergehen ist nicht vorhanden"; hier dagegen heißt es: „Die Bestrafung eines Verbrechens oder Vergehens findet nicht statt." Einen speciellen Strafausschließungsgrund finden wir beispielsweise sehr deutlich in §. 228. „Entwendungen oder Unterschlagungen, welche von Eltern oder Großeltern gegen ihre Kinder oder Enkel, oder von einem Ehegatten gegen den anderen begangen werden, sollen nicht bestraft werden." Der Diebstahl mit allen seinen gesetzlichen Requisiten muß begangen sein, soll §. 228 zur Anwendung kommen. Aber obwohl der Diebstahl oder die Unterschlagung begangen ist, wird aus dem in dem Gesetze angeführten Grunde nicht gestraft.

Die Frage ist nun die. Soviel steht fest, daß in Folge der Bestimmung des §. 154 nicht gestraft wird. Es kann aus zwei Gründen nicht gestraft werden. Erstens, weil §. 154 möglicherweise sagt: in den an dieser Stelle angeführten Fällen sind keine Injurien vorhanden; oder zweitens, weil möglicherweise gesagt sein kann: die in §. 154 aufgestellten Verhältnisse bilden für die begangenen Injurien einen Strafausschließungsgrund.

Sieht man sich nun die Bestimmung des §. 154 etwas näher an, so kann man zu keinem anderen Resultate als zu dem gelangen, daß §. 154 Fälle bezeichnet, **in denen überhaupt keine Beleidigungen vorhanden sind.**

Zunächst führt nämlich schon die Wortfassung des §. 154 zu der soeben aufgestellten Ansicht. Da nämlich, wo das Gesetzbuch einen Strafausschließungsgrund aufstellen will, sagt es ausdrücklich, daß ein

Verbrechen überhaupt, oder daß dies specielle Verbrechen nicht gestraft werden solle; über die Existenz des Verbrechens jedoch läßt es niemals einen Zweifel. Das Vorhandensein eines solchen Strafausschließungsgrundes findet sich in dieser Weise auch sehr deutlich in dem Titel, welcher von Injurien handelt, in §. 153 des Str.-G.-B. ausgesprochen. Hier heißt es:

„Wenn Beleidigungen auf der Stelle erwidert werden, so soll der Richter ermächtigt sein ..... keine Strafe eintreten zu lassen.“

Daß es sich also um das Nichtbestrafen einer als vorhanden anerkannten Injurie handelt, das kann hier in §. 153 nach dem Wortlaute des Gesetzes nicht bezweifelt werden. Sagt nun aber auch etwa §. 154, daß Beleidigungen, welche durch tadelnde Urtheile über wissenschaftliche, künstlerische oder gewerbliche Leistungen u. s. w. begangen werden, nicht gestraft werden sollen? Das ist keineswegs der Fall, sondern im Gegentheil werden hier Handlungen aufgezählt, bei welchen das Gesetz ausdrücklich darauf aufmerksam macht, daß dieselben nicht als Beleidigungen aufzufassen sind. Dies wird durch die Schlußworte des §. 154 geradezu zur Nothwendigkeit. Hier heißt es: Wenn aus der Form der Äußerung oder aus den Umständen, unter welchen dieselbe erfolgt, die Absicht zu beleidigen hervorgeht, so sollen tadelnde Urtheile u. s. w. gestraft werden. Kommt also das in den Schlußworten des §. bezeichnete Moment zu den tadelnden Urtheilen u. s. w. hinzu, so entsteht eine strafbare Handlung; so lange aber dieses Moment noch fehlt, ist gar keine strafbare Handlung vorhanden.

Aber nicht bloß die Wortfassung und der aus dieser entnommene Sinn führen zu dem oben aufgestellten Resultate. Es findet dasselbe statt, wenn wir auf den Begriff der Injurie überhaupt zurückgehen. Zu jeder Injurie gehört der animus injuriandi; aber der animus injuriandi, soll er anders in einer Äußerung, in einer Handlung enthalten sein, hat zu seiner wesentlichen Voraussetzung, daß der Thäter nicht ein Recht gehabt habe, die Äußerung zu thun, die Handlung vorzunehmen. Fehlt die Rechtswidrigkeit der Handlung, so muß der animus injuriandi auch fehlen; die Rechtmäßigkeit der Handlung schließt den animus injuriandi aus*). Der Sinn des §. 154 ist sonach folgender:

---

*) Vergl. Köstlin a. a. O. S. 39.

Zu tadelnden Urtheilen über wissenschaftliche, künstlerische oder gewerbliche Leistungen, ingleichen zu Äußerungen, welche zur Ausführung oder Vertheidigung von Gerechtsamen gemacht werden, *ist Jeder berechtigt*; Vorgesetzte *sind berechtigt*, ihren Untergebenen Rügen und Vorhaltungen zu machen; Beamte *sind berechtigt*, dienstliche Anzeichen zn machen oder dienstliche Urtheile abzugeben. Außer diesen genannten Fällen giebt es noch andere ähnliche, zu denen man zu einer Äußerung oder Handlung *berechtigt sein kann*. Aus diesem Grunde darf in derartigen Fällen von Beleidigungen nicht gesprochen werden, weil das für jede Beleidigung wesentliche Moment der Rechtswidrigkeit fehlt. Wird indessen die Berechtigung überschritten, zeigt sich dies in der Form der Äußerung, oder in den Umständen, unter welchen dieselbe erfolgt, zeigt somit eines oder das andere, daß statt der Absicht, ein Recht auszuüben, die Absicht, ein Recht und speciell das Recht auf Ehre zu verletzen, vorhanden war, so ist eine Beleidigung vorhanden.

Nach dem Gesagten können wir den Fehler, den unserer Ansicht nach das Obertribunal in dem mitgetheilten Erkenntnisse gemacht hat, mit einem Worte bezeichnen.

Das Obertribunal findet in dem §. 154 *Strafausschließungsgründe für begangene Injurien*, während §. 154 Fälle bezeichnet, *in denen überhaupt nicht Injurien existiren*.

III. *Der Satz, daß der Theilnehmer strafbar sein könne, obwohl der Thäter straflos ist*, dieser Satz ist vollkommen richtig; ebenso richtig ist auch der Satz, daß von mehreren *Mitthätern* einer strafbar sein *könne*, obwohl die anderen straflos sind; ebenso richtig endlich auch der dritte, daß der Thäter strafbar und der Theilnehmer straflos sein *könne*. Das Princip ist bei Anwendung dieser drei Sätze das gleiche; es genügt daher die Betrachtung des ersten Satzes, um alle drei Sätze richtig aufzufassen.

Der Theilnehmer ist strafbar, obwohl der Thäter straflos ist in allen Fällen, in denen für den Thäter ein Strafausschließungsgrund maßgebend ist, der für den Theilnehmer nicht zutrifft.

Der Theilnehmer ist niemals strafbar, wenn der Thäter deswegen nicht gestraft wird, weil kein Delikt vorliegt. In diesem Falle kann übrigens nur mißbräuchlich von Thätern und Theilnehmern gesprochen werden, da correkt gesprochen „Thäter“ und „Theilnehmer“ nur unter der Voraussetzung gedacht werden können, daß ein Delikt begangen ist.

Ein Unzurechnungsfähiger kann einen rechtsverletzenden Erfolg, einen Schaden, herbeiführen. Ein Delikt entsteht daraus niemals. Zurechnungsfähige können sich eines Unzurechnungsfähigen bedienen, um durch ihn, wie durch ein Mittel, den beabsichtigten rechtsverletzenden Erfolg entstehen zu lassen. Dann ist ein Delikt begangen; aber nicht durch den Unzurechnungsfähigen — denn ein bloßes Mittel kann niemals handelndes Subjekt sein — sondern durch die Zurechnungsfähigen, die sich des Unzurechnungsfähigen als eines Mittels bedient haben. Es würde vollkommen falsch sein, in einem solchen Falle zu sagen, das Delikt sei von dem Unzurechnungsfähigen begangen, dieser aber müsse wegen seiner Unzurechnungsfähigkeit straflos bleiben, während die zurechnungsfähigen Anstifter, Gehülfen, welche den gleichen Strafausschließungsgrund nicht für sich hätten, gestraft werden müßten.

Diese zuletzt erwähnten Verhältnisse sind hier nur zur Vermeidung etwaiger Mißverständnisse berührt; denn für den vorliegenden Fall sind sie bedeutungslos, da, wie oben gezeigt wurde (vergl. das unter I. Gesagte), bei Ehrverletzungen ein rechtsverletzender Erfolg nicht vorkommen kann, wenn nicht auch zugleich eine verbrecherische Rechtsverletzung vorhanden ist. —

Kommen wir nach diesen Ausführungen zu unserm Rechtsfall zurück:

Nach der thatsächlichen Feststellung hatte der Stadtverordnete G. in einer Rede eine Äußerung gethan, welche nach §. 154 des Str.=G.=B. für straflos erklärt werden mußte. Hieraus folgte, daß überhaupt keine Beleidigung begangen war, mithin auch das Reproduciren dessen, was keine Beleidigung ist, nicht zu einer Beleidigung werden konnte. Aus diesem Grunde war keine Veranlassung, gegen den Redakteur derjenigen Zeitung, welche diese Rede reproducirte, aus irgend einem Grunde einzuschreiten, weder als Thäter, da das Reproduciren von etwas, was nicht Beleidigung ist, nicht unter dem Gesichtspunkte der Beleidigung strafbar sein kann; noch auch als Theilnehmer, da von der Theilnahme an einem Delikte in den Fällen nicht gesprochen werden kann, wo überhaupt kein Delikt vorliegt; noch auch speciell aus §. 37 des Preßgesetzes, da dieser Paragraph nur dann angewandt werden darf, wenn die betreffende cautionspflichtige Zeitschrift einen strafbaren Inhalt enthält; der strafbare Inhalt aber dadurch nicht geschaffen werden kann, daß Worte mitgetheilt sind, die niemals Injurie waren.

Unangenehm mag es mitunter sein, wenn dasjenige, was zu sagen Jemand das Recht gehabt hat, zur allgemeinen Kenntniß kommt. Natürlich mag es auch sein, daß, wo Jemand durch eine berechtigte Handlung sich unangenehm berührt fühlt, er diese Unannehmlichkeit auf ein Unrecht, wo möglich auf ein strafbares Unrecht, zurückzuführen bemüht ist. Die Aufgabe des Richters ist es aber, derartigen ungerechtfertigten Prätensionen entgegenzutreten und diejenigen zu schützen, gegen welche sie erhoben werden.

„Es ist nicht Schuld der Gesetze," so sagt Köstlin a. a. O. S. 48, „sondern die Folge der socialen Entwickelung in den letzten Jahrhunderten, namentlich der allmäligen Verkümmerung alles politischen und öffentlichen Lebens uud der Unfähigkeit, die Gebiete der Moral und des Rechts auseinander zu halten, wenn Doktrin und Praxis den Begriff der Injurie nicht gehörig zu begrenzen wußten, sondern in jeder Beleidigung, Verletzung des Anstandes, guten Tones, Derbheit, Grobheit, Unart, Satyre u. s. w. eine Verletzung der Ehre zu finden geneigt waren. Erst in neuerer Zeit wurde die Reaktion des gesunden Menschenverstandes gegen diesen übertriebenen Selbstcultus verweichlichter Stubenhockerempfindlichkeit allgemeiner. Gleichwohl steckt diese Kleinlichkeit auch jetzt noch den Deutschen als ein Pfahl im Fleisch."

II.

Bewußtsein aber nicht dolus.

Oppenhoff (Rechtsprechung des Obertr. Bd. VI S. 313) stellt folgenden Rechtssatz auf:

> „Die Strafbarkeit einer Beleidigung ist durch die Feststellung der beleidigenden Absicht bedingt, wenn diese bestritten wird."

Der Straffall und die Entscheidungsgründe des Erkenntnisses, aus welchen dieser Rechtssatz entnommen wurde, sind folgende:

K. war von der Anklage der Beleidigung des Kronprinzen unter Anderem deshalb freigesprochen, weil „nicht die Überzeugung zu erlangen gewesen sei, daß demselben die von ihm bestrittene Absicht zu beleidigen beigewohnt habe." Die Nichtigkeitsbeschwerde des Oberstaatsanwalts rügte Gesetzesverletzung, weil dem K. „das Bewußtsein von der Ehrverletzung des Kronprinzen nicht habe fehlen können." Zurückweisung. Gründe:

„Die Nichtigkeitsbeschwerde des Oberstaatsanwalts ist unbegründet. Wie die in Goltd. Matt. II S. 87 dargestellte Entstehungsgeschichte der §§.76, 77 Str.-G.-B. ergiebt, hat man die strafrechtlichen Grundsätze in Bezug auf die Verletzung der Ehrfurcht gegen die Person des Königs nicht auch auf die Beleidigung der in den §§ 76, 77 genannten Mitglieder des Königl. Hauses übertragen wollen. Dies findet insbesondere auch in Bezug auf den Dolus bei diesem Vergehen statt. Damit findet sonach auch der bei den Ehrverletzungen überhaupt geltende Grundsatz, daß die Absicht zu beleidigen dann, wenn dieselbe ausdrücklich bestritten worden, festzustellen sei, Anwendung. Der App.-Richter hat hier aber die von dem Angeklagten bestrittene Absicht zu beleidigen verneint, oder doch nicht für festgestellt erachtet, und daran scheitert der Angriff der Nichtigkeitsbeschwerde*)."

Es ist gegenüber diesem Erkenntnisse zunächst auf folgende Einzelnheiten aufmerksam zu machen:

1. Das Obertribunal sagt:

„Der App.-Richter hat hier aber die von dem Angeklagten bestrittene Absicht zu beleidigen verneint, oder doch nicht für festgestellt erachtet."

Aus diesen Worten scheint hervorzugehen, als ob das „Verneinen" des Vorhandenseins der Absicht zu beleidigen und das „nicht für festgestellt Erachten" der Absicht zu beleidigen zweierlei Verschiedenes wäre.

In dem gegenwärtigen Preußischen Strafverfahren kann aber nur noch davon die Rede sein, ob etwas existirt, oder ob etwas nicht existirt. „Der erkennende Richter hat .... zu entscheiden, ob der Angeklagte schuldig oder nichtschuldig sei. Auf vorläufige Lossprechung (Freisprechung von der Instanz) soll nicht mehr erkannt werden." (§. 22 Verordnung vom 3. Januar 1849.)

Wenn noch die Freisprechung von der Instanz im Preußischen Processe existirte, dann würde es möglich sein zu behaupten: es sei zwar

*) Das Erkenntniß datirt vom 16. September 1865 c. Kuhse 782. I. Cr.

nicht möglich gewesen, etwas als festgestellt zu erachten, doch aber sei noch so viel Verdacht gegen den Angeklagten vorhanden, daß man das nicht Festzustellende als dennoch existirend wohl denken könne — und dann würde die vom Obertribunale aufgestellte Unterscheidung ihren guten Grund gehabt haben. Jetzt existirt aber nicht mehr die Freisprechung von der Instanz, und in Folge dessen sind die beiden Behauptungen: „Es ist etwas nicht für festgestellt erachtet," und: „es wird verneint, daß etwas vorhanden gewesen sei" — juristisch vollkommen gleichbedeutend*).

2. Der von Oppenhoff aufgestellte Rechtssatz sagt, die Strafbarkeit einer Beleidigung sei durch die Feststellung der beleidigenden Absicht bedingt, wenn diese bestritten wird; und dieser Rechtssatz findet seine Begründung auch in dem Erkenntnisse des Obertribunals, indem dasselbe ausführt:

> „Damit findet .... der bei Ehrverletzungen überhaupt geltende Grundsatz, daß die Absicht zu beleidigen dann, wenn dieselbe ausdrücklich bestritten worden, festzustellen sei, Anwendung."

Schon gelegentlich einer früheren Kritik (vergl. oben S. 101) ist darauf hingewiesen, daß unser Proceßrecht einen Unterschied zwischen „bestreiten" und „ausdrücklich bestreiten" nicht kennt; ebenso ist an der genannten Stelle nachgewiesen, daß die Beantwortung der Frage, was zum Zwecke der Verurtheilung thatsächlich festgestellt werden müsse, nicht abhänge von dem Gestehen oder Leugnen des Angeklagten, sondern ausschließlich bestimmt werde durch diejenigen Momente, deren Gesammtheit den Thatbestand des zur Anklage gebrachten Deliktes ausmache.

Gehört nun zu dem Thatbestande der Injurie die Absicht zu beleidigen, so muß diese Absicht festgestellt werden, der Angeklagte mag diese Absicht bestreiten oder nicht bestreiten. Wie die Feststellung der beleidigenden Absicht erfolgt, ob auf Grund des Geständnisses, ob auf Grund eines sonstigen Beweismittels, ob auf Grund der Art der stattgehabten Beleidigung, das Alles ist natürlich gleichgültig; nur die Feststellung der beleidigenden Absicht selbst, die ist so wenig gleichgültig, daß sie überhaupt nicht entbehrt werden kann.

*) Wäre der preußische Richter kompetent, mit einem freisprechenden Erkenntnisse eine den Freigesprochenen dennoch gravirende censorische Rüge zu verbinden, so würde gegen die Ausdrucksweise des Obertribunals nichts einzuwenden sein.

Man erwäge nur, daß, wollte man die thatsächliche Feststellung eines oder des anderen Momentes von dem Bestreiten des Angeklagten abhängig machen, man die Erfordernisse des verbrecherischen Thatbestandes selbst von der Willkür des Angeklagten abhängig machen würde. Und damit müßte man, um hier bei den Injurien stehen zu bleiben, zu dem gewiß wunderlichen Resultate gelangen, daß zum Thatbestande der Injurie dolus gehöre, wenn der Angeklagte die Absicht zu beleidigen bestreite, daß dagegen dolus zum Thatbestande der Injurie nicht gehöre, wenn der Angeklagte die Absicht zu beleidigen entweder überhaupt nicht, oder nicht „ausdrücklich" bestritten habe.

Abgesehen von diesen Einzelnheiten ist das mitgetheilte Erkenntniß des Obertribunals vorzugsweise dadurch bemerkenswerth, daß dasselbe einen Unterschied hervorhebt, welcher zwischen den in §§. 74, 75 bedrohten Vergehen der Majestätsbeleidigung und den in §§. 76, 77 hervorgehobenen Beleidigungen stattfindet. In dieser Beziehung heißt es:

„Man hat die strafrechtlichen Grundsätze in Bezug auf die Verletzung der Ehrfurcht gegen die Person des Königs nicht auch auf die Beleidigung der in den §§. 76, 77 genannten Mitglieder des Königlichen Hauses übertragen wollen. Dies findet insbesondere auch in Bezug auf den Dolus bei diesen Vergehen" (nämlich §§. 76, 77) „statt."

Daraus lernen wir also Folgendes:

Die strafrechtlichen Grundsätze in Bezug auf den Dolus sind bei der Verletzung der Ehrfurcht gegen die Person des Königs andere als bei den durch die §§. 76, 77 bedrohten Beleidigungen.

Nun ist mit Bezug auf den Dolus hinsichtlich der in §§. 76, 77 bezeichneten Beleidigungen von dem Obertribunal der Satz aufgestellt:

Bestreitet der Angeklagte die beleidigende Absicht, so muß dieselbe festgestellt werden.

Es entsteht somit die Frage:

Wie verhält es sich mit dem Dolus bei den Majestätsbeleidigungen, wenn das dolose Moment bei den in §§. 76 u. 77 bezeichneten Beleidigungen anders als bei der Majestätsbeleidigung gestaltet ist?

Man kann hier an folgende Möglichkeiten denken:

1. Wenn es sich um eine Beleidigung z. B. des Kronprinzen handelt, so muß die beleidigende Absicht nur dann festgestellt werden, wenn der Angeklagte dieselbe **bestreitet**. —

Handelt es sich dagegen um eine Majestätsbeleidigung (§. 75), so muß die beleidigende Absicht *unter allen Umständen*, der Angeklagte mag dieselbe bestreiten oder nicht, festgestellt werden.

So richtig nun auch diese Annahme für den Thatbestand der Majestätsbeleidigung sein möchte, so läßt sich doch nicht annehmen, daß dieses die Meinung des Obertribunals sei. Denn die Worte der Entscheidungsgründe lassen darüber nicht wohl einen Zweifel, daß zwar alles dasjenige, was, wenn es gegen den Kronprinzen begangen ist, nach §. 77 strafbar sein würde, gegen den König begangen unzweifelhaft Majestätsbeleidigung ist; wogegen noch keinesweges alles dasjenige, was gegen den König begangen eine Majestätsbeleidigung darstellen würde, auch nach §. 77 strafbar sein müßte, wenn es gegen den Kronprinzen vorgenommen wäre. Oder mit andern Worten: die Ausdrucksweise des Obertribunals weist darauf hin, daß mit Bezug auf das dolose Moment der Thatbestand bei der Verletzung der Ehrfurcht gegen den König ein weiterer sei, als bei der Beleidigung des Kronprinzen. Demnach wäre es vielleicht denkbar zu behaupten, bei der Beleidigung des Kronprinzen müsse die Absicht zu beleidigen *immer* festgestellt werden, bei der Verletzung der Ehrfurcht gegen König aber nur, im Falle der Angeklagte die beleidigende Absicht *bestreite*. Wollte man aber diesen Satz umkehren, so würde man den Thatbestand der Majestätsbeleidigung gegenüber dem der Beleidigung des Kronprinzen nicht erweitern sondern verengern; und dies Resultat herbeizuführen, kann jedenfalls der Wille des Obertribunals nicht sein.

Oder man könnte

2. an folgende Möglichkeit denken:

Wenn es sich um die Beleidigung des Kronprinzen handelt, so muß — dies ist die Ansicht des Obertribunals — die Absicht zu beleidigen festgestellt werden, wenn der Angeklagte diese Absicht *bestreitet*; handelt es sich dagegen um eine Majestätsbeleidigung, so braucht die Absicht zu beleidigen *niemals* festgestellt zu werden, auch alsdann nicht, wenn der Angeklagte die Absicht zu beleidigen bestreiten, resp. *ausdrücklich* bestreiten sollte.

Unter dieser Voraussetzung würde dann allerdings der Thatbestand der Majestätsbeleidigung weiter reichen als der Thatbestand einer Beleidigung des Kronprinzen. Bedenklich bleibt indessen bei dieser Annahme, wie man sich den Thatbestand der Majestätsbeleidigung ohne

Dolus denken solle, in welcher Weise die thatsächliche Feststellung des Dolus zu umgehen wäre.

3. Die Nichtigkeitsbeschwerde der Oberstaatsanwaltschaft, welche zu dem hier betrachteten Erkenntnisse Veranlassung gegeben, läßt noch eine dritte Annahme als möglich erscheinen.

„Die Nichtigkeitsbeschwerde des Oberstaatsanwalts," so heißt es in dem Referat, „rügte Gesetzesverletzung, weil dem K. „das Bewußtsein" — (das Bewußtsein ist auch in dem Referate bei Oppenhoff mit gesperrter Schrift gedruckt) — von der Ehrverletzung des Kronprinzen nicht habe fehlen können."

Danach scheint denn die Unterscheidung, auf welche das Obertribunal hinweisen will, darin zu bestehen, daß zu dem Thatbestande der §§. 74, 75 das Bewußtsein, zum Thatbestande der §§. 76, 77 dagegen dolus gehöre.

Diese Annahme läßt indessen auch ihre Bedenken bestehen; denn die strafrechtliche Theorie kennt nur entweder eine dolose oder eine kulpose Begehung der Delikte. Eine Begehungsart der Delikte, welche weder eine dolose noch auch eine kulpose, sondern statt dessen eine „**bewußte**" wäre, eine solche Begehungsart der Delikte ist in der That der Strafrechtswissenschaft vollkommen unbekannt. So lange es also unaufgeklärt bleibt, welchen juristischen Begriff die Oberstaatsanwaltschaft unter den Worten:

„weil dem K. das Bewußtsein von der Ehrverletzung des Kronprinzen nicht habe fehlen können" —

verstanden wissen wollte, so lange kommt man auch mit der Hilfe dieses „Bewußtseins" in dem Verständnisse des Obertribunal-Erkenntnisses um nichts weiter.

Die Lösung dieser Zweifel findet sich in einem älteren Erkenntnisse des Obertribunals, welches im Goltdammer'schen Archiv Bd. XI S. 792 mitgetheilt ist, und zwar unter der Überschrift:

„§§. 75, 77 des Strafgesetzbuches. Dolus bei der Ehrfurchtsverletzung gegen den König und bei der Beleidigung gegen die Königin."

Das Urtheil sebst lautet wörtlich folgendermaßen:

„In Bezug auf den Dolus bei beiden im Rubrum angegebenen Vergehen heißt es in dem Urtel des Obertribunals vom 4. September 1863 wider Wolf (Nr. 720. I.):

Die Feststellung geht dahin, daß der Angeklagte, als er die ihm zur Last gelegten Äußerungen that, sich bewußt gewesen, daß sie die schuldige Ehrfurcht gegen die Person Sr. Majestät des Königs verletzen und Beleidigungen Ihrer Majestät der Königin enthalten.

Einen weiter gehenden Dolus des Thäters, namentlich einen animus injuriandi verlangen aber die §§. 75, 77 nicht, namentlich dann nicht, wenn, wie hier, die incriminirten Äußerungen objektiv ehrverletzende sind. Wenn dabei der erste Richter noch bemerkt, daß bei dem Angeklagten gerade keine böswillige Absicht vorgewaltet haben möge, so kann dies im Zusammenhange mit der unmittelbar vorangehenden und nachfolgenden Ausführung nur dahin aufgefaßt werden:

> daß der Angeklagte neben dem zum Thatbestande des Vergehens erforderlichen gesetzlichen Dolus nicht noch eine weitergehende, bei Abmessung des Strafmaßes zu berücksichtigende schlimme Absicht gehabt,

wie dies der erste Richter bei diesem Theile seiner Erwägung auch anführt."

Diesem Erkenntnisse gegenüber haben wir zunächst auf Folgendes aufmerksam zu machen.

Am 15. September 1865 argumentirt das Obertribunal, die Entstehungsgeschichte der §§. 76 und 77 des Strafgesetzbuches ergebe, daß man die strafrechtlichen Grundsätze in Bezug auf die Verletzung der Ehrfurcht gegen die Person des Königs nicht auch auf die Beleidigung der in den §§. 76, 77 genannten Mitglieder des Kgl. Hauses habe übertragen wollen; und daß dies insbesondere auch in Bezug auf den Dolus bei diesem Vergehen stattfinde. Das dolose Moment des §. 75 ist mithin ein anderes als das des §. 77.

Am 4. September 1863 wurde dagegen entschieden, daß eine dahin gehende thatsächliche Feststellung,

> daß der Angeklagte, als er die ihm zur Last gelegten Äußerungen that, sich bewußt gewesen, daß sie die schuldige Ehrfurcht gegen die Person Sr. Majestät des Königs verletzen und Beleidigungen Ihrer Majestät der Königin enthalten,

daß eine derartige thatsächliche Feststellung für den §. 75 nicht minder wie auch für den §. 77 des Strafgesetzbuches genüge.

Das dolose Moment des §. 77 ist mithin das **gleiche** wie das des §. 75.

Dieser Widerspruch wird denn wohl dadurch gelöst werden müssen, daß man die spätere Entscheidung für die richtigere hält, und demnach bei der Annahme stehen bleibt,

> das Obertribunal beschränke zur Zeit die besonderen strafrechtlichen Grundsätze in Bezug auf die Verletzung der Ehrfurcht gegen den König, insbesondere auch diejenigen, welche sich auf den Dolus bei diesem Delikte beziehen, lediglich auf die Fälle des §. 75 des Strafgesetzbuches.

Die besonderen strafrechtlichen Grundsätze aber, welche mit Bezug auf §. 75 des Strafgesetzbuches zur Anwendung kommen sollen, sind enthalten in den Worten:

> der Angeklagte, als er die ihm zur Last gelegten Äußerungen that, ist sich bewußt gewesen, die schuldige Ehrfurcht gegen Se. Majestät den König zu verletzen.

Derselbe Satz wird negativ dahin ausgedrückt:

> Einen weiter gehenden Dolus, namentlich einen animus injuriandi verlangen aber die §§. 75 (77) nicht, namentlich nicht, wenn wie hier die inkriminirten Äußerungen objektiv ehrverletzende sind.

Diese „strafrechtlichen Grundsätze“ sind so überaus unsicher ausgedrückt, daß es kaum möglich sein dürfte, dieselben klar und bestimmt zu erfassen. Es wird gesagt:

1. Zur Majestätsbeleidigung gehöre das Bewußtsein des Angeklagten, die schuldige Ehrfurcht gegen Se. Majestät den König zu verletzen. Einen weiter gehenden Dolus verlange die Majestätsbeleidigung nicht.

Hieraus folgt denn, daß, da für die Majestätsbeleidigung nur ein „weiter gehender Dolus“ ausgeschlossen ist, Dolus überhaupt zu diesem Delikte gehöre, wenn auch ein minder weit gehender Dolus.

Daraus ergäbe sich dann weiter Folgendes:

2. Es existirt im Strafrecht eine doppelte Art von Dolus:
   a. ein weiter gehender Dolus,
   b. ein minder weit gehender Dolus, welcher Bewußtsein heißt.
3. Gegen den der Majestätsbeleidigung Angeklagten ist der minder weit gehende Dolus, das Bewußtsein, festzustellen, nicht aber der weiter gehende Dolus.

Soll nun diese Unterscheidung in der Praxis verwerthet werden, so muß feststehen, durch welche Merkmale der „weiter gehende Dolus" sich von dem „minder weit gehenden Dolus" — dem „Bewußtsein" — unterscheidet.

In der Theorie ist es bekannt, daß zu dem Begriffe des Dolus zwei Momente: „das Wissen" und „das Wollen" gehören; das Wissen, die Kenntniß von der rechtsverletzenden Natur einer Handlung, und das Wollen der rechtsverletzenden Handlung trotz dieses Wissens. Da die beiden Worte „Wissen" und „Bewußtsein" nahe verwandt sind, so könnte man, wenn auch nur momentan, auf den Gedanken kommen, daß unter dem „minder weit gehenden Dolus" lediglich das „Wissen" von der rechtsverletzenden Natur der Handlung verstanden werden solle, während der „weitergehende Dolus" das „Wissen" und das „Wollen" umfaßt.

Dieses aber als die Ansicht des Obertribunals zu denken, ist deshalb unmöglich, weil die beiden Momente „Wissen" und „Wollen" für den Begriff des Dolus wesentliche sind, woraus mit Nothwendigkeit folgt, daß, wenn eines dieser Momente fehlt, überhaupt nicht mehr von Dolus gesprochen werden kann. Das Obertribunal will ja aber, wie es in seinem Erkenntnisse sagt, keineswegs den Dolus für die Majestätsbeleidigung verwerfen, es verlangt vielmehr Dolus, aber es will diesen Dolus auf „das Bewußtsein" beschränkt, und nur den „weiter gehenden Dolus" ausgeschlossen wissen.

Zur Zeit ist die Unterscheidung zwischen „weiter gehendem Dolus" und „minder weit gehendem Dolus" (Bewußtsein) der strafrechtlichen Theorie unbekannt.

Einem Zweifel kann es nun nicht unterliegen, daß, soweit dies die bestehenden Gesetze zulassen, die Praxis auch bisher unbekannte Begriffe und Distinktionen zu schaffen vollkommen berechtigt ist. Es würde dies nichts Anderes sein als ein Resultat der rechtsbildenden Thätigkeit, an welcher die Praxis ebenso gut Theil hat, wie auch die Doktrin. Sollen aber bisher unbekannte Begriffe, bisher unbekannte Distinktionen in den juristischen Verkehr eingeführt werden, so müssen sie klar bestimmt sein und in Folge dieser klaren Begriffsbestimmung sicher erkannt werden können.

Sehen wir nun zu, was das Obertribunal dazu thut, um die bis zu dem Erkenntniß vom 4. September 1863 unbekannte Unterscheidung zwischen „weiter gehendem" und „minder weit gehendem" Dolus sicher zu stellen.

Ein Unterscheidungsmerkmal giebt das Obertribunal allerdings. Dasselbe sagt:

„Einen weiter gehenden Dolus des Thäters, namentlich einen animus injuriandi verlangen die §§. 75, 77 nicht.“

Hieraus können wir entnehmen, daß der animus injuriandi ein „weiter gehender Dolus“ ist. Aber das Obertribunal sagt nicht:

„Einen weiter gehenden dolus, das heißt den animus injuriandi verlangen die §§. 75, 77 nicht —

in welchem Falle der Begriff des „weiter gehenden Dolus“ und des animus injuriandi sich decken würden, — sondern das Obertribunal sagt nur, daß die §§. 75, 77 „namentlich“ den animus injuriandi nicht verlangen; mithin können auch noch andere dem Gebiete des dolus angehörende Begriffe vorhanden sein, welche außer dem animus injuriandi von den §§. 75, 77 nicht verlangt werden, und unter diesen mehreren dem Gebiete des dolus angehörenden Begriffen ist der animus injuriandi nur der primus inter pares. Die Praxis erfährt mithin von dem Obertribunal, daß der animus injuriandi ein Begriff sei, welcher unter dem Ausdrucke „weiter gehender Dolus“ zu verstehen ist, sie erfährt zugleich, daß der animus injuriandi **nur** einer dieser Begriffe sei; — denn anders lassen sich die Worte: „**namentlich** nicht einen animus injuriandi“ nicht verstehen — — aber die Praxis erfährt nicht, welche anderen Begriffe neben dem animus injuriandi zu dem „weiter gehenden Dolus“ gehören, und doch muß sie dieses wissen, wenn sie die vom Obertribunale aufgestellte Unterscheidung mit Sicherheit handhaben will.

Die Unsicherheit wird aber noch größer.

Das Obertribunal stellt nämlich nicht den Rechtssatz auf: „Einen weiter gehenden Dolus des Thäters, namentlich einen animus injuriandi verlangen aber die §§. 75, 77 nicht“ —

sondern es vervollständigt diesen Rechtssatz noch durch die Worte:

„namentlich dann nicht, wenn, wie hier, die inkriminirten Äußerungen objektiv ehrverletzende sind“.

Wenn demnach die Praxis im Stande sein sollte, jene vorhin angegebenen Zweifel zu beseitigen, so wird sie genau wissen, wie zu entscheiden ist, falls es sich um **objektiv** ehrverletzende Äußerungen handelt. Aber unsicher wird die Praxis werden, wenn andere als objektiv ehrverletzende Äußerungen zur Anklage gebracht werden. Denn der Rechtssatz, daß die §§. 75, 77 einen „weiter gehenden Dolus" namentlich den animus injuriandi nicht verlangen, bezieht sich, wie das Obertribunal sagt, „namentlich" auf objektiv ehrverletzende Äußerungen. Wäre das Obertribunal der Ansicht gewesen, daß sich jener Rechtssatz auf alle ehrverletzenden Äußerungen — objektiv und nicht objektiv ehrverletzende — und zwar gleichmäßig bezöge, so würden die Worte:

„namentlich dann nicht, wenn wie hier, die inkriminirten Äußerungen objektiv ehrverletzende sind"

nicht nöthig gewesen sein. Es stehen dieselben aber in den Entscheidungsgründen des Urtels, sind mithin von dem Obertribunal für nöthig erachtet worden; und da dieses der Fall ist, so kann nicht wohl eine andere Annahme für zulässig erachtet werden, als die, daß das Obertribunal für die Anwendung des die Feststellung des dolosen Momentes regelnden Rechtssatzes noch unterschieden hat zwischen objektiv ehrverletzenden Äußerungen, und solchen Äußerungen, die nicht objektiv ehrverletzende sind. Zwar, auch die nicht objektiv ehrverletzenden Äußerungen verlangen, wenn es sich um die Anwendung der §§. 75, 77 handelt, keinen „weiter gehenden Dolus", namentlich keinen animus injuriandi; da indessen die objektiv ehrverletzenden Äußerungen den weiter gehenden Dolus, unter Anderem den animus injuriandi „namentlich" nicht verlangen, so müssen die nicht objektiv ehrverletzenden Äußerungen den weiter gehenden Dolus, namentlich den animus injuriandi doch auf eine andere Weise nicht verlangen. Wie sie ihn indessen nicht verlangen sollen, das wird in dem Erkenntnisse nicht gesagt*).

Wir müssen noch auf die Schlußworte des Erkenntnisses aufmerksam machen.

„Wenn dabei," so heißt es, „der erste Richter noch bemerkt, daß bei dem Angeklagten gerade keine böswillige Absicht vorgewaltet haben möge, so kann das im Zusammenhange mit der unmittelbar vorangehenden und nachfolgenden Ausführung nur dahin aufgefaßt werden:

daß der Angeklagte neben dem zum Thatbestande des Vergehens erforderlichen gesetzlichen Dolus nicht noch eine weitergehende, bei Abmessung des Strafmaßes zu berücksichtigende schlimme Absicht gehabt.

*) Über die Berechtigung des Begriffes „objektiv beleidigende Äußerung" vergleiche das in der voraufgehenden Kritik unter I. Ausgeführte.

wie dies der erste Richter bei diesem Theile seiner Erwägung auch anführt.

Wir finden hier also gegenübergestellt:

1. den zum Thatbestande des Vergehens erforderlichen gesetzlichen Dolus, und
2. eine weiter gehende bei Abmessung des Strafmaßes zu berücksichtigende schlimme Absicht.

Da nun das Wort „Absicht" in's Lateinische übersetzt dolus heißt, so ergiebt sich hieraus, daß das preußische Strafrecht zwei verschiedene Arten des Dolus kennt, welche beide bei ein und demselben Verbrechen neben einander vorkommen können. Von dem einen Dolus — dem zum Thatbestande des Vergehens erforderlichen gesetzlichen Dolus — hängt die Strafbarkeit des Thäters überhaupt ab, während durch die andere Art des Dolus lediglich die Größe der Strafbarkeit bestimmt wird.

Diese Ausdrucksweise ist nicht correkt; denn ein Verbrechen kann immer nur einen Dolus haben; existirt aber mehr als ein Dolus, so existirt auch mehr als ein Verbrechen.

Die „weitergehende schlimme Absicht" ist etwas von der „Absicht" sehr wesentlich Verschiedenes, es ist der Zweck, welchen der Thäter verfolgte, resp. nicht verfolgte. Der Zweck, ebenso wie das Motiv einer Handlung wirken allerdings auf die Größe der Strafbarkeit ein, unter der Voraussetzung, daß die Handlung überhaupt strafbar ist. Das Vorhandensein der Strafbarkeit überhaupt bestimmt sich aber nicht nach dem guten oder schlimmen Zweck der Handlung, sondern hängt von ganz anderen Voraussetzungen, unter anderen auch von dem Vorhandensein der Absicht, des dolus, ab.

Das vorstehende Erkenntniß des Obertribunals ist die Grundlage für weitere strafrechtliche Entscheidungen dieses Gerichtshofes geworden. Eine derselben — Erkenntniß vom 23. Juni 1865 c. Jacoby und Wackernagel — ist mir handschriftlich mitgetheilt worden und es lautet die hierher gehörende Stelle der Entscheidungsgründe wörtlich folgendermaßen:

„Dasselbe gilt aber auch von der den Imploranten zur Last gelegten Ehrfurchtsverletzung gegen Se. Majestät den König. Der Appellationsrichter hat nicht geirrt, wenn er erklärte, daß es zur Feststellung dieses Vergehens einer speciell hierauf gerichteten Absicht des Thäters nicht bedürfe, vielmehr schon das Bewußtsein desselben genüge, daß durch die Äußerung die Ehrfurcht verletzt werde. In gleicher Weise hat bereits öfter das Königl. Obertribunal unter anderem in dem Erkenntnisse vom 4. September 1863 c. Wolff entschieden. (Goltdammer, Archiv XI S. 792.) Die Richtigkeit dieses Grundsatzes ergiebt sich aus dem Wesen des Begriffs der Ehrfurcht, die allemal dann verletzt ist, wenn eine ihr widerstreitende Handlung begangen wird, und aus den allgemeinen Regeln des zur Erfüllung einer Strafthat erforderlichen dolus überhaupt. Es besteht derselbe im Allgemeinen lediglich in dem Bewußtsein, daß gegen das Strafgesetz gehandelt wird, und eine noch weiter gehende specielle Absicht ist nur dann erforderlich, wenn das betreffende Gesetz, wie z. B. der §. 154 des Strafgesetzbuchs eine solche ausdrücklich verlangt, was bei dem §. 75 l. c. nicht der Fall ist."

Der Ausdruck ist in diesem Erkenntnisse ein etwas anderer als in dem oben mitgetheilten vom 4. September 1863. Dort nämlich wurde unterschieden zwischen „Bewußtsein" und „weitergehendem Dolus, namentlich animus injuriandi"; hier ist die „speciell auf Ehrfurchtsverletzung gerichtete Absicht" dem „Bewußtsein" entgegengesetzt. Was also dort „weiter gehender Dolus" genannt wurde, heißt hier: „speciell darauf gerichtete Absicht".

Diese Veränderung des Ausdrucks trägt nicht dazu bei, die Begriffe, um welche es sich handeln mag, zu verdeutlichen. Zwar die Unterscheidung in dolus generalis s. indeterminatus und dolus specialis s. determinatus ist der strafrechtlichen Theorie bekannt. Es erscheint indessen bedenklich, eine in der Doktrin streitige Distinktion in die preußische Praxis einzuführen, ohne daß die gesetzlichen Bestimmungen hierzu irgend eine Veranlassung darbieten*), und ebenso muß es bezweifelt werden, daß unter der „speciell auf Ehrfurchtsverletzung gerichteten Absicht" dasjenige verstanden werden kann, was gewöhnlich unter dolus specialis im Gegensatze zum dolus generalis verstanden wird**).

---

*) Dies ist z. B. der Fall im Thüringischen Gesetzbuch Art. 29 (vergl. Geib, Strafrecht II S. 258); im Württembergischen Gesetzbuche Art. 56; im Badischen Art. 99 (vergl. Mittermaier zu Feuerbach §. 59 Not. II).

**) Diesen Gegensatz bestimmt Geib (Strafrecht II S. 256) im Anschluß an Feuerbach §. 59 in folgender Weise: „Bei dem bestimmten Dolus hat der Verbrecher das klare Bewußtsein, daß seine Handlung nur gerade denjenigen Erfolg herbeifüh-

„Die Richtigkeit dieses Grundsatzes", nämlich des Grundsatzes, daß es zur Feststellung der Majestätsbeleidigung einer speciell hierauf gerichteten Absicht des Thäters nicht bedürfe — folgert das Obertribunal aus zwei Dingen. Erstens aus dem Wesen und dem Begriff der Ehrfurcht, die „allemal dann verletzt ist, wenn eine ihr widerstreitende Handlung begangen wird."

Man darf fragen, ob das etwas dem Begriffe der Ehrfurcht Eigenthümliches ist, daß sie allemal dann verletzt ist, wenn eine ihr widerstreitende Handlung begangen wird? Ist die Ehre eines Menschen nicht auch allemal verletzt, wenn eine ihr widerstreitende Handlung begangen wird? Kann die Freiheit eines Menschen unverletzt bleiben, wenn eine ihr widerstreitende Handlung begangen wird? Bejahen kann man diese Frage doch gewiß nicht; und nur unter dieser Voraussetzung würde überhaupt aus dem vom Obertribunale aufgestellten Begriffe der „Ehrfurcht" etwas besonderes für das Wesen der Absicht bei dem Delikte der Ehrfurchtsverletzung folgen können.

Es folgt aber der Satz, daß es bei der Majestätsbeleidigung einer hierauf speciell gerichteten Absicht des Thäters nicht bedürfe, nach der Ansicht des Obertribunals zweitens „aus den allgemeinen Regeln des zur Erfüllung einer Strafthat erforderlichen dolus überhaupt".

> „Es besteht derselbe im Allgemeinen lediglich in dem Bewußtsein, daß gegen das Strafgesetz gehandelt wird, und eine noch weiter gehende specielle Absicht ist nur dann erforderlich, wenn das betreffende Gesetz, wie z. B. der §. 154 des Strafgesetzbuches, eine solche ausdrücklich verlangt, was bei dem §. 75 nicht der Fall ist."

Durfte man nach dem Wortlaute des Erkenntnisses v. 4. Septbr. 1863 noch annehmen, daß zur Feststellung des Thatbestandes der dolo-

---

ren werde, welchen sie in der That herbeigeführt hat; bei dem unbestimmten Dolus ist die Vorstellung des Verbrechers in der Weise unklar oder unentwickelt, daß dieselbe nicht bloß den durch seine Handlung herbeigeführten, sondern überdies noch verschiedene andere (in der That nicht herbeigeführte) Erfolge gleichmäßig mit umfaßt, ohne jedoch weder hinsichtlich jenes noch dieser bis zur vollen Deutlichkeit und Specialisirung, d. h. bis zur überall bewußten Erkenntniß und Individualisirung der fraglichen Erfolge durchgedrungen zu sein: m. a. W. bei dem bestimmten Dolus handelt der Verbrecher erst dann, nachdem der ganze, auf den eingetretenen Erfolg gerichtete Gedankenproceß ein fertiger und ausgetragener geworden ist; bei dem unbestimmten Dolus handelt der Verbrecher zu einer Zeit, wo dieser Proceß noch als ein schwebender, der verbrecherische Gedanke mithin noch als ein unausgegorener und der Erfolg selbst als eine Frühgeburt erscheint.

sen Delikte regelmäßig auch die Feststellung des Dolus erforderlich sei und daß es von dieser Regel nur einzelne Ausnahmen gäbe, bei welchen, wie z. B. bei der Majestätsbeleidigung, es genüge, wenn nur das „Bewußtsein" des Thäters festgestellt werde, so erfahren wir hier, daß Dolus überhaupt in nichts Anderem bestehe, als in dem Bewußtsein, es werde gegen das Strafgesetz gehandelt, und daß es mithin für die thatsächliche Feststellung der dolosen Verbrechen ausreichend sei, dieses Bewußtsein festzustellen.

Es ist oben ein Erkenntniß des Obertribunals v. 15. Sept. 1865 mitgetheilt. In diesem wurde gesagt:

> Bei Ehrverletzungen gelte der Grundsatz, daß die Absicht zu beleidigen, dann, wenn dieselbe ausdrücklich bestritten sei, festgestellt werden müsse,

und auf Grund dieses Rechtssatzes verwarf das Obertribunal eine Nichtigkeitsbeschwerde, welche von der Ansicht ausging, es sei genügend, wenn bei Beleidigungen das Bewußtsein von der Ehrverletzung gegen den Angeklagten festgestellt sei.

Erklärlich war es, wenn die so begründete Nichtigkeitsbeschwerde auf einen Erfolg rechnete, denn — wie eben gezeigt — hatte das Obertribunal am 30. Juni 1865 seine Rechtsansicht dahin formulirt, daß es bei Feststellung des Thatbestandes der dolosen Delikte „im Allgemeinen", also dann doch auch bei Feststellung des Thatbestandes der Injurien „lediglich" auf das Bewußtsein des Angeklagten ankomme, es sei denn, daß die Feststellung des dolus, wie in §. 154, ausdrücklich von dem Gesetze verlangt werde.

Die beiden Erkenntnisse weichen also in Folgendem von einander ab:

Erkenntniß vom 30. Juni 1865.	Erkenntniß vom 15. September 1865.
Bei Injurien ist es nicht erforderlich, daß die Absicht zu beleidigen festgestellt werde, außer in den Fällen des §. 154 und ähnlichen, wo das Gesetz die Absicht zu beleidigen ausdrücklich erwähnt. Es genügt vielmehr, wenn das Bewußtsein der Ehrverletzung festgestellt ist.	Es genügt bei Beleidigungen nicht, wenn das Bewußtsein der Ehrverletzung festgestellt ist. Es muß vielmehr die Absicht zu beleidigen festgestellt werden, wenn der Angeklagte dieselbe ausdrücklich bestreitet.

Diese Verschiedenartigkeit von Rechtsanschauungen, welche sich in zweien der Zeit nach nicht weit von einander getrennten Erkenntnissen des Obertribunals zeigt, rechtfertigt wohl den Versuch, diejenigen Grundsätze klar zu legen, welche in Betreff der Willensbestimmung bei Injurien und bei der Majestätsbeleidigung festzuhalten sind.

So viel steht doch fest, daß die Delikte entweder dolos, oder culpos begangen werden. Für das preußische Recht steht es überdem fest, daß es zwischen Dolus und Nicht-Dolus ein Drittes, etwa dolus indeterminatus, dolus generalis nicht giebt.

Nun hat noch Niemand behauptet, die Injurien könnten culpose begangen werden. Mithin kann es keinem Zweifel unterliegen, daß alle Injurien dolose begangen werden müssen.

Ohne verbrecherische Willensbestimmung des Thäters ist ein Delikt überhaupt nicht denkbar. Die Willensbestimmung des Thäters (dolus oder culpa) ist mithin ein wesentliches Requisit des Thatbestandes eines jeden Verbrechens.

Daß die wesentlichen Requisite des Thatbestandes eines bestimmten Verbrechens als vorhanden nachgewiesen, d. h. thatsächlich festgestellt sein müssen, wenn eine Verurtheilung wegen dieses Verbrechens erfolgen soll, wird Niemand bestreiten. Mithin müssen auch für die Verurtheilung wegen Injurien die wesentlichen Requisite des Thatbestandes dieses Deliktes festgestellt werden. Und da nun zu diesen wesentlichen Requisiten auch die verbrecherische Willensbestimmung gehört, da diese bei den Injurien keine andere als dolus ist, so folgt hieraus mit zwingender Nothwendigkeit, daß bei Injurien das Vorhandensein des dolus festgestellt werden muß, wenn anders eine Bestrafung wegen dieses Deliktes erfolgen soll.

Es ist aber vollkommen gleichbedeutend, ob man sagt:

bei Injurien muß das Vorhandensein des dolus festgestellt werden —

oder ob man sagt:

bei Injurien muß die Absicht zu beleidigen festgestellt werden,

oder ob man endlich sagt:

bei Injurien muß der animus injuriandi festgestellt werden.

Zu dem eben Gesagten sind einige erläuternde Bemerkungen zu machen.

1. Bei Injurien muß der dolus immer, in allen Fällen bewiesen werden. Die Theorie kennt den Unterschied zwischen

absoluten und relativen Injurien. In früherer Zeit wollte man nur bei letzteren den Beweis des dolus verlangen, bei ersteren dagegen den dolus präsumiren und dem Verklagten gegen diese Präsumtion den Gegenbeweis auferlegen. Köstlin (Abhandlungen S. 56) äußert sich mit Bezug hierauf in folgender Weise:

„Allein auch diese Ansicht war unrichtig, sofern sie nicht nur das Wesen der relativen Injurie verkannte, sondern auch ganz unbefugter Weise von einer praesumtio doli sprach, wo doch in Wahrheit nur von einem Beweise des dolus ex re die Rede sein konnte. Das Richtige ist nun, hier überhaupt nicht von Beweis und Gegenbeweis zu sprechen, sondern in allen Fällen Beweis des dolus zu verlangen, wobei sich dann, je nachdem es sich um eine absolute oder eine relative Injurie handelt, allerdings der Unterschied ergeben wird, daß der Beweis im einen Fall schon ex re gegeben vorliegt, im andern besonders geliefert werden muß. Wo das Eine oder das Andere nicht der Fall ist, muß Freisprechung erfolgen."

Ich möchte im Anschluß hieran noch eine Bemerkung machen. Der Beweis des dolus bei begangenen Delikten wird immer nur aus dem geführt werden können, was geschehen ist und was sich als Geschehenes nachweisen läßt. Aus dem Geschehenen ist zurückzuschließen auf die Willensbestimmung des Angeklagten; unzulässig ist es dagegen, durch inquisitorische Hülfsmittel zuerst die Gedanken des Angeschuldigten zu Tage zu fördern und nach den so gewonnenen Resultaten das Geschehene zu beurtheilen. Insofern ist also in jedem Falle der Beweis des dolus nur ex re, d. h. aus dem Geschehenen zu entnehmen. Spricht man nun von einem besonderen dolus ex re, so kann man darunter nur verstehen, daß in manchen Verbrechensfällen der dolus aus den gleichen Thatsachen zu entnehmen ist, welche auch die verbrecherische Rechtsverletzung ausmachen, während bei anderen Verbrechensfällen dieses nicht möglich ist, der dolus vielmehr aus anderen Thatsachen, welche selbst nicht zur verbrecherischen Rechtsverletzung gehören, sondern dieselbe nur begleiten, mit derselben im Zusammenhange stehen, geschlossen werden muß. So kann man im Gegensatze zu dem Beweise des dolus ex re von dem Beweise des dolus ex indiciis sprechen — oder wie man sonst die Sache bezeichnen will.

Das eben Gesagte findet nun aber auch auf den Beweis des dolus bei Injurien volle Anwendung. Entweder nämlich ist die unter Anklage gestellte Äußerung u. s. w. von der Art und Beschaffenheit, daß ihre Existenz allein genügt, um aus ihr selbst die ehrverletzende Absicht festzustellen; oder die inkriminirte Äußerung ist nicht von der Art, um aus ihr selbst die ehrverletzende Absicht feststellen zu können, vielmehr muß man dieselbe aus anderen die Äußerung begleitenden, mit ihr im Zusammenhange stehenden Thatsachen schließen. In jenem Falle würde man den Beweis des dolus ex re, in diesem den Beweis des dolus ex indiciis geführt haben. Die Thatsachen, aus denen man den Beweis des dolus führt, sind hier andere als dort, der Beweis des dolus selbst aber muß in dem einen wie in dem anderen Falle geführt werden.

2. Der dolus bei Injurien ist identisch mit animus injuriandi. Die Willensbestimmung, welche zu dem Thatbestande der einzelnen Verbrechen gehört, ist, soweit die Verbrechen Rechtsverletzungen sind*), abhängig von der Natur des angegriffenen Rechts. Der Inhalt des dolus ist durch die Natur des angegriffenen Rechtes bedingt. Weiß man, welches Recht durch ein gewisses Verbrechen angegriffen wird, so kennt man auch den Inhalt des diesem Verbrechen eigenthümlichen dolus. So wird auch bei der Injurie der Inhalt des diesem Delikte eigenthümlichen dolus durch die Natur des bei der Injurie angegriffenen Rechtes bestimmt. Bei der Injurie ist aber das angegriffene Recht, das Recht auf Ehre, welches einer physischen oder juristischen Person zusteht. Mithin muß die Willensbestimmung bei diesem Delikte darauf gerichtet sein, das Recht auf Ehre verletzen zu wollen. Und etwas Anderes bezeichnet man ja auch nicht mit dem Ausdrucke animus injuriandi. Die Absicht bei der Ehrverletzung ist ebenso animus injuriandi, wie die Absicht bei der Vermögensbeschädigung animus damnum dandi, wie die Absicht bei Tödtung animus necandi und wie man sonst die Ausdrücke wählen mag.

Nur ein Ausdruck weicht hiervon ab, und es scheint fast, als ob dieser eine Ausdruck auch auf die Behandlung des animus injuriandi nicht ohne Einfluß geblieben wäre. Dieser eine Ausdruck ist der animus lucrifaciendi.

Im Preußischen Strafgesetzbuch hat man bekanntlich diesen animus lucrifaciendi beim Diebstahl (§. 215) und beim Raube (§. 230) durch die Worte: „in der Absicht sich dieselbe — nämlich die Sache —

*) Im Gegensatze zu den strafbaren Unsittlichkeiten und gefährlichen Handlungen.

zuzueignen" wiedergegeben. Beim Betruge (§. 241) ist statt dessen gesagt: „in gewinnsüchtiger Absicht", bei der Urkundenfälschung (§. 24 f.) heißt es: „in der Absicht, sich oder Anderen Gewinn zu verschaffen"; bei der Erpressung finden sich die Worte: „Wer, um sich oder Dritten einen rechtswidrigen Vortheil zu verschaffen". Endlich wird gelegentlich der Übertretungen (§. 349 Nr. 3) von der Entwendung von Eßwaaren u. s. w. gehandelt und dabei als qualificirendes Moment hervorgehoben, daß die Entwendung in „gewinnsüchtiger Absicht" geschieht.

Es soll nicht behauptet werden, daß die eben angeführten Ausdrücke des Preußischen Strafgesetzbuches überall das Gleiche und genau dasselbe bedeuten, was durch die Worte lucri faciendi gratia in fr. 1. §. 3. D. de furtis ausgedrückt wird; aber im Wesentlichen sind doch alle jene Ausdrücke des Preußischen Rechts Variationen des Römisch-rechtlichen lucri faciendi gratia. Unter dieser eben angeführten Reservation darf man sagen, zur thatsächlichen Feststellung der genannten Delikte gehöre auch die Feststellung des animus lucri faciendi, und ebenso darf man sagen, es werde der dolus bei Vermögensverbrechen durch die Feststellung des animus lucri faciendi specialisirt.

Daraus folgt aber in keiner Weise, daß nun auch durch die Feststellung des animus injuriandi der dolus bei den Injurien specialisirt würde.

Denn bei jenen Vermögensverbrechen genügt es nicht, daß die Absicht des Thäters, ein Vermögensrecht verletzen zu wollen, festgestellt wird, sondern es muß außerdem auch noch das Motiv, resp. der Zweck des Thäters, sich bereichern zu wollen, festgestellt werden*). Durch dieses neben der Absicht noch zu berücksichtigende Motiv wird allerdings der dolus bei einzelnen Vermögensverbrechen specialisirt, und es gehört dieses specialisirende Moment wesentlich zum Thatbestande einzelner Vermögensverbrechen.

Man wird sich daher vollkommen correkt ausdrücken, wenn man sagt: Bei dem Vergehen der Sachbeschädigung genügt es, daß die Absicht, fremdes Vermögen zu verletzen, festgestellt werde. Etwas Weiteres, namentlich der animus lucri faciendi, braucht bei diesem Delikte nicht festgestellt zu werden.

Wie aber verhält sich die Sache bei den Injurien? Giebt es ir-

*) Der Ausdruck „bereichern" ist im Texte der Kürze wegen gebraucht; die Bedeutung dieses Ausdruckes wird nach dem Wortlaute der verschiedenen Gesetzesstellen näher zu bestimmen sein.

gend eine Art von Ehrverletzungen, bei welchen der Thatbestand durch ein bestimmtes Motiv, durch einen bestimmten, mittelst der Ehrverletzung zu erreichenden Zweck bedingt wird? Das ist in keiner Weise der Fall. Es kommt nur darauf an, daß das Recht auf Ehre verletzt sei, daß dies der Thäter gewollt habe; aus welchen Motiven, zu welchem Zwecke er es gewollt, das ist für den Thatbestand jeder Art von Injurien gleichgültig.

Man entscheide sich also: Entweder man behaupte, unter animus injuriandi ist etwas zu verstehen, was in ähnlicher Weise wie der animus lucri faciendi das Motiv oder den Zweck des Deliktes bezeichnen soll; und wenn man dann im Stande sein sollte — was indessen nicht möglich ist — diese Behauptung aufrecht zu erhalten, so wird man sagen dürfen, der animus injuriandi gehört niemals zum Thatbestande der Injurien. Oder, wenn man überhaupt den Ausdruck animus injuriandi für den Begriff der Injurien beibehalten will, so gestehe man zu, daß dieser Ausdruck nichts Anderes bedeutet als: Absicht der Ehrverletzung*).

Es ist noch zu untersuchen, ob die so eben ausgeführten Grundsätze auch auf die Majestätsbeleidigung Anwendung finden.

Veranlaßt durch die mitgetheilten Erkenntnisse des Obertribunals sind zwei Fragen zu erörtern. 1. Gehört zum Thatbestande der Majestätsbeleidigung dolus? und 2. darf man auch bei der Majestätsbeleidigung sagen, der dolus bei diesem Delikte sei identisch mit dem animus injuriandi?

Beide Fragen sollen — da die Rechtsfälle hierzu allein Veranlassung bieten — nur mit Bezug auf §. 75 des Strafgesetzbuches erörtert werden. Dieser Paragraph bestimmt:

„Wer durch Wort, Schrift, Druck, Zeichen, bildliche oder andere Darstellung die Ehrfurcht gegen den König verletzt, wird mit Gefängniß von zwei Monaten bis zu fünf Jahren bestraft.

Auch kann gegen denselben zugleich auf zeitige Untersagung der Ausübung der bürgerlichen Ehrenrechte erkannt werden."

Das Gesetz sagt also nicht ausdrücklich, daß dieses Vergehen dolose begangen werden müsse. Da indessen die Delikte überhaupt nur dolos

*) Daß die Unterscheidung von Injurien, zu denen bloß dolus, und solchen, zu denen animus injuriandi gehöre, weder nach römischem Rechte noch auch nach deutschen Begriffen zulässig ist, sagt u. A. Köstlin (Abh. S. 54. N. 4).

oder culpos begangen werden können, da, wenn nach Preußischem Rechte die culpose Begehung eines Deliktes gestraft werden soll, dies die Strafvorschrift ausdrücklich anordnen muß (was bei §. 75 nicht geschehen ist), so folgt hieraus mit Nothwendigkeit, daß die Majestätsbeleidigung nur dolose begangen werden kann, daß der Dolus ein wesentliches Requisit des Thatbestandes dieses Delikts ist und deswegen auch thatsächlich festgestellt, d. h. bewiesen werden muß.

Die Revision von 1845 hatte zwar formulirt:

„die dem Könige gebührende Ehrfurcht vorsätzlich verletzt".

Daß indessen in Folge der Fortlassung des Wortes „vorsätzlich" in dem Strafgesetzbuche nicht etwa an eine nicht vorsätzliche Begehung des Deliktes gedacht werden kann, das hat in treffender Weise Goltdammer (Materialien II S. 86) ausgedrückt. Derselbe sagt:

„Denn ist auch die Majestätsbeleidigung ein besonderes Verbrechen, so gründet sie sich doch wenigstens in weiterem Sinne auf die Injurie, und diese fordert, mit Ausschluß jeder culpa, den dolus. (Auch das A. L.R. fordert ihn durch das „boshaft" im §. 200 beim crimen laesae venerationis.) Das „vorsätzlich", welches die Revision von 1845 aus diesem Grunde auch ausdrücklich hinzugefügt hatte, fehlt daher im §. 75 nur, weil es überflüssig ist."

Die erste der beiden oben aufgestellten Fragen darf man also wohl zweifellos dahin beantworten:

Zur Majestätsbeleidigung des §. 75 gehört jedenfalls dolus.

2. Gehört zur Majestätsbeleidigung des §. 75 auch animus injuriandi? Goltdammer, der, wie eben gezeigt, das Vorhandensein des dolus bei diesem Delikte in der bestimmtesten Weise fordert, fährt unmittelbar nach den mitgetheilten Worten in folgender Weise fort:

„Man würde aber irren, wenn man außer diesem dolus noch speciell den animus injuriandi fordern wollte. Dieser animus ist an sich nicht, nur in Ausnahmefällen (§. 154. 158) und in einem besonderen Sinne, Erforderniß der Injurie, hier aber, bei diesem besonderen Verbrechen der Majestätsbeleidigung, ist er es nie. —

Außer dem oben bereits über die Bedeutung des animus injuriandi Angeführten ist zur Verständigung über diesen Begriff mit Bezug auf die Majestätsbeleidigungen noch Folgendes anzuführen.

Es kann keinem Zweifel unterliegen, daß der objektive Thatbestand einer Majestätsbeleidigung weiter ist, als der einer Beleidigung, welche gegen eine Privatperson gerichtet ist. Dies wird bedingt durch die staatsrechtliche Stellung des Königs, als Inhabers der gesammten Staatsgewalt, es wird dies nicht weniger bedingt durch die dem Könige verfassungsmäßig zustehende Unverantwortlichkeit.

Bekanntlich unterschied die ältere Doctrin zwischen crimen laesae majestatis und crimen laesae venerationis. Feuerbach (Lehrbuch §. 171) bestimmt das erstere Verbrechen in folgender Weise:

„Der Oberherr, als ein Subjekt der höchsten Gewalt im Staate, hat die höchste bürgerliche Ehre. Diese höchste bürgerliche Ehre des Oberherrn, als eines solchen, ist seine Majestät und die Verletzung desselben macht das Majestätsverbrechen im engeren Verstande, das Verbrechen beleidigter Majestät (crimen (laesae majestatis) aus."

In §. 172 weist dann Feuerbach darauf hin, daß „die Verletzung der oberherrlichen Person, als Privatperson d. h. inwiefern sie nicht in Beziehung auf Regierungshandlungen gedacht wird, bloß „Verletzung der Ehrfurcht" heiße, und als bloße Privatinjurie unter erschwerenden Umständen zu bestrafen sei. —

Mit Bezug auf diesen Unterschied sagt Goltdammer (Materialien II S. 86):

„Der Ausdruck" (nämlich in §. 75 des Strafgesetzbuches) „die Ehrfurcht gegen den König verletzt" soll nicht wiederum jenen älteren, auch in der Literatur bereits längst verworfenen Unterschied zwischen dem crimen laesae majestatis und laesae venerationis andeuten, es würde sonst an einer ausdrücklichen Strafvorschrift für das erstere, wie sie in den bisherigen Entwürfen, außer dem von 1845, enthalten war, fehlen. Der Sinn ist vielmehr ein anderer. Vermöge der Ehrfurcht, welche der Unterthan seinem Regenten schuldig ist, müssen auch schon solche Handlungen und Unterlassungen, welche im Verhältnisse von Privatpersonen unter sich in der Regel nicht als Injurien erscheinen, als solche angesehen werden, sobald sie gegen jenen gerichtet sind. In diesem Sinne also, nicht aber um zwischen der Beleidigung der Majestät und der des Privatmannes zu unterscheiden, ist der Ausdruck „Ehrfurcht" in den Thatbestand der Majestätsbeleidigung aufgenommen worden; dies war auch die ausdrücklich ausgesprochene Auffassung der Revision von 1845, welche diesem System bereits folgte."

In dieser Darstellung ist unzweifelhaft richtig, daß jede strafbare Handlung, welche durch Wort, Schrift, Druck, Zeichen, bildliche oder andere Darstellung gegen den König begangen wird — insofern dieselbe nicht etwa unter §. 61 Nr. 1 fallen sollte — nach §. 75 als Verletzung der Ehrfurcht gegen den König gestraft werden muß, und daß man niemals auf andere als die Strafbestimmungen des §. 75 um deswillen eingehen darf, weil der König nicht etwa in seiner Eigenschaft als Herrscher des Staates, sondern als Privatperson angegriffen sei.

Bedenklich aber ist es, wenn gesagt wird, daß Handlungen und Unterlassungen, welche im Verhältnisse von Privatpersonen unter sich in der Regel nicht als Injurien erscheinen, als Injurien angesehen werden, sobald sie gegen den König gerichtet sind. Dieser Ausspruch ist nämlich deswegen bedenklich, weil er den Begriff der Ehrfurchtsverletzung lediglich negativ auffaßt. Weil Etwas in Verhältnissen, wie solche zwischen Privatpersonen bestehen, nicht Injurie ist, deshalb ist es doch noch lange nicht eine strafbare Verletzung der Ehrfurcht gegen den König. Sondern: weil Etwas strafbare Ehrfurchtsverletzung gegen den König ist, so wird es gestraft, obgleich das Gleiche, unter Privatpersonen vorgekommen, nicht als Injurie zu strafen gewesen wäre.

Der Ausdruck „Ehrfurcht" gehört viel mehr dem Gebiete der Ethik als dem Gebiete des Rechtes an, und es enthält deshalb dieser Ausdruck die Gefahr, auf Gebiete extendirt zu werden, auf welche das Recht seinem eigenthümlichen Wesen nach überhaupt nicht extendirt werden darf. Wenn ein Strafgesetz gebietet: „Niemand soll die Ehrfurcht gegen den König verletzen", so kann dasselbe, da es selbst nur dem Rechtsgebiete angehört, diesem Ausdruck nur eine rechtliche Bedeutung gegeben haben. Wer den engeren Kreis von Ehrenrechten, die einem Privatmanne, einem Beamten, einem Mitgliede selbst des Königlichen Hauses zusteht, verletzt, der „beleidigt"; wer dagegen in den weiteren Kreis von Ehrenrechten des Königs widerrechtlich eingreift, der — so bezeichnet es das Gesetz — „verletzt die Ehrfurcht gegen den König". Und, um diesen letzteren Begriff richtig zu beschränken, wird es durchaus erforderlich sein, die Frage, wodurch der weitere Kreis von Ehrenrechten des Königs gebildet wird, nicht unbeantwortet zu lassen. Die ältere Doktrin, welche man jetzt gänzlich verwerfen zu können glaubt, hatte darin gewiß Recht, wenn sie behauptete, die Erweiterung des Kreises von Ehrenrechten in der Person des Königs sei dadurch bedingt, daß der König „Subjekt der höchsten Gewalt im Staate" ist. Diese staatsrechtliche Stellung des Königs bedingt das **Mehr** von Ehrenrechten, wenn auch die Gesetze nicht bloß dieses Mehr, sondern alle Ehrenrechte des Königs durch höhere Strafsanktionen geschützt haben. Da nun aber der Kreis der Ehrenrechte für die Person des Königs ein weiterer ist, als für andere Personen, so muß auch der dolus bei der Majestätsbeleidigung einen weiter gehenden Inhalt haben, als der dolus bei anderen Injurien. Will man nun behaupten: Mit dem Ausdrucke animus injuriandi dürfe nur derjenige dolus bezeichnet werden, welcher bei Beleidigungen von Privatpersonen vorhanden sein müsse, der Ausdruck sei indessen unpassend für den dolus bei Majestätsbeleidigungen, so würde dies eine Behauptung sein, welche mehr ein ästhetisches als ein juristisches Interesse hat. Das, worauf es ankommt, ist, daß

1. der objektive Thatbestand der Majestätsbeleidigung richtig normirt werde, und daß

2. daran festgehalten werde, daß zur Majestätsbeleidigung dolus, d. h. die Absicht, die dem Könige zukommenden Ehrenrechte verletzen zu wollen, gehört; daß diese Absicht einen wesentlichen Theil des Thatbestandes dieses Deliktes ausmacht und deshalb auch in jedem Falle thatsächlich festgestellt werden muß.

III.

Ist der Beweis der Wahrheit der behaupteten oder verbreiteten Thatsachen zulässig, wenn festgestellt ist, daß aus der Form der Behauptung oder Verbreitung die Absicht, zu beleidigen, hervorgeht?

Das Preußische Strafgesetzbuch enthält folgende Bestimmungen:

§. 158. Der Beweis der Wahrheit der behaupteten oder verbreiteten Thatsachen schließt das Vorhandensein einer Beleidigung nicht aus, wenn aus der Form der Behauptung oder Verbreitung, oder aus anderen Umständen, unter welchen sie geschah, die Absicht, zu beleidigen, hervorgeht.

§. 159. Sind die behaupteten oder verbreiteten Thatsachen strafbare

Handlungen*), und ist wegen derselben bei der zuständigen Behörde Anzeige gemacht, so muß bis zu dem Beschlusse, daß die Eröffnung der Untersuchung nicht stattfinde, oder bis zur Beendigung der eingeleiteten Untersuchung mit dem Verfahren und der Entscheidung über die Verleumdung inne gehalten werden.

Bei Oppenhoff, Rechtsprechung Bd. VI S. 34 finden wir folgenden Rechtssatz verzeichnet:

„Der der Beleidigung Angeklagte kann, wenn er mit der Absicht, zu beleidigen, gehandelt hat, nicht das Innehalten mit dem Verfahren aus dem Grunde verlangen, weil die That eine Verleumdung darstelle, und weil von ihm wegen der behaupteten Thatsachen bei der zuständigen Behörde Anzeige gemacht sei."

Das Erkenntniß des Obertribunals, auf welches sich dieser Rechtssatz stützt (Erk. vom 30. März 1865 c. Henning [120. II. Cr.]) führt aus:

Die Entscheidung, daß mit Rücksicht auf die der fraglichen Äußerung zu Grunde liegende beleidigende Absicht der Angeklagte nicht bloß das Recht, mit der Einrede der Wahrheit der behaupteten Thatsache gehört zu werden, sondern auch das, die Sistirung des Verfahrens bis zur Erledigung einer von ihm angebrachten Denunciation zu verlangen, nicht habe, beruht auf einem Rechtsgrundsatze, dessen Richtigkeit anerkannt werden muß. Käme die in Rede stehende Äußerung nur unter dem Gesichtspunkte der Verleumdung in Betracht: so würde der Angeklagte sich mit dem Einwande, daß die behaupteten Thatsachen wahr seien, schützen können; da aber durch den App.-Richter nach der Form und den Umständen, unter welchen die Äußerung geschehen, die beleidigende Absicht ausdrücklich festgestellt ist, so kommt es nach der Vorschrift des §. 158 auf den Beweis der Wahrheit nicht weiter an. Die Wahrheit einer Thatsache berechtigt zu deren einfachen Behauptung und Verbreitung, nicht aber dieselbe in beleidigender Form und Absicht vorzubringen.

Dieser Grundsatz erstreckt sich auch auf die durch §. 159 gewährte Befugniß des Angeklagten, zu verlangen, daß im Falle einer we-

*) Zu den strafbaren Handlungen gehören auch Dienstvergehen, welche zu einem Disciplinarverfahren Veranlassung geben. (Vergl. Oppenhoff Strafgesetzbuch zu §. 159 N. 1.)

gen der behaupteten Thatsachen bei der zuständigen Behörde gemachten Anzeige mit dem Verfahren über die Verleumdung innegehalten werde. Auch hierin liegt nur die Anwendung des Princips, daß mit dem Beweise der Wahrheit der Vorwurf der Verleumdung abgelehnt werden kann. Wo dies nicht zur Anwendung kommt, weil die festgestellte Absicht der Verleumdung den Charakter einer Beleidigung verleiht, cessirt also auch die Bestimmung des §. 159.

Denken wir uns folgenden Straffall: Irgend ein Beamter mache sich einer Gesetzwidrigkeit schuldig und durch diese Gesetzwidrigkeit werde N. in seinen rechtlichen Befugnissen verletzt. N. bringt die Gesetzwidrigkeit des Beamten bei der vorgesetzten Behörde desselben zur Anzeige und veröffentlicht die Thatsachen, welche die Gesetzwidrigkeit enthalten. Die Instanzrichter befinden, daß aus der Form der Veröffentlichung die Absicht, zu beleidigen, hervorgehe, und demgemäß wird

1. der Beweis der Wahrheit der behaupteten Thatsachen nicht zugelassen und
2. der Angeklagte verurtheilt, ohne daß der Erfolg jener gegen den Beamten anhängig gemachten Anzeige abgewartet wird.

Die Zulässigkeit des Beweises der Wahrheit sowohl, wie auch die Vorschrift, daß, im Falle die behaupteten oder verbreiteten Thatsachen bei der zuständigen Behörde zur Anzeige gebracht sind, mit dem Strafverfahren wegen der Verleumdung inne gehalten werden solle, — Beides kann nur von praktischer Bedeutung werden, wenn eine Anklage wegen Verleumdung und damit die Behauptung erhoben ist, die von dem Angeklagten behaupteten oder verbreiteten Thatsachen seien unwahre und geeignet, einen Anderen in der öffentlichen Meinung dem Hasse oder der Verachtung auszusetzen.

Wenn nun aber der Angeklagte der Behauptung des Anklägers, die von ihm verbreiteten Thatsachen seien unwahr, widerspricht — und man schließt sowohl den Beweis der exceptio veritatis (§. 158) wie auch den Erfolg der amtlichen Ermittelung über die behaupteten Thatsachen (§. 159) aus, so gewinnt man das Resultat,

daß über eine Verleumdung abgeurtheilt wird, während das Vorhandensein oder Nichtvorhandensein des Erfordernisses der unwahren Thatsachen vollkommen in suspenso bleibt.

In dem oben mitgetheilten Erkenntnisse des Obertribunals ist nur gesagt, daß dieses geschehen solle, aber wie es geschehen solle, das ist nicht gesagt.

Es scheint, als ob nur zwei Möglichkeiten vorhanden wären.

1. Man verurtheilt nicht wegen Verleumdung, sondern nur wegen einfacher Injurie. Thut man dieses, so wird man allerdings wegen eines Deliktes strafen, welches begangen ist. Denn — so haben es die Instanzrichter festgestellt — die verbreiteten Thatsachen, ob wahr oder unwahr, sind in einer Form verbreitet, aus welcher die Absicht, zu beleidigen, hervorgeht. Die Beleidigung also steht fest. Wenn sich nun aber später ergeben sollte, daß die verbreiteten Thatsachen unwahre Thatsachen waren, so würde es wegen des Grundsatzes Non bis in idem vollkommen unzulässig sein, denselben Straffall noch einmal zum Gegenstande einer Verhandlung zu machen und den Thäter jetzt wegen einer Verleumdung zu strafen. Wollte man also den hier bezeichneten Weg betreten, so würde man Gefahr laufen, in vielen Fällen den Thäter wegen desjenigen Deliktes, welches er wirklich begangen hat, nicht bestrafen zu können. Und eine correkte Strafrechtspflege muß ein derartiges Resultat doch jedenfalls zu vermeiden suchen.

2. Man verurtheilt nicht wegen einer einfachen Injurie, sondern wegen einer Verleumdung. Das Preußische Strafgesetzbuch definirt aber die Verleumdung in folgender Weise:

> §. 156. „Wer in Beziehung auf einen Anderen unwahre Thatsachen behauptet oder verbreitet, welche denselben in der öffentlichen Meinung dem Hasse oder der Verachtung aussetzen, macht sich der Verleumdung schuldig."

Zu dem Thatbestande dieses Deliktes gehört also als wesentliches Moment, daß die behaupteten oder verbreiteten Thatsachen „**unwahre Thatsachen**" sind. Darf man nun auch im Interesse desjenigen, über welchen ehrenrührige Thatsachen verbreitet werden, auf den Satz quisquis praesumitur bonus Rücksicht nehmen und daraus die Schlußfolgerung ziehen, daß, wenn derartige Thatsachen verbreitet sind, die Unwahrheit derselben präsumirt werden könne, so würde doch daraus nichts weiter folgen, als daß man die Unwahrheit so lange präsumirt, bis durch den Angeklagten diese Präsumtion und zwar durch den Beweis der exceptio veritatis beseitigt ist.

Wollte man aber, wegen der injuriirenden Form, in welcher Thatsachen mitgetheilt werden, die exceptio veritatis ausschließen und wegen Verleumdung verurtheilen, so würde man zu einer in jeder Beziehung namentlich auch in Beziehung auf die positiven Gesetze vollkommen ungerechtfertigten Unterscheidung gelangen. Man müßte nämlich unterscheiden zwischen dem Verbreiten ehrenrühriger Thatsachen in nicht beleidigender Form und dem Verbreiten ehrenrühriger Thatsachen in beleidigender Form. Für den ersteren Fall müßte man alsdann behaupten, die Unwahrheit der ehrenrührigen Thatsachen sei zwar zu präsumiren, aber nur als praesumtio juris, welche durch die exceptio veritatis beseitigt werden könne, für den letzteren dagegen, die Unwahrheit der behaupteten Thatsachen müsse präsumirt werden als praesumtio juris et de jure, gegen welche kein Gegenbeweis, also auch nicht der Beweis der exceptio veritatis zulässig sei.

So lange aber nicht die allerbestimmtesten gesetzlichen Vorschriften eine derartige, zur Zeit dem Strafrechte vollkommen unbekannte Unterscheidung verlangen, wird man dieselbe auch für die Praxis als unanwendbar bezeichnen und demgemäß in allen Verleumdungsfällen, es mögen die Thatsachen nun in beleidigender oder in nicht beleidigender Form mitgetheilt sein, die exceptio veritatis zulassen müssen.

Es ist ja auch aus allgemeineren Gründen vollkommen undenkbar, unter Verwerfung der exceptio veritatis wegen einer Verleumdung zu strafen, wenn der Angeklagte ehrenrührige Thatsachen zwar in beleidigender Form verbreitet hat, aber doch zugleich behauptet, daß diese Thatsachen wahre seien. Zunächst sind die für Verleumdungen festgesetzten Strafen härtere als diejenigen, welche für einfache Injurien bestimmt sind. Will man nun behaupten, die Verleumdungsstrafen müßten auf denjenigen angewandt werden, der wahre Thatsachen verbreitet zu haben behauptet, weil thatsächlich feststeht, daß eine Beleidigung begangen ist? Wenn der Verurtheilte in einem solchen Falle erklärt, es nicht verstehen zu können, wie es möglich gewesen sei, ihn als Verleumder zu strafen, obwohl er nichts als die Wahrheit, wenn auch in beleidigender Form, gesagt habe, — so würden auch Juristen nicht in der Lage sein, ihm seine Verurtheilung verständlich zu machen. Wollte indessen ein Verurtheilter sich darüber wundern, daß er als Injuriant gestraft sei, weil er die Wahrheit in injuriirender Form gesagt habe, so würde man ihn dahin belehren können, daß ihm nichts als sein Recht geschehen sei. —

Das preußische Strafgesetzbuch bestimmt, daß der Beweis der Wahrheit nur in einem Falle*) unzulässig sein solle, nämlich dann, wenn die dem Anderen beigemessene Handlung mit Strafe bedroht und eine Freisprechung durch ein rechtskräftiges Erkenntniß erfolgt ist.

Das Obertribunal setzt hinzu: der Angeklagte hat auch alsdann kein Recht, mit dem Beweise der Wahrheit gehört zu werden — es komme auf den Beweis der Wahrheit nicht weiter an — wenn die beleidigende Absicht festgestellt ist.

Das Strafgesetzbuch bestimmt, daß, wenn die behaupteten oder verbreiteten Thatsachen strafbare Handlungen sind, und wegen derselben bei der zuständigen Behörde Anzeige gemacht ist, mit dem Verfahren und der Entscheidung über die Verleumdung innegehalten werden solle, bis zu dem Beschlusse, daß die Eröffnung der Untersuchung nicht stattfinde, oder bis zur Beendigung der eingeleiteten Untersuchung.

Diese Bestimmung trifft §. 159 des Strafgesetzbuches ohne irgend eine Ausnahme hinzuzufügen.

Das Obertribunal erklärt jedoch, daß diese gesetzliche Bestimmung dann nicht Anwendung finde, wenn festgestellt ist, die strafbaren Handlungen seien in einer Form verbreitet worden, aus welcher die Absicht, zu beleidigen, hervorgehe.

Der vermittelnde Gedanke, durch welchen das Obertribunal zu diesen die gesetzlichen Bestimmungen modificirenden Ansichten gekommen ist, scheint in folgender Stelle der Entscheidungsgründe enthalten zu sein:

> „Käme die in Rede stehende Äußerung nur unter dem Gesichtspunkte der Verleumdung in Betracht: so würde der Angeklagte sich mit dem Einwande, daß die behaupteten Thatsachen wahr seien, schützen können."

Aus diesen Worten scheint hervorzugehen, daß das Obertribunal der Ansicht sei, die exceptio veritatis sei nur dazu zu benutzen, um den Angeklagten straffrei zu machen. Wo dagegen der Angeklagte selbst bei erwiesener exceptio veritatis nicht völlig frei von Strafe

*) Die Beschränkung der exceptio veritatis, von welcher §. 157 Abs. 2 spricht, ändert an dem im Texte Gesagten nichts. Denn der Beweis der Wahrheit wird immer nur durch den Beweis bestimmter Thatsachen geführt werden können, und wird nur dann von Erfolg sein, wenn die erwiesenen Thatsachen die Strafbarkeit aufzuheben oder zu mildern geeignet sind. Die genannte Gesetzesstelle hat daher keine weitere Bedeutung, als die, Kosten und Weitläufigkeiten eines unter allen Umständen überflüssigen Zeugenbeweises zu verhindern.

werden könne, da sei dieses ihm zur Seite stehende Vertheidigungsmittel überhaupt nicht in Anwendung zu bringen.

Daß nun aber die exceptio veritatis nicht bloß dazu benutzt werden kann, um die Strafe zu beseitigen, sondern auch dazu, dieselbe zu verringern, das sagen die Worte des Strafgesetzbuches ganz ausdrücklich:

§. 157. „Der Beweis der Wahrheit der behaupteten oder verbreiteten Thatsachen kann durch alle im Strafverfahren zulässige Beweismittel geführt werden.

Der Zeugenbeweis ist jedoch nur dann zulässig, wenn sich der Angeschuldigte zum Beweise bestimmter Thatsachen erboten und das Gericht durch vorgängigen besonderen Beschluß befunden hat, daß der Beweis dieser Thatsachen, im Falle er erbracht werden sollte, die Strafbarkeit des Angeschuldigten ausschließen **oder mildern** würde.

Der Richter muß also selbst den Zeugenbeweis zur Erhärtung der exceptio veritatis zulassen, auch wenn das Resultat desselben lediglich darin bestehen kann, die Strafbarkeit des Angeschuldigten zu mildern; dieses Resultat kann aber nur dann eintreten, wenn die als wahr nachgewiesenen Thatsachen in einer beleidigenden Form verbreitet worden sind. Denn, wurden die Thatsachen nicht in beleidigender Form verbreitet, so wird die Strafbarkeit des Angeklagten nicht bloß gemildert, sondern gänzlich ausgeschlossen.

Aber selbst wenn das Gesetz nicht ausdrücklich darauf hingewiesen hätte, daß die exceptio veritatis auch zum Zwecke der Strafmilderung verwerthet werden könne, man würde auch aus der Natur der Sache zu einem anderen Resultate nicht gelangen können.

Anklagen wegen Verleumdung können in doppelter Weise begründet werden.

1. Es wird behauptet, Angeklagter habe unwahre Thatsachen, welche einen Anderen in der öffentlichen Meinung dem Hasse oder der Verachtung aussetzen, behauptet oder verbreitet. Wenn die Anklage sich auf nichts Weiteres als hierauf stützt, so wird durch die exceptio veritatis das ganze Fundament der Anklage beseitigt.

2. Es wird behauptet, Angeklagter habe unwahre Thatsachen, welche einen Anderen in der öffentlichen Meinung dem Hasse oder der Verachtung aussetzen, behauptet oder verbreitet und zwar gehe die Absicht des Angeklagten, zu beleidigen, nicht bloß aus

der Behauptung oder Verbreitung der unrichtigen Thatsachen, sondern auch aus der Form der Behauptung oder Verbreitung hervor. In diesem Falle stützt sich die Anklage auf ein doppeltes Fundament. Die exceptio veritatis kann in diesem Falle nicht die zweifache Fundirung der Strafklage beseitigen, wohl aber kann sie bewirken, daß die in Folge der Form der Verbreitung qualificirte Verleumdung sich in eine einfache Injurie verwandelt.

In beiden Fällen also ist die exceptio veritatis von entscheidendster Wirksamkeit und von keinem dieser beiden Fälle wird man behaupten können, es komme auf den Beweis der Wahrheit nicht weiter an.

Und aus diesen Gründen darf man wohl abweichend von der Ansicht des Obertribunals den Satz aussprechen:

In allen Fällen, in denen wegen Behauptung oder Verbreitung unrichtiger Thatsachen Verfolgung eintritt, muß der Beweis der Wahrheit entsprechend den Vorschriften des §. 157 zugelassen werden. Es ist dabei vollkommen gleichgültig, ob aus der Form der Behauptung oder Verbreitung, oder aus anderen Umständen die Absicht, zu beleidigen, festgestellt ist, oder nicht.

Dasselbe, was über die Anwendbarkeit des §. 157 ausgeführt ist, gilt auch, und zwar aus den gleichen Gründen für die Anwendbarkeit des §. 159.

Ich möchte zum Schlusse noch eine Bemerkung machen. Das Obertribunal sagt nämlich über die Anwendung des §. 159 bei Verleumdungsanklagen Folgendes:

„Auch hierin" nämlich in der Bestimmung des §. 159 „liegt nur die Anwendung des Princips, daß mit dem Beweise der Wahrheit der Vorwurf der Verleumdung abgelehnt werden kann. Wo das nicht zur Anwendung kommt, weil die festgestellte Absicht der Verleumdung den Charakter einer Beleidigung verleiht, cessirt also auch die Bestimmung des §. 159."

Daß eine Beleidigung den Charakter der Verleumdung erhalten kann, ist unzweifelhaft; wie es unzweifelhaft ist, daß jedes einfache Delikt dadurch, daß ein qualificirendes Moment hinzutritt, sich zu einem qualificirten gestaltet. Dies ist auch wenigstens an einer Stelle durch den ausdrücklichen Wortlaut des preußischen Strafgesetzbuches anerkannt. In §. 102 werden nämlich die Beamtenbeleidigungen mit Strafe bedroht, und zwar im ersten Absatz des genannten Paragraphen diejenigen Beleidigungen, welche einfache Beleidigungen sind. Der zweite Absatz des §. 102 fährt dann in folgender Weise fort:

„Hat die Beleidigung den Charakter der Verleumdung" u. s. w.

Eine Gesetzesstelle, welche die Vorschrift enthielte:

„Hat die Verleumdung den Charakter der Beleidigung" u. s. w.

eine solche Gesetzesstelle giebt es nicht und kann es gar nicht geben, weil jede Verleumdung den Charakter der Beleidigung hat und zwar eben so sehr, wie jedes qualificirte Delikt den Charakter auch des in ihm enthaltenen einfachen Deliktes hat. Ebensowenig wie man sagen wird:

„Wenn der Diebstahl mit Einbruch den Charakter eines Diebstahls hat",

ebensowenig kann man sagen:

„Wenn die Verleumdung den Charakter einer Beleidigung hat".

Was sollen also die Worte des Obertribunals:

„weil die festgestellte Absicht der Verleumdung den Charakter einer Beleidigung verleiht."

für eine Bedeutung haben?

Giebt es Verleumdungen, bei welchen keine Absicht festgestellt zu werden braucht?

Oder giebt es Verleumdungen, welche ohne beleidigende Absicht gedacht werden können?

Oder giebt es Verleumdungen, welche nicht Beleidigungen sind?

Oder will das Obertribunal sagen:

Nur solche Verleumdungen sind Beleidigungen, bei welchen die Absicht zu beleidigen, nicht bloß aus der Mittheilung unwahrer ehrenrühriger Thatsachen, sondern auch aus der Form der Mittheilung hervorgeht?

Ich weiß nicht, welche dieser Fragen bejaht werden möchten. Daß indessen aus einer richtigen criminalistischen Theorie heraus keine dieser Fragen bejaht werden kann, das glaube ich zu wissen.

Mittheilungen der vor einem Strafgerichte gepflogenen Verhandlungen.

Oppenhoff (Rechtsprechung Bd. VI S. 83) stellt folgenden Rechtssatz auf:

„Weder aus §. 48 des Preßgesetzes, noch aus der Öffentlichkeit des Gerichtsverfahrens oder aus der Freiheit der Vertheidigung eines Angeklagten folgt die unbedingte Statthaftigkeit einer Veröffentlichung der vor einem Strafgerichte gepflogenen Verhandlungen."

Das Erkenntniß des Obertribunals, aus welchem dieser Rechtssatz entnommen, datirt vom 3. Mai 1865 c. Minden und sagt Folgendes:

„Aus dem im §. 48 des Preßgesetzes vom 12. Mai 1851 ausgesprochenen Verbote, Anklageschriften und andere Schriftstücke eines Criminalprocesses vor Beendigung der mündlichen Verhandlung u. s. w. zu veröffentlichen, folgt noch nicht, daß dergleichen nach diesem Zeitpunkte jederzeit ohne Rücksicht auf ihren Gegenstand und Inhalt stattfinden dürften. Ebensowenig ist die Befugniß zur unbeschränkten Verbreitung von Gerichtsverhandlungen durch die Presse aus der Öffentlichkeit der Gerichtsverhandlungen herzuleiten, und endlich kann das, was dem Angeschuldigten vor Gericht zu seiner Vertheidigung zu sagen erlaubt war, nicht ohne Weiteres auch einem jeden Dritten, dem das Privilegium der Vertheidigung nicht zur Seite steht, durch die Presse zu veröffentlichen gestattet sein, vielmehr muß dem Dritten gegenüber der Inhalt der mitgetheilten Vertheidigungsrede sowie seine eigene Verschuldung in Betracht gezogen werden, wie solches auch schon in dem Erkenntnisse des Obertr. c. Hoppe vom 12. Februar 1863 ausgesprochen worden ist."

Jener Beschluß*) des Obertribunals c. Hoppe vom 12. Februar

---

*) Wie aus Oppenhoff (Rechtsspr. III S. 281) zu ersehen, handelte es sich am 12. Febr. 1863 in der That um einen Beschluß, nicht um ein Erkenntniß des Obertribunals.

1863 wurde nach der Mittheilung von Oppenhoff (Rechtspr. Bd. III S. 281) dadurch veranlaßt, daß der Angeklagte von der Anklage: „durch mehrere in der von ihm redigirten M.er Zeitung abgedruckte Artikel Beamten und Behörden in Beziehung auf ihren Beruf beleidigt zu haben" freigesprochen worden. Die gedachte Zeitung brachte darauf eine Mittheilung über die stattgehabte Gerichtsverhandlung, in welcher jene Artikel wörtlich abermals abgedruckt waren; die dieserhalb (also wegen des Abdrucks von Artikeln, wegen deren der Angeklagte freigesprochen war) erfolgte polizeiliche Beschlagnahme ward aber von den Instanzgerichten aufgehoben, weil §. 48 des Preßgesetzes die Veröffentlichung der Schriftstücke eines Criminalprocesses nach stattgehabter mündlicher Verhandlung gestatte, die gleiche Befugniß aber auch aus dem Grundsatze der Öffentlichkeit der Gerichtsverhandlungen folge; jedenfalls aber könne die Wiederholung derjenigen Äußerungen, welche zum Gegenstande einer strafrechtlichen Verfolgung gemacht worden seien, in dem über die betr. Gerichtsverhandlung erstatteten Zeitungsreferate nicht als eine Wiederholung des betr. Vergehens angesehen werden, weil es präsumtive an dem erforderlichen Dolus fehle. Auf die Beschwerde des OSt.A.s ist der Beschluß des A.G.s aufgehoben.

Die Gründe, aus denen dies geschah, sind zunächst dieselben, wie die in dem Erkenntnisse vom 3. Mai 1865 mitgetheilten. Außerdem erklärte aber damals noch das Obertribunal, daß die Verbreitung von Schriftstücken, deren Verlesung einen Theil des öffentlichen Verfahrens ausgemacht habe, den zur Strafbarkeit dieser Verbreitung erforderlichen Dolus nicht allgemein ausschließe.

„Eine Präsumtion dieser Art," so sagt das Obertribunal wörtlich, „deutet das Gesetz nirgends an, und es bedarf daher in jedem einzelnen Falle der thatsächlichen Untersuchung, ob der Redakteur oder sonstige Urheber oder Theilnehmer beziehungsweise Verbreiter einer Druckschrift, die den Thatbestand einer strafbaren Handlung, wie der Beleidigung eines Beamten in Beziehung auf seinen Beruf enthält, nicht vorsätzlich im Bewußtsein dieses Inhalts derselben gehandelt habe.

Die Annahme des Appellationsrichters, die objektive und subjektive Strafbarkeit eines Preßerzeugnisses sei dadurch, daß es aus einer vorhergegangenen mündlichen Gerichtsverhandlung referirt wird, rechtlich getilgt oder ausgeschlossen, würde die Wirksamkeit eines auf Vernichtung desselben in seiner ursprünglichen Erscheinung gerichteten Urtheils wesentlich aufheben, und auf ein freisprechendes Erkenntniß erster Instanz, wie im vorliegenden Falle, jene Wirksamkeit den Erkenntnissen der höheren Richter vorweg nehmen."

Ich möchte zur Beurtheilung dieser beiden Entscheidungen folgende Frage aufstellen:

Wenn Jemand irgend Etwas, was geschehen ist, durch die Presse oder sonstwie veröffentlicht, hat er alsdann den Beweis zu führen, daß die von ihm vorgenommene Veröffentlichung straflos sei, oder muß ihm der Beweis geführt werden, daß die Veröffentlichung strafbar sei?

Auf diese Frage wird man antworten dürfen:

Da Art. 27 der Verfassungsurkunde bestimmt,

„Jeder Preuße hat das Recht, durch Wort, Schrift, Druck und bildliche Darstellung seine Meinung frei zu äußern."

so ist jede mündliche und schriftliche Meinungsäußerung, jede Veröffentlichung überhaupt für erlaubt zu achten, so lange nicht nachgewiesen ist, daß diese Veröffentlichung, und zwar deshalb, weil sie unter ein strikt zu interpretirendes Ausnahmegesetz fällt, eine verbotene sei.

Wird also eine Veröffentlichung zur Strafe gezogen, so liegt es der Anklage ob, nachzuweisen, daß diese Veröffentlichung zu den von dem Gesetze verbotenen gehöre, während für den Angeklagten in jedem Falle die Bestimmung des Art. 27 der Verfassungsurkunde die Präsumtion begründet, daß er durch die Veröffentlichung etwas Erlaubtes gethan habe.

Gilt doch im Allgemeinen der Satz: Was nicht verboten ist, ist erlaubt. Es würde daher auch ohne Art. 27 der Verfassungsurkunde jeder wegen eines Preßvergehens Angeklagte sich dagegen verwahren dürfen, wenn man ihm zumuthen wollte, er solle die Straflosigkeit des von ihm herrührenden Preßerzeugnisses nachweisen.

Sind diese Sätze richtig, so wird die logische Anordnung eines jeden ein Preßdelikt verurtheilenden Erkenntnisses keine andere sein können als die der verurtheilenden Erkenntnisse überhaupt, d. h. das Erkenntniß wird auszuführen haben, da das und das u. s. w. geschehen ist, was die Gesetze bei Strafe verbieten*), so ist Angeklagter zu verurtheilen. Hätte der Angeklagte seinerseits sich auf Rechtssätze gestützt, um die Unzulässigkeit seiner Bestrafung darzuthun, so würde das Erkenntniß

*) Die Omissivdelikte können hier übergangen werden.

noch hinzufügen: Zwar hat der Angeklagte angeführt u. s. w. Hieraus folgt aber keineswegs — und zwar aus den und den Gründen — daß seine Handlung straflos sei.

Betrachten wir jetzt das Erkenntniß des Obertribunals vom 3. Mai 1865, so kann es nicht entgehen, daß dasselbe lediglich die Zurückweisung von Vertheidigungsgründen enthält. Wir ersehen aus diesem Erkenntnisse vielleicht sogar mit Vollständigkeit, wie der Angeklagte sich vertheidigt hat — wie aber die Anklage begründet sein mochte, das können wir aus dem Erkenntnisse nicht entnehmen.

Der Angeklagte hatte zu seiner Vertheidigung angeführt:

1. §. 48 des Preßgesetzes verbietet ausschließlich die Veröffentlichung der Schriftstücke eines Criminalprocesses, bevor die mündliche Verhandlung stattgefunden hat; ich habe die Schriftstücke eines Criminalprocesses zwar veröffentlicht, aber erst nachdem die mündliche Verhandlung stattgefunden hat, und folglich kann ich nichts Verbotenes gethan haben.

2. Die Gerichtsverhandlungen sind öffentlich. Was also bestimmt ist, in die Öffentlichkeit zu gelangen, das in die Öffentlichkeit gebracht zu haben, kann nicht strafbar sein.

3. §. 154 des Strafgesetzbuches bestimmt, daß Äußerungen, welche zur Ausführung oder Vertheidigung von Gerechtsamen gemacht worden sind, nur insofern strafbar sein sollen, als aus der Form der Äußerung oder aus den Umständen, unter welchen dieselbe erfolgt, die Absicht zu beleidigen hervorgeht. Die vom Gesetze angegebene Voraussetzung der Strafbarkeit traf bei der von mir veröffentlichten Vertheidigungsrede nicht zu, folglich kann ich durch die Veröffentlichung von etwas Straflosem nicht etwas Strafbares begangen haben.

Auf diese Vertheidigung des Angeklagten erklärt nun das Obertribunal:

ad 1. Aus dem im §. 48 des Preßgesetzes vom 12. Mai 1851 ausgesprochenen Verbote, Anklageschriften und andere Schriftstücke eines Criminalprocesses vor Beendigung der mündlichen Verhandlung zu veröffentlichen, folgt noch nicht, daß dergleichen Veröffentlichungen nach diesem Zeitpunkte jederzeit ohne Rücksicht auf ihren Gegenstand und Inhalt stattfinden dürften.

ad 2. Die Befugniß zur unbeschränkten Verbreitung von Gerichtsverhandlungen durch die Presse ist nicht aus der Öffentlichkeit der Gerichtsverhandlungen herzuleiten.

ad 3. Was dem Angeschuldigten vor Gericht zu seiner Vertheidigung zu sagen erlaubt war, kann nicht ohne Weiteres auch einem jeden Dritten, dem das Privilegium der Vertheidigung nicht zur Seite steht, durch die Presse zu veröffentlichen gestattet sein, vielmehr muß dem Dritten gegenüber der Inhalt der mitgetheilten Vertheidigungsrede sowie seine eigene Verschuldung in Betracht gezogen werden.

Und damit ist alles das wiedergegeben, was nach der Mittheilung Oppenhoffs (Bd. VI S. 83) das Erkenntniß des Obertribunals vom 3. Mai 1865 enthält. Hätten wir daher keine weitere Kenntniß von der Rechtsprechung des Obertribunals in Fällen dieser Art, so würden wir, ausschließlich auf das Erkenntniß vom 3. Mai 1865 beschränkt, die Schlußfolgerung hinzufügen müssen:

Da es mithin dem Angeklagten nicht gelungen ist, die Straflosigkeit der von ihm bewirkten Veröffentlichung darzuthun, so ist dieselbe für eine strafbare zu erachten.

Nun nimmt aber das Obertribunal in dem Erkenntnisse vom 3. Mai 1865 selbst Bezug auf einen Beschluß vom 12. Februar 1863. In diesem Beschlusse finden sich zwei positive Gründe, weshalb die Veröffentlichung der Vorgänge in einer öffentlichen Gerichtssitzung nicht straflos zu sein brauchen, resp. nicht straflos sein können.

1. Der Redakteur oder sonstige Urheber oder Theilnehmer, beziehungsweise Verbreiter einer Druckschrift, die den Thatbestand einer strafbaren Handlung, wie der Beleidigung eines Beamten in Beziehung auf seinen Beruf enthält, kann vorsätzlich im Bewußtsein dieses Inhaltes der Druckschrift gehandelt haben.

2. Wenn es gestattet wäre, dasjenige, was in einer öffentlichen gerichtlichen Verhandlung vorkommt, ohne Unterschied zu veröffentlichen, so würde dadurch, falls auf die Vernichtung eines Preßerzeugnisses erkannt werden sollte, die Wirksamkeit eines solchen Urtheils wesentlich aufgehoben werden. Da nun die Möglichkeit nicht in Abrede gestellt werden kann, daß auf ein freisprechendes Erkenntniß der ersten Instanz ein verurtheilendes Erkenntniß der zweiten Instanz folgt und dieses auch auf Vernichtung des Preßerzeugnisses erkennen kann, so darf auch im Falle der Freisprechung in erster Instanz das inkriminirte Preßerzeugniß nicht veröffentlicht werden.

Betrachten wir zunächst diese beiden Gründe.

1. Wenn ein Redakteur, oder eine andere Person, die nicht Re-

dakteur ist, eine Druckschrift veröffentlicht, die den Thatbestand einer strafbaren Handlung, wie die Beleidigung eines Beamten in Beziehung auf seinen Beruf enthält, sich der Beleidigung schuldig machen kann, ist ganz unzweifelhaft. Ja man darf wohl sagen, daß, wenn die Druckschrift nicht bloß Worte enthält, welche, wenn sie in beleidigender Absicht gesagt wären, eine Beleidigung enthalten würden, sondern wenn sie wirklich den Thatbestand einer Beleidigung enthält, der Urheber dieser Beleidigung immer strafbar sein werde. Man muß nur zweierlei unterscheiden. Einmal den Thatbestand der Beleidigung und sodann Worte, welche unter Hinzutreten der Absicht zu beleidigen den Thatbestand einer Injurie bilden können.

Wir werden also sagen dürfen:

Wenn eine Druckschrift den Thatbestand einer Injurie enthält, so muß derjenige, welcher die Injurie begangen hat, gestraft werden. Enthält dagegen die Druckschrift Worte, welche einen injuriirenden Charakter haben können, so kann eine Injurie begangen sein, wenn derjenige, den man wegen der Verbreitung dieser Worte anklagte, erstens wußte, daß die betreffenden Worte in der Druckschrift sich finden, und es zweitens festgestellt ist, daß er diese Worte in beleidigender Absicht verbreitet hat*).

Fassen wir nun — wie dies durch den Rechtsfall, welcher dem Erkenntnisse des Obertribunals c. Hoppe (12. Febr. 1863) zu Grunde liegt, geboten ist — die Sache etwas konkreter. Es wird ein Zeitungsblatt saisirt unter der Behauptung, daß durch einen Artikel desselben ein Beamter in Beziehung auf seinen Beruf beleidigt sei. Der bekannt gewordene Verfasser des Artikels wird angeklagt und in öffentlicher Gerichtsverhandlung verurtheilt oder freigesprochen. — (Das Eine wie das Andere ist für die uns hier interessirende Frage vollkommen gleichgültig.) Wenn nun die ganze Gerichtsverhandlung von der Verlesung der Anklage an bis zur Publikation des Urtheils durch eine Zeitung wahrheitsgetreu mitgetheilt wird, kann dann eine derartige Mittheilung „den Thatbestand“ der Beleidigung eines Beamten mit Bezug auf seinen Beruf enthalten?

Ich möchte, ehe ich diese Frage direkt beantworte, eine andere Frage aufstellen. Es sei Jemand wegen Diebstahls angeklagt. Das öffentlich-mündliche Verfahren findet statt, und der ganze Inhalt des-

*) Vergl. den Aufsatz: Beiträge zur Lehre von den Injurien II. (Bewußtsein, aber nicht dolus).

selben, von der Verlesung der Anklage an bis zur Publikation des Urtheils wird in einer Zeitung wahrheitsgetreu mitgetheilt. Enthält nun eine derartige Mittheilung „den Thatbestand" eines Diebstahls? Oder würde ein Zeitungsreferat über die Verhandlungen in Betreff eines Mordes, einer Körperverletzung, eines Kindsmordes, eines Raubes u. s. w. „den Thatbestand" dieser Verbrechen enthalten? Es wird gewiß Niemandem auch nur im Traume einfallen, diese Fragen bejahen zu wollen.

Wir gelangen mithin zu einem gewiß auffallenden Resultate, nämlich zu dem, daß das wahrheitsgetreue Referat über öffentliche Gerichtsverhandlungen, dieselben mögen handeln von welchen Verbrechen es immer sein mag, vollkommen unverfänglich ist, daß dagegen wahrheitsgetreue Referate über Beleidigungen, speciell Beamtenbeleidigungen, nicht zulässig erscheinen.

Der Erklärungsgrund für diese Erscheinung kann nun zunächst in der eigenthümlichen Natur der Beleidigung gefunden werden.

Ich glaube mich in der Annahme nicht zu täuschen, daß man darauf hinweisen werde, es gäbe Äußerungen, welche objektiv beleidigend seien. Solche objektiv beleidigenden Äußerungen beleidigten unter allen Umständen. Folglich müßten sie auch ihre beleidigende Wirkung dann äußern, wenn sie in dem Referat über ein öffentliches Gerichtsverfahren mitgetheilt würden, in welchem sie gerade den Gegenstand der Anklage, vielleicht der Verurtheilung ausmachten.

An einer anderen Stelle*) habe ich bereits den Nachweis versucht, daß der Begriff der s. g. „objektiv beleidigenden Äußerungen" criminalistisch nicht haltbar ist. Ebenso wenig können es auch die Folgerungen sein, welche etwa aus diesem Begriffe gezogen werden möchten.

Will man behaupten, die Mittheilung darüber, daß eine Beleidigung begangen, sei selbst eine Beleidigung, so behauptet man in der That nichts Geringeres, als: die Mittheilung darüber, daß ein Verbrechen begangen, sei selbst ein Verbrechen.

Bleiben wir indessen bei den Injurien stehen! Es käme der Fall vor, daß A. den B. beleidigt und X. dem Y. diejenigen Äußerungen mittheilt, deren sich A. gegen den B. bedient hat. Würde man in einem solchen Falle den X. anklagen, er habe den B. beleidigt, weil er, der

*) In der Abhandlung: Beitrag zur Lehre von den Injurien I. (Objektiv beleidigende Äußerungen).

X., die dem B. zugefügte Beleidigung dem Y. mitgetheilt hat? Man wird unbedenklich sagen dürfen, dies sei vollkommen unzulässig, da die Erzählung der Thatsache, daß eine Beleidigung stattgefunden, nicht selbst eine Beleidigung sei; und man wird dies mit um so größerer Zuversicht sagen dürfen, als man sich dabei auf die Praxis stützen kann, welcher Injurienklagen aus dem eben angeführten Grunde unbekannt sind.

Aber die öffentliche Mittheilung darüber, daß jene von dem A. dem B. zugefügte Beleidigung in einer öffentlichen Gerichtssitzung den Gegenstand der Verhandlung gebildet habe, das — so würde man vielleicht einwenden — sei doch etwas Anderes!

Etwas Anderes ist es allerdings, aber diese Verschiedenartigkeit trägt gewiß nichts dazu bei, die Mittheilung der letzteren Art zu einer strafbaren zu machen. Will man indessen zwischen dieser und jener Art der Mittheilung einen Unterschied machen, so kann derselbe höchstens zu dem Resultate führen, daß, wenn die privaten Mittheilungen über begangene Injurien nicht strafbar sind, Mittheilungen über die in öffentlichen Gerichtssitzungen verhandelten Injuriensachen erst recht nicht strafbar sind. Denn daran, daß begangene Injurien privatim verbreitet werden, daran hat der Staat kein Interesse; daß aber diejenigen Injurien, welche den Gegenstand einer in öffentlicher Gerichtssitzung verhandelten Anklage bilden, zur öffentlichen Kenntniß kommen, daran hat der Staat ein Interesse; denn wäre dieses nicht der Fall, so würde die, bei Strafe der Nichtigkeit des Verfahrens zu befolgende Vorschrift der Proceßgesetze, daß jedem Urtheile ein öffentliches Verfahren — abgesehen von den gesetzlich bestimmten Ausnahmen — voraufgehen müsse, nicht wohl zu verstehen sein.

Das Obertribunal anerkennt ja nun auch, daß Anklagen wegen Beleidigungen, wenigstens der Regel nach, unter dem Principe der Öffentlichkeit stehen. Es behauptet indessen, die unbeschränkte Verbreitung von Gerichtsverhandlungen durch die Presse sei aus der Öffentlichkeit der Gerichtsverhandlungen nicht herzuleiten. Näher begründet ist diese Behauptung in dem Beschlusse vom 12. Febr. 1863 c. Hoppe. Da heißt es:

„Eben so wenig folgt eine solche Erlaubniß aus dem Principe der Öffentlichkeit der Gerichtsverhandlungen, da diese sich auf das Verfahren in der öffentlichen Sitzung selbst beschränkt und das Bekanntwerden des Inhalts gewisser Schriftstücke für die Zuhörer im Zusammenhange mit der ganzen unter Leitung des Gerichts vorgenommenen Verhandlung rechtlich nicht zu der Consequenz führt, daß jene Schriftstücke deshalb auch durch die Presse nachträglich verbreitet werden dürfen, oder daß eine solche Verbreitung den zur Strafbarkeit erforderlichen Dolus allgemein ausschließe."

Man muß nun zunächst unbedenklich zugeben, daß auch der Bericht über eine öffentliche Gerichtsverhandlung — und nicht bloß einer solchen, in welcher über Beleidigungen verhandelt wurde — so abgefaßt sein kann, daß aus demselben die Absicht zu beleidigen hervorgeht, daß mithin dieser Bericht, weil er in der Absicht verfaßt wurde, zu beleidigen, sei es die Mitglieder des Gerichts, sei es den Staatsanwalt, den Vertheidiger, den Angeklagten, die Zeugen, einen oder den anderen der Zuhörer, den Thatbestand einer Beleidigung enthalten kann. Ein solcher Bericht aber wird ein wahrheitsgetreuer Bericht nicht sein können, er wird vielmehr ein unwahrer sein, entweder weil er dasjenige, was sich in der öffentlichen Gerichtssitzung zugetragen, mit tendentiöser Unvollständigkeit wiedergiebt, oder weil er mehr und Anderes enthält als dasjenige, was in der öffentlichen Gerichtssitzung vorgekommen ist. Die Frage aber, um die es sich handelt, ist die, ob wahrheitsgetreue Mittheilungen von öffentlichen Gerichtsverhandlungen, in welchen über Beleidigungen verhandelt wurde, mit Vollständigkeit durch die Presse gemacht werden dürfen. Das Obertribunal behauptet, daß dies aus dem Prinzipe der Öffentlichkeit des Verfahrens nicht folge. Denn das Prinzip der Öffentlichkeit beschränke sich auf das Verfahren in der öffentlichen Sitzung selbst. Wenn hier nun auch den Zuhörern Schriftstücke durch die in Folge des Prinzips der Mündlichkeit nothwendige Verlesung bekannt würden, so geschehe dieses im Zusammenhange mit der ganzen unter Leitung des Gerichts vorgenommenen Verhandlung, und das könne rechtlich nicht zu der Consequenz führen, daß nun auch diese Schriftstücke durch die Presse veröffentlicht werden dürften.

Wenn nun das Gericht ganz gewiß die Verlesung der Schriftstücke so anordnen wird, daß dieselben an die Stelle des ganzen Verfahrens treten, an die sie treten müssen, so wird sich doch auch von der Presse erwarten lassen, daß sie im Stande sein werde, dasjenige richtig nachzuerzählen, was vor Gericht geschehen ist. Allerdings können auch Zeitungsberichte vorkommen, welche wegen der Ungeschicklichkeit des Referates dem Leser den Inhalt des einen oder des anderen Schriftstückes nicht genau in dem Zusammenhange darstellen, in den es das Gericht gebracht wissen wollte. Aber, da wir kein Gesetz haben, welches geschickte Referate gestattet, ungeschickte dagegen verbietet, so wird der eben berührte Umstand von keinem erheblichen Belange sein. Dazu kommt noch, daß auch nicht einmal das Gericht im Stande ist, die vorkommenden Schriftstücke den anwesenden Zuhörern in dem erforderlichen Zusammenhange erscheinen zu lassen. Dies würde nämlich nur dann möglich sein, wenn die Zuhörer Lust haben, der ganzen Gerichtsverhandlung von Anfang bis zu Ende beizuwohnen. Wenn nun aber Jemand eine öffentliche Gerichtsverhandlung besuchte, nur zu dem Zwecke, um einen Zeitungsartikel, welcher zu einer Anklage Veranlassung gegeben, verlesen zu hören und der demgemäß, nachdem dieses geschehen, das Gerichtslokal verläßt, so bleibt für diesen der Zusammenhang der ganzen Gerichtsverhandlung, auf welchen das Obertribunal einiges Gewicht zu legen scheint, jedenfalls ganz ohne Einfluß.

Aber wichtiger als dieses ist die dahin gehende Behauptung des Obertribunals, daß das Prinzip der Öffentlichkeit der Gerichtsverhandlungen sich auf das Verfahren in der öffentlichen Sitzung selbst beschränke, und daß, weil dieses der Fall, aus der Öffentlichkeit der Gerichtssitzungen nicht folge, daß die Vorgänge in derselben mit Vollständigkeit durch die Presse verbreitet werden dürften.

Die gesetzlichen Bestimmungen, durch welche die Öffentlichkeit des Verfahrens angeordnet wird, sind: Art. 93 der Verfassungsurkunde:

„Die Verhandlungen vor dem erkennenden Gerichte in Civil- und Strafsachen sollen öffentlich sein. Die Öffentlichkeit kann jedoch durch einen öffentlich zu verkündenden Beschluß des Gerichts ausgeschlossen werden, wenn sie der Ordnung oder den guten Sitten Gefahr droht.

In andern Fällen kann die Öffentlichkeit nur durch Gesetz beschränkt werden.“

§. 14 der Verordnung vom 3. Januar 1849:

„Der Fällung des Urtheils soll bei Strafe der Nichtigkeit ein mündliches öffentliches Verfahren vor dem erkennenden Gericht vorhergehen, bei welchem der Staatsanwalt und der Angeklagte zu hören, die Beweisaufnahme vorzunehmen und die Vertheidigung des Angeklagten mündlich zu führen ist.“

Art. 18 Ges. vom 3. Mai 1852 (Abs. 2. 3):

„Die Öffentlichkeit kann für die ganze Hauptverhandlung oder für einen Theil derselben ausgeschlossen werden, wenn sie der Ordnung oder den guten Sitten Gefahr droht.

Bei Münzverbrechen und Münzvergehen ist die Öffentlichkeit stets ausgeschlossen."

In diesen Gesetzen findet sich nichts, was so gedeutet werden könnte, als sei die Öffentlichkeit des Verfahrens „auf das Verfahren in der öffentlichen Sitzung selbst beschränkt" — vielmehr folgt aus diesen Gesetzesstellen nichts weiter, als daß die Öffentlichkeit, soweit sie nicht durch ausdrückliche Bestimmungen der Gesetze beschränkt ist, als eine unbeschränkte gedacht werden muß. Was nicht in die Öffentlichkeit gelangen soll, weil es der Ordnung und den guten Sitten Gefahr droht, das ist durch Beschluß des Gerichts der Öffentlichkeit zu entziehen. Und wenn es einzelne Schriftstücke sein sollten, deren Bekanntwerden die Ordnung oder die guten Sitten zu gefährden scheint, so ist ja das Gericht, gemäß der Bestimmung des Art. 18 (Ges. v. 3. Mai 1852), in der Lage, für die Dauer der Verlesung solcher Schriftstücke die Öffentlichkeit auszuschließen und damit das Bekanntwerden des Inhaltes jener Schriftstücke zu verhindern.

Es muß aber auch darauf hingewiesen werden, daß der Wortlaut des Gesetzes selbst die so eben ausgesprochene Ansicht unterstützt. Wäre nämlich das Princip der Öffentlichkeit des Verfahrens durch die Möglichkeit des Zutrittes zu den Gerichtsverhandlungen beschränkt, so hätte das Gesetz den jedenfalls weiter gehenden Ausdruck „Öffentlichkeit" vermieden, und statt dessen ausschließlich von der Gewährung des „Zutrittes zu den Gerichtsverhandlungen" sprechen müssen. Das ist nun nicht nur nicht geschehen, sondern das Gesetz hat sogar selbst die Ausdrücke „Öffentlichkeit des Verfahrens" und „Zutritt zu den öffentlichen Gerichtsverhandlungen" von einander unterschieden. Der „Zutritt zu den öffentlichen Verhandlungen" wird nach Art. 18 Abs. 1 unbetheiligten Personen, welche unerwachsen sind, oder welche sich nicht im Vollgenusse der bürgerlichen Ehre befinden, untersagt. Im Übrigen aber wird überall nicht davon gesprochen, daß der „Zutritt zu den Gerichtsverhandlungen" gestattet sei, sondern es wird die „Öffentlichkeit" des Verfahrens angeordnet.

Dieser Wortlaut der Gesetze ist eine Unterstützung für die Ansicht, daß die Öffentlichkeit der Gerichtsverhandlungen sich nicht bloß auf das Verfahren in der öffentlichen Sitzung selbst beschränkt, sondern auch auf die Veröffentlichung der an öffentlicher Gerichtsstätte stattgehabten Vorgänge auszudehnen ist.

Wenn aber auch diese Unterstützung fehlen sollte; gewichtigere Unterstützungen als diese, würden aus der Natur der Sache zu entnehmen sein.

Es ist noch Niemandem eingefallen zu behaupten, die Veröffentlichung der Vorgänge einer öffentlichen Gerichtssitzung durch die Presse sei überhaupt strafbar. In welchen Fällen also ist eine solche Veröffentlichung strafbar? Jedenfalls dann, wenn das durch die Presse Mitgetheilte der Ordnung und den guten Sitten widerspricht. Aber in einem solchen Falle ist ja das Gericht gesetzlich angewiesen, die Öffentlichkeit des Verfahrens ganz oder theilweise auszuschließen. Wer also referirt, was in der öffentlichen Gerichtssitzung vorgeht, kann doch nur dasjenige referiren, was nach der Ansicht des Gerichts der Ordnung und den guten Sitten nicht Gefahr droht, und was deshalb nach der Ansicht des Gerichts der Öffentlichkeit nicht zu entziehen ist. Die Zeitung aber, welche ein solches Referat bringt, sollte nichts desto weniger saisirt, und der Redakteur derselben vielleicht von demselben Richter verurtheilt werden, der dasjenige, was das Zeitungsreferat enthält, der Öffentlichkeit nicht entziehen zu können glaubte? Wenn das Gesetz so Etwas gewollt hätte, so müßte es diesen seinen Willen in den unzweideutigsten Ausdrücken kund gegeben haben. Schlußfolgerungen aus mindestens zweifelhaften Prämissen dürfen solche Resultate für die Praxis nicht herbeiführen.

Und weiter! Weswegen ist denn die Öffentlichkeit des Verfahrens eingeführt, weshalb ist das Prinzip der Öffentlichkeit selbst durch die Verfassungsurkunde festgestellt? Doch nicht dazu, um einem bald größeren, bald kleineren Kreise von Zuhörern die Thüren des Gerichtslokals zu öffnen! Damit würde vielleicht der Neugier aber gewiß nicht einem öffentlichen Interesse gedient sein. Das öffentliche Interesse, um dessen willen die Öffentlichkeit eingeführt ist, besteht darin, die Art und Weise, wie die Justiz gehandhabt wird, der öffentlichen Beurtheilung zu unterwerfen. Will man nun unter öffentlicher Beurtheilung nichts Anderes verstehen, als das Urtheil derjenigen, welche zufällig einmal in einem Gerichtslokale anwesend sind, will man nicht überall, wo im Staatsleben Angelegenheiten des öffentlichen Interesses öffentlich verhandelt werden, den Inhalt der Verhandlungen*) durch die Vermittelung der Presse zur allgemeinen Kenntniß und

*) Nach §. 14 d. Verordn. v. 3. Jan. 1849 speciell die Anslassungen des Staatsanwalts, des Angeklagten, die Beweisaufnahme und die Vertheidigung des Angeklagten.

somit auch zur Kenntniß derer bringen, die eine Kritik der Verhandlungen ausüben können und ausüben wollen, so würde es in der That besser sein, das Strafverfahren so einzurichten, daß dasselbe, wie etwa die Intramuranhinrichtung — ein Akt der nichtöffentlichen Justiz — wenigstens noch bis zu einem gewissen Grade unter die Garantie der Öffentlichkeit gestellt ist. Denn sollen die Berichte über die öffentlichen Gerichtsverhandlungen von den öffentlichen Blättern mit der Vollständigkeit nicht gebracht werden, daß man aus ihnen ersehen kann, was der Gegenstand des richterlichen Urtheils war, soll man also nicht einmal den vollen Inhalt der Beschuldigung kennen lernen, so hat die Öffentlichkeit nicht nur gar keinen Werth, sondern ist geradezu schädlich. Denn diejenigen, welche zufällig bei der Verhandlung anwesend waren, können doch nicht zum Schweigen verurtheilt werden, und statt auf Grund eines klaren, vollständigen Berichts das erfolgte richterliche Urtheil zu prüfen, wird dasselbe auf Grund schwankender und unsicherer Gerüchte dennoch beurtheilt werden. Dies würde aber weder im allgemeinen Interesse überhaupt, noch speciell im Interesse der Rechtspflege liegen.

Das Gesetz unterscheidet nicht; es enthält keinerlei besondere Vorschriften, durch welche die Öffentlichkeit in Injuriensachen anders geregelt wäre, als in allen anderen Strafprocessen. Unterscheidet aber das Gesetz nicht, so hat der Richter auch nicht zu unterscheiden.

Ist es nun auf Grund der bestehenden Gesetze überhaupt zulässig, vollständige wahrheitsgetreue Berichte über öffentliche Gerichtsverhandlungen durch die Presse zu verbreiten, ist es überhaupt zulässig diejenigen Thatsachen durch die Presse zu verbreiten, welche das öffentliche Strafverfahren veranlaßt haben, welche das Fundament des verurtheilenden oder freisprechenden richterlichen Urtheils bilden, so muß das Gleiche auch bei Strafprocessen wegen Beleidigungen, es muß das Gleiche auch bei Preßprocessen möglich sein. Und es ist dies bei Processen der genannten Art nicht anders möglich, als daß in dem Berichte über die öffentliche Gerichtsverhandlung die angeblich beleidigende Äußerung, der angeblich straffällige Zeitungsartikel u. s. w. und zwar mit möglichster Vollständigkeit mitgetheilt werde. Denn geschieht dies nicht, so erfährt man zwar, daß verurtheilt oder freigesprochen ist, man erfährt aber nicht, warum das Eine oder das Andere erfolgte. Und damit dies Jedermann erfahren könne, dazu ist, wie gezeigt, die Öffentlichkeit der Gerichtsverhandlungen angeordnet.

Es sind noch einzelne Bedenken zu erledigen, welche gegen die vorstehenden Ausführungen muthmaßlich werden erhoben werden.

Zunächst könnte, und zwar mit einigem Schein von Berechtigung, darauf hingewiesen werden, daß, wenn wegen Verleumdung die Anklage erhoben würde, die unrichtigen Thatsachen, deren Verbreitung den Strafproceß entstehen ließen, durch eine vollständige Mittheilung des Verfahrens seitens der Presse von Neuem verbreitet werden würden. Die Verbreitung unrichtiger Thatsachen jedoch, welche geeignet sind, einen Anderen dem Hasse oder der Verachtung auszusetzen, ist (Str.-G.-B. §. 156) Verleumdung. Demnach also könnte die Meinung entstehen, daß ein Zeitungsbericht, welcher die unrichtigen Thatsachen mittheilt, selbst den Thatbestand einer Verleumdung enthielte.

Dieser Einwand wird aber damit zurückzuweisen sein, daß zum Thatbestande der Verleumdung die Absicht zu beleidigen gehöre, und daß diese Absicht da nicht angenommen werden könne, wo lediglich wahrheitsgemäß dasjenige referirt wird, was an öffentlicher Gerichtsstelle vorgegangen ist. Aber selbst abgesehen hiervon. Eine Mittheilung darüber, daß Thatsachen, welche geeignet sind Jemanden dem Hasse oder der Verachtung auszusetzen, unwahr seien, eine solche Mittheilung kann doch unmöglich eine Verleumdung sein. Was kann nun im Wesentlichen der denkbare Inhalt der Mittheilung eines Verleumdungsprocesses sein? Entweder kann berichtet werden:

> A. hat über B. diese und jene ehrenrührigen Thatsachen verbreitet; das gerichtliche Verfahren hat jedoch herausgestellt, daß dieselben unwahr seien und in Folge dessen ist A. als Verleumder gestraft.

Oder es kann berichtet werden:

> A. hat über B. diese und jene ehrenrührigen Thatsachen verbreitet; das gerichtliche Verfahren hat herausgestellt, daß diese Thatsachen wahr sind und in Folge dessen ist A. freigesprochen.

Im letzteren Falle wird überhaupt nichts Unwahres berichtet, und im ersteren Falle wird berichtet, daß das Unwahre unwahr sei. Da nun zu dem Thatbestande einer Verleumdung gehört, daß Unwahres als Wahrheit berichtet werde, so ist nicht wohl abzusehen, wie der vollständige, wahrheitsgetreue Bericht über einen Verleumdungsproceß selbst den Thatbestand einer Verleumdung enthalten könne.

Auf einen anderen Einwand weisen die Entscheidungsgründe des Obertribunals selbst hin.

Wäre es zulässig, so sagt das Obertribunal in dem Beschlusse c. Hoppe vom 12. Februar 1863, den unter Anklage gestellten Artikel einer Zeitung zu reproduciren, weil derselbe in einer öffentlichen Gerichtsverhandlung verlesen worden ist, so würde dadurch die Wirksamkeit eines auf Vernichtung des betreffenden Artikels gerichteten Urtheils wesentlich aufgehoben werden.

Es kann ja nun einem Zweifel nicht unterliegen, daß, wenn dasjenige Preßerzeugniß, auf dessen Vernichtung erkannt wird, in dem Berichte über die öffentliche Gerichtssitzung wieder abgedruckt wird, Eines nicht zu erreichen ist, nämlich, daß dieses Preßerzeugniß fernerhin nicht gelesen werde. Soll dieses Resultat erreicht werden, so versteht es sich ganz von selbst, daß derartige Mittheilungen über öffentliche Gerichtssitzungen nicht gemacht werden dürfen.

Nun ist oben gezeigt worden, daß zur Öffentlichkeit des Verfahrens die Mittheilung dessen, was an öffentlicher Gerichtsstätte geschieht, nothwendigerweise gehört. Und hieraus ergiebt sich denn, daß die Vernichtung von Preßerzeugnissen mit dem Erfolge, daß dieselben überhaupt nicht mehr gelesen werden, mit der Öffentlichkeit der Gerichtsverhandlungen über Preßgesetze vollkommen unvereinbar ist.

Man wird sich also zu entscheiden haben. Soll die Vernichtung der Preßerzeugnisse in ihre Consequenzen durchgeführt, und danach die Öffentlichkeit des Verfahrens beschränkt werden; oder soll die Öffentlichkeit des Verfahrens den Strafproceß beherrschen und die Vernichtung der Preßerzeugnisse soweit beschränkt werden, daß dadurch die Öffentlichkeit des Verfahrens nicht leide?

Wenn diese Frage durch ausdrückliche Bestimmungen der preußischen Gesetze nicht entschieden wäre, so müßte man in folgender Weise argumentiren. Die Öffentlichkeit des Verfahrens ist durch das Staatsgrundgesetz angeordnet und dieses gestattet Beschränkungen der Öffentlichkeit nur durch Gesetze. Ein Gesetz, welches die Öffentlichkeit des Verfahrens beschränkte, wird als Ausnahmsgesetz strikt zu interpretiren sein. Ein Gesetz aber, welches bei strikter Interpretation die Beschränkung der Öffentlichkeit für Preßprocesse anordnete, existirt nicht; Ordnung und Sittlichkeit werden durch die Preßprocesse auch nicht gefährdet, und geschehe dieses, so kämen die Preßprocesse überhaupt nicht in öffentlicher Sitzung zur Verhandlung. Aus diesem Allen folgt, daß die Strafe der Vernichtung von Preßerzeugnissen in keiner

Weise geeignet ist, die Öffentlichkeit des Verfahrens nach irgend einer Richtung hin, in irgend einer Weise zu beschränken.

Ich sage, so müßte man argumentiren, wenn die positiven Gesetze nichts bestimmten. Und gegenstandlos würde dadurch die Strafe der Vernichtung von Preßerzeugnissen noch keineswegs werden. Sie würde nämlich ihre Objekte finden in allen denjenigen Druckschriften, von welchen das Preußische Preßgesetz vom 12. Mai 1851 ausdrücklich sagt, daß sie durch die Strafe der Vernichtung betroffen werden sollen.

Es bestimmt nämlich das Preßgesetz §. 50:

„Wird in einer Schrift der Thatbestand einer strafbaren Handlung erkannt, so ist durch das Strafurtel die Vernichtung aller **vorfindlichen** Exemplare und der dazu bestimmten Platten und Formen auszusprechen."

Im zweiten Absatze desselben Paragraphen wird dann noch der Begriff „vorfindliche Exemplare" näher dahin bestimmt:

„Diese Vernichtung bezieht sich auf alle noch im Besitze des Verfassers, Druckers, Herausgebers, Verlegers, Buchhändlers befindlichen oder an öffentlichen Orten ausgelegten Exemplaren."

Will man diese Bestimmung nun auch noch so extensiv interpretiren, so kommt man doch darüber nicht hinaus, daß die der Vernichtung verfallenen Exemplare zur Zeit der Verurtheilung existirt haben müssen.

Was zur Zeit des Urtheils nicht existirt, kann nicht Gegenstand der Vernichtung sein, und dasjenige, was nach derselben erst geschaffen wird, kann zwar Gegenstand einer neuen Verurtheilung werden, aber nur unter der Voraussetzung, daß es den Thatbestand einer strafbaren Handlung enthält. Daß aber ein Preßerzeugniß deshalb, weil es dasjenige wiedergiebt, was in öffentlicher Gerichtssitzung verlesen oder sonst verhandelt ist, den Thatbestand einer strafbaren Handlung nicht enthalten kann, ist oben bereits nachgewiesen worden.

Das Obertribunal erklärt (Erkenntniß c. Minden vom 3. Mai 1865):

„Es kann das, was dem Angeschuldigten vor Gericht zu seiner Vertheidigung zu sagen erlaubt war, nicht ohne Weiteres auch einem jeden Dritten, dem das Privilegium der Vertheidigung nicht zur Seite steht, durch die Presse zu veröffentlichen gestattet sein."

Hierauf ist Folgendes zu erwidern:

1. Die Vertheidigung ist kein Privilegium, sondern ein Recht; ein Recht, welches unter Voraussetzung eines durchgebildeten Anklageprocesses denselben Umfang haben würde, wie das Recht der Anklage; die Vertheidigung ist ein Recht, welches dadurch nicht zum Privilegium wird, daß dasselbe im Preußischen Rechte Beschränkungen unterworfen ist, welche durch die Natur des Vertheidigungsrechtes selbst keineswegees geboten sind. Diese Beschränkungen selbst würden es, abgesehen von allem Anderen, unzulässig erscheinen lassen, die Vertheidigung als ein Privilegium aufzufassen, und die das Vertheidigungsrecht betreffenden gesetzlichen Vorschriften so zu interpretiren, als ob es sich um die Interpretation von Privilegien handelte.

2. Dasjenige, was dem Angeschuldigten zu seiner Vertheidigung zu sagen gestattet ist, kann niemals ein Delikt sein. §. 154 des Strafgesetzbuches, durch welchen auch das Vertheidigungsrecht geschützt wird, enthält nicht Strafausschließungsgründe, sondern bezeichnet Verhältnisse, in denen überhaupt kein Verbrechen zur Existenz kommt*). Wenn nun Ausführungen referirt werden, welche selbst nicht verbrecherischer Natur waren, so können dieselben durch ein wahrheitsgetreues Referat nicht zum Verbrechen werden.

3. Selbst wenn durch die Vertheidigungsrede delinquirt werden sollte, würde dennoch die Veröffentlichung der den objektiven Thatbestand des Deliktes enthaltenden Äußerungen selbst noch nicht ein Delikt sein; da die Mittheilung darüber, daß ein Delikt begangen, nicht selbst ein Delikt ist.

4. Von dieser so eben (unter 3.) aufgestellten Regel ist nur die einzige Ausnahme zu machen, daß die Mittheilung der gelegentlich der Vertheidigung gemachten Äußerungen zugleich Mittheilungen über ehrenrührige Thatsachen enthielte. Ob diese wahr oder unwahr sind, kann nicht sofort ermittelt werden. Die Sache steht also hier wesentlich anders, als wenn Äußerungen mitgetheilt werden, welche den Gegenstand einer Verleumdungsanklage ausmachen. Denn bei diesen kann, wenn der Inhalt des gesammten gerichtlichen Verfahrens mitgetheilt wird, auch mitgetheilt werden, ob die ehrenrührigen Äußerungen als wahr oder als unwahr befunden wurden. Wenn dagegen ehrenrührige Thatsachen, welche die Vertheidigung anführt, mitgetheilt werden, so bleibt es bei dieser Mittheilung in suspenso, ob die betref-

---

*) Vergl. oben S. 217 ff.

fenden Thatsachen wahr oder unwahr sind. Und da das Preußische Strafrecht zum Thatbestande der Verleumdung nicht die wissentliche Verbreitung unwahrer ehrenrühriger Thatsachen, sondern nur schlechthin die Verbreitung derartiger unwahrer Thatsachen fordert, so wird derjenige, welcher die in einer Vertheidigungsrede mit Bezug auf einen Anderen angeführten ehrenrührigen Thatsachen durch die Presse verbreitet, strafbar werden, wenn er die Wahrheit der von der Vertheidigung mit Bezug auf einen Anderen behaupteten ehrenrührigen Thatsachen zu erweisen nicht im Stande sein sollte.

Das Obertribunal sagt (Erkenntniß c. Minden vom 3. Mai 1865):

„Aus dem im §. 48 des Preßgesetzes vom 12. Mai 1851 ausgesprochenen Verbote, Anklageschriften und andere Schriftstücke eines Criminalprocesses vor Beendigung der mündlichen Verhandlung u. s. w. zu veröffentlichen, folgt noch nicht, daß dergleichen Veröffentlichungen nach diesem Zeitpunkte jederzeit ohne Rücksicht auf ihren Gegenstand und Inhalt stattfinden dürften."

Der §. 48 des Preßgesetzes bestimmt nun Folgendes:

„Die Namen der Geschwornen dürfen in Zeitungen nur bei der Mittheilung über die Bildung des Schwurgerichts genannt werden.

Zuwiderhandlungen gegen diese Bestimmung ziehen eine Gefängnißstrafe von einer Woche bis zu einem Jahre nach sich.

Gleiche Strafe trifft denjenigen, der eine Anklageschrift oder ein anderes Schriftstück eines Criminalprocesses veröffentlicht, bevor die mündliche Verhandlung stattgefunden oder der Proceß auf anderem Wege sein Ende erreicht hat."

Daß die Öffentlichkeit der Gerichtsverhandlungen auch die Veröffentlichung des an öffentlicher Gerichtsstätte Verhandelten durch die Presse mit umschließe, ist oben bereits — und zwar ohne Bezugnahme auf die Bestimmung der §. 48 des Preßgesetzes — ausgeführt worden. Das dort Gesagte wird nun durch diese Bestimmung des Preßgesetzes wesentlich bestätigt. Indem gesagt wird, was zu veröffentlichen verboten ist, wird auch gesagt, was zu veröffentlichen erlaubt ist; nämlich alles dasjenige, was zu veröffentlichen nicht verboten ist. Diese Schlußfolgerung wird man so lange als eine richtige aufrecht erhalten dürfen, als der Satz: Was nicht verboten ist, ist erlaubt, als der Satz: nulla poena sine lege, als die Bestimmungen des §. 2 des Strafgesetzbuches und Art. 8 der Verfassungsurkunde für das Preußische Strafrecht Gültigkeit haben.

Es findet sich indessen im Preßgesetze noch eine andere Bestimmung, aus welcher man vielleicht mit mehr Recht als aus §. 48 zu dem von dem Obertribunale gewonnenen Resultat gelangen könnte. Diese Bestimmung ist §. 38:

„Berichte von den öffentlichen Sitzungen beider Kammern, insofern sie wahrheitsgetreu erstattet werden, bleiben von jeder Verantwortlichkeit frei."

Dieser Bestimmung gegenüber könnte man vielleicht zu der Behauptung verleitet werden, daß, da hier das Preßgesetz die wahrheitsgetreue Veröffentlichung der Kammerverhandlungen ausdrücklich erlaube, zur Gewährung einer solchen Erlaubniß aber nur dann Veranlassung sei, wenn die Veröffentlichung wahrheitsgetreuer Berichte von anderen öffentlichen Verhandlungen nicht erlaubt sei, diese ausdrückliche Erlaubniß ein Verbot des nicht ausdrücklich Erlaubten involvire.

Unrichtig würde diese Argumentation allerdings sein.

Denn was für einen praktischen Werth sollte ein Verbot haben, wenn dasselbe durch eine Strafbestimmung — von Nullität kann ja in diesem Falle selbstverständlich nicht die Rede sein — die nothwendige Ergänzung nicht erhalten hat?

Überdem war auch für das ausdrückliche Erwähnen der Kammerverhandlungen specielle Veranlassung vorhanden.

Zunächst ist oben bereits darauf hingewiesen worden, daß, wenn gelegentlich einer öffentlichen Gerichtsverhandlung ehrenrührige Thatsachen mit Bezug auf andere Personen behauptet wurden, die Mittheilung derartiger Behauptungen, insofern sie nicht den Gegenstand des Verfahrens bildeten, zu Anklagen und Verurtheilungen wegen Verleumdungen nach den positiven Bestimmungen des Preußischen Strafgesetzbuches Veranlassung geben kann. Wahrheitsgetreue Mittheilungen der Kammerverhandlungen würden aber auch von dieser Eventualität völlig frei sein.

Dazu kommt aber noch Folgendes. Öffentliche Gerichtsverhandlungen stehen unter der Disciplin des Gerichtes und es sind dem Gerichte Disciplinarmittel eingeräumt, welche den Präsidenten der Kammern nicht zustehen. Dasjenige, was in öffentlichen Gerichtsversammlungen und in anderen öffentlichen Versammlungen, z. B. Stadtverordnetenversammlungen gesprochen wird, steht zwar in den meisten Fällen unter dem Schutze des §. 154 des Strafgesetzbuches. Dieser Paragraph schließt aber die Möglichkeit, daß von dem Vertheidiger, dem Angeklagten, dem Staatsanwalte, den Stadtverordneten, u. s. w. Delikte begangen werden, keinesweges aus. Käme derartiges vor, so würde das Delikt auch gestraft werden.

Das Alles erhält die Verhandlungen in diesen öffentlichen Sitzungen auf einem derartigen Niveau, daß aus dem Bekanntwerden derselben auch durch die Vermittelung der Presse nichts Bedenkliches entstehen kann.

Die Verhandlungen der Kammern stehen indessen nicht nur unter dem Schutze des Strafgesetzbuches §. 154 sondern auch unter dem Schutze des Art. 84 der Verfassungsurkunde.

Nach dieser Bestimmung der preußischen Verfassungsurkunde können die Mitglieder beider Kammern durch dasjenige, was sie in ihrer Eigenschaft als Kammermitglieder sagen, überhaupt nicht gegen die bestehenden Strafgesetze, sondern nur gegen die Disciplin in der Kammer selbst verstoßen*).

Unter diesen Umständen konnte wohl bei Berathung des Preßgesetzes die Frage aufgeworfen werden, ob nicht der Presse in Betreff der Mittheilung dessen, was in den Kammern verhandelt wurde, Beschränkungen aufzuerlegen seien. Diese Frage ist durch §. 38 ausdrücklich verneint. Es war hier Veranlassung vorhanden, etwas ausdrücklich zu erlauben. Aber es folgt daraus gewiß nicht, daß dasjenige, was ausdrücklich nicht erlaubt ist, um deswillen verboten sei. Es folgt vielmehr nur, daß dasjenige, was nicht ausdrücklich erlaubt ist, selbstverständlich erlaubt ist, insofern es nicht ausdrücklich verboten wurde.

*) Die hiervon abweichende Ansicht, welche in dem Beschlusse des Obertribunals vom 29. Januar 1866 niedergelegt ist, kann an dieser Stelle nicht näher erörtert werden.

Was versteht das Preßgesetz vom 12. Mai 1851 unter „Herausgeber“ einer Druckschrift?

(Erste Erörterung dieser Frage, veranlaßt durch den Beschluß des Obertribunals vom 17. Juni 1863.)

Eine Beantwortung dieser Frage finden wir in einem Beschluß des Obertribunals v. 17. Juni 1863 c. Hartung. Aus diesem Beschluß hat Oppenhoff (die Rechtsprechung ꝛc. Bd. III S. 503) folgende beiden Sätze für die Praxis formulirt:

1. Herausgeber einer Druckschrift im Sinne des §. 35 des Preßgesetzes ist derjenige, welcher das Erscheinen derselben mit der Kenntniß von ihrem Inhalte vermittelt; bei kautionspflichtigen Blättern kann er sehr wohl vom Redakteur verschieden sein.
2. Der Verleger eines kautionspflichtigen Blattes kann sich von der nach dem cit. §. 35 ihn wegen eines Artikels strafbaren Inhalts treffenden Verantwortlichkeit nicht durch Benennung des Redakteurs befreien, wenn er nicht gleichzeitig nachweist, daß dieser auch Herausgeber des betr. Artikels im obigen Sinne ist.

Das Obertribunal drückt diesen zweiten Rechtssatz in seinen Entscheidungsgründen (vergl. Oppenhoff a. a. O. S. 507) folgendermaßen aus:

„Hieraus folgt überall in der Anwendung auf den vorliegenden Fall, daß der Verleger einer Zeitung der ihm im §. 35 gegebenen Auflage[1]) dadurch allein, daß er den Redakteur nennt, nicht genü-

---

1) §. 35 cit. lautet: „Derjenige, welcher eine Druckschrift in Verlag oder Commissionsverlag übernommen, unterliegt wegen des strafbaren Inhalts derselben in allen Fällen, wo er nicht in Gemäßheit des §. 34 als Urheber oder Theilnehmer strafbar erscheint, sofern die Druckschrift ein Preßvergehen enthält, einer Geldbuße bis zweihundert Thaler; insofern sie aber ein Preßverbrechen enthält, einer Geldbuße von funfzig bis fünfhundert Thaler, wenn entweder

gen kann, daß er vielmehr den **wirklichen** Verfasser oder Herausgeber des in Rede stehenden Artikels nennen muß [2])."

Mit diesen Worten schließen nach Oppenhoff's Referat die Ent-

---

a. er bei seiner ersten gerichtlichen Vernehmung den Verfasser oder Herausgeber nicht nachweist, oder

b der nachgewiesene Verfasser oder Herausgeber zur Zeit der Übernahme der Druckschrift in Verlag oder Commissionsverlag im Bereiche der preußischen Gerichtsbarkeit keinen persönlichen Gerichtsstand hatte.

2) Für nicht preußische Leser dürfte es nicht überflüssig sein, auf die praktische Bedeutung des in diesem und dem folgenden Aufsatze behandelten Gegenstandes hinzuweisen. Diese ergiebt sich aus der Vorschrift des §. 54 des Preußischen Preßgesetzes. Hier wird gesagt:

„Gegen die im §. 1 dieses Gesetzes genannten Gewerbetreibenden" — und unter diesen Gewerbetreibenden befinden sich auch die Buchhändler — „kann von dem zuständigen Richter auf den Verlust der Befugniß zum Gewerbebetriebe erkannt werden, wenn

1. die zeitige Untersagung der Ausübung der bürgerlichen Ehrenrechte ausgesprochen wird,
2. wegen eines mittelst der Presse begangenen Verbrechens zum erstenmale — oder wegen eines solchen Vergehens innerhalb eines Zeitraumes von fünf Jahren zum zweitenmale eine Verurtheilung erfolgt;

es muß dagegen auf den Verlust zum Gewerbebetriebe erkannt werden, wenn

1. der Verlust der bürgerlichen Ehrenrechte ausgesprochen wird,
2. innerhalb eines Zeitraums von fünf Jahren wegen eines mittelst der Presse begangenen Verbrechens zum zweitenmale — oder wegen eines solchen Vergehens oder Verbrechens zum drittenmale eine Verurtheilung erfolgt."

Bis zum Jahre 1863 wurde nun die Praxis so gehandhabt, daß man die in §. 35 des Preßgesetzes dem Verleger auferlegte Verpflichtung auf kautionspflichtige Zeitschriften nicht für anwendbar erachtete, weil bei diesen Preßerzeugnissen der gesetzlich geforderte verantwortliche Redakteur der Herausgeber sei.

Seit dem hier besprochenen Beschlusse des Obertribunals, an welchen sich das in der folgenden Abhandlung besprochene Erkenntniß vom 22. Februar 1864 anschließt, ist diese Praxis indessen eine andere geworden, und zahlreiche Verurtheilungen von Verlegern haben auf Grund des §. 35 des Preßgesetzes stattgefunden.

Die dritte Verurtheilung eines Verlegers innerhalb eines Zeitraums von fünf Jahren muß den Verlust des Gewerbebetriebes nach §. 54 zur Folge haben, eine Folge, die selbst nach der zweiten Verurtheilung innerhalb dieses Zeitraums schon eintreten kann.

Es handelt sich also gegenüber dieser in neuerer Zeit gegründeten Praxis nicht bloß um die in §. 35 angedrohten Geldbußen, sondern es handelt sich um die Existenz der Verleger und um die Erhaltung derjenigen Kapitalien, welche durch die Verleger der Presse zugeführt sind.

Vergl. auch noch weiter unten den Aufsatz: „zur Interpretation des Preßgesetzes §. 54".

scheidungsgründe des Obertribunals. Wir ersehen aus denselben, daß das Obertribunal unterscheidet zwischen „wirklichem Verfasser“ und „nicht wirklichem Verfasser“, zwischen „wirklichem Herausgeber“ und „nicht wirklichem Herausgeber“. Das entscheidende Kriterium für den Begriff des „wirklichen Verfassers“ im Gegensatz zu dem „nicht wirklichen Verfasser“ aufzustellen, hat das Obertribunal keine Veranlassung gehabt, wogegen das unterscheidende Kriterium, welches den „wirklichen Herausgeber“ von dem „nicht wirklichen“ sondert, von dem Obertribunal bezeichnet ist. Und, gestützt auf die Autorität desselben, gewinnen wir folgende beiden Definitionen:

1. Wirklicher Herausgeber einer Druckschrift ist derjenige, welcher das Erscheinen derselben mit der Kenntniß von ihrem Inhalte vermittelt.
2. Nicht wirklicher Herausgeber einer Druckschrift ist derjenige, welcher das Erscheinen derselben vermittelt.

Das Obertribunal behauptet nun, wenn im §. 35 des Preßgesetzes vom „Herausgeber“ die Rede sei, so habe das Gesetz darunter den „wirklichen“ Herausgeber“ verstanden wissen wollen. Zwar anerkennt das Obertribunal, daß dem gemeinen Sprachgebrauche nach, unter „Herausgeber“ jeder zu verstehen sei, welcher das Erscheinen eines Werkes vermittelt, und daß dem gemeinen Sprachgebrauche nach die Kenntniß von dem Inhalte des veröffentlichten Werkes nicht wesentlich zu dem Begriffe des Herausgebers gehöre:

> „Nach allgemeinen Grundsätzen“ — diese „allgemeinen Grundsätze“ sind eben nichts anderes als der gemeine Sprachgebrauch — „ist der Herausgeber eines Werkes derjenige, welcher das Erscheinen desselben vermittelt“ (a. a. O. S. 504).

Wenn dasselbe dessen ungeachtet sagt, in §. 35 des Preßgesetzes sei unter „Herausgeber“ nur derjenige zu verstehen, welcher mit der „strafrechtlichen Voraussetzung der Kenntniß des Inhalts und des sonstigen Dolus“ das Erscheinen vermittelt habe (a. a. O. S. 506), so wird damit die Behauptung aufgestellt, der Sprachgebrauch des Gesetzes weiche von dem gemeinen Sprachgebrauche ab.

Nun giebt es aber eine allgemein anerkannte Interpretationsregel, welche lehrt, daß die Worte, deren sich ein Gesetz bedient, so lange dem gemeinen Sprachgebrauche entsprechend aufgefaßt werden müssen, als nicht zwingende Gründe vorhanden sind, von demselben abzuweichen. — Das Obertribunal findet nun diese Veranlassung in dem Verhältnisse, in welchem die Bestimmungen des §. 35 des Preßgesetzes zu denen des §. 34 stehen. In dieser Beziehung heißt es (a. a. O. S. 505):

„Der §. 34 [3]) will durch den Satz, daß für das durch eine Druckschrift begangene Verbrechen oder Vergehen ein Jeder verantwortlich sei, welcher nach allgemeinen strafrechtlichen Grundsätzen als Urheber oder Theilnehmer strafbar erscheint, zugleich aussprechen, daß in Beziehung auf die allgemeinen Grundsätze strafrechtlicher Verfolgung durch die Natur der Delikte, welche mittelst der Presse begangen werden, und durch die preßpolizeiliche Mitverantwortlichkeit der bei der Herstellung und Emanirung des Preßerzeugnisses mitwirkenden Personen nichts geändert werde."

Gegen diesen Satz ist gewiß nichts einzuwenden. Selbst wenn §. 34 des Preßgesetzes nicht existirte, so würde schon nach allgemeinen strafrechtlichen Grundsätzen die ausdrückliche Bestimmung desselben festzuhalten gewesen sein. Denn in der That kann es Niemandem einfallen, zu behaupten, ein begangenes Delikt falle aus dem Grunde nicht unter die Bestimmungen des Strafgesetzbuches, weil das Mittel der Ausführung desselben die Druckerpresse gewesen sei. Sind also Urheber und Theilnehmer eines Preßerzeugnisses, durch welches ein Delikt begangen wurde, bekannt, so unterliegen sie den für das betreffende Delikt in den allgemeinen Strafgesetzen angedrohten Strafen.

Um aber diese Strafe zu erkennen, muß die Frage beantwortet sein: W e r i s t d e r U r h e b e r, w e r d e r T h e i l n e h m e r d e s D e l i k t s? — Die Beantwortung dieser Frage liegt denjenigen Behörden ob, welche zur Verfolgung der begangenen Verbrechen eingesetzt sind, und es haben sich dieselben, um ihre Aufgabe zu lösen, derjenigen Mittel zu bedienen, welche ihnen die Strafproceßgesetze darbieten. Andere als diese Mittel dürfen nicht benutzt werden und namentlich ist ein etwaiger Zwang gegen Personen, um die Nachforschung zu unterstützen, nicht weiter auszudehnen, als die Gesetze denselben ausdrücklich gestatten. Daraus würde denn folgen, daß auch alsdann, wenn durch die Presse delinquirt wurde, zur Herausstellung des Urhebers des Deliktes nur diejenigen Mittel anzuwenden sind, welche der Strafverfolgung

3) §. 34: „Für das durch eine Druckschrift begangene Verbrechen oder Vergehen ist Jeder verantwortlich, welcher nach allgemeinen strafrechtlichen Grundsätzen als Urheber oder Theilnehmer strafbar erscheint."

überhaupt zu Gebote stehen. Das Preßgesetz jedoch erweitert diese Mittel, indem es dem Verleger (§. 35) und dem Drucker (§. 36) bestimmte Verpflichtungen auferlegt, dieselben durch Bedrohung nicht unerheblicher Strafen zur Erfüllung dieser Verpflichtungen anhält, zu Verpflichtungen, welche den Zweck haben, die Nachforschungen nach dem Urheber und Theilnehmer eines durch die Presse begangenen Delikts in höherem Maße zu unterstützen, als dies nach den allgemeinen Strafproceßgesetzen gefordert werden könnte.

Das Obertribunal theilt im Wesentlichen diese Auffassung der §§. 35 und 36 des Preßgesetzes. Nach den oben mitgetheilten Worten fährt dasselbe nämlich in folgender Weise fort:

> „Die §§. 35 f. haben nun den Zweck: die wirkliche Person desjenigen zu ermitteln, welchem die volle strafrechtliche Verantwortlichkeit für das Delikt, als Urheber oder Theilnehmer zur Last fällt und ordnet mit aus diesem Grunde zugleich die gedachte Mitverantwortlichkeit jener Personen nach ihrer besonderen Stellung an. Jenes Mittel besteht, soweit es überhaupt im Preßgesetze zu bestimmen war, in der Androhung einer besonderen Strafe gegen den Verleger (§. 35) und gegen den Drucker (§. 36), sofern sie nicht bei ihrer ersten gerichtlichen verantwortlichen Vernehmung den Verfasser oder Herausgeber resp. Verleger nachweisen."

Eine schärfere, zum Theil selbst correktere Ausdrucksweise wäre freilich wünschenswerth gewesen. Zu Mißverständnissen verleitet es nämlich, wenn das Obertribunal von der „*wirklichen* Person desjenigen u. s. w." spricht: denn es *giebt* nur entweder eine als Urheber, resp. Theilnehmer strafrechtlich verantwortliche Person, oder es giebt eine solche *nicht*; wenn dasselbe ferner sagt: „*mit* aus diesem Grunde" habe das Preßgesetz die Strafbarkeit des Verlegers resp. des Druckers angeordnet: denn der vom Obertribunal angeführte Grund ist der *alleinige* Grund für die betreffende Strafbestimmung; — wenn es endlich neben der strafrechtlichen Verantwortlichkeit des Urhebers resp. Theilnehmers die „**Mitverantwortlichkeit**" des Verlegers und des Druckers hervorhebt: denn letztere ist in keiner Weise ein Accessorium zu der Verantwortlichkeit des Urhebers oder Theilnehmers, sondern sie ist etwas ganz selbstständig für sich Bestehendes, wie dies deutlich daraus entnommen werden kann, daß unter den Voraussetzungen des §. 35 der Verleger seine Strafe verwirkt, selbst wenn sich später herausstellen sollte, daß der Verfasser des incriminirten Artikels gänzlich straflos ist. Die strafrechtliche Verantwortlichkeit nämlich, welche §§. 35, 36 aufstellen, stellt ein selbständiges Delikt dar, welches für den Verleger durch §. 35, für den Drucker durch §. 36 normirt ist. Und die Natur dieses Delikts ist die eines Unterlassungsdelikts. — Der Verleger, der Drucker werden zu bestimmten Handlungen verpflichtet, das Gesetz gebietet, sie sollen bestimmte Angaben machen, zur Vermeidung einer Strafe, falls sie dieser Verpflichtung nicht nachkommen. — Weiter aber bestimmt sich die Natur dieses selbständigen Delikts dadurch, daß es für Drucker und Verleger eine Erweiterung der Unterstützungspflichten enthält, welche im Allgemeinen die Staatsbürger den zur Verfolgung von Delikten eingesetzten Behörden zu leisten haben.

Wir haben bereits oben darauf hingewiesen, daß das Obertribunal selbst erklärt, seine Definition des Wortes „Herausgeber" sei eine von dem gemeinen Sprachgebrauche abweichende. Demgemäß verlangten wir zwingende Gründe, welche die Abweichung von dem gemeinen Sprachgebrauche rechtfertigten. Jetzt sehen wir, daß in §§. 35, 36 selbständige Delikte aufgestellt sind — und der Thatbestand eines jeden Delikts muß strikte festgehalten werden — wir sehen, daß diese Delikte einen vollkommen exceptionellen Charakter haben — es tritt also doppelt und dreifach das Verlangen hervor, die zwingenden Gründe kennen zu lernen, welche das Obertribunal veranlaßten, in §. 35 das Wort „Herausgeber" in einer von dem gemeinen Sprachgebrauche abweichenden Bedeutung aufzufassen. —

Das Obertribunal fährt nun in folgender Weise fort:

„Hieraus allein ergiebt sich von selbst, daß das Gesetz hier niemals an eine Identität der gedachten Personen mit dem Verfasser oder Herausgeber, soweit sie sonst nicht eine wirkliche, thatsächliche ist, deren Angabe dann allerdings ein Selbstbekenntniß der strafbaren Handlung sein würde, gedacht haben kann, daß es insbesondere aber durch die Zusammenstellung von „Verfasser und Herausgeber" das besondere Verhältniß der wirklich strafbaren Person zu der strafbaren Druckschrift im Auge gehabt haben muß."

Dem Obertribunal ist unbedenklich zuzugeben, daß, indem das Gesetz in §. 34 die Bestrafung der Urheber und Theilnehmer eines Preßdelikts verordnet und in dieser Hinsicht bestimmt, daß der Urheber und Theilnehmer so zu bestrafen seien, wie es die allgemeinen Strafgesetze fordern, und dann in §. 35 für den Verleger und in §. 36 für den Drucker ein besonders selbständiges Omissivdelikt bildet — sich daraus ganz von selbst ergiebt, daß unter Verleger resp. Drucker andere Personen zu verstehen sind, als der Urheber und der Theilnehmer. — Was folgt aber hieraus für die vom Obertribunal aufgestellte Definition des Wortes „Herausgeber"? — Ganz gewiß gar nichts. Das Obertribunal macht aber an dieser Stelle einen Schluß, der vollkommen unverständlich ist. Weil §. 36 unter dem Ausdrucke „Verleger" nicht den Urheber oder Theilnehmer des Preßdelikts verstanden haben kann, so muß es unter den Worten „Verfasser und Herausgeber" das besondere Verhältniß der wirklich strafbaren Person zu der strafbaren Druckschrift im Auge gehabt haben. Das heißt also unter „Verfasser" des §. 35 ist der „Urheber" des §. 34 und unter „Herausgeber" der Theilnehmer zu verstehen, jedenfalls eine wegen des begangenen Preßdelikts als Urheber oder Theilnehmer zu bestrafenden Person. —

Freilich, wenn das Gesetz so verstanden werden muß, dann hat das Obertribunal Recht; aber, daß es so verstanden werden muß, das ist ja gerade zu beweisen. Wir wollen hier gleich eine andere, und, wie es scheint, sehr viel näher liegende Art, wie der §. 35 verstanden werden kann, aufstellen. Der §. 35 hat doch den Zweck, den Weg, welcher zu dem Urheber des Preßdelikts hinführt, zu einem möglichst bequemen zu machen. Dieser Zweck wird unter Anderem dadurch erreicht, daß der Verleger diejenige Person anzugeben genöthigt wird, von welcher die incriminirte Druckschrift ihm in seinen Verlag gegeben ist; denn, sowie man diese Person kennt, gewinnt man in ihr ein neues Wahrheits-Erforschungsmittel, um die strafbare Person zu finden. Freilich kann der Verleger durch den gegen ihn anzuwendenden Zeugenzwang zu der gleichen Angabe genöthigt werden; aber erstens treffen ihn die Nachtheile des §. 35 sofort bei der ersten fruchtlos gebliebenen gerichtlichen Vernehmung, zweitens auch dann, wenn er zeugeneidlich zu erhärten im Stande wäre, daß ihm das betreffende Manuscript anonym zugegangen ist, und endlich präjudicirt §. 35 des Preßgesetzes überhaupt nicht dem etwa anzuwendenden Zeugenzwange — es ist somit der §. 35 eine sehr gewichtige Bestimmung, um eine dem Zeugenzwange unterliegende Persönlichkeit zu finden, durch deren Vermittelung man auf den strafbaren Urheber gelangen kann. Daß diese Mittelsperson selbst schon die strafbare sein müsse, das läßt sich doch nicht als etwas Selbstverständliches behaupten, das muß vielmehr ganz genau erwiesen werden.

Hören wir daher, was zum Beweise dieser Behauptung beigebracht wird. Im unmittelbaren Anschluß an die zuletzt mitgetheilte Stelle heißt es weiter:

„Außer der persönlichen Abfassung der letzteren (nämlich der Druckschrift) kann es daher, indem es zugleich den „Herausgeber" nennt, nur jene Thätigkeit der Vermittelung des Erscheinens, *und zwar mit der strafrechtlichen Voraussetzung der Kenntniß des Inhalts und des sonstigen Dolus*, gemeint haben."

Diese Worte enthalten jedenfalls keinen Beweis, sondern nur eine Wiederholung des bereits Gesagten, wenn auch mit anderen Ausdrücken. Vorher wurde gesagt: „*Herausgeber*" bezeichnet „das besondere Verhältniß der wirklich strafbaren Person zu der strafbaren Druckschrift" d. h. also den *Urheber* oder den *Theilnehmer*. Jetzt wird gesagt: „*Herausgeber* ist derjenige, welcher das Erscheinen der strafbaren Druckschrift *mit der Kenntniß von ihrem strafbaren Inhalte* und dem sonstigen Dolus vermittelt." Derjenige aber, welcher mit der Kenntniß ihres strafbaren Inhaltes die Veröffentlichung einer Druckschrift vermittelt, ist entweder *Urheber* oder *Theilnehmer*. Wir kommen mithin durch diesen Satz um nichts weiter.

Endlich heißt es noch:

„Liegt objektiv ein Verbrechen oder Vergehen vor, so muß nothwendig auch ein Thäter desselben existiren, und ein solcher ist auch in der Person desjenigen denkbar, der die Veröffentlichung des Druckerzeugnisses durch die Organe der Presse unternimmt, er mag nun zugleich der Verfasser selbst, oder vermöge jener Thätigkeit nur dessen Theilnehmer sein."

Gegen das hier Gesagte ist an sich gar nichts zu erinnern. Denn ganz gewiß ist es richtig, daß, wenn ein Delikt durch ein Preßerzeugniß begangen ist, irgend Jemand es begangen haben muß; auch ist es ganz gewiß richtig, daß es *denkbar* ist, dieser Thäter sei die Person desjenigen, welcher die Veröffentlichung des Druckerzeugnisses durch die Presse unternommen hat. Aber — so müssen wir doch fragen — was sollen uns hier diese ganz klaren, unzweifelhaften Sätze? Es kommt doch darauf an, daß der Beweis dafür geführt werde, daß „*Herausgeber*" im §. 35 des Preßgesetzes identisch sein müsse mit *Urheber* oder *Theilnehmer* des begangenen Preßdelikts. Und daß durch die so eben als vollkommen richtig anerkannten Ausführungen trotz ihrer Richtigkeit für *diesen* Beweis auch gar nichts beigetragen wird, liegt auf der Hand; man müßte denn der Argumentation beitreten, daß, weil N. ein Verbrechen denkbarer Weise begangen haben kann, er es auch begangen haben müsse.

Und doch bringt das Obertribunal keine weiteren Beweise für seine Ansicht bei. Denn, wenn noch zum Schlusse gesagt wird (a. a. O. S. 506. Abs. 1.), daß dasjenige, was für Preßerzeugnisse im Allgemeinen gelte, auch für Zeitungen und Zeitschriften gelten müsse, so ist das zwar wiederum an sich ganz richtig, es kann aber doch durch diesen Satz auf Zeitungen und Zeitschriften nur dasjenige übertragen werden, was für Druckerzeugnisse im Allgemeinen bereits bewiesen ist; aber doch nicht dasjenige, was für diese literarischen Erscheinungen nicht bewiesen ist. — Ebenso ist auch dasjenige, was (a. a. O. S. 504, Abs. 2, S. 505) über die Verantwortlichkeit des Redakteurs gesagt ist, der Sache nach ganz vollkommen richtig. Was kann aber die Ausführung, daß die Strafbestimmungen, welchen der verantwortliche Redakteur unterworfen ist, in der Hauptsache nur formelle wären; daß sie die Vorsicht und die Sorgfalt bei der Aufnahme der einzelnen Artikel in die Zeitung sichern sollen; daß der Redakteur daher strafbar werde, wenn auch eine unmittelbare Mitwirkung desselben bei der Aufnahme strafbarer Artikel nicht nachgewiesen werden kann; — was kann das Alles dazu beitragen, daß man überzeugt werde, in §. 35 sei unter dem Worte „Herausgeber" nicht jeder, sondern nur der wirkliche — um der Kürze wegen den Ausdruck des Obertribunals zu wiederholen — zu verstehen?

Recapituliren wir also in Kürze:

Das Obertribunal findet den §. 35 des Preßgesetzes auf einen Verleger anwendbar, welcher den Herausgeber eines incriminirten Artikels bei seiner ersten gerichtlichen Vernehmung genannt, aber nicht nachgewiesen hat, daß dieser Herausgeber den Inhalt des fraglichen Artikels gekannt habe.

Denn: Das Gesetz versteht unter Herausgeber nicht jeden, welcher die Veröffentlichung eines Druckerzeugnisses vermittelt, sondern nur denjenigen, der dieses mit der Kenntniß von dem Inhalte desselben thut.

Denn: Bei dem Worte „Herausgeber" muß das Gesetz das besondere Verhältniß der wirklich strafbaren Person zu der strafbaren Druckschrift im Auge gehabt haben.

Denn: Wenn ein Preßdelikt begangen ist, so muß es irgend Jemand begangen haben, und es ist denkbar, daß dieser derjenige sei, welcher die Veröffentlichung durch die Organe der Presse unternommen hat.

Gegenüber dieser Entscheidung des Obertribunals hatte die Kritik unmöglich die Aufgabe, die juristischen Gründe derselben zu prüfen, sie war vielmehr nur in der Lage, es deutlich zu machen, daß eine genügende Begründung überhaupt fehlt.

Das Obertribunal hat nicht bewiesen, was es beweisen mußte, wenn seine Entscheidung richtig sein sollte. Das Obertribunal konnte aber auch gar nicht dasjenige beweisen, was es beweisen wollte, denn das Gesetz selbst steht seiner Ansicht entgegen. Hierfür lassen sich Gründe beibringen und es ist um so mehr nöthig, dies zu thun, weil aus denselben noch deutlicher, als es bisher geschehen, die Haltlosigkeit der an dieser Stelle der wissenschaftlichen Kritik unterzogenen Entscheidung hervorgehen wird.

Diese Gründe sind folgende:

1. Wenn in §. 35 des Preßgesetzes der Ausdruck „Herausgeber" die Bedeutung haben sollte, welche ihm das Obertribunal beilegen will, wenn der Herausgeber im Sinne des Gesetzes derjenige wäre, welcher das Erscheinen einer Druckschrift mit der Kenntniß von ihrem Inhalte vermittelt, so unterliegt es keinem Zweifel, daß der Begriff „Herausgeber" und der Begriff „Theilnehmer am Preßdelikt" identisch sein würden. Denn der Herausgeber, welcher mit Kenntniß von dem strafbaren Inhalte einer Schrift die Veröffentlichung derselben vermittelt, der hat dem Verfasser derselben „in Handlungen, welche die That erleichtert oder vollendet haben, wesentlich Hülfe geleistet"[4]).

Nun fragen wir: Wenn das Preßgesetz in seinem §. 35 die Bestimmung treffen wollte, daß der Verleger bei seiner ersten gerichtlichen Vernehmung entweder den Verfasser oder den strafrechtlich verantwortlichen Theilnehmer desselben nennen solle, warum hat dasselbe denn nicht auch den einer solchen Bestimmung entsprechenden Ausdruck gewählt und gesagt:

---

4) Strafgesetzbuch §. 34. „Als Theilnehmer eines Verbrechens oder Vergehens wird bestraft:

2) wer dem Thäter ..... Mittel, welche zu der That gedient haben, wissend, daß sie dazu dienen sollten, verschafft hat, oder wer in Handlungen, welche die That vorbereitet, erleichtert oder vollendet haben, dem Thäter wissentlich Hülfe geleistet hat.

Derjenige, welcher eine Druckschrift in Verlag oder Commissionsverlag übernommen, unterliegt wegen des strafbaren Inhalts derselben in allen Fällen, wo er nicht in Gemäßheit des §. 34 als Urheber oder Theilnehmer strafbar erscheint, ... einer Geldbuße .... wenn entweder

a. er bei seiner ersten gerichtlichen Vernehmung den Verfasser oder den Theilnehmer desselben nicht nachweist rc. ...

Das Gesetz spricht im §. 34 von Urheber und Theilnehmer; ebenso spricht es im §. 35 Abs. 1 von Urheber und Theilnehmer; an beiden Stellen wird dasjenige, was das Gesetz beabsichtigt, durch diejenigen Worte ausgedrückt, welche nach allgemeinem, wie nach strafrechtlichem Sprachgebrauche dasjenige vollkommen deutlich und verständlich ausdrücken, was sie ausdrücken sollen — und doch sollte plötzlich in demselben Paragraphen, welcher des Urhebers und des Theilnehmers an einem Preßdelikt ausdrücklich Erwähnung thut, zur Bezeichnung des Begriffes „Theilnehmer an einem Preßdelikt" der Ausdruck „Herausgeber" gebraucht sein, ein nicht technisch juristischer Ausdruck zur Bezeichnung eines technisch juristischen Verhältnisses, ein Ausdruck, der dem gemeinen Sprachgebrauche nach etwas vollkommen anderes bezeichnet als „Theilnehmer an einem Preßdelikt" und der dies dennoch nach der angeblichen Intention des Gesetzes bezeichnen soll. In der That das wäre nur denkbar, wenn bei der Redaktion des Gesetzes eine die Grenzen des Wahrscheinlichen übersteigende Flüchtigkeit obgewaltet hätte. — In Wahrheit liegt aber nicht der geringste Grund vor, anzunehmen, daß das Gesetz dasjenige, was es hat sagen wollen, nicht wirklich gesagt hätte. Es wollte den Verleger straflos wissen, wenn er bei seiner ersten gerichtlichen Vernehmung den Herausgeber nannte, nicht aber erst dann seine Straflosigkeit eintreten lassen, wenn er den Theilnehmer am Preßdelikte nachweist.

2. Nach der eigenen Ansicht des Obertribunals hat §. 36 des Preßgesetzes genau dieselbe Tendenz wie §. 35. (Vergl. a. a. O. S. 505 Abs. 1.) Hätte nun §. 35 den Verleger nöthigen wollen, eine als Theilnehmer strafbare Person nachzuweisen, so müßte man auch annehmen, daß eine gleiche Verpflichtung durch §. 36 dem Drucker auferlegt sei. Nun soll aber der Drucker nach der ausdrücklichen Bestimmung des §. 36 von Strafe frei sein, wenn er bei seiner ersten gerichtlichen Vernehmung den Verleger nennt. Der Verleger aber kann Theilnehmer eines Preßdelikts nur dann sein, wenn er den strafbaren

Inhalt des von ihm verlegten Werkes gekannt hat. Demnach könnte also — nach der angeblichen Bestimmung des Preßgesetzes — Verleger nur derjenige sein, welcher ein Werk zum Druck giebt mit der Kenntniß von seinem Inhalte. Damit würde aber von Neuem ein Widerspruch in der Sprache des Gesetzes mit dem gemeinen Sprachgebrauche geschaffen sein. — So wie jetzt die §§. 35 und 36 neben einander stehen, ist nur zweierlei möglich: Entweder Herausgeber **und** Verleger sind nach dem Sinne des Preßgesetzes Personen, welche den strafbaren Inhalt des Preßerzeugnisses gekannt haben, oder **keiner** derselben braucht diese Kenntniß gehabt zu haben. Im letzteren Falle können wir das Gesetz so interpretiren, wie wir es nach dem gemeinen Sprachgebrauche interpretiren müssen, im ersteren dagegen müssen wir behaupten, daß das Gesetz an nicht weniger als zwei Stellen alle die Rechtsschwankungen geradezu provocirt hat, welche dann entstehen, wenn es etwas anderes will, als die von ihm gebrauchten Ausdrücke dem gemeinen Sprachgebrauche nach bedeuten.

3. Das Preßgesetz verlangt, daß der Verleger bei seiner ersten gerichtlichen Vernehmung den Herausgeber, daß der Drucker in gleicher Weise den Verleger nachweise. Wäre nun unter „Herausgeber" nur eine solche Person zu verstehen, welche mit der Kenntniß von ihrem Inhalte die Veröffentlichung einer Druckschrift vermittelt hätte, wäre der „Verleger" nur derjenige, welcher nach genommener Kenntniß von dem Inhalte des Manuscripts den Druck desselben anordnete, so hätte das Preßgesetz dem Verleger, resp. dem Drucker geradezu unmögliche Verpflichtungen auferlegt. Wir wollen von den praktischen Verhältnissen des Geschäftsbetriebes eines Verlegers oder eines Druckers einmal ganz absehen — wenn auch immerhin einiges Gewicht darauf zu legen sein wird, daß dieser Geschäftsbetrieb es in nicht seltenen Fällen gar nicht zuläßt, daß der Herausgeber oder gar der Verleger sich vollständige Kenntniß von dem Inhalte eines Manuscripts verschafft, ehe er dasselbe der Öffentlichkeit übergiebt — wir wollen lediglich das rein Juristische im Auge behalten. Der Verleger also soll dem Richter eine Person nachweisen, die den strafbaren Inhalt des incriminirten Preßerzeugnisses gekannt habe. Der Verleger ist demnach vorsichtig. Er fragt ausdrücklich den N. N., der ihm ein Manuscript eines Freundes anbietet, ob er auch den Inhalt genau kenne. N. N. bejaht dies ganz bestimmt und der Verleger, um seiner Sache ganz sicher zu sein, läßt N. N. seine Aussage vor herbeigerufenen Zeu-

gen wiederholen, allenfalls einen Notariatsakt über dieselbe aufnehmen. — Was wird nun durch diese Vorsicht gewonnen? Für den Verleger **nichts**; denn alle diese Aussagen und wiederholten Aussagen des N. N. — sie bilden nichts weiter als ein außergerichtliches Geständniß, welches wahrlich nicht genügt, um den N. N. auch vor dem Richter als eine solche Person erscheinen zu lassen, welche den Inhalt des incriminirten Preßerzeugnisses vor seiner Veröffentlichung gekannt habe. — Nur in dem Falle würde das Preßgesetz, wenn es in §. 35 wirklich das verlangt hätte, was das Obertribunal meint, etwas Unmögliches nicht verlangt haben, wenn es sämmtliche Verleger mit der Macht ausgerüstet hätte, gerichtlich beweisende Erklärungen von Herausgebern entgegenzunehmen, wenn es ihnen den processualischen Apparat zur Disposition gestellt hätte, der erforderlich ist, um die Kenntniß festzustellen, die ein bestimmter Mensch von einer bestimmten Sache hat oder nicht hat.

4. Es wäre noch die auch in den Entscheidungsgründen des Obertribunals angedeutete Ansicht übrig, daß doch jedenfalls, wenn durch ein Preßerzeugniß delinquirt wurde, ein strafbarer Urheber des Delikts vorhanden sein müsse, daß die Rechtsordnung wie bei jedem Delikte, so auch bei den Preßdelikten es verlange, daß dieser Urheber entdeckt und zur Strafe gezogen werde, — daß aber die Entscheidung des Obertribunals dieser Anforderung nachkomme, da entsprechend derselben eine wegen des begangenen Delikts zur vollen Strafe zu verurtheilende Person nicht erst gesucht zu werden brauche, sondern von dem Verleger sofort genannt werden müsse. — Theilweise ist diese Ansicht schon durch die frühere Darstellung widerlegt, indem gezeigt wurde, daß, wenn das Gesetz eine derartige Verpflichtung dem Verleger hätte auferlegen wollen, dieses ausdrücklich hätte vorgeschrieben sein müssen — die ratio legis soweit aus ihr zu deduciren wäre, könne keine andere sein, als die, daß Niemand weitere Pflichten zur Unterstützung der Wahrheitsforschung hat, als die Gesetze dies ausdrücklich verlangen, daß durch Interpretation und Analogie derartige Pflichten schlechterdings nicht erweitert werden dürfen, — indem ferner gezeigt wurde, daß der Verleger gar nicht einmal die Möglichkeit hat, dieser Verpflichtung nachzukommen, weil er nicht in der Lage ist, bindende und gerichtlich glaubwürdige Geständnisse entgegenzunehmen. —

Aber es ist hier weiter noch auf Folgendes aufmerksam zu machen. Wenn, so fragen wir, ein Verleger der Entscheidung des Obertribunals nachkommend dem Richter eine Person bezeichnet, welche mit der Kenntniß von dem Inhalte einer Schrift die Veröffentlichung derselben vermittelte, was wird dadurch gewonnen? Allerdings eine Person, welche als Theilnehmer eines Preßdelikts zu bestrafen ist. Kann es nun aber den Anforderungen der Rechtsordnung genügen, wenn der Theilnehmer eines Delikts gestraft wird, ist nicht vielmehr die erste Anforderung die, daß der Urheber gefunden und gestraft werde? Ist dieses nicht — bei dem accessorischen Verhältniß des Theilnehmers zum Urheber — geradezu auch für die Bestrafung des Theilnehmers ein so nothwendiges Erforderniß, daß man es nur als etwas ausnahmsweise Vorkommendes betrachten kann, wenn der Theilnehmer gestraft wird, ehe und bevor der Urheber festgestellt worden ist? Wenn nun aber der „Herausgeber" des §. 35 gleichbedeutend wäre mit „Theilnehmer", so würde man in einem solchen „Herausgeber" einen Mitschuldigen und demgemäß eine Person haben, welche als Mitschuldiger jede Aussage über die Persönlichkeit des Urhebers verweigern könnte. Das Gesetz hätte dann aber den Weg, der zum Urheber eines Preßdelikts hinführt, nicht geebnet, sondern für die meisten Fälle vollständig verlegt. —

Das sind die Gründe, welche gegen die Ansicht des Obertribunals anzuführen sind. Bis zu ihrer Widerlegung müssen wir statt der von Oppenhoff a. a. O. S. 503 aufgestellten, folgende Sätze festhalten:

1. Herausgeber einer Druckschrift im Sinne des §. 35 des Preßgesetzes ist derjenige, welcher das Erscheinen derselben vermittelt.
2. Der Verleger kann sich von der nach dem cit. §. 35 ihn treffenden Verantwortlichkeit durch Benennung des Herausgebers im obigen Sinne befreien. Dies ist auch dann der Fall, wenn er der Verleger eines kautionspflichtigen Blattes ist.

Was versteht das Preßgesetz vom 12. Mai 1851 unter „Herausgeber" einer Druckschrift?

(Zweite Erörterung dieser Frage, veranlaßt durch das Erkenntniß des Obertribunals vom 22. Februar 1864.)

In Folge eines Beschlusses des Obertribunals vom 17. Juni 1863 contra Hartung waren zur Beantwortung der in der Überschrift aufgestellten Frage folgende beiden Rechtssätze formulirt:

1. Herausgeber einer Druckschrift im Sinne des §. 35 des Preßgesetzes ist derjenige, welcher das Erscheinen derselben mit der Kenntniß von ihrem Inhalte vermittelt; bei cautionspflichtigen Blättern kann er sehr wohl vom Redakteur verschieden sein.
2. Der Verleger eines cautionspflichtigen Blattes kann sich von der nach dem cit. §. 35 ihn wegen eines Artikels strafbaren Inhalts treffenden Verantwortlichkeit nicht durch Benennung des Redakteurs befreien, wenn er nicht gleichzeitig nachweist, daß dieser auch Herausgeber des betreffenden Artikels im obigen Sinne ist.

Die Unrichtigkeit dieser Rechtssätze und der Entscheidung des Obertribunals, auf welche dieselben gestützt wurden, nachzuweisen, war die Aufgabe der vorhergehenden Abhandlung.

Das Obertribunal hat Veranlassung gehabt, sich von Neuem mit der gleichen Frage zu beschäftigen, und es ist das Resultat der zuletzt beim höchsten Gerichtshofe stattgehabten Erörterungen in einem im Justizministerialblatte (1864) Nr. 14 S. 82 ff. abgedruckten „Erkenntniß" vom 22. Februar 1864 niedergelegt. Dieses Erkenntniß hat dann der Redaktion des Justizministerialblattes Veranlassung gegeben, bestimmte Rechtssätze für den praktischen Gebrauch zu formuliren. Wir können uns indessen nicht auf die Betrachtung dieser Rechtssätze beschränken, müssen vielmehr das Erkenntniß selbst kennen lernen. Dasselbe lautet:

„In der Untersuchungssache wieder M. und Genossen, auf die Nichtigkeitsbeschwerde des Königlichen Oberstaatsanwalts beim Ostpreußischen Tribunal, und des Mitangeklagten Dr M. zu Königsberg i. Pr.

hat das Königliche Obertribunal in der Sitzung der vereinigten Abtheilungen des Senats für Strafsachen vom 22. Februar 1864 u. s. w.

für Recht erkannt:

daß

1) die gegen das Erkenntniß des Königlichen Ostpreußischen Tribunals vom 9. April 1863 eingelegte Nichtigkeitsbeschwerde des Mitangeklagten Dr. M. zurückzuweisen und demselben die Kosten seines Rechtsmittels zur Last zu legen;

2) auf die Nichtigkeitsbeschwerde des Oberstaatsanwaltes hingegen das gedachte Erkenntniß, soweit es sich auf den Buchdruckereibesitzer L. bezieht, zu vernichten, und die Sache zur anderweiten Verhandlung und Entscheidung in die zweite Instanz zurückzuweisen.

Von Rechts wegen.

Gründe.

Im Jahre 1862 erschien zu Königsberg i. Pr. unter dem Titel „Königsberger Telegraph" eine cautionspflichtige Zeitschrift, als deren Drucker die Buchdruckereibesitzer G. u. L., als deren Verleger der Buchdruckereibesitzer L. allein, und als deren verantwortlicher Redakteur bis zum 1. August 1862 der Dr. M. genannt waren und sich als solche bekannt haben.

Die am 30. April 1862 ausgegebene Nr. 35 dieser Zeitschrift enthält eine aus der Nationalzeitung entnommene, angeblich von dem Justizrath S. ausgegangene Erklärung, in welcher Amtsbeleidigungen der Regierungspräsidenten von P. und von K., die am 3. Mai 1862 ausgegebene Nr. 36 eine Notiz, in welcher eine schriftliche und öffentliche Beleidigung resp. Verleumdung des Gutsbesitzers Kl. auf S., endlich die am 26. Juli 1862 angegebene Nr. 60 einen angeblich aus dem „Neuen Elbinger Anzeiger" entnommenen Artikel, in welchem öffentliche Schmähung einer Anordnung des damaligen Königlichen Staatsministeriums und eine Amtsbeleidigung desselben gefunden wurde. Wegen aller drei Artikel war gegen den Dr. M. als Redakteur und gegen die beiden Buchdruckereibesitzer L. und G., beziehungsweise als Drucker und Verleger des Blattes Anklage erhoben worden. G. als bloßer Drucker ist rechtskräftig freigesprochen, so daß jetzt nur noch die beiden Anderen in Betracht kommen.

Der erste Richter, das Königliche Stadtgericht zu Königsberg i. P. hat den Dr. M. nur in Betreff der in Nr. 36 enthaltenen Notiz aus §. 156 des Strafgesetzbuches in Verbindung mit den §§. 32—34 des Preßgesetzes vom 12. Mai 1851 wegen öffentlicher Verleumdung des Gutsbesitzers Kl. zu drei Wochen Gefängniß verurtheilt, bei allen übrigen Punkten dagegen die Angeklagten freigesprochen.

Gegen dieses Erkenntniß appellirte

1) der Dr. M., weil er bei dem zweiten Punkte, wie geschehen, zu Strafe verurtheilt,

2) der Staatsanwalt, weil der Dr. M. bei den übrigen Punkten und die anderen Angeklagten überhaupt freigesprochen worden seien.

Nachdem in der Audienz zweiter Instanz der Beweis durch Wiederverlesung der incriminirten drei Artikel wiederholt worden war, änderte der Appellationsrichter, das

Ostpreußische Tribunal, in seiner Sitzung vom 9. April 1863, auf die Appellation des Staatsanwalts und unter Verwerfung der Appellation des Dr. M., das erste Erkenntniß dahin ab, daß

1) der Dr. M. bei allen drei Punkten resp. wegen öffentlicher Beleidigung von Beamten in Beziehung auf ihren Beruf, wegen öffentlicher Beleidigung des Gutsbesitzers Kl., endlich wegen öffentlicher Schmähung und Verhöhnung des Königlichen Staatsministeriums und der von demselben getroffenen Anordnungen mit sechs Wochen Gefängniß zu beahnden,

bestätigte dagegen

2) die erkannte Freisprechung der beiden Buchdruckereibesitzer G. und L.

Gegen dieses Erkenntniß haben gegenwärtig sowohl der Dr. M. als auch der Oberstaatsanwalt rechtzeitig und in gehöriger Form die Nichtigkeitsbeschwerde eingelegt. Was

I. Die Nichtigkeitsbeschwerde des Dr. M. betrifft" —

Diese ist von keiner principiellen Bedeutung und können daher die Gründe, welche für die Zurückweisung derselben mitgetheilt sind, hier übergangen werden. —

„II. Die Nichtigkeitsbeschwerde des Oberstaatsanwalts bezieht sich lediglich auf die Freisprechung des Buchdruckereibesitzers L.

I[1]) Als Verleger der erwähnten Zeitschrift war nämlich L. angeklagt, der Vorschrift des §. 35a des Preßgesetzes vom 12. Mai 1851 zuwider, bei seiner ersten gerichtlichen Vernehmung den Verfasser des incriminirten Artikels in Nr. 60 des Telegraphen nicht nachgewiesen zu haben und deshalb der dort angedrohten Strafe verfallen zu sein. Der erste Richter hat ihn von dieser Anschuldigung freigesprochen, weil er die Strafbarkeit des incriminirten Artikels überhaupt verneinte. Der Appellationsrichter hat zwar, wie erwähnt, das Gegentheil angenommen, gleichwohl aber bei diesem Punkt auf die Appellation des Staatsanwalts das erste Erkenntniß bestätigt,

weil der §. 35 des Preßgesetzes den nicht der Urheberschaft oder Theilnahme schuldigen Verleger eines strafbaren Preßerzeugnisses ausdrücklich nur dann mit Strafe bedrohe, wenn derselbe nicht den „Verfasser oder Herausgeber" nachweise, oder der nachgewiesene Verfasser oder Herausgeber keinen Gerichtsstand im Bereiche der Preußischen Gerichtsbarkeit habe. Herausgeber einer cautionspflichtigen Zeitung sei nun unzweifelhaft deren verantwortlicher Redakteur. Diesen aber habe der Angeklagte L. in der Person des Dr. M. nachgewiesen.

Mit dieser Ausführung erachtet der Oberstaatsanwalt den §. 35a des Preßgesetzes für verletzt, indem er die behauptete Identität von Herausgeber und Redakteur zu widerlegen sucht. Sein Antrag geht dahin, das Appellationserkenntniß in diesem Punkte zu vernichten und den Angeklagten L aus §. 35a des Preßgesetzes zu 10 Thaler Geldbuße event. einer Woche Gefängniß zu verurtheilen.

II. Diese Beschwerde erscheint der Hauptsache nach begründet Der §. 35 des Preßgesetzes vom 12. Mai 1851, soweit er als verletzt bezeichnet wird, lautet:

„Derjenige, welcher eine Druckschrift in Verlag oder Commissionsverlag übernommen, unterliegt wegen des strafbaren Inhalts derselben in allen Fällen, wo er

[1]) Die römischen Ziffern sind hier zu dem Zwecke hinzugefügt, um bei der unten folgenden Betrachtung die bezüglichen Stellen des Erkenntnisses leichter bezeichnen zu können.

nicht in Gemäßheit des §. 34 als Urheber oder Theilnehmer strafbar erscheint, sofern die Druckschrift ein Preßvergehen enthält, einer Geldbuße bis 200 Thaler ....., wenn entweder

a) er bei seiner ersten gerichtlichen Vernehmung den Verfasser oder Herausgeber nicht nachweist, oder

b) .... u. s. w."

Obgleich es nun feststeht, daß der Angekagte L. Verleger des „Königsberger Telegraphen" ist, daß die Nr. 60 desselben einen Artikel enthält, der den Thatbestand eines Vergehens in sich schließt, und obgleich endlich angenommen zu sein scheint, daß der Angeklagte L. den Verfasser dieses Artikels nicht genannt habe, so hält dennoch der Appellationsrichter die obige Bestimmung auf den Angeklagten L. nicht für anwendbar, weil der letztere den Herausgeber in der Person des verantwortlichen Redakteurs Dr. M. wirklich nachgewiesen habe, wobei er von der Voraussetzung ausgeht, daß der Herausgeber und der verantwortliche Redakteur einer cautionspflichtigen Zeitschrift identisch seien. Hierin aber liegt ein Rechtsirrthum.

III. Mit Recht macht schon der Oberstaatsanwalt darauf aufmerksam, daß das Preßgesetz, indem es einerseits in den §§. 7, 11, 18, 25, 26, vom Herausgeber cautionspflichtiger Zeitschriften spricht, und diesem gewisse Verpflichtungen, als: die Bestellung der Caution und die Aufnahme amtlicher Bekanntmachungen, auferlegt, andererseits in den §§. 22, 24 verlangt, daß jede cautionspflichtige Zeitung oder Zeitschrift unter dem auf jeder Nummer abzudruckenden Namen eines „verantwortlichen Redakteurs" erscheinen müsse, zwischen dem Herausgeber und dem verantwortlichen Redakteur unterscheidet. Daß beide von einander verschieden seien, ergiebt sich ferner aus dem §. 2 der Verordnung vom 30. Juni 1849 (Gesetzsamml. S. 226), insofern dort die Möglichkeit vorausgesetzt wird, daß der Herausgeber mit dem Verleger identisch sei. Es kommt dazu, daß, wenn bei cautionspflichtigen Zeitschriften Herausgeber und verantwortliche Redakteur wirklich ein und dasselbe wäre, schlechthin nicht abzusehen sein würde, weshalb der Verleger solcher Schriften, wenn dieselben den Thatbestand eines Verbrechens oder Vergehens enthalten, wie der §. 35 vorschreibt, bei Strafe genöthigt werden sollte, den Herausgeber oder verantwortlichen Redakteur „nachzuweisen", da der Name und der Wohnort des letzteren ja auf jeder Nummer der Zeitschrift gedruckt zu lesen ist, mithin eines Nachweises gar nicht bedarf.

IV. Wenn hiermit indessen auch die Ausführung des Appellationsrichters widerlegt ist, so kann gleichwohl noch die Frage entstehen, ob nicht das angefochtene Urtheil aus einem anderen Grunde, namentlich deshalb zu rechtfertigen sei, weil der §. 35 des Preßgesetzes — wie vielfach behauptet worden — nur auf gewöhnliche Druckschriften, bei denen der Verleger den Verfasser oder Herausgeber leicht nachweisen kann, weil er mit einem von Beiden den Verlagsvertrag abgeschlossen haben muß, nicht aber auf cautionspflichtige Zeitschriften zu beziehen sei, wo ein solcher Nachweis mitunter seine Schwierigkeiten haben und die im §. 37 ausgesprochene besondere Verantwortlichkeit des Redakteurs zu der Annahme führen kann, daß durch diese die Verantwortlichkeit aller anderen bei der periodischen und cautionspflichtigen Presse betheiligten Personen ausgeschlossen sei.

Die vereinigten Abtheilungen des Senats für Strafsachen des Obertribunals, welchen diese Frage zur Entscheidung vorgelegt worden, haben dieselbe jedoch aus folgenden Gründen verneint:

V. Abgesehen davon, daß der allegirte Paragraph von Druckschriften im Allgemeinen spricht, zu denen unzweifelhaft auch cautionspflichtige Zeitschriften gehören, und daß, wo das Gesetz nicht unterscheidet, auch der Richter nicht unterscheiden darf, so erfolgt auch aus der Entstehung und dem unzweifelhaften Sinne des Preßgesetzes, daß eine solche Unterscheidung nicht in der Absicht des Gesetzgebers gelegen hat.

VI. Dem gegenwärtigen Preßgesetze sind bekanntlich die beiden Verordnungen vom 30. Juni 1849 (Gesetzsammlung S. 226) und vom 5. Juni 1850 (Gesetzsammlung S. 329) vorangegangen. Die erste bestimmt im §. 12, daß für den Inhalt einer Druckschrift der Verfasser, Herausgeber, der Verleger oder Commissionär, der Drucker und der Verbreiter als solche verantwortlich seien, ohne daß es des Nachweises ihrer Mitschuld bedürfe, daß jedoch keine der in obiger Reihenfolge nachstehenden Personen verfolgt werdeu dürfe, wenn eine der in derselben vorstehenden Personen bekannt und in dem Bereich der richterlichen Gewalt des Staates sei. Dem hierdurch eingeführten System, die Schuld gewisser Personen, die nach den Grundsätzen des gemeinen Strafrechts nicht erweislich sein würde, bloß deshalb, weil die wirklich Schuldigen nicht zu ermitteln seien, zu fingiren, trat jedoch schon die Staatsregierung in ihrem zu Anfang des Jahres 1851 den Kammern vorgelegten Entwurf zu dem jetzt geltenden Preßgesetze soweit entgegen, daß sie im §. 39 dieses Entwurfs den hiernächst im §. 34 des jetzigen Preßgesetzes an die Spitze gestellten Grundsatz aussprach, daß

„für das durch eine Druckschrift begangene Verbrechen oder Vergehen Jeder verantwortlich sei, welcher nach allgemeinen strafrechtlichen Grundsätzen als Urheber oder Theilnehmer strafbar erscheine."

Zwar machten die folgenden Paragraphen des Entwurfs von diesem Grundsatze nicht allein zum Nachtheil der Redakteure periodischer Blätter (§§. 44, 45), sondern auch der Verleger, Commissionäre, Sortimentsbuchhändler, Antiquare und gewerbsmäßigen Verbreiter von Druckschriften überhaupt, zahlreiche Ausnahmen (§§. 42, 43); bei den Berathungen des Entwurfs wurden jedoch diese Ausnahmen zum Theil schon in der ersten und noch mehr in der zweiten Kammer unter schließlicher Zustimmung der Staatsregierung zum größten Theile beseitigt, so daß von den früheren Fiktionen der Schuld nur noch ein Rest in Bezug auf die Redakteure cautionspflichtiger Zeitschriften übrig geblieben ist. Es bestimmt nämlich der §. 37 des jetzigen Preßgesetzes, daß der Redakteur eines solchen Blattes, wenn in demselben ein Preßvergehen oder Verbrechen begangen worden ist, auch wenn er für dasselbe nach den Grundsätzen des gemeinen Strafrechts nicht als Urheber oder Theilnehmer verantwortlich gemacht werden kann, dennoch mit einer Geldbuße bis zu 500 Thalern beziehungsweise von 50 bis 1000 Thalern belegt werden soll. Dieser Strafbestimmung liegt der Gedanke zum Grnnde, daß, wenn es zu den Pflichten des Redakteurs gehört, das einer cautionspflichtigen Zeitschrift zufließende Material zusammenzustellen, folglich auch zu sichten und das, was strafbar ist, zu entfernen, Artikel strafbaren Inhalts zum Mindesten nicht ohne eine seinerseits bewiesene Fahrlässigkeit durchgehen können, und die Abweichung von den Grundsätzen des gemeinen Strafrechts besteht hier nur darin, daß, während nach gemeinem Strafrecht auch bei Vergehen aus Fahrlässigkeit die letztere jederzeit dem

Angeschuldigten bewiesen werden muß, das Preßgesetz dieselbe dem Redakteur gegenüber präsumirt.

VII. Wie nun aber die Pflichten, welche das Preßgesetz dem Redakteur einer cautionspflichtigen Zeitschrift auflegt, völlig verschieden sind von denjenigen, welche dem Drucker und dem Verleger derselben obliegen, so ist auch die Verantwortlichkeit für die Vernachlässigung dieser Pflichten eine verschiedene, woraus sich dann die Folgerung von selbst ergiebt, daß bei Zeitschriften der gedachten Art die Verantwortlichkeit des Druckers und Verlegers durch die Verantwortlichkeit des Redakteurs weder gedeckt noch ausgeschlossen werden kann. Besteht nämlich nach §. 37 des Preßgesetzes die Pflicht des Redakteurs hauptsächlich darin, den geistigen Inhalt des seiner Zeitschrift zufließenden Materials zu prüfen, so haben Drucker und Verleger nach §. 36. 35 a. a. O. einerseits den äußeren Ursprung desselben zu erforschen und der Staatsregierung die Mittel zu gewähren, um dem im §. 34 aufgestellten Grundsatze, nach welchem für Preßverbrechen oder Vergehen, ebenso wie für alle anderen strafbaren Handlungen nur die wirklich Schuldigen verantwortlich gemacht werden sollen, praktische Folge geben zu können, andererseits, so viel an ihnen liegt, aber auch dieses nur in gewissen beschränkten Fällen, die äußere Verbreitung von Druckschriften strafbaren Inhalts zu hindern.

VIII. Nun kann als Urheber einer durch die Presse begangenen strafbaren Handlung nach den Grundsätzen des gemeinen Strafrechts zunächst nur der Verfasser der incriminirten Druckschrift oder des incriminirten Artikels, insofern dieser aber etwa schon verstorben wäre, oder sonst die Veröffentlichung seines Werkes durch den Druck nicht herbeigeführt oder gewollt hätte, der von ihm verschiedene Herausgeber desselben (editor) d. h. derjenige, der die Schrift zum Drucke vorbereitet und diesen veranlaßt hat, angesehen und verfolgt werden. Alle übrigen bei dem Erscheinen der Druckschrift betheiligten Personen, als: Verleger, Commissionär, Drucker u. s. w., können dagegen, insofern sie dazu beigetragen haben, die That vorzubereiten, zu erleichtern, oder zu vollenden, nur als Theilnehmer in Betracht kommen, was jedoch voraussetzt, daß sie wissentlich gehandelt, d. h. den strafbaren Inhalt der unter ihrer Mitwirkung veröffentlichten Schrift gekannt haben (§. 34 Nr. 2 des Strafgesetzbuches).

IX. Wenn es sich nun fragt, auf welchem Wege die Staatsbehörde dazu gelangen kann, den Verfasser oder Herausgeber einer Druckschrift strafbaren Inhalts behufs seiner gerichtlichen Verfolgung und Bestrafung zu ermitteln, so liegt es nahe, mit der Vernehmung des Druckers zu beginnen, da von diesem erwartet werden kann, daß er wissen werde, wer den Druck der Schrift bei ihm bestellt hat. Dieses pflegt jedoch in den seltensten Fällen der Verfasser oder der Herausgeber selbst zu sein, indem gewöhnlich derjenige, der eine Schrift durch den Druck veröffentlichen will, ihren Vertrieb nicht selbst übernimmt, sondern sich an einen Buchhändler wendet und sie diesem in Verlag giebt, in welchem Falle es der Verleger zu sein pflegt, der die Schrift in den Druck giebt. Kann demnach der Drucker den Verfasser oder den Herausgeber nicht nennen, so wird er wenigstens den Verleger nennen können, mit dem er wegen des Druckes contrahirt hat. Thut er dieses und kann demnach der Verleger vernommen werden, so genügt jener der ihm durch den §. 36 Litt. b. auferlegten Verpflichtung und ist von jeder weiteren Verantwortlichkeit frei. Die Staatsbehörde kann nun auf den Verleger zurückgehen, und da dieser im Stande sein muß, den Verfasser oder Herausgeber, von welchem er das Werk in Verlag erhalten, namhaft zu machen, so wird schließlich durch seine Vernehmung der Zweck erreicht, den eigentlichen Urheber des strafbaren Preßerzeugnisses ermitteln und gerichtlich verfolgen zu können.

X. Natürlich muß dabei auf die Willfährigkeit des Druckers und beziehungsweise des Verlegers gerechnet werden können, das zu offenbaren, was die Staatsbehörde von ihnen zu erfahren wünscht. Sie zu dieser Willfährigkeit nöthigenfalls zwangsweise zu vermögen, reichen die Vorschriften des gewöhnlichen Strafprocesses soweit aus, als darnach in der Regel Jedermann genöthigt werden kann, vor dem Richter zu erscheinen und sich als Zeuge vernehmen zu lassen. Dagegen kann nach diesen Vorschriften Niemand genöthigt werden, auch die Gelegenheit zu benutzen, um sich diejenige Kenntniß zu verschaffen, deren es bedarf, um über die Thatsachen, die man von ihm zu wissen wünscht, ein positives Zeugniß ablegen zu können. Es ist denkbar und steht sogar sehr zu besorgen, daß der Drucker, dem eine Schrift strafbaren Inhalts zum Abdruck gegeben wird, etwa nachdem ihm die Druckkosten vorschußweise bezahlt worden sind, es absichtlich unterläßt, sich nach der Person des Bestellers zu erkundigen, um dann bei seiner Vernehmung mit gutem Gewissen schwören zu können, daß ihm derselbe nicht bekannt sei.

XI. Dieselbe Besorgniß kann bei dem Verleger gegenüber dem Verfasser oder Herausgeber entstehen, und deshalb droht der §. 36 Litt b dem Drucker und der §. 35 Litt. a. dem Verleger eine Strafe für den Fall an, daß jener nicht den Verfasser, Herausgeber oder Verleger, dieser nicht den Verfasser oder Herausgeber nachweisen kann, um beide dadurch zu vermögen, die sich ihnen darbietende Gelegenheit, den einen oder den andern zu erforschen, in geeigneter Weise zu benutzen.

XII. Da indessen auch die Kenntniß des Verlegers, beziehungsweise des Verfassers oder Herausgebers in dem Falle nicht dahin führen kann, den wirklich schuldigen Urheber des strafbaren Preßerzeugnisses zur Verantwortung zu ziehen, wenn diese Personen sich nicht unter der Gerichtsbarkeit des Preußischen Staates befinden; es dann aber um so mehr zu wünschen ist, daß dergleichen Erzeugnisse nicht an die Öffentlichkeit gelangen, so sollen Drucker und Verleger durch die Strafbestimmungen im §. 36 Litt. c und §. 35 Litt b. genöthigt werden, auch hierauf ihr Augenmerk zu richten und von solchen Personen Schriften strafbaren Inhalts überhaupt nicht anzunehmen, was dann natürlich voraussetzt, daß sie sich mit dem Inhalt derselben bekannt machen müssen, wozu sie außer diesem Falle nicht verpflichtet sind. Den Drucker trifft sonst eine Verantwortlichkeit für den Inhalt einer Druckschrift nur noch alsdann, wenn sie zu Placaten bestimmt ist (§. 36 Litt d.), was einerseits in der Leichtigkeit, sich von dem Inhalt solcher meist nur kurzen Schriftstücke Kenntniß zu verschaffen, andererseits in der Gefährlichkeit derselben seine Rechtfertigung findet. Jedenfalls sind übrigens die Strafen, die in allen diesen Fällen den Drucker und beziehungsweise den Verleger treffen, nicht die Strafen des durch das Preßerzeugniß verübten Verbrechens oder Vergehens, sondern lediglich Ordnungsstrafen für Vernachlässigung der ihnen durch das Preßgesetz auferlegten Pflichten.

XIII. Wenn hiernach die Tendenz der §§. 35 und 36 des Preßgesetzes dahin geht, dem Staate die Mitwirkung der bei dem mechanischen Theil der Presse betheiligten Personen zur Ausmittelung der eigentlichen Urheber strafbarer Preßerzeugnisse zu sichern, und wo deren Verfolgung nicht ausführbar ist, die Verbreitung solcher Erzeugnisse wenigstens zu verhindern, so leuchtet es ein, daß es nicht nur an jedem Grunde fehlt, die gedachten Paragraphen bei cautionspflichtigen Zeitschriften auszuschließen, sondern daß es im Gegentheil wegen der höheren Gefährlichkeit der durch die Tagespresse begangenen strafbaren Handlungen vorzugsweise nöthig ist, sie dieser gegenüber zur Anwendung zu bringen. Daß dem die bei cautionspflichtigen Zeitschriften noch besonders eintretende Verantwortlichkeit des Redakteurs für den Inhalt der Druckschrift nicht im Wege steht, ist schon oben bemerkt worden.

XIV. Ebensowenig aber steht dem die größere Schwierigkeit entgegen, die es für den Verleger einer Zeitschrift hat, jederzeit die Verfasser oder Herausgeber der einzelnen derselben zufließenden Artikel oder Aufsätze zu ermitteln. Denn verhältnißmäßig ist diese Schwierigkeit nicht größer als die Schwierigkeit, ein periodisch erscheinendes Blatt zu verlegen im Verhältnisse zu dem Verlage einer Schrift, und so wie für jenes überhaupt besondere Veranstaltungen getroffen werden müssen, um einen regelmäßigen Dienst unter den betheiligten Personen zu organisiren, so kann und muß dieses auch der Absicht des Gesetzgebers gemäß von Seiten des Verlegers geschehen, um sich stets über die Persönlichkeiten derjenigen Gewißheit zu verschaffen, von denen der geistige Stoff herrührt, den sich die Zeitschrift zu Nutze macht.

XV. Allerdings wird bei Anwendung des §. 35 auf cautionspflichtige Zeitschriften, wie auf Zeitschriften überhaupt, der Ausdruck „Herausgeber" einer von der gewöhnlichen abweichenden Erklärung unterliegen. Denn Herausgeber einer Schrift, insofern derselbe vom Verfasser verschieden ist, heißt sonst derjenige, der den Druck derselben für seine Rechnung und Gefahr besorgt und dadurch das Recht der ausschließlichen Vervielfältigung derselben erlangt, insofern er dieses nicht auf einen Dritten (den Verleger) übertragen hat. §§. 996, 998, 1031 Thl. I Tit. 71 des Allg. Landrechts; Gesetz vom 11. Juni 1837.

XVI. Auch bei einer cautionspflichtigen Zeitschrift ist mithin der Herausgeber derjenige, für dessen Rechnung und Gefahr dieselbe erscheint, der deshalb nach §. 11 des Preßgesetzes die Caution zu erlegen hat und mit dieser für etwaige gegen die Zeitschrift erkannte Strafen haftet, während die persönliche Haftung dem von ihm zu bestellenden verantwortlichen Redakteur obliegt, dafür aber auch die Einkünfte derselben, namentlich die Insertionsgebühren (§§. 25, 26 a. a. O.) zu beziehen hat.

XVII. Den Herausgeber in diesem Sinne nun durch Vernehmung des Druckers oder Verlegers nach Maßgabe des §. 36 Litt. b. oder des §. 35 Litt. a. erforschen zu wollen, kann die Absicht des Gesetzes nicht sein, einmal weil der Herausgeber einer cautionspflichtigen Zeitschrift für seine Person, soweit er nicht für einzelne Artikel nach gemeinen Strafgesetzen als Urheber oder Theilnehmer verantwortlich ist, oder etwa die Funktionen des verantwortlichen Redakteurs selbst übernommen hat, durch den Redakteur gedeckt wird, sodann weil der Herausgeber, als die Person, welche die Caution bestellt hat, ohnehin von Anfang an bekannt ist, mithin gar nicht erst ermittelt zu werden braucht.

XVIII Einem einzelnen strafbaren Artikel gegenüber, der in einer cautionspflichtigen Zeitschrift erscheint, kann demnach unter dem Herausgeber weder der Herausgeber der ganzen Zeitschrift als solcher, noch deren Redakteur als solcher, sondern nur derjenige verstanden werden, der ohne der Verfasser selbst zu sein, diesen Artikel der Zeitschrift zum Zweck des Abdrucks zugeführt und so dessen Abdruck veranlaßt hat, wie solches auch bereits in dem Beschlusse des Obertribunals vom 17. Juni 1863 ausgeführt worden ist, was aber selbstverständlich nicht hindert, daß der Herausgeber der Zeitschrift oder der Redakteur aus anderen Gründen zugleich Herausgeber des einzelnen Artikels in dem zuletzt gedachten Sinne sein kann. Sei dem aber, wie ihm wolle, Sache des Verlegers bleibt es jedenfalls, Veranstaltungen zu treffen, um sich über die Personen derjenigen, die als die wirklichen Herausgeber der einzelnen Artikel anzusehen sind, in fortlaufender Kenntniß zu erhalten.

XIX. Ob und wieweit von diesen Grundsätzen in solchen Fällen Ausnahmen zu statuiren seien, wo Artikel aus anderen schon gedruckten Werken, namentlich aus anderen inländischen Zeitschriften übernommen worden, etwa weil man sich hier zur Ermittelung des Verfassers oder Herausgebers, also des wirklich schuldigen Urhebers, an den Drucker oder Verleger des Originalwerkes zu wenden haben würde, kann hier vorläufig dahingestellt bleiben, weil es dem Imploranten L. gegenüber jedenfalls noch an der thatsächlichen Feststellung fehlt, daß der incriminirte Artikel in Nr. 60 des „Königsberger Telegraphen“ für 1862 lediglich aus einer andern inländischen Zeitschrift entnommen sei. Theils aus diesem Grunde, theils weil er nach Reprobirung des vom Appellationsrichter ausgesprochenen Prinzips der weiteren thatsächlichen Feststellung darüber bedarf, ob L. bei seiner ersten gerichtlichen Vernehmung den ihm nach §. 35 des Preßgesetzes (wie derselbe oben interpretirt worden) obliegenden Verpflichtungen genügt habe, konnte, nach Vernichtung des den Angeklagten L. betreffenden Theils des Appellationserkenntnisses, nicht sofort in der Sache selbst erkannt, es mußte vielmehr nach Art. 116 des Gesetzes vom 3. Mai die anderweite Verhandlung und Entscheidung der Sache in die zweite Instanz zurückgewiesen werden.“

Dies das Erkenntniß! —

Es handelt sich in demselben nicht um ein Erkennen in der Sache selbst, sondern um eine Verweisung der Sache zur anderweiten Verhandlung und Entscheidung an das Appellationsgericht. Nach der Bestimmung des Art. 116, Ges. v. 3. Mai 1852 soll nun aber eine solche Zurückweisung an das Instanzgericht nur stattfinden, „wenn es noch auf thatsächliche Ermittelungen ankommt“. Somit ist es klar, daß der Rechtsirrthum des Appellationsgerichtes, welcher die Vernichtung des von ihm gesprochenen Erkenntnisses veranlaßte, nach der Ansicht des Obertribunals darauf beruht, daß das Appellationsgericht eine falsche thatsächliche Feststellung entweder selbst vorgenommen, oder einem derartigen vom Richter erster Instanz begangenen Fehler seinerseits zugestimmt hat.

Die Lage der Sache ist nun folgende. Das Appellationsgericht sagt: Der Angeklagte L. hat den Dr. M. den Redakteur des „Königsberger Telegraphen“ bei seiner ersten gerichtlichen Vernehmung genannt; folglich ist er der ihm nach §. 35 des Preßgesetzes obliegenden Verpflichtung nachgekommen, denn „der Herausgeber einer cautionspflichtigen Zeitung ist unzweifelhaft deren verantwortlicher Redakteur".

Der Oberstaatsanwalt dagegen erklärt: Der Herausgeber, welcher nach der Bestimmung des §. 35 a. von dem Verleger eines cautionspflichtigen Blattes bei seiner ersten gerichtlichen Vernehmung nachgewiesen werden muß, ist nicht der verantwortliche Redakteur des betreffenden Blattes. Da nun der Angeklagte L. bei seiner ersten gerichtlichen Vernehmung den verantwortlichen Redakteur und nur diesen genannt hat, so hat er eben nicht den Herausgeber des betreffenden Artikels genannt, und da der Herausgeber nach der Bestimmung des §. 35 bei der ersten gerichtlichen Vernehmung von dem Verleger genannt werden muß, so sind alle Voraussetzungen zur Anwendung des §. 35 gegen den Angeklagten L. vorhanden. Demgemäß verlangt er von dem Obertribunale ein Erkenntniß in der Sache selbst. (Vergl. Erkenntniß Abs. I—III.)

Man bemerke! Der Appellationsrichter sagt: Der Angeklagte hat eine Person genannt, die ich als „Herausgeber" gelten lasse, folglich spreche ich ihn frei. Der Oberstaatsanwalt sagt: Der Angeklagte hat eine Person genannt, die ich nicht als „Herausgeber" gelten lasse, folglich muß er verurtheilt werden. Der ganze Streit dreht sich also doch nur darum, ob der von L. genannte Dr. M. „Herausgeber" im Sinne des §. 35 ist, oder ob er es nicht ist. Denn daß der Angeklagte L. aus dem Grunde, weil er Verleger einer cautionspflichtigen Zeitschrift ist, den „Herausgeber" eines strafbaren Artikels zu nennen überhaupt nicht verpflichtet sei, das behauptet nicht das Appellationsgericht, das bestreitet nicht der Oberstaatsanwalt, mithin war auch das Obertribunal durch diesen von ihm zu schlichtenden Streit gar nicht veranlaßt, die Frage zu erörtern, deren Erörterung den größten Theil des mitgetheilten Erkenntnisses absorbirt, die Frage nämlich, ob auch der Verleger cautionspflichtiger Zeitschriften den Bestimmungen des §. 35 unterworfen sei. Wir können daher auch alles dasjenige, was zur Beantwortung dieser Frage in dem Erkenntnisse beigebracht wird, vorläufig auf sich beruhen lassen, und ausschließlich die für den weiteren Verlauf dieser Strafsache praktisch wichtige Frage erörtern: Wie stellt sich das Obertribunal bezüglich der zwischen dem Ostpreußischen Tribunal zu Königsberg und dem Oberstaatsanwalt daselbst gelegentlich der Untersuchungssache wider M. und Genossen entstandenen Meinungsverschiedenheit in Betreff der Bedeutung der beiden Worte **„Herausgeber“** und **„verantwortlicher Redakteur“.**

Das Obertribunal sagt: Die Ansicht des Appellationsrichters enthält einen Rechtsirrthum (Abs. II a. E.). Damit wissen wir denn, daß der Herausgeber einer cautionspflichtigen Zeitung nicht „unzweifelhaft deren verantwortlicher Redakteur“ sei. —

Das Obertribunal sagt weiter: Die Beschwerde des Oberstaatsanwalts (vergl. Abs. II a. A.) erscheint der Hauptsache nach begründet; alles das, was der Oberstaatsanwalt gegen das Ostpreußische Tribunal anführt (vergl. Abs. III), darauf hat er „mit Recht aufmerksam“ gemacht; durch dasjenige, was der Oberstaatsanwalt darlegt, werden die Ausführungen des Appellationsrichters so vollkommen widerlegt, daß das Obertribunal selbst es gar nicht mehr nöthig hat, sich mit der ihm durch diese Nichtigkeitsbeschwerde vorgelegten Frage zu beschäftigen und so in die Lage kommt, in vereinigten Abtheilungen über eine andere, wie dem Obertribunale bekannt geworden, vielfach aufgeworfene Frage seine Ansicht festzustellen. — Aber — trotz dieser so sehr günstigen Beurtheilung, deren sich die Deduktionen des bei dem Ostpreußischen Tribunal angestellten Oberstaatsanwalts seitens des Obertribunals zu erfreuen haben, eine seinen Anträgen vollkommen entsprechende Entscheidung erlangt er nicht. Zwar wird das von ihm angegriffene Erkenntniß des Appellationsgerichtes vernichtet, aber es wird nicht, wie Implorant wollte, in der Sache selbst erkannt. Dies hätte nun aber nach den Bestimmungen des Art. 116 Ges. v. 3. Mai 1852 geschehen müssen, wenn das Obertribunal die Rechtsanschauung des Oberstaatsanwalts getheilt hätte; denn in diesem Falle wäre keine Veranlassung gewesen, die Sache noch einmal verhandeln und entscheiden zu lassen.

Also Unrecht hat nach der Ansicht des Obertribunals nicht bloß das Appellationsgericht, sondern auch der Oberstaatsanwalt. Für unrichtig wird der Grundsatz erklärt:

> „der Herausgeber einer cautionspflichtigen Zeitung ist der verantwortliche Redakteur“ —

aber ebenso wird auch der Grundsatz für unrichtig erklärt:

„der Herausgeber einer cautionspflichtigen Zeitung ist **nicht** der verantwortliche Redakteur."

Wir haben jetzt die Bestimmung des Art. 118 Ges. v. 3. Mai 1852 ins Auge zu fassen. Diese lautet:

„Das Gericht, an welches die Sache verwiesen worden ist, muß sich der Verhandlung und Entscheidung unterziehen; es ist auch gehalten, die Rechtsgrundsätze, welche das Obertribunal aufgestellt und der ausgesprochenen Vernichtung zum Grunde gelegt hat, als maßgebend anzuerkennen und der ferneren Verhandlung und Entscheidung gleichfalls zum Grunde zu legen; bei Strafe der Nichtigkeit." —

Die Frage ist also die, welche Rechtsgrundsätze das Obertribunal, gegenüber den von ihm für unrichtig erklärten des Appellationsgerichts und des Oberstaatsanwalts, seinerseits aufgestellt hat. Als Überschrift des uns vorliegenden Erkenntnisses finden wir folgende beiden Rechtssätze aufgestellt:

„1. Herausgeber einer Druckschrift im Sinne des §. 35 des Preßgesetzes ist derjenige, welcher die Schrift zum Drucke vorbereitet und diesen veranlaßt hat.

2. Der §. 35 a. a. O. findet auch auf den Verleger einer cautionspflichtigen Zeitschrift Anwendung. Hier ist unter dem Herausgeber eines einzelnen Artikels nicht der Herausgeber der ganzen Zeitschrift und eben so wenig der Redakteur derselben, sondern derjenige zu verstehen, welcher den Artikel, ohne Verfasser desselben zu sein, der Zeitschrift zum Zweck des Abdrucks zugeführt und so den Abdruck veranlaßt hat."

Diese beiden Sätze geben zwei verschiedene Definitionen des Wortes „Herausgeber"; und zwar beziehen sich beide auf diejenige Bedeutung des Wortes, welche dasselbe im Sinne des §. 35 des Preßgesetzes haben soll. Der zweite Satz nämlich beginnt mit der Behauptung, daß der §. 35 a. a. O. auch auf den Verleger einer cautionspflichtigen Zeitschrift Anwendung finde; und fährt dann fort: **„Hier"** (also doch bei der cautionspflichtigen Zeitschrift) „ist Herausgeber" u. s. w.; während der erste Satz ganz allgemein den Begriff des Herausgebers, wie derselbe mit Bezug auf §. 35 verstanden werden soll, definirt. — Da der vorliegende Rechtsfall — die von dem Obertribunal zur anderweitigen Verhandlung und Entscheidung in die zweite Instanz zurückverwiesene

Untersuchungssache wider Dr. M. und Genossen — es nur mit dem Herausgeber eines Artikels einer cautionspflichtigen Zeitschrift zu thun hat, so wird auch das Appellationsgericht bei der bevorstehenden neuen Verhandlung nur auf diejenige Definition des „Herausgebers“ Rücksicht nehmen dürfen, welche dieses Wort für cautionspflichtige Zeitungen haben soll, und diese wird er seiner neuen Entscheidung zu Grunde legen müssen. Der Herausgeber eines einzelnen Artikels einer cautionspflichtigen Zeitschrift ist „derjenige welcher den Artikel der Zeitschrift zum Zweck des Abdrucks zugeführt und so den Abdruck veranlaßt hat“ — vorausgesetzt, daß dieser nicht ist der Herausgeber der ganzen Zeitschrift, der Redakteur oder der Verfasser.

Wir behaupten, daß diese Definition für die Praxis vollkommen unbrauchbar ist und zwar um deswillen, weil sie einen bildlichen Ausdruck enthält, unter dem man sich sehr Verschiedenartiges denken kann. Wann „führt man einer Zeitschrift einen Artikel zum Abdrucke“ zu? Die Zeitschrift ist doch keine Person, sondern eine Sache Zu verlangen, daß eine Person einer Sache etwas „zuführt“, heißt etwas Unmögliches verlangen. Denn, wenn A. dem B. eine Sache. zuführt, so thut er dies, weil er weiß, daß der B. die ihm zugeführte Sache empfangen will oder doch empfangen kann. An eine Sache jedoch kann ich wohl etwas heranrücken, ich kann etwas auf eine Sache stellen oder legen; aber die Sache, an die etwas herangerückt, auf die etwas gelegt oder gestellt ist, empfängt nichts, kann auch nichts empfangen; denn jedes Empfangen ist ein Handeln, und Sachen handeln niemals, sondern dies thun nur Personen. Wenn unsere Definition sagt: „Herausgeber eines Artikels einer cautionspflichtigen Zeitschrift ist derjenige, welcher den Artikel der Zeitschrift zuführt“ — so ist in dieser Definition eine Sache und noch dazu eine noch gar nicht einmal existirende Sache — denn die Zeitschrift, in welcher der betreffende Artikel abgedruckt werden soll, ist ja noch gar nicht gedruckt — **personificirt.** Dergleichen Personificationen von Sachen sind für Werke der Poesie gewiß sehr nützlich zu verwerthen; für strafrechtliche Definitionen sind sie aber vollkommen unzulässig; denn im Strafrechte können wir bekanntlich Fiktionen überhaupt nicht brauchen, mithin auch nicht solche Fiktionen, durch welche noch nicht existirende Sachen zum Range von Personen erhoben werden, denen man Artikel zum Zwecke des Abdrucks „zuführt“. Sollte daher die Definition brauchbar sein, so mußte statt der „Zeitschrift“ eine Person — wenn auch nur durch generelle Merkmale charakterisirt, wie der

Verleger, der Drucker, der Portier, der Hausknecht — genannt sein, welchen der betreffende Artikel zum Zwecke des Druckes gegeben oder geschickt wird. Es gehört keine große Divinationsgabe dazu, um vorherzusagen, daß, wenn diese Definition wirklich einer Verhandlung zu Grunde gelegt werden sollte, aus derselben eine Nichtigkeitsbeschwerde hervorgehen würde, da der Angeklagte ebenso wie der Oberstaatsanwalt gerade diejenige Person unter dem Worte „Zeitschrift" werden verstanden wissen wollen, die sich ihren Parteiinteressen gemäß am vortheilhaftesten darunter verstehen läßt.

Glücklicherweise aber kann die eben berührte Definition einer Verhandlung und Entscheidung des Instanzgerichtes gar nicht zu Grunde gelegt werden, da eine genauere Betrachtung der beiden vor das Erkenntniß gestellten Sätze ergiebt, daß dieselben fehlerhaft formulirt sein müssen. Wenn nämlich der erste jener Rechtssätze den Begriff „Herausgeber einer Druckschrift" definirt, der zweite dagegen das Gleiche thut mit dem Begriff „Herausgeber eines einzelnen Artikels einer cautionspflichtigen Zeitschrift" und wenn man doch ganz gewiß nicht wird bezweifeln können, daß ein einzelner Artikel einer cautionspflichtigen Zeitschrift auch eine Druckschrift ist, so folgt daraus, daß die Definition des ersten Rechtssatzes die Definition eines generellen, die des zweiten die Definition einer Specialität des generellen Begriffes ist. Da nun aber die Species alle Merkmale haben muß, welche dem Genus, zu dem sie gehört, eigenthümlich sind, so folgt daraus mit logischer Nothwendigkeit, daß alle Merkmale, welche die Definition des Begriffes „Herausgeber einer Druckschrift" ausmachen, sich wiederfinden müssen bei der Definition des Begriffes „Herausgeber eines einzelnen Artikels einer cautionspflichtigen Zeitschrift". — Nun sagt der erste Rechtssatz: Herausgeber einer Druckschrift ist, wer die Schrift zum Drucke vorbereitet und diesen veranlaßt. Der zweite Rechtssatz sagt: Herausgeber eines einzelnen Artikels einer cautionspflichtigen Zeitschrift ist, wer den Artikel der Zeitschrift zum Zweck des Druckes zuführt und so den Abdruck veranlaßt. In der letzteren Definition fehlt das Moment der Vorbereitung zum Drucke gänzlich und es muß mithin diese Definition nach den eben ausgeführten Grundsätzen als eine in ihrem Verhältnisse zu der voraufgehenden fehlerhafte bezeichnet werden.

Dazu kommt noch Folgendes. Es ist bereits darauf aufmerksam gemacht, daß der Oberstaatsanwalt seine Nichtigkeitsbeschwerde auf den Satz stützte, der Herausgeber einer cautionspflichtigen Zeitschrift ist nicht der verantwortliche Redakteur derselben und demgemäß bei dem Obertribunale ein Erkenntniß in der Sache selbst, nämlich die Verurtheilung des Angeklagten beantragte, daß aber das Obertribunal diesem Antrage nicht nachgab, mithin auch nicht die Richtigkeit des der Nichtigkeitsbeschwerde des Oberstaatsanwalts zu Grunde gelegten Rechtssatzes anerkannte. Und dennoch lesen wir in dem zweiten der oben mitgetheilten Rechtssätze: Herausgeber eines Artikels einer cautionspflichtigen Zeitschrift ist „nicht der Herausgeber der ganzen Zeitschrift und eben so wenig der Redakteur derselben" — also ein offenbarer Widerspruch zwischen der Entscheidung des Obertribunals selbst und dem angeblich aus derselben abstrahirten Rechtssatze. Dies ist aber gewiß ein genügendes Symptom, um auf die durch die Redaktion des Justiz-Ministerial-Blattes formulirten Rechtssätze überhaupt keinen Werth zu legen, sondern ausschließlich bei den Entscheidungsgründen des Obertribunals selbst stehen zu bleiben.

Fassen wir diese ins Auge, so finden wir die Worte, welche dem ersten der von der Redaktion des Justiz-Ministerial-Blattes aufgestellten Rechtssatz entsprechen, in Abs. VIII vor, und zwar in den Worten: „Herausgeber desselben (editor), d. h. derjenige, der die Schrift zum Drucke vorbereitet und diesen veranlaßt hat". Daß weiter der §. 35 auch auf cautionspflichtige Zeitschriften Anwendung findet, folgert das Obertribunal (vergl. Abs. V) aus dem unzweifelhaft richtigen Satze, daß, wo das Gesetz nicht unterscheidet, auch der Richter nicht unterscheiden dürfe, ein solches unzulässiges Unterscheiden aber stattfinden würde, wenn man den §. 35 auf cautionspflichtige Zeitschriften nicht anwenden wollte, während doch die genannte Gesetzesstelle von Druckschriften überhaupt spreche, zu denen cautionspflichtige Zeitschriften jedenfalls auch zu rechnen seien. — So richtig dies ist, so auffallend muß es zugleich sein, daß das Obertribunal nicht auch an den von ihm so treffend angewendeten Rechtssatz sich erinnerte, als es darauf ankam, den Begriff des „Herausgebers" im Sinne des §. 35 zu definiren. Denn auch hier unterscheidet das Gesetz selbst nicht, folglich muß die Definition, welche von dem „Herausgeber" aufgestellt wird, eine solche sein, welche auf den Herausgeber einer jeden Druckschrift paßt. Denn unterscheidet man zwischen dem Herausgeber einer cautionspflichtigen Zeitschrift und dem Herausgeber einer anderen Druckschrift, oder stellt man für den Begriff des Herausgebers einer cautionspflichtigen Zeitschrift eine Definition auf, welche nur für diesen denkbar ist, welche, wenn man sie auf den Herausgeber einer anderen Druckschrift, gleichviel welcher, übertragen würde, unmöglich wird, so ist eben bei der Aufstellung einer solchen Definition gegen den Satz gefehlt, daß, wo das Gesetz nicht unterscheidet, auch der Richter nicht unterscheiden darf. — Das Obertribunal giebt aber dessen ungeachtet außer der von ihm aufgestellten Definition des „Herausgebers einer Druckschrift“ noch eine besondere Definition für den „Herausgeber eines einzelnen strafbaren Artikels einer cautionspflichtigen Zeitschrift“. Dieselbe lautet:

„Einem einzelnen strafbaren Artikel gegenüber, der in einer cautionspflichtigen Zeitschrift erscheint, kann unter dem Herausgeber weder der Herausgeber der ganzen Zeitschrift **als solcher**, noch deren Redakteur **als solcher**, sondern nur derjenige verstanden werden, der ohne der Verfasser selbst zu sein, diesen Artikel der Zeitschrift zum Zwecke des Abdrucks zugeführt und so dessen Abdruck veranlaßt hat.“ —

Der Fehler, welcher durch die Aufstellung dieser Definition gemacht ist, liegt in der falsch gestellten Frage. Denn, wie bereits ausgeführt, hatte das Obertribunal gegenüber dem §. 35 überhaupt gar nicht zu fragen: Wer ist Herausgeber einer cautionspflichtigen Zeitschrift, sondern — ubi lex non distinguit nec nobis distinguendum est — es hatte nur zu fragen: Wer ist Herausgeber einer Druckschrift. Und da die Frage falsch war, so tritt auch eine unrichtige Antwort zu Tage, nämlich eine Definition des Begriffes „Herausgeber eines Artikels einer cautionspflichtigen Zeitschrift“, eine Definition, welche nur in dem Falle aufzustellen gewesen wäre, wenn das Gesetz selbst zwischen dem Herausgeber einer Druckschrift überhaupt und dem Herausgeber eines Artikels einer cautionspflichtigen Zeitschrift unterschieden hätte, was aber nicht der Fall ist.

Die praktischen Folgen dieses Fehlers sind leicht einzusehen. Der eine Grund nämlich, weshalb das Obertribunal die Sache zur nochmaligen Verhandlung und Entscheidung in die zweite Instanz zurückverwiesen hat, ist der, daß es eine thatsächliche Feststellung darüber verlangt, ob der Angeklagte L. bei seiner ersten gerichtlichen Vernehmung den ihm nach §. 35 des Preßgesetzes (wie derselbe oben interpretirt worden) obliegenden Verpflichtungen nachgekommen ist.“ (Vergl. Abs. XIX.) Nach der Definition nun, welche das Obertribunal von dem Worte „Herausgeber einer cautionspflichtigen Zeitschrift“ aufstellt, hat der Verleger bei seiner ersten gerichtlichen Vernehmung folgenden Verpflichtungen nachzukommen: Er hat:

1. eine Person zu nennen, welche den incriminirten Artikel der Zeitschrift zugeführt (?) hat;
2. welche den Artikel zum Zwecke des Abdruckes der Zeitschrift zugeführt hat;
3. er hat nachzuweisen, daß dieses Zuführen zum Zwecke des Abdrucks die Veranlassung des Abdrucks gewesen ist. (Worte des Obertribunals: „und so dessen Abdruck veranlaßt hat.“)

Hätte dagegen das Obertribunal da nicht unterschieden, wo das Gesetz selbst nicht unterscheidet, wäre es demgemäß, statt den Herausgeber einer cautionspflichtigen Zeitschrift zu definiren, bei seiner Definition des Herausgebers einer Druckschrift stehen geblieben, so würde, entsprechend dieser Definition, der Verleger nur einer Verpflichtung und zwar der zu genügen haben:

diejenige Person zu nennen, welche den Abdruck einer incriminirten Druckschrift vorbereitet und veranlaßt hat.

Ob die incriminirte Druckschrift ein Artikel ist oder ein Buch, ob es ein Artikel einer Zeitschrift ist oder nicht, ob es ein Artikel einer cautionspflichtigen oder einer nicht cautionspflichtigen Zeitschrift ist, das Alles ist vollständig gleichgültig, das Alles muß sogar dem Richter, wo es sich darum handelt, die Verpflichtungen des Verlegers nach §. 35 des Preßgesetzes festzustellen vollständig gleichgültig sein und zwar aus dem sehr einfachen Grunde, weil dieses Alles dem Gesetze vollständig gleichgültig ist. — Wir möchten fragen: wie in aller Welt kommt das Obertribunal dazu, dem Verleger cautionspflichtiger Zeitschriften als solchem specielle Verpflichtungen aufzuerlegen, Verpflichtungen, die nur diesen Verleger aber keinen anderen Verleger treffen können? wie kommt es dazu, aus dem vom Gesetz aufgestellten generellen Begriff „Verleger einer Druckschrift“ einen speciellen Begriff „Verleger einer cautionspflichtigen Zeitschrift“ auszusondern — was das Gesetz nicht thut —? wie war ihm das möglich, nachdem es sich selbst ausdrücklich durch einen expressis verbis niedergelegten Entscheidungsgrund zu dem Fundamentalsatze der juristischen Hermeneutik bekannt hat:

Wo das Gesetz nicht unterscheidet, da darf der Richter auch nicht unterscheiden —?

Eine Antwort auf diese gewiß berechtigte Frage werden wir in den Entscheidungsgründen des Obertribunals vergeblich suchen.

Das Obertribunal legt also, wie wir gesehen, dem Verleger cautionspflichtiger Zeitschriften speciellere und deshalb mehr Verpflichtungen auf, als nach dem Wortlaute des Gesetzes demselben aufzuerlegen waren. Die Redaktion des Justiz-Ministerialblattes geht aber noch einen Schritt weiter; sie will den Verleger einer cautionspflichtigen Zeitschrift noch mehr einengen. Während nämlich das Obertribunal sagt, Herausgeber eines strafbaren Artikels einer cautionspflichtigen Zeitschrift ist weder der Herausgeber der ganzen Zeitschrift **als solcher**, noch der Redakteur **als solcher**; so erklärt abweichend hiervon die Redaktion des Justiz-Ministerialblattes in dem Rechtssatze, der als die Summa des Erkenntnisses und der Entscheidungsgründe diesen vorgedruckt ist:

„Der Herausgeber eines einzelnen Artikels einer cautionspflichtigen Zeitschrift ist **nicht** der Herausgeber der ganzen Zeitschrift und **ebensowenig** der Redakteur derselben, sondern derjenige 2c."

Es wird also der vom Obertribunale hinter die Worte „Herausgeber der ganzen Zeitschrift" und „Redakteur derselben" gemachte Zusatz **„als solcher"** einfach fortgelassen.

Die von dem Justiz-Ministerialblatte formulirten Rechtssätze haben nun allerdings gar keine Autorität; aber urgiren mußten wir die Unrichtigkeit derselben, da es doch leicht möglich ist, ein oder der andere Instanzrichter könne im Vertrauen darauf, daß die an hervorragender Stelle mit hervorragenden Typen in einem officiellen Blatte des Justizministeriums aufgestellten Rechtssätze den wahren Sinn der Rechtsanschauung des Obertribunals wiedergeben, seiner Entscheidung nicht die Ansicht des Obertribunals, sondern die Ansicht des Justiz-Ministerialblattes zu Grunde legen. Das Obertribunal sagt: Der Redakteur eines cautionspflichtigen Blattes ist zwar als solcher nicht der Herausgeber eines strafbaren Artikels; aber wenn er der Definition von Herausgeber eines Artikels einer cautionspflichtigen Zeitschrift entsprechen sollte, so kann er, weil dieses der Fall ist, dafür gelten; — diese Folgerung glauben wir wenigstens aus den Worten „als solcher" ziehen zu dürfen [2]) — das Justiz-Ministerialblatt sagt aber: der Redak-

2) Mit Sicherheit freilich nicht, wie dies weiter unten dargethan werden wird.

teur einer cautionspflichtigen Zeitschrift ist nicht der Herausgeber eines strafbaren Artikels. Folgt der Instanzrichter dem Ausspruche des Obertribunals, so wird er den Beweis darüber, daß dieser Redakteur den incriminirten Artikel der Zeitschrift zum Zweck des Abdrucks zugeführt und so dessen Abdruck veranlaßt habe, zulassen; folgt er dagegen dem Rechtssatze des Justiz-Ministerialblattes, so wird er diesen Beweis abschneiden.

Setzen wir nun aber den Fall voraus, der unzweifelhaft eintreten muß, wenn die Vorschrift des Art. 118 befolgt wird, den nämlich, daß der Instanzrichter sich ausschließlich an diejenigen Rechtsgrundsätze binden will, welche das Obertribunal der ausgesprochenen Vernichtung zu Grunde gelegt hat. Auch dann wird derselbe noch in sehr erhebliche Verlegenheiten kommen.

Ja! hätte das Obertribunal nichts weiter hingestellt als den bereits besprochenen Satz! Es wäre dann freilich, wie gezeigt, ein unrichtiger Rechtssatz ausgesprochen, aber doch wenigstens ein solcher, über dessen Inhalt, abgesehen von dem Ausdrucke „einen Artikel einer Zeitschrift zuführen" nicht wohl Zweifel entstehen können. Nun bleibt das Obertribunal aber nicht bei diesem Satze stehen, sondern es äußert sich im Ganzen in folgender Weise (vergl. Abs. XVIII):

> „Einem einzelnen strafbaren Artikel gegenüber, der in einer cautionspflichtigen Zeitschrift erscheint, kann demnach unter dem Herausgeber weder der Herausgeber der ganzen Zeitschrift als solcher, noch deren Redakteur als solcher, sondern nur derjenige verstanden werden, der, ohne der Verfasser selbst zu sein, diesen Artikel der Zeitschrift zum Zweck des Abdrucks zugeführt und so dessen Abdruck veranlaßt hat, wie solches auch bereits in dem Beschlusse des Obertribunals vom 17. Juni 1863 ausgeführt worden ist, was aber selbstverständlich nicht hindert, daß der Herausgeber der ganzen Zeitschrift oder der Redakteur **aus anderen Gründen**, zugleich Herausgeber des einzelnen Artikels in dem zuletzt gedachten Sinne sein kann. Sei dem aber, wie ihm wolle, Sache des Verlegers bleibt es jedenfalls, Veranstaltungen zu treffen, um sich über die Personen derjenigen, die als die **wirklichen** Herausgeber der einzelnen Artikel anzusehen sind, in fortlaufender Kenntniß zu erhalten."

Das Obertribunal sagt also, daß die jetzt von ihm am 22. Februar 1864 aufgestellte Definition von „Herausgeber einer cautionspflichtigen Zeitschrift" bereits in seinem Beschlusse vom 17. Juni 1863 enthalten sei; es citirt diesen Beschluß und nach allgemeinen Interpretationsregeln sind wir daher genöthigt, uns denselben an dieser Stelle der Entscheidungsgründe als wörtlich inserirt zu denken. Jener Beschluß vom 17. Juni 1863 lautete nun aber nach Oppenhoff (Rechtsprechung Bd. III S. 503)[3]) folgendermaßen:

„Herausgeber einer Druckschrift im Sinne des §. 35 des Preßgesetzes ist derjenige, welcher das Erscheinen derselben mit der Kenntniß von ihrem Inhalte vermittelt; bei cautionspflichtigen Blättern kann er sehr wohl vom Redakteur verschieden sein. Der Verleger eines cautionspflichtigen Blattes kann sich von der nach dem cit. §. 35 ihn wegen eines Artikels strafbaren Inhalts treffenden Verantwortlichkeit nicht durch Benennung des Redakteurs befreien, wenn er nicht gleichzeitig nachweist, daß dieser auch Herausgeber des betreffenden Artikels im obigen Sinne ist."

Wir fügen noch hinzu, daß das Obertribunal den Herausgeber eines Artikels „im obigen Sinne" in den, seinem Beschlusse v. 17. Juni 1863 zu Grunde liegenden Entscheidungsgründen den „**wirklichen** Herausgeber" nennt.

Dieses ist der Beschluß vom 17. Juni 1863. Das Obertribunal erklärt, in ihm sei dasselbe ausgeführt, was jetzt in dem Erkenntnisse vom 22. Februar gesagt werde. Stellen wir also Beides nebeneinander:

Beschluß vom 17. Juni 1863.	Erkenntniß vom 22. Februar 1864.
Herausgeber einer Druckschrift im Sinne des §. 35 des Preßgesetzes ist derjenige, welcher das Erscheinen derselben mit der Kenntniß von ihrem Inhalte vermittelt.	Herausgeber eines einzelnen strafbaren Artikels, der in einer cautionspflichtigen Zeitschrift erscheint, ist nur derjenige, der diesen Artikel der Zeitschrift zum Zwecke des Abdrucks zugeführt und so dessen Abdruck veranlaßt hat.

Diese Zusammenstellung ergiebt Folgendes: Der Beschluß definirt den Herausgeber einer Druckschrift, das Erkenntniß dagegen den Herausgeber eines einzelnen strafbaren Artikels einer

3) Das Justiz-Ministerial-Blatt citirt den betreffenden Beschluß nach derselben Quelle; wir dürfen sie also wohl als eine zuverlässige Quelle ansehen.

cautionspflichtigen Zeitschrift. Der Beschluß findet das wesentliche Kriterium des Herausgebers in der „Kenntniß von dem Inhalte der Druckschrift“, das Erkenntniß dagegen beschreibt, was derjenige, der als Herausgeber gelten solle, thun und mit welchen Wirkungen er es thun müsse; der Beschluß findet das wesentliche Kriterium des „Herausgebers“ in einem subjektiven, das Erkenntniß dagegen in einem objektiven Momente. Daß also der Beschluß vom 17. Juni 1863 und das Erkenntniß vom 22. Februar nicht dasselbe, sondern sehr Verschiedenes sagen, ist wohl unbestreitbar. Da aber doch das Obertribunal selbst, unmittelbar nachdem es in dem Erkenntnisse vom 22. Februar 1864 seine Definition von „Herausgeber“ aufgestellt, mit den Worten fortfährt „wie solches auch bereits in dem Beschlusse des Obertribunals vom 17. Juni 1863 ausgeführt worden ist“ — so läßt sich in der That nicht wohl absehen, was das Obertribunal eigentlich verlangt, welchen Rechtssatz es der von dem Instanzrichter vorzunehmenden neuen thatsächlichen Feststellung zu Grunde gelegt wissen will. Vergegenwärtigen wir uns einmal die verschiedenartigen Behauptungen, die alle mit gleichem Anspruch auf Beachtung und zwar unter Berufung auf die Entscheidungsgründe des Obertribunals bei der wiederholten Verhandlung in zweiter Instanz vorgetragen werden können.

Der Angeklagte wird möglicherweise sagen: Ich trete den Beweis dafür an, daß der Redakteur Dr. M. den Erfordernissen, welche das Obertribunal für den Herausgeber eines strafbaren Artikels einer cautionspflichtigen Zeitung aufgestellt hat, genügt. Denn er hat den incriminirten Artikel dem bei mir verlegten „Königsberger Telegraph“ zum Zwecke des Abdrucks zugeführt, d. h. er hat ihn in die Druckerei gegeben und in Folge dessen ist er auch abgedruckt worden. Das Obertribunal sagt nicht, daß der Redakteur überhaupt nicht der Herausgeber im Sinne des §. 35 sein könne, es sagt nur, daß er nicht schon deswegen Herausgeber sei, weil er Redakteur ist, aus „anderen Gründen“ könne er es aber sehr wohl sein; und unter diesen anderen Gründen darf man nichts Anderes verstehen, als daß auch auf den Redakteur diejenigen Momente zutreffen, von deren Vorhandensein das Obertribunal die Existenz des Begriffes „Herausgeber eines Artikels einer cautionspflichtigen Zeitschrift“ abhängig gemacht hat.

Der Staatsanwalt wird vielleicht in folgender Weise plaidiren: Selbstverständlich ist es, daß der von dem Angeklagten genannte Dr. M.

den von dem Obertribunal in dem Erkenntnisse vom 22. Februar 1864 aufgestellten Erfordernissen genügen muß, wenn der Angeklagte straffrei sein will. Dies ist aber nicht ausreichend. Denn das Obertribunal sagt ausdrücklich: der Redakteur als solcher sei nicht als Herausgeber anzusehen und es gestattet nur, daß der Redakteur aus anderen Gründen zugleich Herausgeber des einzelnen Artikels „in dem zuletzt gedachten Sinne" sein könne. Diese Worte sind aber auf nichts anderes als auf die in dem Beschlusse vom 17. Juni 1863 enthaltene Definition zu beziehen, da von diesem Beschlusse unmittelbar vorher die Rede war, der „zuletzt gedachte Sinn" also doch nur der Sinn dieses Beschlusses sein kann. Wenn daher der Angeklagte nicht auch nachweist, daß der Dr. M. Kenntniß von dem Inhalte des incriminirten Artikels gehabt habe, so muß er verurtheilt werden.

Der Richter resolvirt dann vielleicht: Auf das, was der Angeklagte und der Staatsanwalt angeführt haben, darauf kann es gar nicht ankommen. Die Ausführungen derselben stützen sich ja nur auf die Worte der Entscheidungsgründe von: „Einem einzelnen strafbaren Artikel" — bis: „zuletzt gedachten Sinne sein kann." Da nun das Obertribunal selbst unmittelbar hinter diesen Worten also fortfährt: „Sei dem aber, wie ihm wolle" und da man diese Redewendung doch nur braucht, wenn man etwas gesagt hat, was zwar an sich ganz interessant, doch aber für die Sache, um die es sich handelt, nicht entscheidend ist, so ist auch alles das, worauf sich der Angeklagte und der Staatsanwalt berufen haben, nicht als das Entscheidende nach der Ansicht des Obertribunals aufzufassen. Das, worauf es ankommt, kann nämlich ausschließlich nur in den letzten Worten der Abs. XVIII gefunden werden; denn hier heißt es: „Sei dem aber, wie ihm wolle, Sache des Verlegers bleibt es jedenfalls, Veranstaltungen zu treffen, um sich über die Personen derjenigen, die als die **wirklichen** Herausgeber der einzelnen Artikel anzusehen sind, in fortlaufender Kenntniß zu erhalten." Da nun in dem Erkenntniß der Begriff des **wirklichen** Herausgebers an dieser Stelle zum ersten und einzigen Male vorkommt, auch in dem ganzen Erkenntnisse nirgends gesagt ist, was man sich unter diesem **wirklichen** Herausgeber denken soll, so hat das Obertribunal diesen Begriff zweifelsohne als bekannt vorausgesetzt und es konnte dies um so eher thun, als es in seinem Beschlusse vom 17. Juni 1863, den es ja auch hier citirt, den Begriff des **wirklichen** Herausgebers definirt hat. Dazu kommt noch, daß das

Obertribunal den wirklichen Herausgeber **jedenfalls** nachgewiesen wissen will; daß es dagegen den Theil seiner Ausführungen, auf welche sich der Angeklagte und der Staatsanwalt beruft, durch die Redewendung: „sei dem aber, wie ihm wolle“ für indifferent bezeichnete. Wenn also der vom Angeklagten L. genannte Dr. M. Kenntniß von dem Inhalte des incriminirten Artikels gehabt hat, so ist L. freizusprechen; hatte dagegen Dr. M. nicht diese Kenntniß, so ist L. aus §. 35 zu verurtheilen. Nach dem von dem Obertribunal aufgestellten, für uns maßgebenden Rechtsgrundsatze kann daher allein die Frage unter Beweis gestellt werden, ob der vom Angeklagten bei seiner ersten gerichtlichen Vernehmung genannte Dr. M. Kenntniß von dem Inhalt des incriminirten Artikels gehabt hat oder nicht. —

Wenn dem Obertribunal durch das Gesetz die Befugniß ertheilt worden ist, diejenigen Rechtsgrundsätze aufzustellen, an welche sich der Instanzrichter, falls in Folge einer Vernichtung eine neue Verhandlung stattfinden muß, zu binden hat, so ist damit dem Obertribunal auch die Aufgabe gesetzt, diese Rechtsgrundsätze so klar und so bestimmt auszusprechen, daß über den Sinn derselben kein Zweifel entstehen kann. Ob das Obertribunal in dem vorliegenden Falle diese Aufgabe gelöst hat, darüber können wir nach den vorstehenden Ausführungen dem Leser das Urtheil anheimgeben. Die Bemerkung aber können wir unsererseits nicht unterdrücken, daß wir, obschon durch Lebensberuf darauf hingewiesen, Gesetze und Erkenntnisse zu lesen und zu verstehen, noch keines gefunden haben, dem gegenüber wir uns bescheiden mußten zu erklären, wir wissen nicht, was das Obertribunal für Recht hält.

Nehmen wir aber einmal an, dasjenige, was uns unverständlich und unklar erscheint, sei vollkommen klar und verständlich; nehmen wir an, es könne darüber, was das Obertribunal unter dem Herausgeber einer Druckschrift oder unter dem Herausgeber eines strafbaren Artikels einer cautionspflichtigen Zeitschrift verstanden wissen will, nicht der geringste Zweifel bestehen, so wird der Instanzrichter doch noch nicht wissen, was er zu thun hat. Der Grund nämlich, weshalb das Obertribunal das Erkenntniß des Ostpreußischen Tribunals, insofern durch dasselbe der Angeklagte L. freigesprochen wurde, vernichtete, war doch ein Mangel in der thatsächlichen Feststellung. Dieser Mangel aber war ein doppelter. Nämlich

1) war nicht festgestellt, ob der von dem Angeklagten L. bei seiner er-

sten gerichtlichen Vernehmung als Herausgeber genannte Dr. M. Herausgeber in dem von dem Obertribunale festgestellten Sinne sei. (Dieser Punkt ist in dem Vorhergehenden erörtert.)

2) war nicht festgestellt, ob der incriminirte Artikel in Nr. 60 des „Königsberger Telegraphen" für 1862 lediglich aus einer anderen inländischen Zeitung entnommen sei. (Vergl. Abs. XIX.)

Der Instanzrichter muß dieser Anweisung des Obertribunals natürlich nachkommen. Die thatsächliche Feststellung, die er vornehmen wird, kann aber ein zweifaches Resultat haben. Ergiebt nämlich die Beweiserhebung, daß der betreffende Artikel nicht lediglich aus einer anderen inländischen Zeitung entnommen ist, dann ist freilich die Sache einfach; denn alsdann hat der Instanzrichter die vom Obertribunale über den Begriff des Herausgebers eines incriminirten Artikels einer cautionspflichtigen Zeitschrift aufgestellten Grundsätze anzuwenden, und — wenn er weiß, welches diese sind — so hat er danach die Verurtheilung oder Freisprechung des Angeklagten L. auszusprechen.

Die Beweiserhebung kann doch aber auch das andere Resultat ergeben, daß der incriminirte Artikel in Nr. 60 des „Königsberger Telegraph" von 1862 lediglich aus einer anderen inländischen Zeitung entnommen ist. Wenn nun dieser Fall wirklich eintreten sollte, welche Rechtsgrundsätze hat dann der Instanzrichter anzuwenden?

Das Obertribunal beantwortet diese Frage mit folgenden Worten (vergl. Abs. XIX):

„Ob und wieweit von diesen Grundsätzen in solchen Fällen Ausnahmen zu statuiren seien, wo Artikel aus anderen schon gedruckten Werken, namentlich aus anderen inländischen Zeitschriften übernommen worden, etwa weil man sich hier zur Ermittelung des Verfassers oder Herausgebers, also des wirklich schuldigen Urhebers, an den Drucker oder Verleger des Originalwerkes zu wenden haben würde, **kann hier vorläufig noch dahin gestellt bleiben**" rc.

Wir sehen also, daß das Obertribunal an die Möglichkeit von Ausnahmen, die seinen „Grundsätzen" gegenüber mit Bezug auf reproducirte Artikel gemacht werden können, gedacht hat. Aber wir wissen zunächst nicht, von welchen Grundsätzen Ausnahmen als möglich gedacht sind. Die so eben mitgetheilten Worte leiten das Schlußalinea des ganzen Erkenntnisses ein. In demselben aber wird nicht bloß die Frage erörtert: Wer ist „Herausgeber" im Sinne des

§. 35? sondern auch die weitere: Findet §. 35 auf Verleger cautionspflichtiger Zeitschriften Anwendung? Sind nun die „Grundsätze", von welchen Ausnahmen gemacht werden können, die Grundsätze des ganzen Erkenntnisses, oder sind die Worte: „diese Grundsätze" nur auf das unmittelbar vorhergehende Alinea XVIII des Erkenntnisses zu beziehen? soll mit anderen Worten an Ausnahmen gedacht werden gegen den Grundsatz: §. 35 findet auch auf Verleger cautionspflichtiger Zeitschriften Anwendung — oder soll nur gedacht werden an Ausnahmen von der durch Abs. XVIII gegebenen Begriffsbestimmung des Herausgebers eines strafbaren Artikels einer cautionspflichtigen Zeitschrift? Das kann man den Worten des Obertribunals gegenüber unmöglich wissen.

Wenn man aber auch wüßte, wovon die Ausnahme als möglich gedacht ist, so würde man doch nicht wissen, ob man in diesem Falle eine Ausnahme machen darf, und worin dieselbe bestehen soll. Denn das Obertribunal sagt ja ausdrücklich, es könne „vorläufig noch dahin gestellt bleiben, ob und welche Ausnahmen von den aufgestellten Grundsätzen in diesem Falle zu statuiren sein würden."

Die Sache stellt sich also folgendermaßen:

Das Obertribunal verlangt von dem Instanzgerichte, dasselbe solle thatsächlich feststellen, ob ein bestimmter incriminirter Artikel einer Zeitung lediglich einer anderen inländischen Zeitschrift entnommen sei oder nicht. Dabei ertheilt es demselben folgende Weisung:

„Findest du, Instanzrichter, daß der betreffende Artikel einer anderen inländischen Zeitung nicht oder nicht ganz entnommen ist, so hast du auf den Verleger der Zeitschrift, in welcher dieser Artikel abgedruckt ist,

1. den §. 35 des Preßgesetzes anzuwenden, d. h. du mußt ihn strafen, wenn er bei seiner ersten gerichtlichen Vernehmung den Herausgeber des Artikels nicht genannt hat;
2. du darfst aber unter Herausgeber nur diejenige Person verstehen, welche ich, das Obertribunal, unter diesem Ausdrucke verstanden wissen will.

Findest du aber, daß der betreffende Artikel lediglich einer anderen inländischen Zeitschrift entnommen ist, so sage ich dir vorläufig nicht, was du thun sollst. Es kann sein, daß du auch in diesem Falle die gleichen Rechtsgrundsätze wirst anwenden müssen, es kann aber auch nicht sein."

Wir haben in Vorstehendem versucht, darzuthun, daß das Erkenntniß des Obertribunals vom 22. Februar 1864 der ersten und vornehmlichsten Anforderung, welche man an ein Erkenntniß stellen muß, nämlich, festzusetzen, was in einem bestimmten Falle Recht sein solle, nicht entspricht. Mit diesem Resultate abzuschließen, erscheint uns indessen bei der principiellen Wichtigkeit, welche dieses Erkenntniß hat, unzulässig; wir erachten es vielmehr für geboten, bisher noch nicht berührte Einzelheiten desselben der Betrachtung zu unterziehen. —

Das Appellationsgericht hatte doch den Satz ausgesprochen, der Herausgeber einer cautionspflichtigen Zeitung sei deren verantwortlicher Redakteur.

Das Obertribunal erklärt diesen Satz für einen Rechtsirrthum und sagt von den Gründen, welche der Oberstaatsanwalt gegen das Appellationsgericht vorbringt, es sei durch dieselben der Appellationsrichter widerlegt. Damit — und weil seitens des Obertribunals nichts weiter zu dem speciellen Zweck, den Appellationsrichter zu widerlegen, beigebracht wird — macht das Obertribunal die Gründe des Oberstaatsanwalts zu den seinigen.

Welches sind nun diese Gründe?

Der Oberstaatsanwalt sagt (vergl. Abs. III): Da das Preßgesetz einerseits in den §§. 7, 11, 18, 25, 26 vom Herausgeber cautionspflichtiger Zeitschriften spricht und diesem gewisse Verpflichtungen u. s. w. auferlegt, andererseits in den §§. 22, 24 verlangt, daß jede cautionspflichtige Zeitung oder Zeitschrift unter dem auf jeder Nummer abzudruckenden Namen eines „verantwortlichen Redakteurs" erscheinen müsse, so habe es zwischen dem Herausgeber und dem Redakteur unterschieden. —

Wir wollen zugeben, daß das Preßgesetz den Herausgeber, von dem es in den von dem Oberstaatsanwalte citirten Paragraphen spricht, von dem Redakteur unterschieden habe. Diese Thatsache berechtigt aber nur alsdann zu dem Schlusse, daß auch in §. 35 zwischen Herausgeber und Redakteur unterschieden werden müsse, wenn es feststeht, daß das Wort „Herausgeber" in dem §. 35 dasselbe bedeutet, wie in den §§. 7, 11, 18, 25, 26. Denn ist dieses nicht der Fall, bedeutet vielmehr das Wort „Herausgeber" in §. 35 etwas anderes als in den §§. 7, 11, 18, 25, 26, so würde es doch ein arger Fehlschluß sein, wenn man behaupten wollte, weil das

Wort „Herausgeber“ in einer Bedeutung etwas Anderes ist als Redakteur, so muß es auch in jeder Bedeutung etwas Anderes sein. Das Obertribunal billigt die Ansichten des Oberstaatsanwalts, es muß also ebenso wie dieser selbst der Ansicht sein, daß das Wort „Herausgeber“ in §. 35 dasselbe bedeute, wie in den §§. 7, 11, 18, 25, 26. — Nun sagt aber das Obertribunal selbst (vergl. Abs. XVI und XVII), daß der Herausgeber, dessen Erforschung die §§. 35 u. 36 bezweckten, nicht der Herausgeber im Sinne der §§. 11, 25, 26 sein könne[4]). Wie dessen ungeachtet das Obertribunal, ohne mit sich selbst in Widerspruch zu gerathen, der Ansicht des Oberstaatsanwalts beipflichten konnte, ist nicht wohl einzusehen.

Der zweite Grund des Oberstaatsanwalts ist in folgenden Worten enthalten:

„daß beide (Redakteur und Herausgeber) von einander verschieden seien, ergiebt sich ferner aus dem §. 2 der Verordnung v. 30. Juni 1849 (Ges.-Samml. S. 226), insofern dort die Möglichkeit vorausgesetzt wird, daß der Herausgeber mit dem Verleger identisch sei.“

Wir lassen den Wortlaut dieses §. 2 einer gesetzlich bereits beseitigten Verordnung folgen:

„§. 2. Jede Nummer, jedes Stück oder Heft einer Zeitung oder Zeitschrift muß außer dem Namen und Wohnort des Druckers (§. 1) den Namen und Wohnort des Verlegers, sowie des Herausgebers, wenn dieser von dem Verleger verschieden ist, enthalten“ —

und wollen es dahin gestellt sein lassen, was aus dieser obsolet gewor-

4) Das Obertribunal citirt die §§. 7 u. 18 nicht. Diese brauchen aber ohne allen Zweifel das Wort „Herausgeber“ in demselben Sinne wie die §§. 11, 25, 26.

Übrigens halten wir es für unrichtig, wenn das Obertribunal (vergl. Abs. XV) die Ansicht ausspricht, daß bei Anwendung des §. 35 auf cautionspflichtige Zeitschriften . . . der Ausdruck „Herausgeber“ einer von der gewöhnlichen abweichenden Erklärung unterliegen müsse. Denn die von dem Obertribunale als „gewöhnliche“ aufgestellte Definition mag vollkommen gut passen, wenn man fragt: In welchen Fällen stehen dem Herausgeber Autorrechte zu? Von dieser Definition muß allerdings die Definition, welche man für den Herausgeber im Sinne des §. 35 aufstellen mag, abweichen, deshalb aber kann sie — weil von einem anderen Gesichtspunkt ausgehend — noch immer mit der „gewöhnlichen“ Erklärung von „Herausgeber“ übereinstimmen, und — setzen wir dies noch hinzu — niemals darf sie etwas anderes sagen, als der gemeine Sprachgebrauch unter diesem Worte versteht.

denen Bestimmung für den Satz folgt, daß nach §. 35 Herausgeber und Redakteur nicht dasselbe sein können.

Der letzte Grund des Oberstaatsanwalts ist endlich der, daß man unter Herausgeber im Sinne des §. 35 den Redakteur um deswillen nicht verstehen dürfe, weil die genannte Gesetzesvorschrift vom Verleger verlange, er solle den Herausgeber „nachweisen"; einen Nachweis zu verlangen, sei doch aber widersinnig, wenn der Name und der Wohnort dessen, der nachzuweisen sei, auf jeder Nummer der Zeitschrift gedruckt gelesen werden könne. Da nun der Name und Wohnort des Redakteurs auf jeder Nummer einer cautionspflichtigen Zeitschrift abgedruckt werden müsse, so könne natürlich niemals an den Redakteur gedacht werden, wenn es sich darum handele, daß der Verleger den Herausgeber nennt [5]).

Auf diesen Grund werden wir weiter unten noch zurückzukommen haben, und begnügen uns hier damit, zwei Beispiele anzuführen. Es liegen nämlich, während wir dieses schreiben, zwei Druckschriften vor uns. Die eine führt den Titel: „Die Rechtsprechung des Königlichen Obertribunals in Strafsachen, herausgegeben von F. C. Oppenhoff, Oberstaatsanwalt beim Königl. Obertribunal. Berlin 1864. Druck und Verlag von Georg Reimer." Die andere hat folgenden Titel: „Archiv für preußisches Strafrecht, herausgegeben durch Dr. Goltdammer, Königl. Obertribunalsrath. Berlin 1864. Verlag der Königl. Geheimen Ober-Hofbuchdruckerei (R. v. Decker)." Hätte nun der Oberstaatsanwalt beim Ostpreußischen Tribunal und nicht minder das Obertribunal, welches ja die Ausführungen desselben acceptirt hat, recht, daß Herausgeber derjenige nicht sein könne, dessen Namen auf der Druckschrift selbst verzeichnet stehe, weil es in Betreff solcher Personen keines Nachweises bedürfe, zu diesem aber doch der Verleger nach §. 35 des Preßgesetzes verpflichtet sei, so würde doch daraus mit Nothwendigkeit folgen, daß die Herren Goltdammer und Oppenhoff nicht die Herausgeber der von ihnen herausgegebenen Zeitschriften sind, daß sie dies vielmehr erst dann werden können, wenn sie ihren Namen nicht mehr auf jeder einzelnen Nummer der von ihnen herausgegebenen Zeitschrift abdrucken lassen, und somit ihrem Verleger die Möglichkeit geben, sie nachweisen zu können, falls einmal durch

---

5) Etwas dem Sinne nach ganz Ähnliches erklärt auch das Obertribunal unabhängig von den Ausführungen des Oberstaatswalts (Abs. XVII a. E.).

irgend ein Unglück ein zu incriminirender Artikel sich in ihre Zeitschriften eingeschlichen haben sollte.

Hinsichtlich der Erörterung, welche das Obertribunal über die Frage anstellt, ob §. 35 des Preßgesetzes auch auf cautionspflichtige Zeitschriften Anwendung finde, hatten wir schon Gelegenheit zu bemerken, daß diese Frage von dem Obertribunal unzweifelhaft richtig bejaht wird, und zwar aus dem vollständig durchschlagenden Grunde, daß, wo das Gesetz selbst nicht unterscheidet, auch der Richter nicht unterscheiden dürfe. Außerdem glaubt das Obertribunal die Bejahung dieser Frage noch aus der allgemeinen Tendenz der §§. 35, 36 ableiten zu können und giebt, um dies darzuthun, einen ziemlich breiten Commentar der §§. 34—37 des Preßgesetzes, der zwar im Allgemeinen richtig ist, im Einzelnen jedoch mancherlei Fehler aufweist.

So heißt es in Betreff der durch §. 37 des Preßgesetzes dem verantwortlichen Redakteur angedrohten Strafen (vergl. Abs. VI):

„Dieser Strafbestimmung liegt der Gedanke zum Grunde, daß, wenn es zu den Pflichten des Redakteurs gehört, das einer cautionspflichtigen Zeitschrift zufließende Material zusammenzustellen, folglich auch zu sichten und das, was strafbar ist, zu entfernen, Artikel strafbaren Inhalts zum Mindesten nicht ohne eine seinerseits bewiesene Fahrlässigkeit durchgehen können, und die Abweichung von den Grundsätzen des gemeinen Strafrechts besteht hier nur darin, daß, während nach gemeinem Strafrecht auch bei Vergehen aus Fahrlässigkeit die letztere jederzeit dem Angeschuldigten bewiesen werden muß, das Preßgesetz dieselbe dem Redakteur gegenüber **präsumirt**.“

Eine Präsumtion läßt den Gegenbeweis zu. Das ist ein allgemeiner strafrechtlicher Grundsatz sowohl des gemeinen, wie auch des preußischen Strafrechts. Nur praesumtiones juris et de jure gestatten keinen Gegenbeweis. Ist das Obertribunal wirklich der Ansicht, daß beim Redakteur nach §. 37 die Fahrlässigkeit präsumirt, mithin auch der Beweis der in concreto nicht vorliegenden Fahrlässigkeit demselben nachgelassen werden müsse, so ist diese Ansicht unrichtig. Preßgesetz §. 37 al. 2:

„Dieser Bestimmung bleibt der Redakteur auch dann unterworfen, wenn er durch Abwesenheit oder andere Gründe an der Besorgung der Redaktion gehindert ist, so lange nicht ꝛc.“

Ist das Obertribunal aber der Ansicht, daß die Fahrlässigkeit oder

Nichtfahrlässigkeit des Redakteurs, der einen strafbaren Artikel aufgenommen, für die Bestrafung desselben vollkommen gleichgiltig sei, so hat es diese seine Ansicht incorrekt ausgedrückt.

Weiter heißt es Abs. VII:

„Drucker und Verleger haben .... der Staatsregierung **die Mittel** zu gewähren, um dem im §. 34 aufgestellten Grundsatze, nach welchem für Preßverbrechen oder Vergehen, ebenso wie für alle anderen strafbaren Handlungen nur die wirklich Schuldigen verantwortlich gemacht werden sollen, praktische Folge geben zu können."

Das ist unrichtig. Nicht **die** Mittel, welche eine Bestrafung der Urheber oder Theilnehmer nach den Grundsätzen des §. 34 möglich machen, sind Verleger und Drucker verpflichtet herbeizuschaffen, sondern nur einzelne im Gesetze ganz bestimmt bezeichnete Hülfsmittel sollen sie zur Vermeidung gewisser Strafen den verfolgenden Behörden an die Hand geben. Ob diese Hülfsmittel ausreichend sein werden, um einen Angeklagten zu gewinnen, den man als Urheber oder Theilnehmer eines incriminirten Artikels strafen kann, das steht dahin. Die hier ausgesprochene Ansicht des Obertribunals können wir wohl mit dem Beschluß vom 17. Juni 1863 in Einklang bringen, nach welchem unter Herausgeber einer Druckschrift nur derjenige verstanden werden sollte, der eine Schrift mit Kenntniß ihres Inhalts zum Druck beförderte, nicht aber mit den zwei verschiedenen Definitionen von „Herausgeber", welche das Erkenntniß vom 22. Februar 1864 aufweist, welche beide darin übereinstimmen, daß sie das Moment „mit Kenntniß ihres Inhalts" für den Begriff des Herausgebers nicht mehr aufnehmen, worüber wir, im Hinblick auf den vorhergehenden Aufsatz, die vollste Befriedigung empfunden haben.

Wir lesen Abs. VII a. Anf.:

„Wie nun aber die Pflichten, welche das Preßgesetz dem Redakteur einer cautionspflichtigen Zeitschrift auflegt, völlig verschieden sind von denjenigen, welche dem Drucker und dem Verleger derselben obliegen, so ist auch die Verantwortlichkeit für die Vernachlässigung dieser Pflichten eine verschiedene, woraus sich dann die Folgerung von selbst ergiebt, daß bei Zeitschriften der gedachten Art die Verantwortlichkeit des Druckers und Verlegers durch die Verantwortlichkeit des Redakteurs weder gedeckt, noch ausgeschlossen werden kann."

Dagegen wird Abs. XVII gesagt:

„Den Herausgeber in diesem Sinne" (nämlich im Sinne der §§. 11, 25, 26 des Preßgesetzes, wo „Herausgeber" identisch mit „Verleger" oder noch genauer mit demjenigen, welcher die Caution bestellt, ist) erforschen zu wollen, kann die Absicht des Gesetzes nicht sein, einmal weil der Herausgeber einer cautionspflichtigen Zeitschrift für seine Person ..... durch den Redakteur gedeckt wird" 2c.

Frage: Wird der Verleger einer cautionspflichtigen Zeitschrift, der die Caution für dieselbe bestellt hat und demgemäß auch nach der Ansicht des Obertribunals „Herausgeber der ganzen Zeitschrift" ist, durch den Redakteur gedeckt?

Antwort: Nein! Beweis: Erkenntniß des Obertribunals vom 22. Februar 1864. Abs. VII. Oder auch

Antwort: Ja! Beweis: Erkenntniß des Obertribunals vom 22. Februar 1864. Abs. XVII.

Obwohl wir sonst gerne dem Grundsatze huldigen: in verbis simus faciles — falls nämlich nicht falsche Worte auch einen falschen Sinn herbeiführen, so glauben wir doch gegenüber einem Erkenntnisse, welches eine so hohe Bedeutung für die preußische Praxis beansprucht, wie das vom 22. Februar 1864, auch den sprachlichen Ausdruck und selbst den Stil nicht übersehen zu dürfen.

Das Obertribunal macht folgenden Gegensatz (vergl. Absatz VII):

„Besteht nämlich nach §. 37 des Preßgesetzes die Pflicht des Redakteurs hauptsächlich darin, den geistigen Inhalt" (das Wort „geistigen" hat auch das Obertribunal durch gesperrte Schrift hervorgehoben) „des seiner Zeitschrift zufließenden Materials zu prüfen, so haben Drucker und Verleger nach §§. 36, 35 ... den äußeren Ursprung" (hier will das Obertribunal beide Worte betont wissen) „desselben zu erforschen." —

Zu dem geistigen Inhalt würde der körperliche Inhalt den correkten Gegensatz bilden. Wollte man aber den Gegensatz zu geistigem Inhalt haben, so mußte man sagen „die körperliche Form". Der „äußere Ursprung" ist aber weder dem Einen, noch dem Anderen stilistisch richtig gegenüber gestellt.

Was nun den Wortausdruck anbetrifft, so müssen wir es natürlich dem Ermessen des Obertribunals anheimgeben, ob dasselbe gewisse Wendungen des vulgären Sprachgebrauchs, wie: „Artikel strafbaren Inhalts können durchgehen" (vergl. Abs. VI) oder: „der geistige

Stoff" (vergl. Abs. XIV) für gewählt genug erachtet, um sich derselben in seinen Erkenntnissen zu bedienen. Wir beschränken uns daher nur darauf, zwei Ausdrücke zu urgiren, welche mit Bezug auf den specifisch juristischen Sprachgebrauch unrichtig sind.

So heißt es Abs. VII: Drucker und Verleger sind verpflichtet, der „**Staatsregierung**" die Mittel zu gewähren, um die Urheber oder Theilnehmer einer strafbaren Druckschrift zur Strafe ziehen zu können. Erwägt man nun aber, daß die Unterstützung, welche Drucker und Verleger nach den Vorschriften der §§. 35 und 36 zu prästiren haben, eine Unterstützung ist, die dem Untersuchungsrichter, mittelbar auch allenfalls der Staatsanwaltschaft und der gerichtlichen Polizei geleistet wird, so dürfte man doch Bedenken tragen, diese Behörden, sei es einzeln, sei es in ihrer Gesammtheit, mit dem Ausdrucke „Staats**regierung**" zu bezeichnen.

Das Preßgesetz sagt in §. 34 ganz correkt:

> „Für das durch eine Druckschrift begangene Verbrechen oder Vergehen ist Jeder verantwortlich, welcher nach allgemeinen strafrechtlichen Grundsätzen als Urheber oder Theilnehmer strafbar erscheint."

Das Obertribunal braucht indessen in dem vorliegenden Erkenntnisse statt des Ausdruckes „nach allgemeinen strafrechtlichen Grundsätzen" — und zwar thut es dies überall, wo dazu Gelegenheit ist [6]) — den Ausdruck „nach den Grundsätzen des gemeinen Strafrechts" (vergl. Abs. VII. VIII. XVII). Nun bedarf es wohl nur der Bemerkung, daß ein preußischer Gerichtshof nicht nach den Grundsätzen des gemeinen, sondern nur nach den Grundsätzen des preußischen Strafrechts zu entscheiden hat; daß die „allgemeinen strafrechtlichen Grundsätze", von denen §. 34 des Preßgesetzes spricht, allgemeine Grundsätze des preußischen und nicht des gemeinen Strafrechts sind, und daß, wenn im preußischen Strafrechte allgemeine strafrechtliche Grundsätze gelten, welche auch im gemeinen Strafrechte als solche anerkannt sind, die Geltung derselben in Preußen nicht daher rührt, daß es Grundsätze des gemeinen, sondern daß es vom preußischen Rechte recipirte Grundsätze des gemeinen Rechtes sind. Doch in der Sache wird wohl kein Streit sein; es handelt sich

---

6) An einer Stelle (vergl. Abs. XVII) wird sogar von „gemeinen Strafgesetzen" gesprochen.

hier ja nur um den mit Beharrlichkeit festgehaltenen fehlerhaften Ausdruck. —

Nachdem das Obertribunal (Abs. VI bis XII) sich über den allgemeinen Inhalt des Preßgesetzes §. 34—37 verbreitet, faßt es seine Ansicht über die Anwendbarkeit der §§. 34 und 36 auf die Verleger, resp. Drucker cautionspflichtiger Blätter in folgenden Worten zusammen (vergl. Abs. XIII):

„Wenn hiernach die Tendenz der §§. 35 und 36 des Preßgesetzes dahin geht, dem Staate die Mitwirkung der bei dem mechanischen Theil der Presse betheiligten Personen zur Ausmittelung der eigentlichen Urheber strafbarer Preßerzeugnisse zu sichern, und wo deren Verfolgung nicht ausführbar ist, die Verbreitung solcher Erzeugnisse wenigstens zu verhindern, so leuchtet es ein, daß es nicht nur an jedem Grunde fehlt, die gedachten Paragraphen bei cautionspflichtigen Zeitschriften auszuschließen, sondern daß es im Gegentheil wegen der höheren Gefährlichkeit der durch die Tagespresse begangenen strafbaren Handlungen **vorzugsweise nöthig ist**, sie dieser gegenüber zur Anwendung zu bringen."

Man bemerke wohl! Das Obertribunal sagt nicht etwa, die größere Gefährlichkeit der durch die cautionspflichtigen Zeitschriften begangenen Delikte bildet für den erkennenden Richter einen strafschärfenden Zumessungsgrund; sondern, indem plötzlich die „Tagespresse" den „cautionspflichtigen Zeitschriften" substituirt wird, heißt es: Auf die Tagespresse ist der §. 35 nicht nur anzuwenden, sondern es ist hier die Anwendbarkeit dieses Paragraphen „vorzugsweise nöthig". Wenn wir uns in die Lage eines Richters denken, so werden wir es für unsere Pflicht halten, falls uns eine Anklage auf Grund des §. 35 des Preßgesetzes vorgetragen wird, zu prüfen, ob das fragliche Gesetz auf den Angeklagten anzuwenden sei oder nicht. Finden wir in Folge dieser Prüfung, daß dem so sei, dann werden wir den §. 35 anwenden und wenn nicht, nicht. Was es heißt, wenn man sagt, der Richter wendet ein Gesetz richtig an, das ist deutlich; aber wenn man sagt, der Richter wendet ein Gesetz vorzugsweise an, oder wenn man eine Anweisung vernimmt, die den Richter bestimmt, ein Gesetz vorzugsweise anzuwenden, so erklären wir offen, daß uns der Begriff der „vorzugsweisen Anwendung eines Gesetzes" vom Standpunkte des Richters aus vollkommen unverständlich ist. Freilich, wenn wir uns statt auf den Standpunkt des Richters auf den der strafverfolgenden Behörden stellen wollten, so würde uns der vom Obertribunale gebrauchte Ausdruck vollkommen verständlich sein. Der Justizminister mag an die Oberstaatsanwalte und diese mögen an die Staatsanwalte rescribiren, daß sie „vorzugsweise" ihr Augenmerk auf die Tagespresse richten und die durch diese begangenen Delikte „vorzugsweise" verfolgen sollen. Wir haben es ja aber nicht mit einem Ausspruch der strafverfolgenden Behörde zu thun, sondern mit einem richterlichen Urtheil, mit einem Urtheil des höchsten preußischen Gerichtshofes. Und in seinem Munde, wir müssen es wiederholt erklären, ist uns dieser Ausspruch vollkommen unverständlich. Denn eine Anweisung an die strafverfolgenden Behörden zu erlassen, dazu ist das Obertribunal nicht die competente Behörde; und vollkommen unzulässig ist es, anzunehmen, das Obertribunal habe seine Ansicht über die Art und Weise, wie Preßvergehen verfolgt werden müssen und welche Preßvergehen „vorzugsweise" verfolgt werden müssen, aussprechen wollen. Denn schon durch das bloße Aussprechen einer nach dieser Richtung zielenden Ansicht in einem amtlichen Aktenstücke würde das Vertrauen in die Unbefangenheit des höchsten Gerichtshofes, ein Vertrauen, welches, wenn auch überall, so doch vorzugsweise bei politischen und den diesen meistentheils nahe verwandten Preßprocessen vorhanden sein muß, in der bedenklichsten Weise erschüttert werden.

Wir begnügen uns also mit der Frage: Was bedeuten die vom Obertribunale gebrauchten Worte:

> „sondern daß es im Gegentheil wegen der höheren Gefährlichkeit der durch die Tagespresse begangenen strafbaren Handlungen **vorzugsweise nöthig ist**, sie (nämlich §§. 35 und 36 des Preßgesetzes) dieser gegenüber zur Anwendung zu bringen".

Ziehen wir das Resultat! Wir haben ein Erkenntniß vor uns, welches allerdings bestimmt sagt, welche Rechtsgrundsätze es nicht angewandt wissen will, welches aber in Betreff derjenigen Rechtsgrundsätze, die angewandt werden sollen, vollkommen unbestimmt ist;

wir haben ein Erkenntniß, welches im Einzelnen juristische Unrichtigkeiten und Widersprüche enthält;

wir haben ein Erkenntniß, welches in Stil und Ausdruck nicht überall correkt ist;

wir können daher nicht anders als unser Urtheil dahin abgeben,

daß ein solches Erkenntniß nicht denjenigen Anforderungen genügt, welche die Wissenschaft an ein Erkenntniß des höchsten preußischen Gerichtshofes machen darf;

daß dieses noch weniger der Fall ist, wenn das Erkenntniß ein solches ist, welches, weil es aus den Berathungen der vereinigten Abtheilungen des Senates für Strafsachen hervorgegangen, eine hervorragende Bedeutung für die Praxis einzunehmen bestimmt ist.

Und doch hat dieses Erkenntniß die Bestimmung, eine langjährige Praxis als ungerechtfertigt zu bezeichnen und eine neue, von der bisherigen verschiedene einzuführen!

Denn das Preßgesetz datirt vom 12. Mai 1851, und von der Publication desselben bis zum Juni 1863, also nicht weniger als zwölf Jahre hindurch, hat man es für übereinstimmend mit dem Gesetze gehalten, daß der Verleger einer cautionspflichtigen Zeitschrift seinen Verpflichtungen mit Bezug auf §. 35 des Preßgesetzes nachgekommen sei, wenn er — falls ein Artikel seiner Zeitschrift incriminirt wurde — den verantwortlichen Redakteur derselben als Herausgeber nannte. Im Juni 1863 beschließt dann das Obertribunal, daß ein Verleger gestraft werden solle, wenn er nicht noch weiteres thue, als das, was ihn zwölf Jahre lang von jeder Strafe befreite; und am 22. Februar wird dem Resultate nach das Gleiche durch ein Erkenntniß der vereinigten Abtheilungen des Senates für Strafsachen festgesetzt. Ist denn, so möchten wir fragen, seit dem 12. Mai 1851 irgend etwas an dem Preßgesetz geändert? Nein! Ist der Organismus der strafverfolgenden Behörden, wenn auch nur mit Bezug auf die Presse, ein anderer geworden? Wiederum Nein! Ist überhaupt irgend ein Ereigniß eingetreten, welches die rechtlichen Verhältnisse der Presse berührte — falls man nicht an die Verordnung vom 1. Juni 1863 denken will, die bereits am 19. November desselben Jahres ihre rechtliche Existenz verlor, und welche, auch während der kurzen Dauer ihres Bestehens, die richterlichen Behörden unberührt ließ? Wiederum Nein!

Wenn sich aber auf Grund bestehender Gesetze eine bestimmte Praxis durch jahrelange, mit dem Bewußtsein der Rechtmäßigkeit stattgehabte Übung festgestellt hat, so wird diese Praxis zu einem Theil des

Rechtsbewußtseins derjenigen, für welche das Gesetz Geltung hat. Möglich, daß dennoch die Praxis eine unrichtige war. — Die staatsanwaltschaftlichen und die richterlichen Behörden hatten freilich die Befugniß und die Verpflichtung, dafür zu sorgen, daß eine dem Gesetz widerstreitende Praxis nicht entstand, und war sie entstanden, daß sie nicht bestehen blieb. — Wenn aber ein Erkenntniß es unternimmt, nachzuweisen, daß eine zwölfjährige Praxis unrichtig war, wenn es die Aufgabe sich stellt, die Staatsangehörigen zu überzeugen, daß dasjenige Rechtsbewußtsein, welches sich bei ihnen auf der Basis einer zwölfjährigen Rechtsübung gebildet, bei unveränderten Gesetzen dennoch den Gesetzen widersprechend sei; dann — wir dürfen es getrost sagen — genügt dazu nicht ein Erkenntniß wie das vom 22. Februar 1864. Einer solchen Aufgabe kann nur ein Richterspruch genügen, dem Niemand das Zeugniß zu versagen sich getraut: quot verba tot pondera.

In Folge des Erkenntnisses v. 22. Febr. 1864 ist folgendes Präjudiz eingetragen (vgl. Goltdammer, Archiv Bd. XII S. 270 ff. u. 279):

1. Der §. 35 des Preßgesetzes vom 12. Mai 1851 ist auch auf cautionspflichtige Zeitungen und Zeitschriften zu beziehen.
2. Einem einzelnen in einer cautionspflichtigen Zeitung oder Zeitschrift enthaltenen Artikel gegenüber ist nicht der verantwortliche Redakteur als solcher, sondern derjenige als Herausgeber anzusehen, der denselben der Zeitschrift zum Zwecke des Abdrucks zugeführt und so dessen Abdruck veranlaßt hat.

Dies Präjudiz lautet anders als diejenigen Rechtssätze, welche das Justizministerialblatt aus dem Erkenntnisse entnommen hatte.

Das Präjudiz lautet auch anders, als die Worte des Erkenntnisses selbst. Das Erkenntniß sagt nämlich Folgendes:

„Einem einzelnen strafbaren Artikel gegenüber, der in einer cautionspflichtigen Zeitschrift erscheint, kann unter dem Herausgeber weder der Herausgeber der ganzen Zeitschrift als solcher, noch deren Redakteur als solcher, sondern nur derjenige verstanden werden, der, ohne der Verfasser selbst zu sein, diesen Artikel der Zeitschrift zum Zwecke des Abdrucks zugeführt und so dessen Abdruck veranlaßt hat." —

Das Präjudiz läßt aber die hervorgehobenen Worte fort.

Das Präjudiz giebt lediglich eine Definition von dem speciellen Begriffe „Herausgeber eines Artikels einer cautionspflichtigen Zeitschrift". Die Definition des generellen Begriffes „Herausgeber einer Druckschrift" ist nicht festgestellt.

Ein Vergleich mag gestattet sein. Ein Gesetz verlangt die Definition des Begriffes „Soldat". Ohne diesen Begriff festzustellen, wird durch ein Präjudiz definirt, wer der Oberst des ersten Garde-Infanterie-Regimentes ist.

Das Präjudiz verlangt für den Begriff des „Herausgebers" nicht die Kenntniß von dem Inhalt des incriminirten Artikels; es hebt in Folge dessen den Beschluß vom 17. Juni 1863 auf. Die Worte des Erkenntnisses „wie solches auch bereits in dem Beschlusse des Obertribunals vom 17. Juni 1863 .... ausgeführt worden ist" können daher nur durch ein Versehen aufgenommen sein.

Mag es schließlich gestattet sein, unsere eigene Ansicht über die hier einschlagende Rechtsfrage mit kurzen Worten niederzulegen.

Das Preßgesetz bestimmt im §. 7 Folgendes:

> „Auf jeder Druckschrift muß der Name und Wohnort des Druckers genannt sein."

Das ist die allgemeinste Bestimmung, es ist das Minimum der Forderungen, welche das Preßgesetz hinsichtlich derjenigen Personen gemacht hat, welche auf Druckschriften genannt werden müssen.

Wenn eine derartige Druckschrift, auf welcher, ihrer Beschaffenheit nach, außer dem Drucker Niemand genannt zu sein braucht, incriminirt werden sollte, so ist zweifelsohne §. 36 des Preßgesetzes auf den Drucker anzuwenden.

Gegenüber dieser allgemeinsten Vorschrift bestimmt dann weiter der §. 7 für den specielleren Fall, den nämlich, daß Druckschriften für den Buchhandel oder sonst zur Verbreitung bestimmt sind, Folgendes:

> „Auf Druckschriften, welche für den Buchhandel oder sonst zur Verbreitung bestimmt sind, muß außer dem Namen und Wohnort des Druckers auch der Name und Wohnort desjenigen, bei dem die Druckschrift als Verlags- oder Commissionsartikel erscheint, ... genannt sein."

Selbstverständlich findet auch auf Druckschriften dieser Art die Bestimmung des §. 36, wonach der Drucker verpflichtet wird, bei seiner ersten gerichtlichen Vernehmung den Verleger nachzuweisen, volle Anwendung. Denn die Verpflichtung des Druckers, den Verleger nachzuweisen, ist von dem Gesetze keineswegs auf den Fall beschränkt, daß die Druckschrift eine solche sei, welche nicht zur Verbreitung bestimmt ist, sondern es gilt diese Vorschrift für alle Druckschriften. Freilich wird der von dem Drucker zu liefernde Nachweis in den meisten Fällen von dem Richter gar nicht gefordert werden, weil der Name des Verlegers auf der Druckschrift bereits gedruckt zu lesen ist und es wird daher die für den Drucker im §. 36 aufgestellte Vorschrift nur alsdann eine praktische Bedeutung erlangen, wenn seitens der verfolgenden Behörde mit Grund die Behauptung geltend gemacht werden sollte, der auf der Druckschrift verzeichnete Name des Verlegers sei unrichtig.

Ebenso wird für Druckschriften dieser Art der Verleger nach §. 35 in Anspruch genommen werden können, den Namen des Verfassers oder des Herausgebers nachzuweisen. Denn auf Druckschriften, welche zur Verbreitung bestimmt sind (§. 7 des Preßgesetzes), braucht ja weder der Name des Einen noch des Andern angeführt zu sein. Wohl aber kann bei Büchern sowohl wie bei Zeitschriften der Name des Herausgebers oder dessen Verfassers oder auch Beider genannt sein. Auch in diesem letzteren Falle wird der Verleger gehalten sein, gemäß der Bestimmung des §. 35 den Herausgeber oder den Verfasser nachzuweisen, da das Gesetz diese Verpflichtung gleichmäßig für alle zur buchhändlerischen oder sonstigen Verbreitung bestimmte Drucksachen aufgestellt hat, die Verfasser oder Herausgeber mögen auf derselben genannt oder nicht genannt sein. Natürlich wird derartigen Drucksachen gegenüber die gesetzliche Verpflichtung des Verlegers, den Verfasser oder Herausgeber nachzuweisen, nur dann eine praktische Bedeutung erlangen, wenn sich mit Grund behaupten läßt, der auf der Druckschrift genannte Verfasser oder Herausgeber sei nur eine vorgeschobene Person, oder ein Pseudonymus, oder wenn einer derselben nicht so genau bezeichnet ist, daß man ihn unmittelbar angehen kann.

Nun wird es doch wahrlich Niemandem einfallen, zu behaupten, der Drucker sei den ihm nach §. 36 obliegenden Verpflichtungen nicht nachgekommen, weil er als Verleger den auf der Druckschrift verzeichneten Verleger genannt, und der Verleger seinen ihm nach §. 35 obliegenden Verpflichtungen nicht nachgekommen, weil er den auf der Druckschrift verzeichneten Verfasser genannt habe; und am allerwenigsten wird man es unternehmen mögen, diese Behauptung durch den Beweis zu stützen, daß, weil das Gesetz dem Drucker und dem Verleger den Nachweis des Verfassers resp. des

Verlegers auferlege, ein Nachweis dann aber nicht geführt zu werden brauche, wenn der Nachzuweisende bereits gedruckt zu lesen wäre, man folgerichtig gegenüber der dem Drucker nach §. 36 obliegenden Verpflichtung unter Verleger nicht den Verleger, sondern etwas anderes als den Verleger und ebenso gegenüber der dem Verleger nach §. 35 obliegenden Verpflichtung unter Verfasser nicht den Verfasser, sondern etwas anderes als den Verfasser im Sinne des Gesetzes verstehen müsse.

Wenn wir nun annehmen, das Preßgesetz hätte außer den beiden in §. 7 genannten Kategorien von Druckschriften noch eine dritte aufgeführt und verlangt, daß auf Druckschriften dieser dritten Kategorie außer dem Namen und Wohnort des Druckers und außer dem Namen und Wohnort des Verlegers noch der Namen und Wohnort des Herausgebers genannt sein müsse, so würden entsprechend den eben dargelegten Ausführungen für Druckschriften dieser Art folgende Rechtssätze anzuwenden sein:

1. Der Drucker und der Verleger haben auch gegenüber derartigen Druckschriften den Verpflichtungen nachzukommen, welche ihnen §§. 35 und 36 des Preßgesetzes auferlegen.
2. Man wird aber nur dann Veranlassung haben
   a. von dem Drucker den Nachweis des Verlegers zu verlangen, wenn festgestellt ist, daß auf der Druckschrift eine unrichtige Person als Verleger genannt ist;
   b. von dem Verleger den Nachweis des Herausgebers zu verlangen, wenn festgestellt ist, daß auf der Druckschrift eine unrichtige Person als Herausgeber genannt ist. —

Und in der That stellt das Preßgesetz diese dritte Kategorie von Druckschriften auf, indem es für die cautionspflichtigen Zeitschriften bestimmt, daß auf jeder Nummer derselben außer dem Namen und Wohnort des Druckers und außer dem Namen und Wohnort des Verlegers auch noch der Name und Wohnort des Herausgebers und zwar eines solchen Herausgebers genannt sein müsse, welcher die durch §. 37 des Preßgesetzes geforderte Verantwortlichkeit übernommen hat. Ein solcher Herausgeber ist ein verantwortlicher Herausgeber und will man sich statt des deutschen Wortes — wie es leider auch das Preßgesetz gewollt hat — eines französischen Wortes bedienen, so kann man auch sagen, ein solcher Herausgeber ist der verantwortliche Redakteur.

Daß wir das vom Preßgesetze gebrauchte Wort Redakteur richtig ins Deutsche übersetzt haben, das mögen einerseits die französischen Wörterbücher beweisen; andererseits beweist es der innere Zusammenhang, in welchem die §§. 7, 22, 35 und 36 mit einander stehen. Niemand wird bezweifeln, daß es sprachlich und sachlich vollkommen gerechtfertigt sein würde, wenn wir auf dem Titel der oben bereits erwähnten Zeitschriften lesen würden: „Archiv für preußisches Strafrecht redigirt durch Dr. Goltdammer", und „die Rechtsprechung des königlichen Obertribunals in Strafsachen redigirt von Oppenhoff". Und gewiß würde es noch weniger Bedenken haben, wenn man unter einer politischen Zeitung statt des Ausdrucks „verantwortlicher **Redakteur:** N. N.", eines Tages lesen sollte „verantwortlicher **Herausgeber:** N. N.", wenn auch immerhin nicht in Abrede gestellt werden soll, daß man sich im gewöhnlichen Leben meistentheils des fremden Ausdrucks „Redakteur" zu bedienen pflegt, wenn es sich um die Bezeichnung eines verantwortlichen Herausgebers handelt, während man meistentheils den deutschen Ausdruck „Herausgeber" da anwendet, wo der Redakteur einer nicht cautionspflichtigen Zeitschrift bezeichnet werden soll. Was das Obertribunal unter „Redakteur" versteht, ist allerdings nur aus einzelnen beiläufigen Bemerkungen zu ersehen. Das Erkenntniß enthält nämlich folgende Äußerungen über diesen Begriff:

1. Abs. VI. Zu den Pflichten des Redakteurs gehört es, das einer cautionspflichtigen Zeitschrift zufließende Material zusammenzustellen, folglich auch zu sichten und das, was strafbar ist, zu entfernen.
2. Abs. VII. Die Pflicht des Redakteurs besteht hauptsächlich darin, den geistigen Inhalt des seiner Zeitschrift zufließenden Materials zu prüfen.
3. Abs. XIII. Der Redakteur hat für den Inhalt der Zeitschrift nach §. 37 die Verantwortlichkeit zu übernehmen.

Nach diesen Äußerungen des Obertribunals würden wir uns unter dem Redakteur ein Wesen zu denken haben, welches Material ordnet, sichtet, strafbares Material entfernt und sich unter Umständen nach §. 37 des Preßgesetzes bestrafen läßt.

Damit ist denn doch aber die praktisch wichtigste Funktion des Redakteurs gar nicht berührt. Diese besteht nämlich darin, daß das von ihm geordnete und gesichtete Material zu gehöriger Zeit unter die Presse kommt, um zur gehörigen Zeit in der Gestalt einer cautionspflichtigen

Zeitschrift ausgegeben werden zu können. Das ist die Thätigkeit eines Herausgebers jeder Zeitschrift, auch die Thätigkeit des verantwortlichen Herausgebers einer cautionspflichtigen Zeitschrift.

Wir können an dieser Stelle die Frage nicht unterdrücken, was wohl werden würde, wenn die Zeitungsredakteure einmal auf den Gedanken kämen, sich anstatt „verantwortlicher Redakteur“ mit dem Ausdruck „verantwortlicher Herausgeber“ zu unterzeichnen? Würde man, weil sie das französische Wort ins Deutsche übersetzten, deshalb aus §. 42 des Preßgesetzes gegen sie die Anklage erheben und würde man, wenn dieses geschähe, sie verurtheilen mögen?

Wir wollen abwarten, ob es geschieht!

Der Rechtssatz aber, den wir an Stelle der im Justiz-Ministerial-Blatte abgedruckten und an Stelle des Präjudizes durch unsere voraufgehenden Betrachtungen festgestellt zu haben glauben, ist folgender:

> Der §. 35 des Preßgesetzes findet auch auf den Verleger einer cautionspflichtigen Zeitschrift Anwendung. Es ist aber nur alsdann Veranlassung vorhanden, einen solchen Verleger zum Nachweise des Herausgebers aufzufordern, wenn festgestellt ist, daß auf der cautionspflichtigen Zeitschrift eine unrichtige Person als verantwortlicher Redakteur genannt ist.

Zur Interpretation des Preßgesetzes (§. 54).

Das Preußische Preßgesetz vom 12. Mai 1851 enthält in §. 54 folgende Bestimmung:

„Gegen die im §. 1 dieses Gesetzes genannten Gewerbetreibenden kann von dem zuständigen Richter auf den Verlust der Befugniß zum Gewerbebetriebe erkannt werden, wenn

1. die zeitige Untersagung der Ausübung der bürgerlichen Ehrenrechte ausgesprochen wird;
2. wegen eines mittels der Presse begangenen Verbrechens zum erstenmale — oder wegen eines solchen Vergehens innerhalb eines Zeitraumes von fünf Jahren zum zweitenmale eine Verurtheilung erfolgt;

es muß dagegen auf den Verlust der Befugniß zum Gewerbebetriebe erkannt werden, wenn

1. der Verlust der bürgerlichen Ehrenrechte ausgesprochen wird,
2. innerhalb eines Zeitraums von fünf Jahren wegen eines mittels der Presse begangenen Verbrechens zum zweitenmale — oder wegen eines solchen Vergehens oder Verbrechens zum drittenmale eine Verurtheilung erfolgt."

Die genannten Gewerbetreibenden aber, welche §. 1 des Preßgesetzes nennt, sind: Buch- oder Steindrucker, Buch- oder Kunsthändler, Antiquare, Leihbibliothekare, Inhaber von Lesekabinetten, Verkäufer von Zeitungen, Flugschriften und Bildern.

Nun findet sich im Justiz-Ministerialblatt 1864 Nr. 27 S. 181 auf Grund einer Entscheidung des Obertribunals der Satz ausgesprochen:

„Den aus §. 35 a. a. O. strafbaren Verleger trifft die Rückfallsstrafe auch dann, wenn er in dem früheren Falle nicht als Buchhändler, sondern als Redakteur bestraft worden ist."

Die Entscheidungsgründe, auf welche dieser Satz gestützt wird, sind wörtlich folgende (a. a. O. S. 184):

„Es mußte ..... noch der Verlust der Befugniß zum Betriebe des Gewerbes als Verlagsbuchhändler hinzugefügt werden, weil der Angeklagte das vorliegende Vergehen in Ausübung dieses Gewerbes begangen hat, und schon zwei Mal vor dessen Begehung innerhalb der letzten fünf Jahre wegen Preßvergehen bestraft worden ist, indem es bei Anwendung des §. 54 des Preßgesetzes, wie schon in dem Erkenntnisse des Obertribunals vom 16. Mai 1862 ausgeführt worden, nicht darauf ankommt, daß der Angeklagte die erste der hier in Betracht kommenden beiden Vorbestrafungen nicht als Buchhändler, sondern als Redakteur erlitten hat."

Die einschlagenden Worte des Erkenntnisses, auf welches hier Bezug genommen wird, lauten:

„...... worin es keinen Unterschied macht, ob er bei jener Vorbestrafung als Verleger, Drucker oder Redakteur gefehlt hat, indem der §. 54 cit. in dieser Beziehung nicht unterscheidet, sondern nur erfordert, daß die Vorbestrafung wegen eines mittelst der Presse begangenen Vergehens erfolgt ist."

Gegen diese Entscheidung ist schon ausgeführt (vergl. Goltdammer, Archiv Bd. XII S. 52), daß, obwohl der Wortlaut des Gesetzes eine derartige Entscheidung zulasse, die Entstehungsgeschichte desselben zeige, daß dies nicht in der Absicht des Gesetzes gelegen habe. Denn der §. 5 des Entwurfs habe gelautet:

„Ist einer der in diesem Paragraphen gedachten Gewerbetreibenden eines mittelst der Presse begangenen Vergehens schuldig erkannt u. s. w."

Ebenso lautete der Commissionsantrag der zweiten Kammer und das dazu genannte Amendement v. Bodelschwingh. „Diese Fassungen," so heißt es a. a. O. weiter, „besagten deutlich, daß die früheren Verurtheilungen schon gegen den Angeschuldigten als Gewerbetreibenden ergangen sein mußten, und in der That habe er nur als solcher mittelst seines Vergehens ein besonderes in ihn gesetztes Vertrauen verletzt; sein Preßvergehen sei dann ein qualificirtes gewesen, dessen Wiederholung binnen gewisser Zeit den Verlust des unzuverlässig betriebenen Gewerbes nach sich ziehen solle. Von diesen Fassungen weiche der auf den Vorschlag der Commission der zweiten Kammer hervorgegangene §. 54 freilich ab. Allein ihr Bericht und der ganze Inhalt der Verhandlungen ergebe, daß die Abänderungen in diesem Punkte eben nur eine Fassungsänderung, und es nichts weniger als beabsichtigt gewesen sei, einem wegen eines Preßvergehens verurtheilten Nichtgewerbetreibenden, wenn ihm die Behörde später die Concession zum Gewerbebetriebe anvertraue, bei einer neuen Verurtheilung als Gewerbtreibender auch die früheren Verurtheilungen als Bedingungen des Verlustes seines neuen Gewerbebetriebes in Anrechnung zu bringen."

Es kann hiernach nicht zweifelhaft sein, was das Gesetz gewollt hat. Daß aber bei der Auffassung, welche der §. 54 des Preßgesetzes in der mitgetheilten Entscheidung des Obertribunals gefunden hat, die Materialien der Gesetzgebung unberücksichtigt geblieben sind, liegt auf der Hand. Nach allgemeinen Grundsätzen über die Auslegung der Strafgesetze, wie der Gesetze überhaupt, kommt es nun allerdings an erster Stelle darauf an, den Willen des Gesetzgebers aus den Worten des wirklich zu Stande gekommenen Gesetzes zu ermitteln. „Kann dann noch," so sagt Heffter in Goltdammers Archiv I S. 32, „ein verschiedener Sinn in die Worte oder den Zusammenhang gelegt werden, so steht es der Conjekturalkritik zu, aus allgemein zugänglichen Hülfsmitteln, namentlich aus den legislativen Verhandlungen Beweise zu entnehmen, welchen Sinn man dabei beabsichtigt habe, und es wird dann bei gehöriger Stärke der Beweise oder Anzeigen dem publicirten Gesetz vorzugsweise dieser Sinn beizulegen sein, sofern nur die Ausdrücke des Gesetzes selbst damit vereinbart werden können."

Wir glauben nicht zu viel zu behaupten, wenn wir sagen, daß die Worte des §. 54 des Preßgesetzes neben dem von dem Obertribunale jetzt angenommenen Sinne noch den anderen, wonach ein Verlust des Gewerbebetriebes nur alsdann ausgesprochen werden muß, wenn die drei Verurtheilungen gegen den Angeklagten als Gewerbtreibenden ausgesprochen sind, wenigstens haben können. Ein genügender Beweis dafür liegt wohl darin, daß vor dem Jahre 1862 Entscheidungen, wie die oben mitgetheilten, nicht getroffen worden sind. (Vergl. Hartmann, Strafgesetze S. 477 Note 2. Thilo: Das preußische Gesetz über die Presse S. 165. 166.) Hieraus würde dann aber von selbst folgen, daß die Materialien von entscheidendem Einflusse für die Interpretation des §. 54 hätten sein müssen, falls nicht aus dem Zusammenhange, in welchem diese Bestimmung mit dem ganzen Preßgesetze steht, sich ergeben sollte, daß dasjenige, was die gesetzgebenden Faktoren wollten Gesetz werden lassen, nicht Gesetz geworden ist.

Wir sind nun der Ansicht, daß, wenn das Obertribunal nicht bei der striktesten Verbal-Interpretation der einen Gesetzesstelle geblieben wäre, sondern wenn dasselbe den §. 54 als einen Theil des ganzen Preßgesetzes aufgefaßt, und demgemäß denselben aus dem Sinn und Zusammenhang des ganzen Gesetzes erklärt hätte, eine solche Interpretation zu einem mit den Materialien übereinstimmenden Resultate hätte führen müssen.

Die Frage, auf deren Beantwortung es unserer Ansicht nach ankommt, ist folgende:

Hat §. 54 die Gefährlichkeit des **Gewerbes** im Auge oder die Gefährlichkeit der **Person**, welche jetzt gerade eins der im §. 1 des Preßgesetzes genannten Gewerbe betreibt?

Ist ersteres der Fall, so darf §. 54 nur dann angewendet werden, wenn die verschiedenen Verurtheilungen innerhalb des Zeitraums von fünf Jahren gegen den Gewerbetreibenden als solchen erfolgt sind; ist dagegen letzteres der Fall, so genügt es, wenn nur überhaupt derjenige, der jetzt Gewerbetreibender im Sinne des §. 1 ist, zum zweiten, resp. dritten Male verurtheilt wird.

Indem das Obertribunal annimmt, daß es, um auf den Verlust zum Gewerbebetriebe zu erkennen, ausreichend sei, daß eine der im §. 1 genannten Personen wegen Preßvergehens innerhalb der letzten fünf Jahre zwei, resp. drei Male verurtheilt ist, und es für gleichgültig erklärt, ob die Vorbestrafungen erfolgten, während der Bestrafte schon Gewerbetreibender war, oder ob er es noch nicht war, so giebt damit das Obertribunal dem §. 54 die Bedeutung, daß durch denselben gegen die Gefährlichkeit der betreffenden Person Vorkehrungen getroffen werden.

Ist dieses aber der Sinn des Gesetzes, so dürfen auch die Consequenzen dieser Auffassung dem Gesetze nicht widersprechen.

Als eine nothwendige Consequenz würde es aber aufzufassen sein, daß es ganz gleichgültig sein muß, ob die Vorbestrafungen des jetzigen Gewerbetreibenden gegen ihn in der Eigenschaft eines Zeitungsredakteurs oder aus irgend einer anderen Veranlassung stattgefunden haben. Eines Preßvergehens kann sich Jeder schuldig machen; und man wird es nicht bestreiten mögen, daß beispielsweise ein Zeitungscorrespondent, nachdem derselbe zweimal als Urheber der von ihm verfaßten Artikel gestraft wurde und dann den Verlag einer Zeitung übernimmt, eine eben so gefährliche Person ist, wie ein zweimal bestrafter Redakteur, der das Geschäft eines Verlagsbuchhändlers übernimmt. Zu diesem Resultat gelangen wir übrigens auch, wenn wir nichts weiter als den bloßen Wortlaut des §. 54 vor Augen haben. Denn genannt sind an dieser Stelle nur die Gewerbetreibenden des §. 1 des Preßgesetzes, und unter diesen befindet sich der Redakteur eben so wenig, wie irgend eine andere Person, welche durch die Presse delinquiren kann; der §. 54 unterscheidet mithin in keiner Weise zwischen dem Redakteur und anderen Personen, die nicht Redakteure sind.

Und hier müssen wir denn gleich auf eine Schwäche, weil Incorrektheit, in den Entscheidungsgründen des Obertribunals-Erkenntnisses aufmerksam machen. Wenn es nämlich in denselben heißt:

„indem es bei Anwendung des §. 54 des Preßgesetzes nicht darauf ankommt, daß der Angeklagte die erste der hier in Betracht kommenden beiden Vorbestrafungen nicht als Buchhändler, sondern als Redakteur erlitten hat" —

so sind die Worte „sondern als Redakteur" überflüssig und fehlerhaft. Fragen wir nämlich, wie derjenige Rechtssatz heißen müßte, auf den man aus diesem Entscheidungsgrunde zurückschließen könnte, so würde die Antwort lauten:

„Auf den Verlust des Gewerbebetriebes ist auch dann zu erkennen, wenn der Angeklagte früher als Redakteur bestraft worden ist" —

während, wenn man den §. 54 vollkommen zusammenhangslos interpretiren will, derselbe doch höchstens zur Aufstellung folgenden Satzes Veranlassung geben könnte:

„Auf den Verlust des Gewerbebetriebes ist auch dann zu erkennen, wenn der Angeklagte früher wegen Preßvergehens bestraft worden ist" —

aus welchem Rechtssatze sich dann mit Nothwendigkeit der Entscheidungsgrund ergeben hätte:

„indem es bei Anwendung des §. 54 des Preßgesetzes nicht darauf ankommt, daß der Angeklagte die erste der hier in Betracht kommenden beiden Vorbestrafungen nicht als Buchhändler erlitten hat."

Wichtiger aber als das Gesagte ist Folgendes:

Wenn das Gesetz bei der Bestimmung des §. 54 die Gefährlichkeit der Person und nicht die Gefährlichkeit des Gewerbes im Auge gehabt hätte, so würde eine ausdrückliche Bestimmung des Gesetzes nothwendig gewesen sein, nach welcher eine wegen mehrfacher Preßvergehen bestrafte Person überhaupt unfähig sein müßte, ein Preßgewerbe zu betreiben. Statt dessen erklärt aber das Preßgesetz nichts dergleichen, bestimmt vielmehr, daß die Genehmigung zur Betreibung eines der im §. 1 genannten Preßgewerbe jedem ertheilt werden müsse, welcher unbescholten sei. So schwierig nun auch häufig eine sichere Entscheidung darüber sein mag, ob eine einzelne Person bescholten oder unbescholten sei, wie viel hierin auch von dem rein persönlichen Meinen dieses oder jenes Mitgliedes der Bezirksregierung oder des Ministeriums abhängt, das wird doch sicherlich Niemand zu behaupten wagen, daß Jeder, welcher dreimal wegen eines Preßvergehens bestraft ist, deshalb unter allen Umständen bescholten sein müsse, und daß er aus diesem Grunde für unfähig zu erachten sei, ein Preßgewerbe, z. B. den Buchhandel, zu betreiben.

Dazu kommt noch, daß derjenige, welcher innerhalb eines bestimmten Zeitraums zuerst als Gewerbetreibender des §. 1 und dann in anderer Eigenschaft wegen Preßvergehens bestraft wird, offenbar eben so gefährlich ist, als derjenige, welcher zuerst in anderer Eigenschaft und dann als Gewerbetreibender des §. 1 bestraft wurde. Nehmen wir also den Fall, daß N. zweimal als Drucker wegen Preßvergehens bestraft wurde, daß er darauf seine Druckerei aufgiebt, damit gänzlich aus der Zahl der Gewerbetreibenden des §. 1 ausscheidet und nun, nachdem dieses geschehen ist, zum dritten Male bestraft wird. Selbstverständlich kann in diesem Falle nach den Bestimmungen des §. 54 nicht auf Verlust zum Gewerbebetriebe erkannt werden; denn der Verurtheilte ist ja gar kein Gewerbetreibender. Der Verurtheilte kann vielmehr unmittelbar nach der Verurtheilung die Concession zu einem der §. 1 genannten Gewerbe verlangen und wird sie auch erhalten, wenn man ihn nicht für „bescholten" erklärt. Wären dagegen von dem Verurtheilten die gleichen Delikte, aber in einer anderen Reihenfolge begangen, indem entweder die beiden Delikte, die er in seiner Eigenschaft als Gewerbetreibender beging, die beiden letzten oder das erste und das letzte gewesen wären, so müßte nach der Ansicht des Obertribunals auf Verlust des Gewerbebetriebes erkannt werden. Tritt nun die letztere Strafe ein, so wird durch diese Zusatzstrafe die Strafbarkeit des Angeklagten erhöht. Fragen wir aber, worin der Grund der erhöhten Strafbarkeit liegt, so erhalten wir zur Antwort: Nicht die größere Schwere der begangenen Delikte, sondern die **Reihenfolge**, in welcher die Delikte begangen sind. Es genügt, diesen Satz auszusprechen, um die Unrichtigkeit desselben darzuthun.

Der Standpunkt, den das Obertribunal eingenommen, führt überdem noch zu folgendem Widerspruche. Das Preßgesetz unterscheidet die verschiedenen Preßvergehen sehr bestimmt und deutlich in der Weise, daß diejenigen Delikte, welche von den Gewerbetreibenden, diejenigen, welche von dem Redakteur einer cautionspflichtigen Zeitschrift, und diejenigen, welche von Personen, die weder das eine noch das andere sind, begangen wurden, als verschiedene Arten von Delikten aufgefaßt werden. Nun ist die Strafe, welche durch den Verlust zum Gewerbebetriebe ausgesprochen wird, eine Strafe, durch welche nicht ein einzelnes Delikt, sondern eine Summe von zwei, resp. drei Delikten getroffen werden kann, resp. muß. Kann man nun überhaupt nicht Verschiedenartiges addiren, so kann man auch nicht verschiedenartige Delikte addiren; und doch ist dieses geschehen, wenn man zwei Preßdelikte eines Nicht-Gewerbetreibenden mit einem Preßdelikte eines Gewerbetreibenden zu einer Summe verbindet.

Dieser Fehler ist um so auffallender, als der §. 54 des Preßgesetzes ganz gewöhnlich als Strafbestimmung für den Rückfall aufgefaßt wird. So heißt es im Justiz-Ministerialblatte a. a. O.: „Den aus §. 35 a. a. O. strafbaren Verleger trifft die Rückfallsstrafe auch dann, wenn er in dem früheren Falle nicht als Buchhändler, sondern als Redakteur bestraft worden ist." In ähnlicher Weise heißt es bei Oppenhoff „Rechtsprechung" II S. 403: „Wegen eines im Rückfalle verübten Preßvergehens kann gegen die im §. 1 des Preßgesetzes genannten Gewerbetreibenden auf den Verlust der Befugniß zum Gewerbebetriebe erkannt werden" u. s. w. Endlich heißt es in Goltdammers Archiv Bd. XII S. 52: „Der Grundsatz, nach welchem die früheren innerhalb des fünfjährigen Zeitraums erkannten Verurtheilungen gegen den Redakteur der Zeitung ... nun gegen dieselbe Person in ihrer Eigenschaft als Verkäufer resp. Verleger der Zeitung zur Begründung des Rückfalls mit der Folge des Gewerbeverlustes ausreichen" u. s. w.

Will man nämlich in Fällen der vorliegenden Art von „Rückfall" sprechen, so kann man doch, da das Preßgesetz keine besonderen Rückfallsbestimmungen enthält, ganz gewiß an keinen anderen Rückfall denken, als an den, welchen das preußische Strafgesetzbuch aufgestellt hat. Dieses definirt aber den Rückfall in §. 58 dahin:

„Wer, nachdem er wegen eines Verbrechens oder Vergehens von einem preußischen Gerichtshofe rechtskräftig verurtheilt worden ist, dasselbe Verbrechen oder Vergehen, sei es mit oder ohne erschwerende Umstände, begeht, befindet sich im Rückfalle."

Hieraus ergiebt sich denn deutlich, daß von Rückfall nur dann die Rede sein kann, wenn das später zu bestrafende Delikt dasselbe Delikt ist, als das bereits früher bestrafte. Nun nehme man an, die drei Bestrafungen bezögen sich auf eine Beamtenbeleidigung (Str.-G.-B. §. 102), auf das unerlaubte Anheften eines Plakates (Preßgesetz §§. 10. 41) und auf das Nichtnachweisen des Herausgebers einer incriminirten Druckschrift (Preßgesetz §. 35). Diese drei Delikte sind mittelst der Presse begangen; daß es aber dieselben Delikte wären, daß man mithin behaupten dürfe, derjenige, der unerlaubter Weise ein Plakat angeheftet habe, befinde sich im Rückfall, wenn er vorher wegen Beamtenbeleidigung bestraft sei, das würde doch nur dann möglich sein, wenn man sich zu dem Satze bekennen wollte, alle Delikte seien dieselben, welche durch das gleiche Mittel oder auch nur in Bezug auf dasselbe Mittel ausgeführt seien.

Es ließe sich freilich noch darüber streiten, ob alle von den in §. 1 genannten Gewerbetreibenden mittelst der Presse begangenen Delikte ihrer Natur nach als dieselben Delikte aufzufassen wären — dieser Streit aber ist durch die ausdrückliche Bestimmung des §. 54 abgeschnitten, da durch diesen alle von den betreffenden Gewerbetreibenden begangenen Delikte insofern für gleichartige erklärt werden, als die Summirung derselben zugelassen ist. Dagegen ist die Frage, ob zwei mittelst der Presse begangene Delikte im Sinne des §. 58 des Strafgesetzbuches als dieselben Delikte aufzufassen sind, lediglich aus der Natur der betreffenden Delikte zu beantworten. Muß die so gefundene Antwort in Folge der positiven Bestimmungen eines Gesetzes modificirt werden, so bedingt es die Natur dieses Gesetzes als eines modificirenden, daß dasselbe strikt interpretirt werden muß.

Beiläufig ist übrigens zu bemerken, daß gegenüber dem §. 54 des Preßgesetzes der Gesichtspunkt des Rückfalls nur mit Bezug auf die Gleichheit der zur Bestrafung gelangenden Delikte festgehalten ist, während das andere Requisit des Rückfalls, daß nämlich zwischen der Begehung von je zwei oder mehreren gleichartigen Delikten immer ein rechtskräftiges Erkenntniß liegen müsse, dem Wortlaute des Gesetzes gegenüber sich kaum wird aufrecht erhalten lassen.

Daß von einer Gleichartigkeit der Delikte, welche unter die Bestimmung des §. 54 fallen, überhaupt die Rede sein kann, liegt darin, daß die Gleichartigkeit der Subjekte den Delikten ein gemeinschaftliches Kriterium giebt. In analoger Weise wie es §. 54 des Preßgesetzes bestimmt hat, hätte beispielsweise auch das Strafgesetzbuch die im 28sten Titel aufgestellten Beamtenverbrechen als gleichartige bezeichnen können. Wenn die Gleichartigkeit der Subjekte die Gleichartigkeit der in dem §. 54 zusammengefaßten Delikte nicht bedingt, so fehlt überhaupt jedes Moment, welches diese Wirkung äußern könnte. Hieraus ergiebt sich aber für die praktische Handhabung des §. 54 zweierlei:

1. Die von dem Redakteur eines cautionspflichtigen Blattes begangenen Preßdelikte können gar nicht unter §. 54 gezogen werden. Denn das Preßgesetz selbst hat den Redakteur einer cautionspflichtigen Zeitschrift ausdrücklich von den Gewerbetreibenden, auf welche der §. 54 Bezug nimmt, gesondert. Von diesen und von den gesetzlichen Voraussetzungen ihres Gewerbebetriebes handelt §. 1 des Preßgesetzes. Von dem Redakteur dagegen spicht §. 22, und bezeichnet namentlich der 2te Absatz des Paragraphen diejenigen Eigenschaften der betreffenden Person, von welchen die Möglichkeit der Übernahme einer Redaktion abhängig ist. Daß aber ganz andere Voraussetzungen erfüllt sein müssen, wenn Jemand ein Preßgewerbe betreiben, und ganz andere, wenn Jemand die Redaktion eines cautionspflichtigen Blattes übernehmen will, das lehrt auch der oberflächlichste Hinblick auf die gesetzlichen Bestimmungen. Der Redakteur ist somit im Sinne des Preßgesetzes eine Person, welche vollkommen verschiedenartig ist von den in §. 1 desselben Gesetzes genannten und in §. 54 in Bezug genommenen Personen. Mithin würde auch für die durch den Redakteur begangenen Delikte gerade dasjenige Moment fehlen, durch dessen Vorhandensein erst die in §. 54 bezeichneten Delikte ihre Gleichartigkeit erlangen.

2. Die Gleichartigkeit dieser Delikte besteht aber nicht darin, daß bestimmte Klassen von Personen überhaupt delinquiren — wie denn z. B. nicht die Gleichartigkeit der Beamtenverbrechen darin besteht, daß Beamte Subjekte von ganz beliebigen Verbrechen, z. B. Mord oder Diebstahl, sind — sondern daß diese Personen delinquiren in der ihnen eigenthümlichen persönlichen Eigenschaft. Ebenso wie die Beamtenverbrechen ein Delinquiren im Amte, ebenso setzen die in §. 54 bezeich-

neten Verbrechen und Vergehen ein Delinquiren im Gewerbe voraus; der Drucker muß als Drucker, der Verleger als Verleger u. s. w. delinquirt haben, wenn die Zusammenrechnung der einzelnen Delikte und die für die Summe derselben bestimmte Zusatzstrafe eintreten soll, während das Summiren ein Unding werden würde, wenn etwa der Verleger selbst zu der Zeit, als er schon Verleger war, zwar delinquirte, aber nicht in seiner Eigenschaft als Verleger, sondern etwa in der Eigenschaft eines Schriftstellers.

Die ganze voraufgehende Betrachtung zeigt, wie unrichtig es ist, den §. 54 des Preßgesetzes so zu interpretiren, wie es das Obertribunal gethan. Geht man dagegen von der Ansicht aus, daß §. 54 nicht die Gefährlichkeit der Person, sondern die Gefährlichkeit des Gewerbes im Auge habe, so fallen alle diese Bedenken fort. Interpretirt man mit dem Obertribunal, so verstößt man nicht bloß gegen die Materialien des Preßgesetzes, sondern auch gegen den Sinn und den Zusammenhang des Preßgesetzes selbst; befolgt man dagegen die Weisung, welche die Materialien für die Interpretation des §. 54 enthalten, so wird Sinn und Zusammenhang des Preßgesetzes nirgend gestört.

Unter diesen Umständen kann die Entscheidung darüber, wo das Richtige zu finden ist, Schwierigkeiten kaum darbieten.

Beschluß des Königlichen Obertribunals vom 29. Januar 1866 betreffend den Artikel 84 der Verfassungsurkunde vom 31. Januar 1850 und die §§. 102, 156 und 158 des Strafgesetzbuches.

(Justiz-Ministerial-Blatt (2. März 1866) Nr. 9.)

In der Anklagesache wider den Partikulier F. zu N., auf die Beschwerde des Königlichen Oberstaatsanwalts zu Insterburg,

haben die vereinigten Abtheilungen des Criminalsenats des Königlichen Obertribunals in der Sitzung vom 29. Januar 1866, nach erfolgter Erklärung des Königlichen Generalstaatsanwaltes

beschlossen,

daß der Beschluß des Criminalsenats des Königlichen Appellationsgerichts zu Insterburg vom 3. Oktober 1865, insoweit er die Anklage wegen Verleumdung resp. verleumderischer Beleidigung zurückweist, aufzuheben und die Sache in dieser Beziehung zur anderweitigen Beschlußfassung an das gedachte Königliche Appellationsgericht zurückzuweisen.

Gründe.

Der Partikulier F. wurde durch die Königliche Staatsanwaltschaft angeklagt:

am 2. Juni 1865 zu Berlin durch die von ihm als Abgeordneter in der Sitzung des Abgeordnetenhauses gehaltene Rede, und zwar in den diesfällig näher hervorgehobenen Stellen, einen öffentlichen Beamten, den Königlichen Regierungspräsidenten M. zu G. öffentlich, dabei auch in Beziehung auf seinen amtlichen Beruf beleidigt, auch vermittelst Behauptung unwahrer, denselben in der öffentlichen Meinung dem Hasse oder der Verachtung aussetzender Thatsachen verleumdet zn haben.

Das Königliche Kreisgericht zu G. wies indeß durch Beschluß vom

14. September 1865 diese Anklage zurück, indem es zwar anerkannte, daß die incriminirte Rede Beleidigungen, resp. Verleumdungen des Regierungspräsidenten M. enthalte, indeß annahm, daß dem Angeklagten der Schutz der Verfassungsurkunde, namentlich des Art. 84 derselben, zur Seite stehe, weil er jene Rede im Abgeordnetenhause in seiner Funktion als Abgeordneter gehalten habe.

Hiergegen wurde von Seiten der Königlichen Staatsanwaltschaft Beschwerde erhoben, das Königliche Appellationsgericht zu Insterburg wies jedoch dieselbe ebenfalls auf Grund der Artikel 84 der Verfassungsurkunde am 3. Oktober 1865 zurück und bezog sich dabei auf den Plenarbeschluß des Königlichen Obertribunals vom 12. Dezember 1853 resp. den Beschluß der ersten Abtheilung des Criminalsenats vom 11. Januar 1865.

Nunmehr hat der Königliche Oberstaatsanwalt zu Insterburg gegen diesen Beschluß des Appellationsgerichts Beschwerde eingelegt, und dieselbe mußte auch für begründet erachtet werden.

Schon der Plenarbeschluß des Königl. Obertribunals vom 12. Dezember 1853 wider Aldenhoven (Entscheid. Bd. 26 S. 453 ff.) besagt in seinen Motiven:

daß nicht alle Äußerungen eines Abgeordneten in der Kammer der strafgerichtlichen Verfolgung durch Art. 84 der Verfassungsurkunde entzogen worden sind [1]),

---

1) Vergl. Entscheidungen des Königl. Obertribunals Bd. 26 S. 456: „Das Obertribunal, Senat für Strafsachen, hat in der Plenarsitzung vom 12. Dezember 1853

in Erwägung

daß der Art. 84 der Verfassungsurkunde vom 31. Januar 1850 zwar nicht alle Äußerungen eines Abgeordneten in der Kammer der strafgerichtlichen Verfolgung entzieht,

daß aber wegen der Abstimmung jede Verfolgung ausgeschlossen ist, und wegen der geäußerten Meinungen nur der betreffenden Kammer das Recht zugestanden wird, innerhalb der Kammer, auf Grund der Geschäftsordnung, Rechenschaft zu fordern;

daß das Gesetz hierdurch die Unbefangenheit und Unabhängigkeit der Abgeordneten bei ihren amtlichen Reden sichern wollte, und daß also der Ausdruck „Meinungen" alle Äußerungen eines Abgeordneten umfaßt, welche von demselben in dieser seiner Eigenschaft bei Ausübung seiner Funktionen in den Kammern gemacht werden, insoweit solche nicht zu den Abstimmungen gehören,

den Cassationsrecurs gegen den Beschluß des Anklagesenats des Appellationsgerichtshofes zu Cöln vom 1. Juli 1853 verworfen."

und einer dieser Fälle muß auch dann als vorliegend erachtet werden, wenn es sich um solche Behauptungen resp. Verbreitung von Thatsachen handelt, die nach den Vorschriften des §. 156 und des Absatzes 2 des §. 102 des Strafgesetzbuches als eine Verleumdung resp. eine Beleidigung mit dem Charakter einer Verleumdung erscheinen [2]).

Der Art. 84 der Verfassungsurkunde vom 31. Januar 1850 ist eine Ausnahme von der allgemeinen Regel, nach welcher alle Angehörigen des Staats den bestehenden Strafgesetzen unterworfen sind. Der Grund hierzu liegt in der Stellung, welche die Mitglieder der Kammern nach den Bestimmungen der Verfassungsurkunde einnehmen. Diese ihnen zugebilligte Ausnahme aber muß im entstehenden Zweifel nach den Interpretationsregeln der §§. 46, 54 bis 57 [3]) der Einleitung zum Allg. Landrecht so ausgelegt werden, wie sie am wenigsten zum

---

Nr. 64 der Präjudicien des Senates für Strafsachen lautet (Entscheidungen a. a. O. S. 453):

„Der Ausdruck „Meinungen" umfaßt alle Äußerungen eines Abgeordneten, welche von demselben in dieser Eigenschaft bei Ausübung seiner Funktionen in der Kammer gemacht werden, und kann er für solche nur innerhalb der Kammer auf Grund der Geschäftsordnung zur Rechenschaft gezogen werden."

2) Hier ist also das thema probandum aufgestellt. Durch die nachfolgenden Gründe soll der Satz bewiesen werden,

daß, wenn ein Kammermitglied eine Äußerung thut, welche nach den Vorschriften des Strafgesetzbuches §. 156 und §. 102 Abs. 2 als eine Verleumdung sich darstellt, der Art. 84 der Verfassungsurkunde das betreffende Kammermitglied gegen Strafverfolgung nicht schütze.

3) Daß Art. 84 der Verfassungsurkunde eine Ausnahme von der Regel enthält, nach welcher alle Angehörigen des Staates den bestehenden Strafgesetzen unterworfen sind, ist richtig. Unrichtig aber würde es sein, hieraus Folgerungen auf die bei Art. 84 anzuwendende Interpretationsmethode zu ziehen. Denn Art. 84 ist eine Bestimmung des Staatsgrundgesetzes und die Bestimmungen des Staatsgrundgesetzes können niemals den Charakter von Ausnahmsgesetzen haben, für welche bekanntlich die Regel gilt, daß sie strikt interpretirt werden müssen. Denn, welches sollten wohl die Rechtsgrundsätze sein, denen gegenüber die Vorschriften des Staatsgrundgesetzes als Ausnahmsgesetze zu behandeln wären? In anderen Gesetzen können sich dieselben nicht finden, da diese nur insofern Rechtsgültigkeit beanspruchen dürfen, als ihr Inhalt den Bestimmungen des Staatsgrundgesetzes nicht widersprechend ist. An das Gewohnheitsrecht wird man eben sowenig denken dürfen, da man sich auf dieses nicht einmal berufen darf, um die Wirksamkeit eines gewöhnlichen dem Gebiete des öffentlichen Rechtes angehörenden Gesetzes zu beseitigen. Will man also nicht auf allgemeine Rechtssätze irgend eines Naturrechtes zurückgehen und ihnen gegenüber die Bestimmuugen des Staatsgrundgesetzes als Ausnahmsgesetze behandeln — etwas für die Handhabung des positiven Rechtes vollkommen Unzuläs-

Nachtheil Dritter gereicht, „am nächsten mit den Vorschriften des gemeinen Rechts und dem Hauptendzweck des Staats übereinstimmt", und wie ihr Wortlaut nach dem einfachen und gewöhnlichen Sprachgebrauch aufzufassen ist. In letzterer Beziehung ist Folgendes in Betracht zu ziehen.

Der erste Absatz des Art. 84 a. a. O. schreibt wörtlich vor:

> Sie (nämlich die Mitglieder beider Kammern) können für ihre Abstimmungen in den Kammern niemals, für ihre darin ausgesprochenen Meinungen nur innerhalb der Kammer auf Grund der Geschäftsordnung, zur Rechenschaft gezogen werden.

Es fragt sich daher, in welcher Weise der Ausdruck „Meinungen" aufzufassen ist? Nach dem gewöhnlichen Sprachgebrauch versteht man hierunter lediglich die Resultate des Denkvermögens, im Gegensatze zur Behauptung und Verbreitung von Thatsachen. Selbstredend können Meinungen auch auf thatsächlichen Voraussetzungen beruhen, sowie sie in der Regel zugleich eine nähere Begründung des diesfällig gewonnenen Endergebnisses umfassen werden; allein selbst dann tragen sie ihrem inneren Wesen nach die Eigenschaften von Thatsachen nicht an sich [4]). Daß nun der Art. 84 a. a. O. unter Meinung nur den so eben

---

siges — so bleibt nichts Anderes übrig, als anzuerkennen, daß jene vom Obertribunale hervorgehobene Ausnahme, welche in der Bestimmung des Art. 84 enthalten ist, für die Interpretation desselben vollkommen bedeutungslos ist. Aus dem Gesagten folgt, daß es unrichtig ist, die für Art. 84 der Verfassungsurkunde anzuwendenden Interpretationsregeln in den §§. 54 — 57 der Einleitung zum Allgemeinen Landrechte zu suchen. Denn in diesen Paragraphen werden Interpretationsregeln für Ausnahmsgesetze (Privilegien und verliehene Freiheiten) aufgestellt. Dadurch aber kann Art. 84 der Verfassungsurkunde nicht zu einem Ausnahmsgesetze gemacht werden, daß das Obertribunal die durch denselben gewährleistete Redefreiheit der Kammermitglieder als eine denselben „zugebilligte Ausnahme" bezeichnet. Vollkommen anwendbar erscheint dagegen die Bezugnahme auf die im §. 46 a. a. O. aufgestellte allgemeine Interpretationsregel. Diese Stelle des Landrechts sagt:

> „Bei Entscheidungen streitiger Rechtsfälle darf der Richter den Gesetzen keinen andern Sinn beilegen, als welcher aus den Worten, und dem Zusammenhange derselben, in Beziehung auf den streitigen Gegenstand, oder aus dem nächsten unzweifelhaften Grunde des Gesetzes, deutlich erhellet."

4) Diese Deduktion ist unrichtig. Es muß nämlich bestritten werden, daß der „gewöhnliche Sprachgebrauch" unter dem Ausdrucke „Meinungen" die Resultate des Denkvermögens im Gegensatze zur Behauptung und Verbreitung von Thatsachen versteht. Dasjenige, was geschehen ist, oder geschieht, ist allerdings nicht immer das Resultat des menschlichen Denkvermögens, sondern oft das Resultat

hervorgehobenen Begriff und nicht auch die Behauptung oder Verbreitung von eigentlichen Thatsachen verstanden hat, ergiebt seine Entstehungsgeschichte.

Die Regierungsvorlage vom 20. Mai 1848 an die damalige Na-

---

des Zufalls oder einer wirkenden Naturkraft. Wenn aber Jemand ein Buch geschrieben, eine Rede gehalten, ein Urtheil gesprochen, eine Schlacht kommandirt hat, so sind diese Thatsachen doch gewiß als Resultate des Denkvermögens aufzufassen. Es giebt mithin Thatsachen, welche Resultate des Denkvermögens sind, wenngleich dies nicht von allen Thatsachen gesagt werden kann. Die Behauptung oder Verbreitung einer Thatsache ist dagegen allemale ein Resultat des Denkvermögens. Ich spreche beispielsweise folgenden Satz aus:

„Am 29. Januar 1866 hat das Königl. Preußische Obertribunal einen Beschluß gefaßt."

Indem ich diesen Satz ausspreche, habe ich eine Thatsache behauptet, und — wenn diese Zeilen von Jemandem gelesen werden sollten — auch verbreitet. Um aber im Stande zu sein, diese Thatsache zu behaupten und zu verbreiten, mußte ich mein Denkvermögen in Anspruch nehmen, um zu begreifen, was der „Januar" und speciell der „29 Januar" zu bedeuten hat; ich verdanke es der Fähigkeit meines Denkvermögens, wenn ich die christliche Zeitrechnung und somit den Begriff „1866 nach Christi Geburt" erfaßt habe; nicht minder ist mein Denkvermögen in Anspruch genommen, als man mir die Begriffe „Königreich Preußen", „Königlich Preußisches Obertribunal", „Beschluß des Obertribunals" deutlich machte, und ich in Folge dessen diese Begriffe verstehen lernte. Es ist endlich auch noch ein Resultat meines Denkvermögens, daß ich diese so verschiedenartigen Begriffe in einen solchen Zusammenhang zu bringen vermochte, um den Satz: „Am 29. Januar 1866 hat das Königlich Preußische Obertribunal einen Beschluß gefaßt" — entstehen zu lassen. Als ein Resultat meines Denkvermögens also möchte ich das Aussprechen dieses Satzes ansehen, wenn auch nicht gerade als das Resultat eines erheblich angestrengten Denkvermögens. Sollen nun aber sogar unwahre Thatsachen behauptet oder verbreitet werden, so muß ja außerdem noch die Phantasie thätig werden. Märchenerzähler, Romanschriftsteller beschäftigen sich doch im Wesentlichen damit, erfundene (also unwahre) Thatsachen zu behaupten und zu verbreiten; ihre Arbeiten sind aber doch gewiß Resultate des Denkvermögens. In noch höherem Grade wird endlich das Denkvermögen in Anspruch genommen, wenn es darauf ankommt, unwahre Thatsachen zu behaupten oder zu verbreiten, welche geeignet sind, denjenigen, über welchen sie behauptet oder verbreitet werden, in der öffentlichen Meinung dem Hasse oder der Verachtung auszusetzen. Denn in diesem Falle erwächst dem Denkvermögen noch die weitere Aufgabe, zu beurtheilen, ob die unwahren behaupteten oder verbreiteten Thatsachen geeignet sind, Jemandem in der offentlichen Meinung Haß oder Verachtung zuzuziehen.

Sind nun, wie dies das Obertribunal sagt, die „ausgesprochenen Meinungen" des Art. 84 identisch mit den „ausgesprochenen Resultaten des Denkvermögens", sollte es ferner gelungen sein, den Nachweis zu führen, daß tionalversammlung lautete im §. 57 (Verhandlungen der Nationalversammlung Bd. III S. 4):

Die Mitglieder der Kammern können weder für ihre Abstimmung in der Kammer, noch für ihre darin ausgesprochenen Meinungen zur Rechenschaft gezogen werden.

Das Gesetz vom 23. Juni 1848 (Ges. Samml. S. 159) dagegen besagt im §. 1:

Kein Mitglied der Versammlung kann für seine Abstimmungen oder für die von ihm in seiner Eigenschaft als Abgeordneter ausgesprochenen Worte und Meinungen in irgend einer Weise zur Rechenschaft gezogen werden.

Die Bestimmung dieses Gesetzes hatte somit einen größeren Umfang, als die erwähnte Regierungsvorlage und der Art. 84 der Verfassungsurkunde vom 31. Januar 1850. Der §. 79 des Commissionsentwurfes einer Verfassungsurkunde der damaligen Nationalversammlung (Rauer, Protokolle der Verfassungscommission u. s. w. S. 116) ging noch weiter, indem es dort heißt:

Sie können für ihre Abstimmungen oder für die in ihrer Eigenschaft als Abgeordnete abgegebenen schriftlichen oder mündlichen Äußerungen nicht zur Rechenschaft gezogen werden.

Die oktroyirte Verfassungsurkunde vom 5. Dezember 1848 (Gesetzsammlung S. 375) adoptirte diese Fassung in ihrem Art. 83 nicht, sondern bestimmte, gleichwie die frühere Regierungsvorlage vom 20. Mai 1848:

Sie können weder für ihre Abstimmungen in der Kammer, noch für ihre darin ausgespochenen Meinungen zur Rechenschaft gezogen werden.

Bei der Revision dieser Verfassungsurkunde empfahl nun die Commission der zweiten Kammer (Verhandlungen der zweiten Kammer S. 800) folgende Bestimmung:

Sie können für ihre Abstimmung in den Kammern niemals, für

---

auch die Behauptung oder Verbreitung von Thatsachen ein „Resultat des Denkvermögens" ist, so würden durch Art. 84 nur solche Äußerungen nicht geschützt sein, welche von Kammermitgliedern herrühren, die ihres Denkvermögens nicht mächtig, d. h. unzurechnungsfähig sind. Daß aber Unzurechnungsfähige von jeder Strafverfolgung frei bleiben, ist ein allgemeiner strafrechtlicher Grundsatz, welcher, ohne daß hiezu ein Zurückgehen auf Art. 84 der Verfassungsurkunde erforderlich wäre, auch für das Preußische Recht seine ausdrückliche Anerkennung in §. 40 des Strafgesetzbuches gefunden hat.

ihre darin ausgesprochenen Meinungen nur innerhalb der Kammer, auf Grund der Geschäftsordnung zur Rechenschaft gezogen werden; indem hervorgehoben wurde:

daß nicht angenommen werden könne, als sei jede Disciplin in der Kammer unstatthaft.

Weitergehende Anträge: dem Ausdruck „Meinungen" den der „Äußerungen" zu substituiren, wurden abgelehnt, und so hat der Art. 84 der Verfassungsurkunde vom 31. Januar 1850 seine jetzige Gestalt erhalten.

Nach diesen Vorgängen ist nicht in Zweifel zu ziehen, daß unter „Meinungen" nicht überall dasjenige zu verstehen, was der allgemeinere Ausdruck „Äußerungen" in sich schließt, indem man absichtlich diese Fassung des Art. 84 a. a. O. vermieden hat [5]). Dem steht auch der

---

5) Wenn es überhaupt zulässig ist, zu sagen, Etwas sei historisch unrichtig, so wird man dies mit Bezug auf diejenigen Resultate sagen dürfen, welche das Obertribunal aus der Entstehungsgeschichte des Art. 84 gezogen hat. Diese soll darthun, daß unter „Meinung" nur „der so eben hervorgehobene Begriff und nicht auch die Behauptung oder Verbreitung von eigentlichen Thatsachen" verstanden werden kann; es soll, im Hinblick auf die Vorgänge bei der Verfassungsgesetzgebung „nicht in Zweifel zu ziehen sein", daß „unter Meinungen nicht überall dasjenige zu verstehen sei, was der allgemeine Ausdruck Äußerungen in sich schließe, indem man absichtlich diese Fassung des Art. 84 vermieden habe." Die historische Unrichtigkeit dieser Auffassung ist bereits in den Verhandlungen des Hauses der Abgeordneten vom 9. und 10. Februar 1866 dargethan. (Vergl. namentlich die Ausführungen der Abgeordneten v. Forckenbeck (Stenogr. Ber. S. 115, 116) und Dr. Simson (Stenographischer Ber. S. 168). Das Protokoll der „Commission für Revision der Verfassungsurkunde vom 5. Dezember 1848" vom 28. September 1849 weist auf das unzweideutigste nach, daß die Ausdrücke „Meinungen" und „Äußerungen" als vollkommene Synonyma gebraucht wurden. Bei der Wichtigkeit dieser Urkunde erscheint es gerechtfertigt, derselben auch hier einen Platz einzuräumen.

Verhandelt Berlin den 28. September im Gebäude der Zweiten Kammer.

Eine Eingabe von Ludwig Prinz zu Schönaich-Karolath gegen die Aufhebung der Fideikommisse wird dem Referenten für Titel II. überwiesen. Eine Petition dat. Bansburg um den Erlaß eines Gesetzes, welches die Beamten, die in die Kammer treten, zu Beiträgen für die Besoldung ihrer Stellvertreter heranziehe, wird dem Referenten des Titel V. übergeben.

Die Artikel 78, 79, 80, 81 werden unverändert angenommen.

Die Commission war einverstanden, daß durch den Wortlaut des Art 81, welche den Commissionen der Kammer das Recht zur Untersuchung von Thatsachen giebt, auch das Recht eingeräumt sei, Zeugen und Sachverständige zu vernehmen.

Zu Art. 83 beantragt Abg. Graf Arnim zu Alinea I hinter „Meinungen" den

innere Grund, den die Gesetzgebung hierbei vor Augen gehabt, zur Seite, indem es zum Schutze der den Abgeordneten zuzubilligenden

---

Zusatz: mit Ausnahme des Verbrechens des Hochverraths und der Majestätsbeleidigung, einzuschalten, nimmt jedoch diesen Antrag späterhin wieder zurück.

Abg. Keller schlägt dagegen vor: Sie können für ihre Abstimmungen in der Kammer gar nicht und für ihre Äußerungen nur durch die Kammer selbst zur Rechenschaft gezogen werden.

Abg. Tellkampf schlägt vor, die durch diese Anträge beregte Frage dadurch zu erledigen, daß in Alinea I des Art. 77 hinter Geschäftsgang „und ihre Disciplin" eingeschaltet wird.

Abg. Simson schlägt vor, für Alinea I Art. 83:

„Sie können für ihre Abstimmungen in der Kammer niemals, für ihre darin ausgesprochenen Meinungen nur innerhalb der Kammer auf den Grund der Geschäftsordnung (Art. 77) zur Rechenschaft gezogen werden."

Zugleich tritt derselbe dem Tellkampf'schen Zusatzantrage für Art. 77 bei.

Abg. Tellkampf macht für den Fall, daß sein ursprünglicher Antrag nicht angenommen werde, einen zweiten Antrag: im ersten Satze des Art. 83 hinter Meinung einzuschieben:

„unbeschadet der durch die Kammer nach ihrer Geschäftsordnung zu regelnden Disciplin",

vereinigt sich jedoch noch später mit dem Antrage des Abg. Simson.

Abg. Klützow schlägt vor: Sie können für ihre Abstimmungen in der Kammer niemals zur Rechenschaft gezogen werden: wegen ihrer Äußerungen in der Kammer nur im Wege der Disciplin auf den Grund der Geschäftsordnung, deren Strafbestimmungen bis zur Exklusion ausgedehnt werden können; ändert jedoch den Schlußsatz späterhin in folgender Art: „bis zu vorübergehender Ausschließung aus der Kammer ausgedehnt werden können."

Abg. Geppert wünscht das Alinea so gefaßt zu sehen:

Sie können für ihre Abstimmungen in der Kammer niemals und für ihre Äußerungen in derselben nur von der Kammer selbst nach den durch die Geschäftsordnuug festzusetzenden Bestimmungen zur Rechenschaft gezogen werden.

Graf Arnim trägt darauf an, in das Referat aufzunehmen, „daß die vorübergehende Exklusion in der Disciplinargewalt der Kammer liegen könne."

Abg. Keller schlägt vor, in Art. 77 Alinea I hinzuzusetzen hinter Geschäftsgang „und ihre Disciplin, welche bis zur temporären Ausschließung reicht."

Der Antrag des Abg. Simson für Alinea I des Artikels 83 sowie die Einschiebung in Artikel 77 wird mit großer Majorität angenommen.

Der Antrag des Abg. Keller zu Art. 77 wird dagegen gegen fünf Stimmen abgelehnt.

Hiermit sind alle übrigen Anträge zu Art. 83 erledigt und derselbe wird auch in den drei übrigen Sätzen angenommen, nachdem ein weiterer Antrag des Abg. Keller: Alinea III zu streichen, ohne Diskussion, gegen fünf Stimmen abgelehnt worden ist.

Art. 84, schon früher in seinem ersten Alinea angenommen, wird auch im zweiten Absatz unverändert beibehalten.

Redefreiheit nicht als nothwendig erschien, denselben auf mögliche Ausschreitungen in unbestimmter und schrankenloser Weise auszudehnen [6]).

Für die gegenwärtige Auslegung kann dabei nicht auf den §. 38 des Preßgesetzes vom 12. Mai 1851 Bezug genommen werden, weil dieser, welcher Berichte von den öffentlichen Sitzungen beider Kammern, insoweit sie wahrheitsgetreu sind, von jeder Verantwortlichkeit befreit, nicht mit dem Art. 84 der Verfassungsurkunde, sondern mit dem Art. 79 derselben, welcher die Öffentlichkeit beider Sitzungen der Kammern anordnet, in Verbindung steht. Zuzugeben ist hierbei nur, daß bei der Berathung des Preßgesetzes von der Commission der zweiten Kammer (Stenogr. Berichte Anlage S. 1150) darauf Gewicht gelegt worden ist, daß nach Art. 84 der Verfassungsurkunde der Abgeordnete persönlich für seine Reden, wenn er beispielsweise gegen eine Privatperson eine Beleidigung ausspreche, nicht verantwortlich sei. Allein darauf ist kein Gewicht zu legen, weil vereinzelte Äußerungen von Mitgliedern der Kammern oder deren Commissionen, wenn sie nicht später von allen Faktoren der Gesetzgebung adoptirt werden, oder sonstwie ihren gesetzlichen Ausdruck finden, nicht entscheidend sein können. In dem vorliegenden Falle ist dies um so weniger angänglich, als das vorübergehend herangezogene Beispiel nicht bei Berathung der Verfassungsurkunde, sondern bei der des späteren Preßgesetzes gebraucht worden ist [7]).

Nach Vollendung dieses Titels wird beschlossen, über den Modus, durch welchen etwa eine Vereinigung beider Kammern namentlich mit Bezug auf den Staatshaushalt herbeizuführen sein könnte, eine besondere Sitzung zu halten.

gez. Kühlwetter. Duncker.

Vergl. überdem Dr. H. A. Zachariä „Über Artikel 84 der Preußischen Verfassungsurkunde." (Leipzig 1866) S. 24 ff., S. 34 ff.

Es ist endlich noch anzuführen, daß die historischen Momente, auf welche sich das Obertribunal in seinem Beschluß vom 29. Januar 1866 stützt, im Wesentlichen bereits in der Anklagesache gegen Aldenhoven von dem Generalprokurator des Appellationsgerichtes zur Rechtfertigung des Cassationsrecurses vorgetragen sind (vergl. Entscheidungen a. a. O. S. 454, 455, 456) und daß das Obertribunal dessen ungeachtet den Beschluß vom 12. Dezember 1853 faßte.

6) Hier muß eine Verwechslung der Argumentation de lege ferenda und de lege lata vorliegen. Wenigstens ist aus den Materialien der Gesetzgebung nichts zu entnehmen, wodurch diese Auffassung des Obertribunals gestützt würde.

7) Das Obertribunal konstatirt, daß ein Widerspruch nicht vorhanden, wenn man die Kammermitglieder wegen ihrer Reden strafe, während doch die Verbreitung der strafbaren — weil verleumderischen — Reden durch die Presse straflos sei. Es wird dieser Widerspruch als nicht vorhanden behauptet, weil §. 38 des Preßgesetzes nicht mit Art. 84 sondern mit Art. 79 der Verfassungsurkunde in Zusammenhang stehe. —

Nach den vorstehenden Ausführungen hat es aber [8]), soweit es sich um Verleumdungen im Sinne des §. 156 des Strafgesetzbuches, oder um Beleidigungen mit dem Charakter der Verleumdung handelt, wie sie der Absatz 2 des §. 102 des Strafgesetzbuches voraussieht, nicht angenommen werden können, daß sie durch den Art. 84 der Verfassungsurkunde geschützt sind. Denn das Wesen dieser Vergehen beruht gerade in der Behauptung oder Verbreitung unwahrer, dem Hasse oder der Verachtung aussetzender Thatsachen, auf die sich, wie gezeigt, der Art. 84 a. a. O. nicht bezieht und deren Vorhandensein die Anklage behauptet.

Bei bloßen Beleidigungen oder in den Fällen des §. 158 des Strafgesetzbuches dagegen, in denen bei dem erbrachten Beweise der Wahrheit der behaupteten oder verbreiteten Thatsachen doch noch das Vorhandensein einer bloßen Beleidigung übrig bleiben kann, muß der Art. 84 a. a. O. mit voller Wirkung als eintretend erachtet und die gerichtliche Verfolgung als unzulässig angesehen werden, weil eine bloße Beleidigung ohne verleumderischen Charakter ihrem Thatbestande nach allerdings in die Kategorie von Meinungen fällt [9]).

Die Praxis wird vielleicht noch in die Lage kommen, mit Vortheil auf diesen Entscheidungsgrund sich berufen zu können. (Vergl. oben die Abhandlung: „Mittheilungen der vor einem Strafgerichte gepflogenen Verhandlungen.") Daß übrigens der Commissionsbericht der zweiten Kammer in seinen Auslassungen über den Sinn des Art. 84 nicht die Bedeutung einer authentischen Interpretation hat, ist zweifellos. Die Thatsache aber, daß eine Commission der zweiten Kammer etwa ein Jahr nach Emanation der Verfassungsurkunde über den Sinn des Art. 84 sich so ausgesprochen hat, wie es geschehen ist, und sich so, wie es geschehen ist, aussprechen durfte, ohne Widerspruch zu erfahren, diese Thatsache dürfte — wenn man dieselbe zur Interpretation des Art. 84 überhaupt noch berücksichtigen zu müssen glaubt — eine größere Beachtung beanspruchen, als derselben von dem Obertribunale eingeräumt ist.

8) Das „aber" bedeutet hier soviel als „folglich". Das Obertribunal zieht an dieser Stelle die Conclusion aus den voraufgehenden Ausführungen. Vergegenwärtigen wir uns kurz den Gedankengang, der zu diesem Resultate führte. Das Wort „Meinungen" umfaßt nicht die Behauptung oder Verbreitung von Thatsachen (siehe oben Not. 4); dies bestätigt die Geschichte der Gesetzgebung (siehe oben Not. 5); dem widerspricht nicht §. 38 des Preßgesetzes (siehe oben Not. 7). Da nun Verleumdungen durch Behauptung oder Verbreitung unrichtiger Thatsachen begangen werden, so folgt daraus, daß die Kammermitglieder gegen Anklagen, in welchen ihnen Verleumdungen zur Last gelegt werden, durch Art. 84 der Verfassungsurkunde nicht geschützt sind.

9) Die Kammermitglieder sind also gegen Strafverfolgung durch Art. 84 gesichert, wenn sie injuriiren, nicht aber, wenn sie verleumden. Denn der Ausdruck „Meinungen" — so führt das Obertribunal aus — umfaßt nicht die Behaup-

Solchergestalt hat von dem früheren Plenarbeschlusse des Königlichen Obertribunals vom 12. Dezember 1853 wider Aldenhoven und dem sich lediglich auf diesen stützenden Beschluß der ersten Abtheilung des Criminalsenats des Königlichen Obertribunals vom 11. Januar 1865 wider Lyskowski (Oppenhoff, Rechtsprechung V S. 405)[10]) abgegangen werden müssen, und hieraus folgt die Aufhebung des durch die gegenwärtige Beschwerde angegriffenen, auf jene Vorentscheidung sich gründenden Beschlusses des Criminalsenates des Königlichen Appellationsgerichts zu Insterburg vom 3. Oktober 1865.

In der Sache selbst konnte aber noch nicht sofort befunden werden, weil das gedachte Appellationsgericht in seinem diesfälligen Beschlusse ausdrücklich erklärt hat, von einer thatsächlichen Prüfung der Anklage

---

tung oder Verbreitung von Thatsachen. Daß dieser Ausdruck noch etwas Weiteres nicht umfasse, sagt das Obertribunal nicht, und dürfen wir daher, unter Bezugnahme auf die früheren Entscheidungen dieses Gerichtshofes, annehmen, daß der Ausdruck „Meinungen" alle Äußerungen eines Kammermitgliedes umfasse, welche von demselben in dieser Eigenschaft bei Ausübung seiner Funktionen in der Kammer gemacht werden — mit Ausnahme der Behauptung oder Verbreitung von Thatsachen. Da nun aber Injurien nicht die einzigen Delikte sind, welche durch Worte, auch ohne Behauptung oder Verbreitung von Thatsachen, begangen werden können, so gelangt man, gestützt auf die Entscheidungsgründe des Obertribunals, zu dem Resultat, Artikel 84, welcher die Strafverfolgung wegen Verleumdungen für zulässig erklärt, habe dieselbe wegen aller anderen durch Worte zu begehenden Verbrechen und Vergehen ausgeschlossen. Die Verleumdung soll zwar gestraft werden, aber straflos soll bleiben, was nach den Bestimmungen des Strafgesetzbuches minder strafbar ist als die Verleumdung, nämlich die einfache Beleidigung, wie auch dasjenige, was sehr viel strafbarer ist als die Verleumdung, z. B. die Majestätsbeleidigung, die Aufforderung zum Hochverrath, die Gotteslästerung und Anderes. Aus dem gesammten Gebiete also, auf welches sich denkbarer Weise die Strafverfolgung gegen die Kammermitglieder erstrecken könnte, hätte so Art. 84 eine kleine Parcelle aus der Mitte herausgeschnitten, auf diese die Strafverfolgung beschränkt und nach rechts und links dieselbe ausgeschlossen.

10) An der angeführten Stelle von Oppenhof's Rechtsprechung heißt es:
„da der in Art 84 der Verfassungsurkunde enthaltene Ausdruck: „Meinungen" alle Äußerungen eines Abgeordneten umfaßt, welche von demselben in dieser Eigenschaft bei Ausübung seiner Funktionen in der Kammer gemacht werden, und er für solche nur innerhalb der Kammer auf Grund der Geschäftsordnung zur Rechenschaft gezogen werden kann.
Antr. des GStA. s: gleichl."
Diese letzte Abbreviatur bedeutet: Der Antrag des Generalstaatsanwalts war gleichlautend mit der erfolgten Entscheidung des Obertribunals.

gänzlich absehen zu müssen, indem es dazu nach Art. 84 a. a. O. nicht berechtigt sei. Da nun dieser Grund rechtlich nicht zutrifft, mußte die Sache zur anderweiten Erwägung und Beschlußfassung an das erwähnte Appellationsgericht zurückgewiesen werden.

Ober-Trib. No. 15./65 Cr.
I. 584. S. 26. Vol. VI.

Verlag von J. Guttentag in Berlin.
(Guttentag und Bahlen)

Druck von Friedrich Frommann in Jena.

Kolibri 360 GmbH
Ferdinand-Jühlke-Straße 7
99095 Erfurt, Deutschland
produktsicherheit@kolibri360.de